新编21世纪公共管理系列教材

公共行政学

第五版

Public Administration

彭和平 编著

U1015807

中国人民大学出版社
·北京·

作 者 简 介

彭和平 中国人民大学原校长助理、研究员。主要著作（含合著）包括《制度学概论》、《公共行政学》、《城市管理学》、《组织行为学》等；主要译著包括《公共管理导论》、《国外公共行政理论精选》、《人事管理学》、《组织行为学》、《人事心理学》、《公共关系学》、《政府人事管理》等；主要论文包括《理论向实践过程转化探析》、《中外经济发展特定时期行政管理体制改革比较研究》、《县级政府职能定位及行政管理体制改革研究》等。《公共行政学》一书为其代表作品。

内 容 简 介

本书是国内较早出版的公共行政学教材，于 1995 年首次出版（前三版书名为“公共行政管理”），并分别于 2004、2008、2012 年出版了第二、三、四版。经过多次修订，本书已具有较完整的理论框架和逻辑结构，所遵循的思路是，在理论概括和历史回顾的基础上，确定一个历史和逻辑的研究起点，并按内在的逻辑结构依次展开论述。全书对公共行政学的基础理论、行政主体、行政职能、规范保障、方法手段等内容进行了系统的研究，并对行政治理模式及行政改革的理论与实践进行了颇具启发性的分析和探讨。

本书突出对国家行政组织及其活动过程的基本分析。在立足于对我国行政管理实际状况进行系统研究的同时，适当介绍了国外公共行政与公共管理理论研究的重要成果。全书从理论和实践两个方面系统地反映了国内外公共行政领域中最经典、最具代表性的理论、方法和研究成果，并在此基础上进行了较为深入的理论探讨和研究。

本书适合作为公共行政学、行政学原理、行政管理学及相关课程教材，也可作为各级党政机关及企事业单位工作人员系统学习公共行政学理论和知识的参考书。

出版说明

现代意义上的公共行政与公共管理研究和教育始于20世纪初的西方。时至今日，随着公共管理职业化的发展，公共行政与公共管理的研究和教育事业在西方发达国家方兴未艾。自20世纪80年代起，为了适应政府改革与公共管理人才培养的需要，我国的公共行政与公共管理研究和教育在经历了发展的挫折之后，开始了恢复和重建的工作。经过多年的发展，特别是公共管理一级学科的设置和我国公共管理硕士（MPA）教育的启动以及高校公共管理类本科专业的大量开设，公共管理已成为当代中国社会科学和管理科学领域的一个充满生机活力、具有远大发展前景的学科。

为了满足广大高校公共管理类专业的教学需要，在历届教育部高等学校公共管理类学科专业教学指导委员会的指导和支持下，中国人民大学出版社自1999年起，陆续出版了“21世纪公共行政系列教材”、“21世纪公共管理系列教材”、“21世纪公共事业管理系列教材”、“公共管理系列教材”、“公共管理核心课程系列教材”、“21世纪劳动与社会保障系列教材”、“21世纪土地资源管理系列教材”、“21世纪城市规划与管理系列教材”等多个本科系列教材。这些教材被国内高校公共管理类专业广泛选用，并得到了公共管理学界的支持和认可，数十种教材被评为“十五”、“十一五”、“十二五”国家级规划教材，普通高等教育精品教材，以及各省市精品教材，为我国公共管理学科发展和人才培养作出了积极的贡献。

我国高等教育改革的进一步深化，以及新技术和新媒体的不断发展，对高校教材提出了更高的要求。为了回应这种要求，我们在广泛调研的基础上，拟对上述系列教材进行整合和提升，推出“新编21世纪公共管理系列教材”，以满足国内高校公共管理一级学科下设的行政管理、公共事业管理、劳动与社会保障、土地资源管理、城市管理、海关管理、交通管理、海事管理、公共关系学等本科专业的教学需要。

“新编21世纪公共管理系列教材”将秉承中国人民大学出版社“出教材学术精品，育人文社科英才”的宗旨，从本科教育的特点出发，从公共管理教育的特点出发，为广大高校公共管理类专业师生提供一套高质量的本科教材。在教材编写和内容安排上，“新编 21 世纪公共管理系列教材”强调基础知识、基本理论和基本技能，同时，也尽可能地体现创新性和前沿性，反映相关领域理论与实践的最新发展情况。

“新编 21 世纪公共管理系列教材”由中国人民大学、中山大学、北京大学、清华大学、复旦大学、厦门大学、武汉大学、浙江大学、吉林大学、东北大学、北京师范大学、山东大学、四川大学、西北大学等数十所国内著名大学的知名学者领衔著述，我们期望通过这种强强联合、优势互补、资源共享的方式，为国内公共管理学界奉上一套体现系统性、权威性、通用性，并兼具创新性、前沿性、启发性的精品教材。

公共管理的实践是不断发展和变化的。随着公共管理实践的不断发展，公共管理学科研究的范围、主题和内容也在不断地发展和变化。我们将紧跟公共管理学科的发展，与所有作者一起，不断对本套教材进行修订和完善。望广大读者给我们反馈信息，对本套教材提出批评和建议，以使我们能够在所有读者和作者的帮助下，与中国公共管理学科共同成长。

中国人民大学出版社

第五版前言

从 1995 年本书第一版问世以来，一晃 20 年过去了。本书第五版的修订，遵循的思路和以前一样，即根据公共行政学理论和实践的发展，增补新的内容和数据，使本书的理论和观点跟上时代发展的步伐，结构更合理、内容更丰富，更具有理论性和可读性。公共行政学是一门在理论和实践方面不断发展的学科。本次修订对全书的整体结构和框架未作大的变动，主要注重于结合国内外理论和我国行政体制改革实践近几年的发展状况补充了一些新的内容，并在统计数据和引用资料方面做了新的增改，补充了新颁布的重要的法律法规和国家政策，更新了一些较为陈旧的数据，使本书的理论观点更能反映时代的要求和实践的需要。此外，在近几年的研究中，我发现了一个很有意思的现象。政治学、经济学、管理学、法学、教育学等所有学科，都涉及不同领域的制度问题，如政治制度、经济制度、管理制度、法律制度、教育制度等。这些学科分别将政治、经济、管理、法律、教育等作为各自研究的对象，全都涉及制度，但并不专门研究制度。公共行政学也是如此。什么是制度？制度主要的作用是什么？了解了这些问题，将会加深对公共行政学及其他所有学科的理解。我在今年新出版了一本著作《制度学概论》，对制度问题作了一些粗浅的探讨。此次第五版的修订，在不影响全书整体结构和基本观点的情况下，我在一些章节中尝试性地增加了一些制度学的理论和观点，希望能有助于加深对相关理论的探讨和研究。

在本书第五版的修订过程中，得到了朱海燕、孟庆晓等中国人民大学出版社的同志及社会各界朋友的热情支持和帮助，国家图书馆的李凡老师帮助搜集了重要的文献资料，彭程、莫磊、段晖、彭芃、孙垂江、周军、刘晓佳、孟好参加了部分章节的修订、资料收集和文字处理工作，在此一并表示衷心的感谢。由于编著者水平有限，疏漏、不足之处在所难免，敬请理论研究者、实际工作者和读者批评指正。

彭和平

2015 年 8 月

第四版前言

按照“21世纪公共行政系列教材”的要求，本书第四版有两个方面的重要变化。其一，书名由《公共行政管理》改为《公共行政学》，本书第一版原想将书名定为《公共行政学》，后因当时国内有关著作多用“行政管理”作为书名的主体部分，且本书又是中国人民大学与加拿大麦吉尔大学合作出版的管理学丛书中的一本，故将书名定为《公共行政管理》。本书出第二版、第三版时考虑到第一版受到读者欢迎，已重印多次，为保持连续性，书名仍保持不变。这次再版将书名改为《公共行政学》，更符合本书的内容和本套丛书的要求。

其二，公共行政学是一门实践领域历史悠久、研究领域至今仍在不断发展完善的新兴学科，为使本书内容系统反映公共行政领域在理论和实践方面的最新发展与变化，本书第二版、第三版增补了若干章节，总体字数不断增加。这次再版增补了新的内容和数据，使本书的结构更合理、内容更丰富，更具有理论性和可读性。

在本书第四版的修订过程中，得到了刘晶、郭晓明、朱海燕、唐睿等中国人民大学出版社及社会各界朋友的热情鼓励和支持，戴恩樑、孙丽、武晓、钟晓洁、彭芃、李爽参加了资料收集和文字处理工作，在此一并表示衷心的感谢。由于作者水平有限，疏漏、不足之处在所难免，敬请理论研究者、实际工作者和读者批评指正。

彭和平

2011年4月

第三版前言

公共行政学是一门在理论和实践方面不断发展的学科，我国政府和各国政府在公共行政实践领域积累的丰富经验和不断推进的改革创新，为公共行政学的发展提供了大量的理论素材，使之不断产生出一些新的思想观点和理论学派。本书第三版的修订，使我们有机会从 2008 年的视角审视整个学科的发展，充实、丰富全书的理论阐述和内容。

《公共行政管理》第三版对全书的整体结构和框架未做大的变动，为使本书内容系统反映公共行政领域在理论和实践方面的最新发展和变化，在参阅、借鉴近几年出版的重要文献和理论著作的基础上，以小节的形式补充了有关“新公共管理”、“新公共服务”、“后现代公共行政”、“协同政府”、“整体政府”等较新的学术观点和理论论述，适当增加充实了我国和美国、英国、法国等一些有代表性的国家的行政管理实践和行政改革内容，同时按时间要求更新了进行理论阐述时所引用的文献资料和统计数据，便于读者掌握公共行政领域最新的理论动态和行政改革的发展趋势。

中国人民大学出版社的刘晶女士对本书第三版的修订给予了热情支持和关注，李慧平、田芳编辑作了认真的编校整理工作，甘建兵、谭彦伟、邹丹、曾献荣、何戍查阅和查找了大量的文献资料，在此一并表示衷心的感谢。由于编著者水平有限，疏漏、不足之处在所难免，敬请理论研究者、实际工作者和读者批评指正。

彭和平

2008 年 6 月 20 日

修订版序言

中国人民大学彭和平教授编著的《公共行政管理》修订版与广大读者见面，我们感到由衷的高兴，它是公共行政管理理论研究的新成就。在全面建设小康社会、大力造就大批高素质人才的今天，此书的出版具有重要的理论价值和现实意义。可喜可贺！

公共行政管理，是公共行政学研究的内容，属社会科学研究的范围。江泽民同志于2002年4月考察中国人民大学时，对社会科学的重要性作了深刻的论述，对社会科学的研究和发展作了重要指示。2004年年初，中共中央又作出了进一步繁荣发展哲学社会科学的重要指示，强调在全面建设小康社会、开创中国特色社会主义事业新局面、实现中华民族伟大复兴的历史进程中，哲学社会科学具有不可替代的作用；提出要加强哲学社会科学传统学科、新兴学科和交叉学科的建设，加强哲学社会科学的宣传和普及，建设高水平的哲学社会科学队伍，充分发挥哲学社会科学在经济和社会发展中的作用。这为哲学社会科学在研究上指明了方向，在发展上提出了目标，对理论研究者提出了更高的要求，使理论学术界深受鼓舞。彭和平教授刻苦学习、精心研究、积极探索、求真务实，在近几年调查、研究和教学实践的基础上，根据新形势的要求，对1995年出版的《公共行政管理》重新修订出版，就是贯彻中共中央这一精神的实际行动。

公共行政管理，作为一门学科诞生于20世纪初，70年代以后得到了长足发展，其内涵十分丰富，涉及政治、经济、社会等各个领域，在现代社会中具有十分重要的地位，影响社会的安定、经济的发展和人民群众的切身利益。近十几年来的研究，对各国治理模式的变革和政府治理能力的提高发挥了积极的指导作用。在中国，公共行政管理是一门正在发展的新兴学科，改革开放的二十多年来，公共行政管理理论研究和公共管理人才培训得到迅猛发展，数百所高校建立了公共管理（行政管理）学院（系），学术论著也大量出现，推动着公共行政管理理论和实践的发展。彭和平教授从理论和实践两个方面，从中国和外国的历史及现实，进行深入研究，重新修订《公共行政管理》一书，它既是学术研究的新成果，又是进行公共管理培训的好教材。本人初阅后，受益匪浅，认为该修订版体现四个鲜明特点。

一是系统性。全书共分十五章，从公共行政学的概念、内容、产生、发展及行政组织、行政领导、行政权力、行政决策、公共行政职能、行政治理模式、行政改革等方面较为系统地论述公共行政学的基本理论和方法，内容丰富，观点鲜明，分析精辟，资料翔实，是理论创新和实践总结的结果。

二是针对性。全书不是泛泛空谈，它结合中国的实际，突出了理论联系实际的要求，不仅对理论研究者提供参考，而且对公共管理人才培养、教育和公共管理实践有极好的指导作用。

三是创新性。我国是一个发展中国家，改革开放发展要求有新的理论支撑，要求吸收和借鉴各国先进管理理论、管理方法、研究方式，使之适应新形势，实现新发展。修订版坚持以邓小平理论和“三个代表”重要思想为指导，本着“求知、求精、求新”的精神，博采众长，学习借鉴中外学者、专家的新成就，弥补自己研究的不足，提升自己的研究成果，实现理论研究的创新。修订版不仅增加了三章内容，即行政权力、绩效测评和管理、行政治理模式，而且在其他章节也充实了新的内容，这都是有价值的创新。

四是可读性。深入浅出，语言朴实，通俗易懂，体现了好的学风，具有极强的吸引力。

《公共行政管理》修订版的出版，定会引起学术界的重视，在读者中产生良好的社会效应，对深化公共行政管理的理论研究、发展公共行政学科、推动公共管理教学和实践必将产生积极的影响。希望读者阅读研究，相互借鉴，取长补短，为繁荣和发展本学科作出贡献！衷心希望作者继续深入研究，开拓创新，不断取得新的成就！

郭济

2004 年 6 月

修订版前言

九年前在编写《公共行政管理》第一版时，遵循的一个基本思想是，尽可能从理论和实践的方面，系统地反映国内外公共行政领域中最经典的、最有代表性的、最新的理论、方法和研究成果，并在此基础上进行理论探讨和学术研究。随着时间的推移和公共行政领域理论与实践的发展变化，《公共行政管理》第一版的内容已经达不到这一要求，《公共行政管理》修订版的出版使我们的立足点站在了 2004 年的平台上。

本书出版第一版时，我曾想将书名定为《公共行政学》。后因当时国内有关著作多用“行政管理”作为书名的主体部分，且本书又是中国人民大学与加拿大麦吉尔大学合作出版的管理学丛书中的一本，故将书名定为《公共行政管理》。本书修订时原想加一个副标题，考虑到本书第一版广受欢迎，已重印多次，为保持连续性，书名仍保持不变。

本书的编写突出的不是“一家之言”，公共行政学目前尚未形成统一的理论体系，不同视角、不同观点、不同时代的理论和学说多种多样，本书力求博采众家所长，争取做到一册在手，可窥全貌，为理论研究者、实际工作者以及所有对公共行政领域感兴趣的人较全面地了解这门学科，进行理论探索提供捷径。

《公共行政管理》修订版保持了第一版原有的理论框架和内容。第一版共十二章，所遵循的思路是在进行理论概括（绪论）和历史回顾（西方公共行政学的产生和发展）后，先确定一个历史和逻辑起点（行政组织），然后依次丰富其结构和内容（行政领导、公共行政职能和政府职能），接着描述它的活动机理（公共政策、行政执行、行政决策）和行动能力（人事行政、财务行政），最后论述对其行为的控制和调整方式（行政监督、行政改革）。修订版在第一版的基础上增加了三章，其涉及的部分是公共行政学不可缺少的内容：一是行政权力，行政权力是行政组织的灵魂和生命线，决定了行政组织依法行政的法律地位和活动方式；二是绩效测评和管理，绩效问题涉及公共行政学研究的目的和出发点，是从理论和实践两方面推动公共行政学向前发展的重要课题；三是行政治理模式，这是进入 21 世纪后，公共行政研究一个新的、总括性的课题，具有更多的实践和现实意义。除此之外，修订版中还以小节形式增加了公共部门人力资源管理、公共产品供给与政府间财政关系、行政改革的概念等重要内容，并在第一版的每一章中几乎都增加了最新的发展和研究成果。

任何一门学科都有其特定的概念和范畴，它们是人类认识世界的网上纽结，为了便于读者理解本书的结构和内容，修订版在每一章的结尾部分增加了“关键术语”一栏，欢迎读者就这些概念的定义、内涵进行理论上的推敲。

《公共行政管理》修订版还遵循一种开放型的创作理念。每本书的完稿都意味着新的研究阶段的开始，书中所述不是结论而是进一步探讨的起点。为此，修订版在每章后面增加了“问题与思考”一栏，目的在于与读者进行理论上的沟通和讨论，欢迎有兴趣的读者通过各种方式与作者联系并不吝赐教。

中国行政管理学会会长郭济先生一直热心推动公共行政学研究，百忙之中为本书作序。在本书修订版的编写和出版过程中，中国人民大学出版社的周蔚华、费小琳、刘晶、罗海林给予了很大的支持和帮助，王传宏、李燕凌、严玉莲、李鹏、周传寿、苏云成、杨冬花、刘四海、司若霞、王家兵、关立新、刘丽娅、何红琳、郝丽、王国统参加了部分章节的编写、资料收集和文字处理工作，在此一并表示衷心的感谢。由于作者水平有限，疏漏、不足之处在所难免，敬请理论研究者、实际工作者和读者批评指正。

彭和平

2004 年 6 月

中方第一版序言

为了适应社会主义市场经济条件下企业管理的需要，培养德、智、体全面发展的务实型高级管理人才，必须改革目前的管理专业设置和课程体系。

管理专业的学生应认真研究中国经济建设与社会发展的方向和特点，跟踪现代管理理论和实践的发展趋势，不仅要在理论上有所建树，而且要有较强的实际工作能力。为此，管理专业的学生在校期间，要系统地学习经济学、管理学、财政金融、会计、生产管理、市场营销管理、信息系统管理、国际工商管理以及战略管理等相关管理学科的知识。

改革开放的发展，要求在实现管理现代化的过程中，必须大胆吸收和借鉴当今世界各国的一切反映现代社会化生产规律的先进经营方式和管理方法。为此，在中加大学管理教育项目进行第二周期活动的过程中，中国人民大学工商管理学院与加拿大麦吉尔大学管理学院相互合作、共同编审出版这套既适合中国国情、又吸收外国先进经营方式和管理方法的管理学丛书，以期推动并完善中国工商管理硕士课程的建设。

在与加拿大麦吉尔大学管理学院友好合作的过程中，我们衷心地感谢该管理学院院长W. B. 克劳斯顿博士、副院长耶格博士，以及其他编委为本丛书的顺利出版所做出的贡献；感谢该院其他朋友们在本丛书的编辑出版过程中给予的诚挚合作；最后，我们还要感谢加拿大国际开发总署通过麦吉尔大学为本丛书的出版所给予的财务资助。我们殷切地期望中加大学管理教育项目会顺利持久地开展下去，并在更广阔的领域里获得更大的成功。

中方编辑委员会

1994 年 3 月

加方第一版序言

本书是中国人民大学与麦吉尔大学合作出版管理学丛书之一。这套丛书是中加大学管理教育项目第二周期（CCMEPⅡ）麦吉尔大学与中国人民大学交流项目里的一项活动内容，由中国人民大学编写，共计 16 本。这套丛书的重要意义就在于，它结合了中国的实际，符合管理教育中十分强调的理论联系实际的要求。

在本套丛书的研究、写作与编辑过程中，中国的吉林大学、兰州大学与加拿大的卡尔顿大学和舍尔布鲁克大学也做出了重要的贡献。在此之际，谨以这六所相互合作的院校的名义，我愿对加拿大国际开发总署（CIDA）和中国国家教育委员会的鼎力支持表示衷心的感谢。在他们的大力帮助下，我们的校际交流项目经历了由 1983 年开始的加中大学管理教育项目第一周期的活动；经历了由 1988 年开始的加中大学管理教育项目第二周期的活动；最后在 1991 年 9 月建立了中国的工商管理硕士学位（MBA），以及本套丛书的出版。所有这些成就都表明中国的管理教育在不断发展变化。

中国人民大学在工商管理硕士这一崭新学位的建设上花了很大的气力。该校派教授到加拿大的大学里考察学习，参与课堂实践，撰写研究论文，研究加拿大 MBA 的教育体制。这些教授回到中国之后，大胆地革新教学的方法与手段，不断地摸索中国工商管理硕士教育的道路。中国人民大学教授们的努力，定会带来丰硕的成果，为中国培养出更多的新型管理人才。

中国人民大学强调教学与科研并重，因此，在这套丛书里反映了作者们的研究成果，使广大读者开卷有益。实际上，中加大学管理教育项目中的一个主要目标就是，在科研与培训中形成这种乘数效应。最后，我真诚地希望所有的教授与学生对此书提出批评与建议，这将对开拓管理学与管理教育极为有益。

CCMEPⅡ国家项目协调员
麦吉尔大学管理学院院长
W. B. 克劳斯顿博士
1994 年 4 月

第一版前言

公共行政学是从社会公共事务管理的角度研究现代政府运行机制和管理活动的学科。虽然在人类社会发展的历史过程中，政府的组织形式很早就作为“公共权力”的化身出现了，但是，从“公共行政”和“公共服务”的角度对其进行较为系统的研究才100多年的时间，因此，公共行政学至今仍是一门处于不断发展、完善中的新兴学科。

公共行政学的特点是综合运用哲学、政治学、经济学、管理学、法学、社会学、行为科学等多种学科的知识研究国家行政组织的现实活动和公共行政领域的实际问题，由于各个国家有不同的国情、政治制度、历史发展进程和文化背景，公共行政学很难形成统一的理论体系和研究内容。在国内外公共行政学或行政管理学的教科书和经典论著中，不仅范围宽狭出入很大，而且侧重点也各不相同。本书作为中国人民大学与加拿大麦吉尔大学合作出版管理学丛书中的一部，论述范围主要集中于公共行政学普遍涉及的最主要的内容，较为系统地论述公共行政学的基本理论和方法，突出对国家行政组织及其活动过程的基本分析，在立足于我国实际状况研究的同时，适当介绍一些国外有关的研究理论和研究成果。

在本书的编写和出版过程中，中国人民大学工商管理学院副院长施礼明教授给予了热情支持和鼓励；中国人民大学出版社的王爱玲同志对本书提出了许多宝贵意见，付出了辛勤的劳动；吕雁、钟仁、马丹、李华、彭程等帮助做了大量的资料整理和抄写工作；本书是在参阅国内外许多有关著作、文献的基础上完成的，在此一并表示感谢。由于作者水平所限，时间仓促，尽管做了努力，书中仍有不成熟、欠妥之处，敬请理论研究者、实际工作者和读者批评指正。

彭和平

1995年3月

目　录

第1章

绪 论

公共行政学，在我国一般称为行政学或行政管理学，亦有公共管理学、政府管理学、公共事务管理学等多种提法，是一门研究国家行政组织及其社会公共事务管理活动的科学。从某种意义上说，就是研究政府及其管理活动的科学。社会公共事务管理是随着人类社会早期公共事务和公共权力的出现而产生的古老的行政管理活动，随着资本主义国家的出现发展为现在意义上的政府管理活动，而公共行政学是在19世纪末20世纪初的新的社会历史条件下形成的学科。它虽姗姗来迟，却源远流长。我国是它的古老的源头之一，同时也是使它获得进一步发展的具有独立特色的国家。在社会公共事务管理发展的长河中，公共行政的出现是一个历史的进步，但只有社会主义国家才真正具有公共行政的本意。在公共行政或政府管理领域，有没有普遍适用的有效的行政体制或管理体制，有没有统一的理论原则和模式，有没有提高行政或管理人员绩效的一般方法，是无数理论工作者和实际工作者所要探求而又未得到确切答案的问题。被誉为“政府再造大师”的美国学者戴维·奥斯本在《改革政府：企业精神如何改革着公营部门》（1992）一书中认为，许多理论和实际工作的先驱者，他们所解决的每一个问题或所做的每一项工作，都是行政管理或政府管理这个新大陆的一部分，他们并不知道总体的情况是什么样子，但是，如果把他们的发现拼接在一起，将构成一幅反映这个新大陆全貌的、完整的地图。本书的目的正是在于，通过描述有关这一大陆的各个部分的最经典的、最有代表性的或最新的理论和模式，勾画出它的系统轮廓，揭示其基本状况和整体特征，奠定进一步探索其全部奥秘的理论基础。

1.1 行政与公共行政的基本概念

任何一门学科，都有其特定的概念、定义、原理、目标、对象、范围和任务。概念的规范性、定义的确定性、原理的适用性以及目标、对象、范围和任务的明确性往往决定着该学科的科学性与可操作性。概念和范畴是人类认识世界的网上纽结，也是从理论上建立一个科学体系的基石。为了加深对公共行政学的认识，有必要对其最基本的概念作一些理论上的探讨。

1.1.1 行政的含义

一般认为，现代意义上的公共行政学产生于19世纪末20世纪初的欧美国家，其概念和理论在形成初期和发展过程中，自然要受到欧美国家特定的社会历史条件以及一些重要的政治思想家、政治学家和公共行政学家的思想理论的影响。因此，要想了解公共行政学的基本内容，首先，应对其主要的概念和理论进行还原性的历史的回顾和考察；其次，作为一门独立的科学，行政学有着十分广泛的历史性和世界性的背景，其概念和理论并不仅仅局限于某个国家或某些学者的论述范围内，它必然随着各国的实际运用及各国学者的理论研究不断地丰富和发展，因此必须对这些概念和理论进行综合性的、动态的研究和考察。科学既没有国界，又没有专利。任何科学理论的发展，本身都是一个兼收并蓄、融会贯通、推陈出新、不断完善的过程，就好像每个人都有一个出生地，但是，其思想的发展和活动范围并不局限于当地环境和条件的限制，有着一个无限发展的空间。

公共行政学的英文是 public administration，由“public”（公共的）和“administration”（行政）两个词构成 。“administration”（行政）是一个出现得很早、对其词义的解释非常广泛的概念，它源于拉丁文“administrare”。古希腊学者亚里士多德在其著作中即曾使用过这一词汇。《牛津词典》将“行政”一词定义为“一种行政执行行为”，即“对各种事务进行管理”或“对执行、运用或处理进行指导或监督”。《韦伯斯特词典》对“行政”一词的定义基本与其类似。① 作为一个英文词汇，我国《新英汉词典》注明的通用译法主要有5种词义。作为公共行政学的一个特定概念，对行政的解释在具体陈述上多种多样，如美国学者A. 邓瑟在其著作《行政：词义和科学》一书中，分析了它的15种不同的含义。

从英文意义上理解，“行政”（administration）和“管理”（management）是有区别的。“行政”本身即包含管理的意思，但它主要是和政府或行政机关的活动有关，而“管理”除指一般性的管理之外，主要和工商企业的活动有关。《牛津词典》对“管理”一词的定义是：“通过某个人的行为处理、控制事物的过程，并实行监管。”《韦伯斯特词典》的定义内容更多一些：“即将某种事务作为一种事业进行管理、处理或监督的行为或艺术，特别是在对结果负责的情况下计划、组织、协调、指挥、控制和监督任何工业或企业计划或活动的执行职能。”② 在《新英汉词典》中注明的通用译法主要有四种：管理；运用；手段（经营手腕）；（工商企业的）管理部门（资方）。从职能角度看，行政和管理的具体内容应有不同的侧重，两者各有各的范围，但从逻辑角度看，两者是从属和包含关系，行政是一种特殊形式的管理活动，是整个人类管理活动的一部分。正如欧文·休斯所说：“‘行政’的职能比‘管理’狭窄，限制也多。”③

---

① 参见［澳］欧文·休斯：《公共管理导论》，5页，北京，中国人民大学出版社，2001。

② 转引自上书，6页。

③ 同上书，5页。

需要指出的是，在现在几乎所有管理学的教科书中，都提到管理有5种职能，即计划、组织、指挥、协调和控制，这种分析最初由法国学者亨利·法约尔提出。但是在法约尔的法文著作中，他使用的法文是“fonction administrative”，标准译法应为“行政的职能”而不是“管理的职能”。法约尔的原著最早有两个译本：一个是库布拉夫的译本(1930)，一个是斯托尔斯的译本（1949），前者译法仍是行政的原意，而后者在翻译时把“行政”译为“管理”，英文用词与法文用词有出入。尽管斯托尔斯的译文与法约尔的本意有出入，但是，人们最终把它作为法约尔著作的标准英文译本，并且一直延续至今。如果按照法约尔的本意理解，行政虽然意味着管理，但是，它所包括的范围很小，并且适用于处理较重要的事务，在高级管理人员的活动中占有较大的比重。有一种理解认为，行政管理并不局限于公共事务或政府事务的管理，私人部门或企业管理活动中同样包含着行政管理，这种解释也有助于公共行政和私人行政之间概念上的区分。

在国外，对“行政”含义的解释大体有以下几种：(1）行政等同于管理。“行政被认为是一种具有高度理性的人类合作努力”（德怀特·沃尔多)。(2）行政是政府事务管理。“行政乃是为完成或为实行一个政权机关所宣布的政策而采取的一切活动”（伦纳德·P·怀特)。(3）行政是与政治相区别的表现某种职能的概念。“行政是执行国家意志的职能”（弗兰克·J·古德诺)。(4）行政是一种执行活动。“行政是决定和政策的执行程序”。(5）行政是与立法、司法相区别的一种活动。行政是“行政人员的责任或职责，特别是政府的执行职能……它既不是立法的，也不是司法的”。美国1985年出版的《公共行政学词典》把行政定义为“政府及公共机构事务的管理和指挥”，可以说是对各种解释的基本概括和陈述。

在我国，“行政”一词普遍称为行政管理。由于我国对行政范围的理解比较宽泛，除政府机构外，还包括企事业单位中的科室部处等职能部门，因此，虽然在专业教科书中强调行政管理有管理国家事务的特定含义，但是，在社会的实际运用中，除上述含义外，行政管理往往泛指办公室、机关事务或后勤服务等方面的管理工作，这种行政管理的提法不太规范，本身有强调管理的意思。

1.1.2 公共的含义

“公共行政”是公共行政学中的专门术语，由于在“行政”前面加了“公共”二字，使“行政”本身的含义更为丰富。美国著名的公共行政学家德怀特·沃尔多在《公共行政学研究》(1955）一书中给“行政”下了一个定义后，紧接着就提出了三个相互联系的问题：什么是“公共”行政？“公共”（public）这一修饰词表示什么特征？公共行政怎样区别于一般行政，又怎样区别于私人行政？①

“public”的英文本身包含有公（有）的、公众（事务）的、政府的、公家的、公立的、社会的、公用的、公共的、公开的等多种意思，它的反义词是“private”（私人的)。其概念外延的直观理解比较明确，但在具体探讨内涵时会遇到难以回答的问题。沃尔多对此评论说，我们可以用不同的方法探索“公共”的意义，他列举了三个方面：(1）可以根

① 参见［美］杰伊·M·沙夫利兹等编：《国外公共行政理论精选》，191页，北京，中共中央党校出版社，1997。

据政府和国家之类的词语给“公共”下定义，这就要求进一步探讨主权、合法性、普通福利等法律、哲学概念及普通政治理论方面的问题。（2）可以按照在某种社会中人们认为有哪些公共职能或公共活动的认识简单地从经验方面给“公共”下定义，但由于人们认识的不同很难有统一的规定。（3）也可以根据政府所执行的职能或活动的常识性方法来定义，但是有许多政府行为是不稳定的或不确定的。沃尔多认为，理解“公共”的含义的最有效的方法是利用一些已在社会学、人类学等学科中得到最充分发展的概念，用他的话说，需用结构—功能分析的方法和文化概念分析的方法来分析，他的论述说明了由于各国的文字、社会观念和国情不同，对“公共”一词理解的复杂性。

在“行政”前面加上“公共”一词包括下面几个含义：

第一，和私人行政相区别。“公共”是相对于“营利的”、“私人的”或“企业的”行政来说的，亦即强调执行行政活动的主体主要是公共部门或公共服务机构而不是私人企业或私人机构。

第二，明确了行政活动的目的和性质。不同的行政活动有不同的目的和性质。如封建国家的行政管理的目的和性质是巩固王权和少数人的统治，私人行政的目的和性质是为了营利，而公共行政的目的和性质主要是为公众提供服务。然而，国家的本质是阶级统治的工具。在资本主义国家，“公共”两个字只说明了政府职能的形式而不是本质。只有在社会主义社会，生产资料公有制的基础才使公共行政具有实质性的内涵。

第三，强调行政所负的社会的责任和义务。行政活动的目的和性质决定了它应负有的社会责任和义务，因此，其工作绩效不能简单地用利润或效率作标准，而必须用服务数量、质量、满足社会需求的程度以及正义、公平等社会价值尺度作为标准来衡量。

第四，强调公众的参与性。行政的整个活动过程和广大公众的利益有密切联系，这种参与主要表现在公众对政府决策的影响，通过立法、司法机构对政府行为的约束以及通过各种渠道对政府活动的舆论监督等。

第五，强调行政活动的公开性。国外有人形容说，“公共行政官员近似于在金鱼缸里生活”，这都需要公开性。公开性一方面说明行政官员的工作要有透明度，让公众知晓；另一方面说明要让立法机关、司法机关、新闻媒介和公众了解主要的行政工作，并随时接受检查、调查和监督。

由于“公共”一词具有上述这些主要内容，因此“公共行政”一词本身的含义比“行政”一词要丰富得多。可以说，在“行政”前面加了“公共”二字，使其含义发生了质的变化。

1.1.3 国内外学者关于公共行政的解释

关于什么是公共行政，国内外学者有多种多样的解释和定义，现将其中有一定代表性的论述列举如下：

1. 国外学者关于“公共行政”的定义

以下选用国外某些有一定影响的专家学者的论述，按时间顺序排列。

第一，公共行政的过程就是实现政府意图或愿望的种种行为。因此，公共行政就是政府的持续不断地活跃着的“业务”工作，这种业务工作是通过一系列组织和管理程序同法律的执行联系起来。至于这种法律，则由立法机关（或者其他权威性的机构）制定并由法院进行解释。①

第二，公共行政是实现政治决定的目标。②

第三，公共行政可定义为制定和执行公共政策的艺术与科学。③

第四，公共行政可定义为与执行立法机关、行政部门和法院所采用或颁布的法律及其他规定相联系的一切过程、组织和个人（后者以官员职位和角色行动）。对这个定义应该理解为还包括制定和执行立法与行政命令中的许多管理事务。④

第五，公共行政是权威性地执行通过政治过程合法选择的政策。⑤

第六，公共行政（1）是在公共环境中共同合作的群体努力。（2）包括所有三个部门——行政执行的、立法的和司法的——以及它们的相互作用。（3）在制定政策方面有重要作用，因此是政治过程的一部分。（4）明显地不同于私人行政。（5）在提供社会服务方面，与许多私人团体和个人有密切关系。⑥

第七，公共行政的目的是促进对政府以及政府与其所管理的社会的关系的深入了解，鼓励制定更为关心社会需要的公共政策。⑦

第八，公共行政是运用管理、政治、法律的理论和过程遵行立法、司法部门的政府命令，以履行对整个社会及其各个部分进行规制管理和提供服务的职能。⑧

第九，公共行政就是官僚制或官僚政治……公共行政在很大程度上可以说是大规模的行政管理……⑨

第十，公共行政就是官僚制或官僚政治，是公共的，是对政务事务的管理。从本质上说，公共行政包括向上的政策形成、制定之后的形式及（作为执行组成部分）向下做出政策事务的决策。⑩

上述定义可说是众说纷纭。实际上，至今还没有可以为多数人所接受的关于公共行政的简明定义。费利克斯·A·尼格罗和劳埃德·G·尼格罗从五个方面来把握公共行政的定义，显然这是一种综合性的定义，基本概括了多数定义中的主要内容。

美国学者理查德·J·斯蒂尔曼二世也持相同的看法。他在列举了近二十年主要的公

---

① 参见［美］德怀特·沃尔多：《公共行政学》，10页，北京，中国社会科学出版社，1988。

② Jay M. Shafritz, *The Facts on File Dictionary of Public Administration*, Facts On File, Inc., 1986, p. 439.

③ 参见［美］罗伯特·普雷斯托斯：《公共行政学》（1975），见 Jay M. Shafritz, *The Facts on File Dictionary of Public Administration*, p. 439。

④ 参见［美］乔治·J·戈登：《美国公共行政》（1978），见 Jay M. Shafritz, *The Facts on File Dictionary of Public Administration*, p. 439。

⑤ 参见［美］拉里·B·希尔、F·特德·赫伯特：《公共行政的本质》（1979），见 Jay M. Shafritz, *The Facts on File Dictionary of Public Administration*, p. 439。

⑥ 参见［美］费利克斯·A·尼格罗、劳埃德·G·尼格罗：*Modern Public Administration*, Harper & Row, 1984, p. 11。

⑦ 参见［美］尼古拉斯·亨利：*Public Administration and Public Affairs*, Prentice Hall, 1989, p. 20。

⑧ 参见［美］戴维·H·罗森布鲁姆：*Public Administration: Understanding Management, Politics and Law in the Public Sector*, Clarinda Company, 1993, p. 6。

⑨ 参见［美］詹姆斯·W·费斯勒、唐纳德·F·凯特尔：《公共行政学新论：行政过程的政治》（第二版），3～11页，北京，中国人民大学出版社，2013。

⑩ 参见［美］费勒尔·海迪：《比较公共行政》（第六版），译者前言，北京，中国人民大学出版社，2006。

共行政学教科书关于“公共行政”的12种定义后做了一个归纳：“一般来说，以上定义试图把公共行政等同于：（1）政府的行政部门；（2）形成和执行公共政策；（3）广泛涉及与人的行为和合作有关的问题；（4）一个可以在一些方面区别于私人管理的领域；（5）公共产品的生产与服务；（6）植根于法律并与执法有关。”①

德怀特·沃尔多在其早期研究中曾做过一个概括，认为公共行政存在着“两种典型定义：（1）公共行政是为达到政府目的而对人与物质的组织与管理。（2）公共行政是管理国家事务的艺术与科学”②。在他看来，在公共行政学的定义上有一个传统的争论：公共行政是艺术还是科学？其原因在于“‘公共行政’这个词有两种用法”，“（1）知识探索的一个领域、一门学科或一种研究；（2）一个过程或一种行为——管理公共事务。这两种含义紧密相关，却又各不相同”③。由于公共行政研究几乎涉及社会领域的各个方面及其跨学科的性质，更导致了研究重点和定义上的千差万别，以至美国学者弗雷德里克·C·莫舍认为：“也许最好是不要给它（公共行政）下定义。它更多的是一个兴趣的领域而不是学科的领域，更多的是一个问题的焦点而不是一门科学……它必然是跨学科的。”美国匹兹堡大学教授沙夫里茨认为，如果满足于简单化定义，公共行政“是政府的行为，即管理公共事务或执行公共政策”。但是，“因为公共行政的范围很广，不可能只用一种定义包含其全部内容”④。他列举出18个定义并把它们分为政治性定义、法律性定义、管理性定义和职业性定义四种类型。

以上对公共行政定义方面的论述，是为了便于读者从多种角度探讨公共行政领域，对此学科的研究范围和内容有较广泛的了解。如上所述，一门学科的科学性及应用性是与其概念的规范性、定义的确定性密切相关的，对公共行政的定义还应做更深入的探讨。

2. 我国学者对“公共行政”的理解

我国行政学方面的著作过去一般对“行政”和“公共行政”未作明确区别，统称为“行政”或“行政管理”。目前，“公共行政”已逐渐成为较为流行的概念。现将一些定义按时间顺序列举如下：

（1）行政管理是国家的基本职能之一，是对国家事务的一种有组织的管理活动，目的是实现统治阶级的意志。⑤

（2）行政是“行使国家权力、从事国家事务管理的活动”⑥。

（3）行政“是指国家行政部门管理国家事务、政府事务和社会事务的活动”⑦。

---

① ［美］理查德·J·斯蒂尔曼二世：《公共行政学：概念与案例》（第七版），4页，北京，中国人民大学出版社，2004。

② ［美］德怀特·沃尔多：《什么是公共行政?》（1995），见［美］杰伊·M·沙夫利兹等编：《国外公共行政理论精选》，183页。

③ 同上书，184页。

④ ［美］杰伊·M·沙夫里茨、E. W. 拉塞尔、克里斯托弗·P·伯里克：《公共行政导论》（第六版），5页，北京，中国人民大学出版社，2011。

⑤ 参见应松年等编著：《行政管理学》，4页，北京，北京师范学院出版社，1986。

⑥ 田禾：《中国社会主义行政管理学导论》，2页，重庆，西南师范大学出版社，1986。

⑦ 谭健主编：《现代行政管理手册》，1页，沈阳，辽宁人民出版社，1987。

（4）（行政是）国家政务的管理活动。[①]

（5）所谓行政管理，是指国家依据宪法和有关法律，通过各级行政机关对国家事务、社会事务和政府事务进行管理的活动。[②]

（6）行政管理是从社会管理中演化出来的一种特殊管理，随着国家的产生而产生，是一种高层次的管理。它的基本含义应该理解为：是国家政府系统对社会公共事务的管理。[③]

（7）行政管理也即行政，主要是指国家行政机关对国家政务的管理活动。这里包括国家行政机关对国防、外交等国家事务的管理；对经济、科教文卫、治安、环保等社会公共事务的管理；对行政机关自身的机构设置、人员、经费、财物、工作程序等国家行政系统内部事务的管理。[④]

（8）所谓行政，是指国家行政系统行使公共权力，执行国家意志，推行国家政务，管理社会公共事务的活动。[⑤]

（9）狭义的行政是指政府的内部管理，广义的行政概念是指政府对包括自身在内的整个社会的管理。[⑥]

（10）（行政）是国家行政机关依据国家法律和运用国家法定的权力，为实现国家的社会目标和统治阶级的利益，对国家和社会事务所进行的一系列组织和管理活动。[⑦]

（11）公共行政是指政府依法以一定的组织形式行使行政权力，管理公共事务，提供公共服务的活动。[⑧]

（12）公共行政泛指各级国家行政机关以公共利益为目的，依据宪法及法律的规定，通过科学、及时地制定和准确、有效地执行公共政策，管理公共事务、维护公共秩序、保证公共安全、提供公共产品、实施公共服务的活动。[⑨]

（13）行政管理是指国家行政组织以实现国家的意志和人民的需求为宗旨，就国家事务和社会公共事务，依法进行的所有管理活动的总称。[⑩]

（14）行政管理是指各级政府部门在执行法定职能及其具体运作的过程中，对所经历的程序、环境，以及所处理的事项和解决的问题等的管理活动。[⑪]

上述这些定义的基本公式是“谁”管理“什么”，主要涉及行政管理的主体及其任务和活动范围。与国外学者关于“公共行政”的定义相比较，我国学者侧重于“谁”（主体）管理“什么”（范围）的问题，而国外学者则侧重于如何管理的问题，如强调执行法律、

---

① 参见黄达强、刘怡昌主编：《行政学》，3页，北京，中国人民大学出版社，1988。

② 参见蒋翰庭主编：《行政管理学基础》，6页，北京，机械工业出版社，1989。

③ 参见向美卿主编：《现代中国行政管理学教程》，2页，北京，法律出版社，1990。

④ 参见许文惠主编：《行政管理学》，1页，北京，红旗出版社，1992。

⑤ 参见张德信、李兆光主编：《现代行政学》，3页，北京，红旗出版社，1993。

⑥ 参见张康之、李传军、张璋编著：《公共行政学》，3页，北京，中国人民大学出版社，2002。

⑦ 参见张永桃主编：《行政管理学》，4页，北京，高等教育出版社，2003。

⑧ 参见杨寅主编：《公共行政学》（第三版），3页，北京，北京大学出版社，2005。

⑨ 参见张国庆主编：《公共行政学》（第三版），6页，北京，北京大学出版社，2007。

⑩ 参见申智军、倪小宇主编：《新编行政管理学概论》，9页，北京，中国人民公安大学出版社，2012。

⑪ 参见夏书章主编：《行政管理学》（第五版），1页，广州，中山大学出版社，2013。

实现政治决定的目标、制定并执行公共政策等。这些定义反映国内外学者研究的侧重点的某些区别，但在研究的基本内容上存在许多共同的方面。

1.1.4 公共行政的定义

综上所述，“公共行政”可概括为国家或公共行政组织在宪法和有关法律的规定范围内对国家和社会公共事务的管理活动。这个定义包括“谁在管理”、“如何管理”、“管理什么”三个方面。其一，国家或公共行政组织是行政管理的主体，由于各国政治体制和行政体制各不相同，行政管理的主体也不同，用这种较为抽象的概念可以更多地概括它们的本质和共同点；其二，行政管理的主体并不是国家的最高权力机关，而是与立法、司法部门相对而言的行政执行部门或最高国家权力的执行机关，它对执行宪法和各种法律负有责任，在宪法和法律规定的范围内依法进行管理是各国行政组织的一种普遍特点；其三，管理国家和社会公共事务突出了“公共”的特性，涉及公共权力的运用、公共利益、公共政策、公共产品、公共服务、公共监督等问题。在以私有制为基础的国家中，强调“公共行政”是一种历史的进步，它本身是资本主义民主政体思想的一种反映。它一方面与封建君主制国家的行政管理相区别，另一方面与私人行政相区别。在我国，由于国家政治体制和行政体制是以公有制为基础的，行政管理本身具有“公共”的性质，因此从某种意义上说，和“公共行政”是同义语。但是，我国在对“行政”的理解上，长期以来有一种传统的认识，或是单纯地将其等同于“治理”，或是将其等同于“一般事务或后勤事务管理”。如果不加“公共”二字，容易和传统的认识相混淆。另一方面，随着我国由传统的计划经济体制向市场经济体制过渡，多种经济成分的出现和发展，私人行政的领域在逐步扩大，国家行政机关对国家和社会公共事务管理的职能、范围、方式、界限也在发生着变化。这种情况说明，公共行政和私人行政作为两个研究领域已成为一种趋势。

1.1.5 公共管理与“新公共管理”

20 世纪 80 年代以来的公共行政研究领域中，“公共管理”（public management）一词，日益为学者们所重视并逐渐成为一个流行的概念。对“公共管理”和“公共行政”这两个概念而言，其“公共”二字的含义是相同的，二者的区别一方面在于对“行政”和“管理”词义上的理解（前文已有论述），另一方面在于学术研究的侧重点和实践中所提出的问题有所差异。

1. “公共管理”概念的产生和学派的形成

公共管理学者波兹曼（Barry Bozeman）认为，“公共管理”概念的产生可以追溯到 20 世纪 70 年代美国大学中的两种不同的研究途径：一种称为政策途径（the policy approach），简称为 P 途径；一种称为企业途径（the business approach），简称为 B 途径。P 途径是在哈佛大学肯尼迪学院、密歇根大学公共政策研究所、明尼苏达大学汉弗莱研究所、加州大学伯克利分校的公共政策学院等公共政策研究机构研究政策执行的热潮中发展出来的。这种研究更为重视政策执行的经验、结果和绩效问题，而不是单一地研究组织机构和进程。70 年代中期，公共政策学院的教师开始使用“公共管理”一词，并开设公共管理课程。①

同样是在20世纪70年代，美国一些大学的企业行政管理学院（School of Business Administration）受管理思潮的影响，开始重视工商政策与管理战略，纷纷改名为管理学院（School of Management）。B途径即在这一过程中应运而生。② 它强调将工商管理和经济学的概念、理论和方法应用于公共部门管理的研究中。这两种途径的共同特点是用“管理”一词替代“行政”一词，体现出这两种用语的区别，同时也体现出研究侧重点的变化。

1991年9月20日至21日在美国锡拉丘兹大学马克斯韦尔学院召开了第一次美国公共管理学术研讨会，并于1993年出版会议论文集《公共管理：学科的现状》。1993年10月在美国威斯康星大学召开了第二次学术研讨会，会议论文集《公共管理（学）的现状》则在1996年出版。此后，公共管理学者们每两年举行一次全国性的学术研讨会，并陆续发表、出版了许多重要的有关公共管理的著述，逐步形成了一个新的学派，其主要代表作有波兹曼和斯特劳斯曼的《公共管理战略》(1990)、林恩的《作为艺术、科学和职业的公共管理》(1996)、雷尼的《理解和管理公共组织》(1991；1998）等。

2. 传统的公共行政理论面临的挑战

20世纪80年代末，美国《时代》周刊在其封面上标出一个大问号——政府死亡了吗？这个问题揭示出美国政府面临的信任危机。自1978年开始的美国抗税运动到1991年已经使美国19个州实施了限制赋税与开支的法案。美国公众对此表现出一种要求政府多出业绩少收赋税的强烈愿望。类似的信任危机在许多欧美国家中不同程度地存在着。作为一种回应，20世纪80年代以来，英国、美国、新西兰、澳大利亚等许多国家的中央政府和地方政府相继进行了一系列的改革尝试，与此同时，公共行政研究领域中出现了许多新的理论和思潮，逐渐形成了政府再造与新公共管理运动，由此产生了一种新的公共部门管理模式，有“新公共管理”(Hood，1991)、“企业化政府”(Orborne and Gambler，1992)、“以市场为本的新公共行政”(Lan Zhiyong and Rosenbloom，1992)、“后官僚制典范”(Barzelay，1992)、“管理主义”(Pollitt，1993）等各种不同的称呼。

“新公共管理”的概念是胡德1991年在对经合组织（OECD）国家20世纪80年代推行的行政改革进行概括比较的基础上首次使用的。“新公共管理”主要体现为当时欧美各国针对不同国情展开的一系列行政改革运动的统称，其理论形式实质上是对这些改革运动的表述与总结，主要代表作有胡德的 *A Public Management for All Seasons?* (1991)、戴维·奥斯本和特德·盖布勒的《改革政府：企业精神如何改革着公营部门》(1992)、波立特的《管理主义和公共服务：盎格鲁和美国的经验》(1990)、弗利耶等人的《行动中的新公共管理》(1997）等。

有的学者认为“新公共管理”具有下列一些主要观点：“注重管理而不是政策，注重绩效评估和效率；将公共官僚制组织划分为一些在用户付费的基础上相互协调的机构；利用准市场化和签约包出工程的方式促进竞争；削减成本；具有一种特别重视产出目标、限

---

① 参见陈振明主编：《公共管理学》(第二版)，北京，中国人民大学出版社，2003。

② 参见张成福、党秀云：《公共管理学》，10页，北京，中国人民大学出版社，2001。

期合同、金钱刺激和自主管理的管理风格。”①

英国教授胡德将“新公共管理”的基本特点归纳为：“（1）在公共部门中实施专业化管理，让公共管理者自己管理并且承担责任；（2）确立明确的目标，设定绩效测量标准并且进行严格的绩效测量；（3）特别强调产出控制，对实际成果的重视甚于对过程或程序的关注；（4）打破公共部门中的本位主义，对部门进行撤分与重组，破除单位与单位之间的藩篱；（5）在公共部门中加入竞争机制，降低管理成本，提高服务质量；（6）强调对私人部门管理方法和风格的吸收和运用；（7）强调对资源的有效利用和开发。”②

这些观点代表一种思潮、一种改革趋势，它的产生具有下列时代背景：

第一，政府管理的效率或绩效低下，引起公众不满并导致信任危机，政府现有规模、角色和作用受到质疑和责难。

第二，传统的公共行政理论使人感到泛泛、空洞，不能解答政府管理和政府改革过程中的实际问题，暴露出理论上的局限性。

第三，随着市场经济的发展，市场经济规律及私人或民营部门在公共事务管理领域中所发挥的及所可能发挥的作用引起新的关注。

第四，公共选择理论、委托—代理理论、交易成本理论等“新古典经济学”或“经济理性主义”的经济学观点及全面质量管理、标杆管理、战略管理等管理理论在公共行政领域受到重视和运用。

第五，英国、美国、澳大利亚、新西兰等国家 20 世纪 80 年代推行的一系列民营化、市场化、企业化、分权化的行政改革运动方兴未艾。

这些时代特征是“新公共管理理论”概念产生和“公共管理”学派形成的深层次原因，同时也是推动政府管理和公共事务管理研究的动力和源泉。

3. “公共行政”与“公共管理”的区别与联系

由于“公共管理”已经成为一个专门术语并有形成一个学派的趋势，且有些学者不同程度地用“公共管理”的概念取代“公共行政”，自然地导出二者到底是何关系的问题。一种典型的观点是仍然把公共行政学派作为整体的学术框架，把公共管理的观点、理论、方法或研究成果作为一个分支或一部分内容纳入整个体系之中，充实和完善公共行政学的理论。主要代表及其论著有戴维·罗森布鲁姆、罗伯特·克拉夫丘克的《公共行政学：管理、政治和法律的途径》（2002），尼古拉斯·亨利的《公共行政与公共事务》（2001）等。

另一种典型的观点是把它们看作两个相互竞争的范式，认为公共行政代表的是一种传统的理论模式，而公共管理则代表着一种影响更大、更加适合市场经济特点或者比公共行政的术语更有新意的理论模式。这种观点着重指出公共行政传统模式的术语、概念或理论上的不足和缺陷，将之与公共管理所带来的新的挑战相比较，从历史发展和社会变革过程分析二者的关系。主要代表及其论著有欧文·休斯的《公共管理导论》（1998），波兹曼、斯特劳斯曼的《公共管理战略》（1990）等。

欧文·休斯曾说：“值得注意的是，特别是美国，在对公共部门的研究中，公共行政、

---

① ［澳］欧文·休斯：《公共管理导论》，3 页。

② 转引自丁煌：《当代西方公共行政理论的新发展》，载《广东行政学院学报》，2005（6）。

公共政策和公共管理相互之间进行学术联系的程度很低。虽然这些方法都是相互关联的，但是它们常常拥有各自不同的学术追随者。它们有各自的学术研讨会和杂志，尽管其主要的议题基本上是相同的”①。实际上，无论是“公共行政”还是“公共管理”，目前都没有统一的定义和解释，不同学派甚至同一学派学者的解释也是众说纷纭，甚至有的还相互矛盾。就拿“新公共改革管理理论”来说，实践中的新公共管理运动的实际内容远比其理论描述丰富得多，“学术界对新公共管理的含义远未达成共识，也没有对其研究范围和解释框架等进行系统的建构，因此，也就谈不上有一种清晰的范式供人参考和模仿”②。公共管理和新公共管理理论起源于欧美国家20世纪七八十年代后进行的政府改革运动，其实质是对政府职业及其如何有效运行、有效发挥作用进行理论探讨，并对实际的改革过程起到积极的推动作用，但其和传统的公共行政理论一样，仍有一定的理论局限性，并受到不少专家、学者的质疑，其中最典型的代表是登哈特夫妇21世纪初提出的“新公共服务理论”。亦有专家学者认为，“新公共服务理论”代表着一种新的主导范式、理论模式或发展阶段。需要指出的是，“公共行政”和“公共管理”的研究领域、对象、范畴基本一致，所寻求的目标也相同：一个是要吸纳公共管理的理论、方法完善自己的体系；一个是要弥补、纠正公共行政的缺陷，推陈出新，讲求实效。两者最终结果都将使政府管理或行政领域的研究发展到一个新的阶段。

1.2 公共行政学的研究内容

通过对公共行政学几个基本概念的理解，有助于了解公共行政学作为一门学科所要研究的内容、对象和范围。

1.2.1 什么是公共行政学

有关“公共行政学”的定义，学术界至今众说纷纭。尽管许多学者使用的术语不同，如“行政学”、“行政管理学”、“公共管理学”等，但从广义上说，其定义都有一定的共同性。例如，我国学者对此有如下的一些定义：

“行政学是指以行政为研究对象的一门科学，是行政概念、行政范畴和行政管理的逻辑体系，是有关行政现象和行政行为的系统的知识。”

“行政管理学是研究国家全部行政管理运行规律的科学，是研究国家行政机关对社会事务进行管理时各种组织和行为的要素及其相互关系的科学。”

“行政管理学是研究国家行政管理的科学，研究在行使国家权力对社会事务进行管理的活动中，有效地组织和协调各种要素的科学，行政管理学的宗旨在于提高行政管理的效能和效率。”

“行政管理学是研究国家权力机关的执行机关依法管理国家事务、社会公共事务和机

① ［澳］欧文·休斯：《公共管理导论》，8页。

② 陈天祥：《新公共管理——政府再造的理论与实践》，20页，北京，中国人民大学出版社，2007。

关内部事务的客观规律的科学。”①

“行政管理学，又称行政学、公共行政学，是一门研究国家行政管理活动及其规律的学科。”②

“公共行政学是研究在一定环境与制度下，国家行政组织如何对社会公共事务进行有效管理，提供有效服务的一门学科。”③

“公共管理学可以一般地定义为对公共组织尤其是政府组织的管理活动及其规律的研究，或定义为公共组织如何有效地提供公共物品的研究。”④

“就是关于公共行政制度或行政体制及其运行机制的合法性、合理性、有效性、发展性的比较系统的思想、理论、逻辑知识和方法的体系。”⑤

“公共管理学是一门研究公共组织管理公共事务的规律的学问，其目标是为公共组织有效地处理公共事务提供科学理论指导。”⑥

公共行政学所研究的内容涉及行政主体、行政现象、行政活动、行政职能、行政权力、行政要素、行政过程、行政决策、行政效率、行政责任、行政行为等各个方面，并把它们作为一个相互联系的整体进行理论抽象和分析。同时，这种研究不是一种简单的描述，它有明确的目的或目标，如提高行政管理的效率、效果、效能、公正性、民主性、执法性等。罗森布鲁姆认为：“公共行政的研究有三条相对分明的途径，各自对公共行政有不同的阐述……倾向于不同的价值和程序，不同的结构安排。”⑦ 他将这三条途径分别称为“管理的、政治的与法律的途径”⑧。应该说，它们分别涉及了政府或公共行政组织管理的不同的目标和价值取向。一般说来，管理的途径强调的是效率，政治的途径讲求的是效果，法律的途径强调的是公平。根据公共行政学的研究对象、内容、目的及其产生和发展的历史，可以说，公共行政学是一门研究国家行政组织及其管理社会公共事务的活动、过程、方式、责任和效果的科学。

1.2.2 对国家行政组织的理解

国家行政组织或公共行政组织是对行政管理主体的一种概括，各个国家的行政组织形式有所不同，在理解上也有所不同。有的学者以“政府”作为它的代名词。但是，政府的概念亦有大有小，有“广义”和“狭义”之分。在国外，广义的政府包括立法、司法、行政三个部门，如《大英百科全书》的解释为：“（政府）主要包括国家立法机关、行政机关和司法机关。政府的功能：（1）立法；（2）司法；（3）执行管理。”狭义的政府则指行政部门或国家行政机关，如《美国百科全书》中规定，“政府一词适用于管理团体和国家的机构及其活动……政府就是一个国家或社会的代理机构”。有的学者以是否具有行政职责

① 夏书章主编：《行政管理学》（第二版），6～7页，广州，中山大学出版社，1998。

② 张永桃主编：《行政管理学》，1页。

③ 杨寅主编：《公共行政学》（第三版），23页。

④ 陈振明主编：《公共管理学》，1页，北京，中国人民大学出版社，2005。

⑤ 张国庆主编：《公共行政学》（第三版），6页。

⑥ 王乐夫等：《公共管理学：原理、体系与实践》，5～6页，北京，中国人民大学出版社，2007。

⑦⑧ ［美］戴维·H·罗森布鲁姆、罗伯特·S·克拉夫丘克：《公共行政学：管理、政治和法律的途径》，16页，北京，中国人民大学出版社，2002。

来区分行政组织和非行政组织，但是，此界限也并不是能完全明确划分的。因为有些学者认为立法和司法部门，包括有些政府部门以外的组织、政治组织或公共团体也有行政职责。一般来说，国家行政组织是一种泛指，狭义的政府或政府行政机关是它的主要构成部分，其主要的界限只有在分析某个具体国家时才能确定。

与此问题相联系，对公共行政人员的概念也有不同的理解。最狭义的理解是将其视为具有行政权力、负有管理职责的政府官员。较广义的理解是将其与“公务员”等同。但是，各国公务员的名称并不一致，如文官、公务员、政府雇员、国家职员或干部等，而且其范围同样是各不相同的，有的较宽泛，有的较狭窄。例如在美国，公共行政人员的范围较为广泛，不仅包括被政府雇用的人员，而且包括被医院、大学等服务机构以及研究所、基金会、博物馆、联邦承包公司等准政府机构所雇用的人员，其中包括医生、律师、科学家、工程技术人员、会计人员、预算人员、人事官员、经理、办事员甚至体力劳动者等。因此，公共行政人员是一种统称，其具体范围依不同国家的实际情况而定，不过其主要构成仍是政府官员或政府工作人员。

1.2.3 对社会公共事务的理解

社会公共事务是一种范围极其广泛的概念。一般来说，国家行政事务都是社会公共事务，但并不是所有的社会公共事务都是国家行政事务。国家行政事务涉及国家立法部门授权国家行政部门管理的所有与国家利益和社会利益有关的事务与活动，包括经济、财政、教育、科学、文化、卫体、外事、交通、民族事务、国防建设等各个方面，它是社会公共事务的最主要的组成部分。除国家行政事务外，有许多地方性的、社会局部的公共事务也属于社会公共事务的范围，需要由国家行政组织直接管理或指导地方行政组织进行管理。

和国家行政组织及公共行政人员的概念一样，社会公共事务的具体范围也取决于不同国家的具体情况。前面我们在论述“公共”一词的含义时，曾引用过德怀特·沃尔多的一段话说明这个问题的复杂性。某个特定国家、特定地区内的人们对当地什么事务属于社会公共事务有较为明确的认识。但不同国家、不同地区的人们对社会公共事务的认识会出现差异，因此不同国家、不同地区的人们赋予行政组织的权力和职能是不同的。而且，各国政治体制和行政体制的演变和发展均要受到一定的政治理论、教育系统、社会等级、经济技术、民族传统、宗教信仰等各种因素的制约，也是造成对社会公共事务认识不一的原因之一。为便于对公共行政学研究内容的理解，可以从最普遍的意义上把握这类概念。

1.2.4 本书的结构和内容

公共行政学是从不同角度综合研究国家行政组织及其活动过程的学科，具有非常广泛的内容和研究领域。从某种意义上说，政府的活动内容和范围有多大，它的研究内容和范围就有多大。政府运行实际上是一个由政治的、法律的、经济的、管理的、社会的、心理的多样化的活动形式交织而成的复杂过程。显然很难有哪一本公共行政学的著作能把这些知识和内容全部包含进去。因而公共行政学著作很少有统一的结构体系。而且，一方面，研究的侧重点不同。如有的侧重于法律方面，有的侧重于政治、经济或管理方面；或有的侧重于理论方面，有的侧重于应用方面。另一方面，研究的覆盖面不同，有的覆盖面宽一些，有的覆盖面窄一些。为了从总体上把握政府这个多面体的全貌，公共行政学必须综合运用政治学、法学、经济学、管理学、社会学、心理学、制度学等多学科的知识和理论推进自身的研究。本书主要偏重于对国家行政组织及其活动过程的基本分析，集中研究公共行政学普遍涉及的最主要的内容。国家公共行政组织的运行机制和活动过程是一个有机联系的系统。据此，将本书分为 15 章，既便于考察各种活动运行的特殊性，又可观察到整个活动过程的内在联系。

1.3 我国行政管理思想的发展和研究现状

中国是历史悠久的文明古国。自古以来形成了一套自成体系的严密的行政管理体制和与之相联系的行政管理思想。它们对西方国家文官制度的形成和公共行政学的产生具有很大的影响。国外许多研究公共行政学的专家学者对我国古代行政管理体制及行政管理思想理论的演变过程产生了浓厚的兴趣。详尽考察并批判继承这一宝贵的历史遗产，不仅有助于公共行政的理论研究，而且有助于建立和完善适合我国国情的科学的行政管理体制。

1.3.1 中国古代行政体制

在我国原始社会晚期，由于生产力的发展和公共事务管理的需要，已经有了原始的组织形式。部落联盟首领实行“禅让制”，其下有各部落首领组成的议事会，另设专职人员分管祭祀、天文、水利、农事、民事、兵刑、山泽等，已有萌芽形态的设官分职制度。在中国古代史中，尧、舜、禹都是实行“禅让”的部落联盟首领，正如《礼记·礼运》所云：“天下为公，选贤与能。”当时，公共权力、公共事务管理的特征很明显。舜担任联盟首领期间，“洪水横流，泛滥于天下”，排洪治水是一项重要的公共事务。后来禹子承父业，致力治水，“八年于外，三过其门而不入”，终于治服水害，并因此而被推举接替舜。据《左传》记载，“芒芒禹迹，画为九州”，出现了划分行政区的萌芽。《尚书》中有禹主张为政“在知人，在安民”、“知人则哲，能官人”的记载。禹死后禅位于伯益。公元前 21 世纪，禹的儿子启夺取了伯益的部落联盟首领之位，立国号“夏”，开始实行“家天下”的世袭制。这是我国从原始社会进入奴隶社会，行政管理体制发生根本变化的标志。

自夏朝始，我国逐渐在王权基础上形成了强有力的中央集权制度。国家的本质特征是和人民大众分离的公共权力。这种分离的过程是以王权的形成和发展为标志的。我国古代对“王”字的解释有几种：其一，三横分别代表天、地、人，一竖是指一个贯通于天地人之间的人。所谓“王者，父天母地，为天之子也”，“王”被认为是天地人的主宰、最高权力的象征。其二，古文字学家吴其昌根据周金铭文中“王”的象形文字“⧏”的字形，解释说：“王字之本义，斧也。”表明王同军事有关，王权本身包含着军权。夏朝初建时，最高统治者称为“后”，到中后期时称为“王”。至秦始皇时，“采上古帝位号，号曰皇帝”，是为了更加突出大一统的、至高无上的地位。帝王的称号实质上是王权的象征，“溥天之下，莫非王土，率土之滨，莫非王臣”。王权的形成和发展标志着中国古代中央集权制的形成和发展。在这一过程中也形成了自成体系的行政体制和官吏制度，它们是王权赖以统治的基础。

在中央机构方面，启建夏朝后，称有“六事之人”，即“六卿”，此是仿照舜的做法。商代沿设“六府”，《礼记》中说，商“天子之六府，曰：司土、司木、司水、司草、司器、司货，典司六职”。当时，往往一种官职的名称也是一个机构或部门的名称。周朝时中央机构设三公六卿。秦汉时确立了三公九卿制。所谓三公，即所谓的宰相之职，在名义上分别领导九卿。中央机构设九个主要的行政管理部门，称为九卿。每一部门再分设若干个下属机构。隋唐确立了以三省六部为核心的中央行政体制，三省即尚书省、门下省和中书省，三省长官为宰相之职，六部为吏部、户部、礼部、兵部、刑部、工部，隶属于尚书省，六部的体制自宋以后基本保持不变。明朝时废除丞相制度，改用内阁制，作为皇帝的辅政部门。清朝雍正时演变为内阁与军机处双轨制。清末改设内阁总理大臣。内阁制本身已具有现代行政体制的雏形。

在对地方的管理上，周朝以前实行分封制，地方诸侯根据与王朝关系的远近，形成不太牢固的臣服和贡纳关系。天子的直属领地称为“王畿”，城区和近郊地区划为乡、州、党、族、闾、比六级，农村地区划为遂、县、鄙、酂、里、邻六级。秦始皇建立秦王朝后，实行郡县制，全国置36郡，后增至40多个，每郡派一个监察御史进行监督。汉武帝时，全国郡（国）增至100多个，于是在郡之上设州，每州辖4～10郡，每郡辖10县左右，每县辖农户1万左右。唐太宗时，为加强对全国的控制，在州之上设道，全国划分为10道，分道设按察使巡察。北宋时改道为路。元朝时高级行政区为行中书省，明朝时改为承宣布政使司（简称布政司）习惯上仍称行省，简称省，共有13个。省级长官只管民政，军事机构自成系统。清朝时内地置18省，光绪时增至23省。隋唐以前，曾出现过藩镇割据现象。宋以后，中央集权制度逐渐巩固，并一直延续下来。

1.3.2 中国古代官吏制度

中国古代历代王朝随着中央集权制度的形成和发展，逐步建立一整套等级森严、管理严密的官吏制度，其中包括选官、爵位、俸禄、考课、监察、官学、致仕（退休）、丧葬抚恤等。这种制度经历了一个长期的形成和发展过程。

尧、舜、禹时期已有设官分职的萌芽。当时的公职仅在数十人至上百人。部落及部落联盟首领实行“禅让制”。自夏始至商、周，臣服于王权的国家机构产生并趋于成熟，官吏的任用方式演变为王族垄断、宗法分封和世卿世禄制度。春秋战国时期，人才竞争成为富国强兵的焦点，出现各种各样“选贤与能”的做法，其中以秦国商鞅变法实行的军功爵禄制度最为典型。秦汉以来，为适应中央集权制度的需要，察举制和征辟制逐渐成为重要的选官制度，这是一种靠荐举和征召选官的制度。魏晋南北朝时以九品官人法为基础选拔官吏，此法又称九品中正制，即在州、郡、县等地设置负责荐举的大、小中正官职，对所辖人员按九个等级进行评定作为升迁的依据。隋唐时期，为克服九品中正制所造成的“上品无寒门，下品无世族”的弊端，逐渐开始实行科举制，形成一整套程序化的、完备的选官制度，并一直延续了1 000多年，直到清末才终结。科举制的基本特点是“一切以程文为去留”，即以参加正规考试的成绩作为选拔官吏的依据。与严密、完备的选官制度相联系，我国古代官吏制度在官职的设立、官员的等级和待遇、考核、奖惩、退休等方面都逐渐形成了较为完备的制度和体系。

1.3.3 中国古代的行政管理思想

一个制度的形成和发展，离不开它的思想和理论基础。在中国古代行政体制和官吏制度的历史演变过程中，出现了许许多多杰出的政治家和思想家，他们或是致力于官制改革，或是致力于著书立说，所提出的各种理论和学说对历代王朝的兴起、强盛和庞大的官吏队伍的形成、发展有深远的影响。早在 2 000 多年前的古籍中，已有各种关于行政管理思想的记载：《尚书·皋陶谟》中说，禹曾与皋陶讨论如何用人。禹主张为政“在知人，在安民”、“知人则哲，能官人”。《左传》中关于为政的理论的记述更多，如“政以治民，刑以正邪”，“德立、刑行、政成、事时、典从、礼顺，若之何敌之”，“官人，国之急也；能官人，则民无觎心”等。《诗经》云：“布政优优，百禄是遒。”

总体上看来，中国古代的行政管理思想主要包含在以下四个方面的文献中：

第一，在中国历史上有影响的思想家的著作和言论。春秋战国百家争鸣时期是中国古代行政管理思想的形成和发展时期，出现了许多有代表性的论证和学说。如孔子关于“礼”和“仁”的学说，孟子的仁政和“天人合一”学说，荀子的“天下为一”思想以及关于“王制”、“王霸”、“君道”、尚贤的论述，韩非子的“法、术、势不可一无”的思想等。他们的学说各有其特点和代表性，并为强化王权、建立一整套完备的行政体制和官吏制度提供了有力的思想武器。他们的论证富有哲理、范围广泛、寓意深奥，有些甚至触及了现代管理思想领域中还在争论的问题，如孟子的“性善论”和荀子的“性恶论”对人的本性之争直接和他们的行政思想相联系。汉武帝时董仲舒在《天人三策》、《春秋繁露》等著述中提出的君权神授论、大一统思想、“天人感应”说、“性三品”说是先秦儒家、法家等行政思想的进一步发展，其学说被汉武帝采用后推动了汉朝行政体制的建立和巩固。

第二，励精图治、改朝换代的开国君主或治国有术的统治者的言论及所采取的富国强兵的行政主张。秦始皇、汉武帝、唐太宗、明太祖、康熙等都是这一类的代表人物。如唐太宗李世民在位时的“贞观之治”使唐朝进入鼎盛时期，他的民本、群治、治国以制、兼听纳谏、量才授用、裁减官员等论述在中国古代管理思想史中占有重要地位，其实施《唐律》、《职官令》及所采用的许多行政管理措施不仅加强了皇权，而且使统治体制达到历史上少有的高效率。

第三，顺应民心、要求变法或进行吏制改革的政治家的言论或著述。如春秋战国时代的商鞅变法废除了旧贵族的世袭特权，建立起一套新型的军功爵禄制度。西晋时尚书左仆射刘毅上书要求改革吏制，废除九品中正制，指出“事名九品，而有八损”，其奏议对九品中正制的八种弊端进行了精辟论证。又如北宋中后期范仲淹的《上执政书》、《上十事疏》及王安石的《上仁宗皇帝言事书》都是主张变法和进行吏制改革的典范，其内容涉及考课制度、选官制度、科举制度、法度改革等各个方面。

第四，历代王朝所颁布并推行的与行政管理有关的规定、法律、职官志、诏书等典籍。如云梦秦简中的《为吏之道》、《秦律》，《汉律》，《唐律疏议》，《大唐六典》，《铨法》

（宋），《吏部条法总类》（宋），《京朝官考课三等第法》（宋），《知州考课四善四最法》（宋），《大明律》，《大清律》等都是这方面的重要文献。

中国古代行政管理与行政管理思想是有待深入发掘的丰富的历史遗产，其影响和特征可以概括为四个方面。

第一，产生较早，历史悠久。约在公元前21世纪到公元前16世纪，夏王朝成为第一个奴隶制国家，春秋战国时期开始逐步由奴隶社会转变为封建社会并形成世界史上屈指可数的庞大王朝，自成体系的行政体制和丰富的行政管理思想的形成和发展比世界上大多数国家都早得多。

第二，自身体系较完备、系统。以中央集权和组织严密的官吏制度为主要特征，以儒家学说为主要思想基础，中国古代行政管理体制经过几千年的演变和逐步完善，有一套大一统的权力等级制度，有分工明确、相互制约的权力结构，有较为细致具体的行政法典，有比较先进的官吏制度和监察制度，有较为稳定、系统的政治思想体系。

第三，对世界近现代行政管理的影响重大。中国古代丰富的行政管理经验和卓有成效的行政管理措施对世界各国近现代行政管理的发展曾产生过重大影响，如官位设置，省州县三级制、内阁制、察举制度、监察制度、科举制等都曾被欧美、亚洲等近代史上发展迅速的一些国家所借鉴。尤其是科举制，对西方文官制度的产生和发展有重大影响。据统计，在1570—1870年的300年中，西方仅用英文出版的介绍中国科举制度的书籍就有70多种，例如葡萄牙传教士克鲁兹的《中国游记》（1569）、葡萄牙修士胡安·冈萨雷斯·德万多萨的《伟大的中国》（1583）都推崇并介绍了中国的科举制度。许多西方政治家、理论家都注意到这种影响，如法国著名的启蒙思想家伏尔泰和孟德斯鸠等十分推崇中国的科举制度。曾任美国国家人事总署署长的艾伦·坎贝尔在北京大学讲演时说："在我们西方国家的所有政治学教科书中，当谈到文官制度的时候，都把文官制度的创始者归于中国。"（1982）日本学者福井重雅说："中国对世界的最大功绩，就是汉代的察举制度。"（1986）孙中山在《五权宪法》中指出："现在各国的考试制度，差不多都是学英国的。穷流溯源，英国的考试制度，原来还是从中国学过去的。所以中国的考试制度，就是世界最早最好的制度。"这些论述都客观地反映了中国古代行政管理对世界各国文官制度发展的影响。

第四，对我国现代行政管理的发展有潜在影响。一个民族或一个国家的历史是无法割断的。我国现阶段的政治、思想、文化、道德观念、行政体制、行政区划甚至机构名称等各个方面都可以看到早期历史留下的痕迹。在建设中国特色社会主义的过程中，我们既要强调洋为中用，又要强调古为今用，自觉地把这种潜在影响引向积极的方面，这有助于在世界民族之林中找到适合自身发展的道路。

当然，中国古代的行政管理思想也不可避免地存在着历史局限性。中国古代行政管理和行政管理思想是适合我国奴隶社会、封建社会的需要而产生发展起来的，最终成为封建主义生产关系的保障和枷锁。它强调的是专制的王权或皇权，具有神权和宗族、家族伦理关系的色彩，因而存在着许多造成吏制腐败的弊端，是造成中国古代社会后期发展缓慢的主要原因之一。由于其历史局限性，中国古代长期演变成的行政体制随着辛亥革命的胜利很快就瓦解了，但在研究、学习西方发达国家先进的行政管理经验时，我们却可发现其与中国古代行政管理体制和思想有某种渊源和历史联系。这一方面说明了世界各国的政治、思想、文化等领域的相互影响和相互渗透，另一方面也说明了对我国古代行政管理思想和体制需要认真地思考和挖掘。对这份宝贵的历史遗产要一分为二地进行分析，批判地继承它的合理内容，取其精华，弃其糟粕，要运用历史的、科学的态度研究和总结，这样才能达到洋为中用、古为今用的目的，使历史遗产在我国社会主义现代化建设过程中起到积极的作用。

1.3.4 我国公共行政学的研究历史及状况

1840年后，帝国主义列强的侵略打破了我国自我封闭的封建樊篱，不少有识之士提出“师夷长技以制夷”的主张，为了重振国威，开始接受、引进西方的技术、文化和管理方法。19世纪末20世纪初，我国已翻译出版了美国人写的《行海要术》、《行政纲目》和日本人写的《行政学总论》、《行政法撮要》等书。著名学者梁启超曾于1876年在《论译书》中提出：我国公卿要学习行政学。孙中山则借鉴并发展国外的行政学理论，提出立法、行政、司法、考试、监察五权分立的主张并付诸实践。辛亥革命胜利后，孙中山于1912年在南京公布《临时约法》并陆续颁布了一系列法令，初步确定了一种新型的国家行政管理体制。20世纪30年代起，我国已有一些行政学方面的论著问世，如罗隆基先生的论文《我们要什么样的政治制度》、《专家政治》，龚祥瑞、楼邦彦先生合写的著作《欧美员吏制度》等。一般认为，张金鉴教授于1935年由商务印书馆出版的《行政学之理论与实践》一书是我国最早的一部行政学专著。与此同时，一些高等院校已开始设立行政学课程。1934年成立了一个由政府办的“行政效率研究会”，专门从事行政管理问题的研究，并出版了《行政效率》半月刊。从与欧美国家公共行政学研究的横向比较来看，我国的行政学研究可以说是紧跟其后的。

中华人民共和国成立后，在马列主义理论指导下和总结革命根据地建立工农民主政权实践经验的基础上，形成了一套独具特色的社会主义的行政管理体制以及行政管理的原则和方法：（1）加强党对国家行政工作的思想政治领导；（2）贯彻民主集中制，实行集体领导与个人分工负责相结合的行政领导体制；（3）坚持民主管理原则，强调人民当家作主；（4）贯彻政府行政机关精简、廉政、讲求效率的原则；（5）强调全心全意为人民服务的宗旨。这些原则和方法体现了我国新型的行政管理体制的性质和特点。

新中国成立以来，我国行政学的学术研究曾有一个长时间的中断、停滞时期。1952年我国进行高等教育院系调整时，错误地把行政学专业及其课程取消了。虽然当时在实践过程和其他相关学科的研究中对行政管理也进行过不同角度的研究，但在这个时期，理论上的探讨很贫乏，这种状况对国家行政体制的进一步完善和国家行政效能的提高很是不利。

党的十一届三中全会给行政管理研究带来了生机。邓小平曾指出：“政治学、法学、社会学以及世界政治的研究，我们过去多年忽视了，现在也需要赶快补课。”① 这次“补课”浪潮恢复了行政学的独立学科的地位，并使其研究范围迅速扩大到社会领域的各个方面。1980年12月，中国政治学会成立，行政管理是其研究领域中的一个重要内容。1982

① 《邓小平文选》，2版，第2卷，180～181页，北京，人民出版社，1994。

年中国政治学会在复旦大学举办政治学讲习班，设有行政管理学课程。1984 年，由国务院办公厅、劳动人事部发起召开行政管理科学研讨会，并于当年年底成立中国行政管理学会筹备组。与此同时，各省、市相继成立行政管理学会筹备组，一些政府部门和高等院校纷纷成立行政管理教学机构和研究机构，开设行政管理专业和课程。经国家教委批准，在全国高校范围内，1988 年开始设立行政学硕士点，1998 年开始设立行政学博士点，2001 年开始设立公共管理硕士（MPA），在人大、北大、清华等全国高校内相继成立行政学院（系）、公共管理学院（系）、政府管理学院（系）等，现已形成规模庞大的专业教学体系和教学队伍。1987 年全国行政管理学教学研究会成立。1988 年中国行政管理学会正式成立，并发行了《中国行政管理》月刊。2004 年成立中国机构编制管理研究会。许多政府部门开始关注行政改革过程中的公共行政理论研究。1989 年 7 月和 12 月，我国先后被国际行政学会第 21 届大会和亚太地区行政学会员国会议接受为会员国。1996 年 10 月，在北京召开了第三届国际行政科学大会，该会议首次在亚洲地区举办，与会代表来自 100 多个国家、地区和国际组织。这次会议有力地加强了我国与世界各国在行政科学领域中的交流与合作，标志着我国行政科学的国际学术交流进入了一个新的阶段。进入 21 世纪以来，各个高校在加强院系建设、学科建设、国内外学术交流的同时，出版了大批公共行政学、公共管理学、行政管理学的系列教材和学术成果，并且出现了与行政体制和政治体制改革密切联系的新的发展趋势。

我国行政体制原来是和计划经济体制相适应的，存在一些缺陷和弊端，特别是在由传统的计划经济向社会主义市场经济体制过渡的过程中，须要不断地改革和完善。自从党的十一届三中全会以来，随着经济体制改革的不断深入，政治体制改革和行政体制改革日益成为重要议题。像简政放权、党政分开、政企分开、转变政府职能、改革干部人事制度、“入世”与政府改革等一直是贯串于改革过程中的主线，也是推动行政管理研究向前发展的重要课题。1978 年党的十一届三中全会明确提出了简政放权、党政分开、政企分开等问题，1980 年邓小平发表了关于改革党和国家领导制度的重要讲话。其后一些重大的改革举措相继出台。

第一，机构改革。1982 年、1988 年、1993 年、1998 年和 2003 年五次进行了较大规模的政府机构改革。2008 年开始进行以“探索实行职能有机统一的大部门体制”为主要方向的第六次政府机构改革。

第二，建立和推行公务员制度。1984 年年底由原劳动人事部和中央组织部组织有关人员研究干部人事体制改革并起草有关条例，1986 年年底第十稿定名为《国家行政机关工作人员条例》，第十一稿改名为《国家公务员暂行条例》，1993 年 8 月在多次修改基础上颁布。2005 年 4 月《中华人民共和国公务员法》正式颁布，进一步完善了我国公务员制度的法制化建设。1988 年国务院决定成立国家行政学院并组成筹备小组进行此项工作，1994 年 3 月国务院总理李鹏正式宣布成立国家行政学院，同年 9 月在中南海隆重举行成立大会，进一步加强公务员队伍建设。

第三，反腐倡廉，强化权力运行制约和监督体系。反腐倡廉历来是党和政府重要的执政理念。1992 年，邓小平在南方谈话中强调：“廉政建设要作为大事来抓。还是要靠法制”。中共中央于 2005 年 1 月印发《建立健全教育、制度、监督并重的惩治和预防腐败体系实施纲要》，2008 年 6 月印发《建立健全惩治和预防腐败体系 2008—2012 年工作规划》，2010 年印发《中国共产党党员领导干部廉洁从政若干准则》和《关于实行党风廉政建设责任制的规定》等一系列文件。2003 年，中央纪委、中组部组建了专门巡视机构和专职巡视队伍。2003 年 12 月，《中国共产党纪律处分条例》正式施行。2012 年 12 月，中共中央政治局审议通过关于“改进工作作风、密切联系群众”的八项规定。2013 年至 2015 年先后派出三批巡视组巡查省市部委，揭开声势浩大的“老虎、苍蝇一起打”的反腐斗争。

第四，改革行政审批制度。改革、减少和规范行政审批工作是转变政府职能的一个重要方面。1998 年国务院及各省、市、县结合机构改革，不同程度地进行了行政审批制度的改革。2001 年 10 月 9 日，监察部、国务院法制办、国务院体改办、中编办四部门联合颁布《关于行政审批制度改革工作的实施意见》，10 月 18 日，经国务院批准向社会公布。国务院各部门清理审批项目的情况及确定第一批取消行政审批项目，据统计约 4 159 项。其后，各省市也相继公布确定取消的审批项目。2003 年 8 月 27 日，第十届全国人大常委会第四次会议通过《中华人民共和国行政许可法》，使行政审批走上法制化轨道。2011 年 6 月 30 日第十一届全国人大常委会第二十一次会议通过了《中华人民共和国行政强制法》，进一步规范和监督行政机关依法履行职责。

第五，推动国家信息化，加强电子政务建设。2002 年 8 月，中共中央办公厅转发了《国家信息化领导小组关于我国电子政务建设的指导意见》，部署了覆盖全国，跨党委、人大、政府、政协等大系统的整体方案，提出了电子政务建设的重大方略。2005 年 11 月，国家信息化领导小组审议并原则通过《2006—2020 年国家信息化发展战略》，2007 年 1 月，国务院常务会议通过《中华人民共和国政府信息公开条例》，加速推动国家信息化和电子政务建设。2014 年 2 月，中央网络安全和信息化领导小组成立，全面推动国家网络安全和信息化法制建设。

第六，多方面推进行政体制和政治体制改革。1986 年，根据邓小平的建议，党的十二届六中全会后，中央成立政治体制改革研讨小组，下设一个办公室、七个专题组研讨有关问题。1993 年 11 月，党的十四届三中全会通过了《中共中央关于建立社会主义市场经济体制若干问题的决定》，明确提出加快转变政府职能、改革政府机构，在财税体制、金融体制、投资体制、计划体制、国有企业经营制度、收入分配制度、社会保障制度、科技体制、教育体制等方面进一步深化改革。1993 年年底，中共中央、国务院正式进行了机关和事业单位工作人员工资制度改革和分税制改革，加快了行政体制和政治体制改革的步伐。2004 年 9 月，党的十六届四中全会通过了《中共中央关于加强党的执政能力建设的决定》，从“立党为公、执政为民”、“科学执政、民主执政、依法执政”的高度为我国政治体制和行政体制改革做出原则性的规定。2008 年 2 月，党的十七届二中全会通过了《关于深化行政管理体制改革的意见》，明确提出新形势下深化行政管理体制改革的指导思想、基本原则、总体目标及具体要求。2013 年 11 月，党的十八届三中全会通过了《中共中央关于全面深化改革若干重大问题的决定》，关于行政体制和政治体制改革的具体要求是“加快转变政府职能”、“加强社会主义民主政治制度建设”、“推进法治中国建设”等。这些改革措施不仅丰富了我国行政管理研究的内容，而且提出了许多迫切需要解决的课题，对我国的行政管理实践及其理论研究提出了更高的要求。

关键术语

行政管理　　公共行政　　公共管理　　公共行政学　　国家行政组织　　社会公共事务

问题与思考

1. 试述公共行政学的研究对象和具体内容。
2. 如何确定公共行政学的理论体系?
3. 如何认识中国古代官吏制度和中国古代行政管理思想?
4. 在公共行政学研究中，如何做到“洋为中用，古为今用”?

第 2 章

西方公共行政学的产生和发展

公共行政学的产生和发展按照年代可简单地划分为五个时期，本章依照时间顺序分别介绍了每个时期中的一些主要代表人物及其理论。需要指出的是，由于篇幅所限，在此介绍的只能是部分代表人物的主要理论。也就是说，展现在读者眼前的代表人物及其理论在公共行政学的发展史上无疑都有重要的影响，但并不是所有重要的代表人物及其所有重要的理论都能在这里评述无遗。另外，由于社会制度、历史条件、民族文化等因素的限制，所介绍的各种人物及其理论不可避免地有其局限性，存在着种种分歧和争论，在此也不能详尽地展开分析和论述，仅为读者今后的深入研究奠定入门的基础。

2.1 公共行政学产生的历史条件和社会背景

公共行政学是在一定的社会历史条件下把多种学科的知识运用于政府公共事务管理的研究过程中产生的。公共行政学的根源可以追溯到古代中国、埃及、印度、希腊、罗马等古老帝国的文明史中，它们曾有辉煌的历史，产生过组织严密而庞大的国家组织及形形色色杰出的政治家和思想家。经过漫长的历史发展，在资本主义社会化大生产和资本主义国家的发展过程中及在“天赋人权”、“社会契约”等政治学说和各种管理理论的影响下，公共行政学作为一门学科于 20 世纪初期诞生在至今仅有百年历史的美国。

2.1.1 公共行政学产生的条件

公共行政学产生的历史背景和社会条件可以归结为下列几个方面：

第一，“行政国家”的出现。它以在法制基础上行政机关规模的扩大、公共行政人员队伍的增长和公共事务管理职能的发展为标志。如 1791 年美国的政府雇员为4 479人，1831 年达到万人，1881 年达到 10 万人，1941 年的人数已突破百万。随着工业经济和科学技术的发展，政府的行政管理职能日益扩大，管理手段日益复杂。其管理活动包括干预经济、税收、交通运输、教育、邮政、福利、公用事业管理等各个方面。政府行政费用、财政支出、税收负担日益增长和贸易、工业方面的国际竞争日益加剧的状况，不断对政府的效率提出了更高的要求。

第二，“文官制度”改革运动的发展。19 世纪末，美国国内的文官改革运动直接推动了对公共行政学的研究。这场运动的主要目的是废除政党分赃制，建立“中立的”文官制度和功绩制。1877 年纽约成立了第一个文官改革协会，1881 年成立文官改革同盟。1883 年，美国国会制定了《彭德尔顿法》(即文官法)，开始确立功绩制原则。公共行政人员的考核、培训、廉洁、工作效率等也开始成为重要的研究课题。

第三，多种学科的形成和发展。政治学、经济学、法学、财政学等学科的发展促进了对行政组织、行政管理和行政效益的研究，特别是管理学的产生和发展为公共行政学从政治学中分离出来创造了理论条件。19 世纪末至 20 世纪初是人类科学史上的一个重要的发展时期。对当代社会经济发展具有深刻影响的一些学科，如管理学、心理学、社会学等都在这一时期产生并迅速发展起来。弗雷德里克·W·泰罗的《科学管理原理》(1911)、胡戈·蒙斯特伯格的《心理学与工业效率》(1923)、莉莲·吉尔布雷斯的《管理心理学》(1914)、亨利·法约尔的《工业管理与一般管理》(1916)、马克斯·韦伯的《社会组织与经济组织理论》(1922) 等都对公共行政学的产生和发展有很重要的影响。

第四，专业教育和职业教育的发展。在行政改革和公共服务方面的教育之间存在着一种相互促进的关系。19 世纪末美国的一些成功地进行行政改革的城市需要培训各类人员到政府中任职，刺激了公共行政职业教育和最初的大学公共行政教育项目的发展，并使公共行政学成为在职业学校和高等学校课堂中讲授的专门学科。

2.1.2　公共行政学发展时期的划分方法

对公共行政学的发展阶段有多种划分方式，有的划分为创立、成长和科学化三个时期；有的划分为传统理论、行为科学和系统理论三个时期；有的划分为传统管理、行为科学、决策理论、系统科学四个时期；有的则按年代划分为不同时期，最高的可分至九个时期以上。虽然许多专家学者在划分方法或划分依据方面有所不同，但他们实际要阐明的问题和发展脉络基本上是一致的。为了便于较为系统地了解公共行政学产生和发展的全貌，体会公共行政学思想中的连续性并从历史联系方面加以考察，本书将西方公共行政学的产生和发展划分为早期、两次世界大战期间、第二次世界大战战后时期、20 世纪 60 年代至 70 年代和 20 世纪 80 年代以来五个时期进行论述。

2.2　早期研究（19 世纪末至 20 世纪初）

公共行政学的思想理论虽然源远流长，但直到 19 世纪末才出现将其作为独立的专业领域的主张。在美国，随着文官制度改革运动的兴起，行政管理已成为一个迫切需要研究的领域。它产生的第一步是从政治学的领域中逐步分离出来。

2.2.1 政治—行政二分法的提出

1887年，在《彭德尔顿法》通过四年后，美国学者伍德罗·威尔逊发表了一篇著名的论文《行政学研究》。当时，这篇论文并没有引起多大的注意，但是现在人们习惯于把它作为探索公共行政学产生和发展的开端。当然，威尔逊并不是第一个探索公共行政学的人，在他之前，德国学者L.V.史坦因曾于1865年写出《行政学》一书，从行政法角度开始了行政学研究。威尔逊本人也在其论文中明确指出："行政科学并不是我们的创造，它是一门外来的科学"，"它的目标、事例和条件，几乎都是以外国民族的历史、外国制度的惯例和外国革命的教训为根据的，它是由法国和德国的教授们发展起来的"①。因此，他提出了如何使这门学科美国化的问题，"不只是从形式上或仅仅从语言上美国化，而是必须在思想、原则和目标方面从根本上加以美国化"②。威尔逊的这种严肃的科学态度，使行政科学在适合美国的政治体制的条件下产生并发展起来，成长为一门独立的学科，从而也使他成为公认的公共行政学的奠基人。

在《行政学研究》一文中，威尔逊认为，公共行政学应集中研究如何对政府进行管理。因为"执行一部宪法变得比制定一部宪法更要困难得多"③。他的基本设想在于："(1)行政科学应当建立在单一的组织原型的基础上，它能普遍运用于一切政治制度；(2)任何良好的行政科学必须使它自己从政治学领域中分离出来；(3)行政科学的指导价值是效率；(4)有效的公共行政要求政府权力有单一的领导中心。"④ 他认为建立一门行政科学的目的是"使政府不走弯路，使政府专心处理公务，减少闲余事务，加强和纯洁政府的组织机构，为政府的尽职尽责带来美誉"⑤。威尔逊不仅强调注意政府的组织效率和经济效益，并且提出政治和行政之间存在着一种重要区别，即政府官员的任命应建立在公正和功绩而不是党派偏见的基础上，行政科学应以一种管理的科学为前提，并且与传统的政治相分离。他的这些思想对公共行政学的发展有很大的影响。

弗兰克·J·古德诺是美国政治学学会的奠基人之一和第一任主席，但是他却为公共行政学从政治学中分离出来起了强有力的推动作用。古德诺在《政治与行政》(1900)中，对政治—行政二分法进行了认真的论证。他认为，在所有政府体制中存在着两种性质截然不同的职能，即"政治"和"行政"的职能，前者是国家意志的表达职能，后者是国家意志的执行职能。对这两种职能的研究比对在不同政府部门之间分权的传统研究更现实、更深入。政治—行政二分法起源于美国19世纪80年代的文官改革运动，这个运动导致了1883年《彭德尔顿法》的颁布，其实质在于将传统的政党政治和一般政策制定过程相分离。古德诺同时指出，当政治决策和行政的职能在法律上分开时，"政治对行政的必要控制势必通过政党制度在法律之外进行"。但是，古德诺认为，"尽管政府的这两种职能的分化非常明显，把这两种职能委派给两个分立的机构行使是不可能的"，行政不应只被当做

①②③④⑤ ［美］伍德罗·威尔逊：《行政学研究》，见［美］杰伊·M·沙夫利兹等编：《国外公共行政理论精选》，1～27页。

执行机构的一种职能，它的范围和由成文法规定的执行性机构的职能的范围并不完全是一致的。他举例说“美国最高行政官就经常通过行使其否决权，而对政治职能的行使发生重要的影响”①，因此，这两种职能的划分不等同于两种机构的划分。

2.2.2　传统的管理理论的推动作用

19 世纪末至 20 世纪初工业领域中的科学管理运动对公共行政学的产生和发展也有很深远的影响，其代表人物弗雷德里克·W·泰罗在公共行政学史上是不可缺少的人物。泰罗最先发展了工时研究和动作研究，其基本思想是：“完成特定任务”均有“一种最好的方式”，泰罗努力通过减少疲劳、科学的选择、使工人的能力适合工作的需要以及刺激性的工资制度和奖励计划等实现最大限度的个人发展和最高的报酬，从而最大限度地提高工作效率。

泰罗等人还对计划职能和执行职能的划分、职能管理制的采用和组织结构上的管理控制原理等进行了探讨，泰罗提出管理部门应承担起他称之为“科学管理原则”的四种新的责任，具体可归结为：（1）用系统的、更为科学的测量方法和管理个人工作要素的方法取代旧有的单凭经验完成工作的方法；（2）对工人的挑选和其后的发展进行科学研究，保证最理想地安排工人工作；（3）为保证充分运用科学原则争取得到工人的合作；（4）合乎逻辑地划分工人和管理部门之间的工作角色和工作职责。泰罗的“作业分解法”后来被行政学者们运用于行政管理研究中，成为“行政目标分解法”。在公共行政学家当中，德怀特·沃尔多、卢瑟·古利克和林德尔·厄威克等人的理论受泰罗著作的影响最大，有的学者认为，20 世纪 30 年代流行的“行政原理”运动和科学管理运动有直接关系。

1916 年，远在大洋彼岸的法国管理学家亨利·法约尔出版了《工业管理与一般管理》一书，对管理（法文的标准译法应为“行政管理”，参见本书第 1 章）的职能、要素和一般原则进行了系统的论述。他的另一篇有影响的论文《国家的行政管理理论》于 1923 年被译成英文，1937 年被收入《行政科学论文集》并在美国出版。法约尔首先确定了在所有的工业企业中都包括六大类活动：（1）技术活动；（2）商业活动；（3）财政活动；（4）安全活动；（5）会计活动；（6）行政管理活动。他认为，在企业组织中，各级人员都程度不同地进行这六种活动，只不过由于职务高低和企业大小的不同而各有侧重。（行政）管理活动包含计划、组织、指挥、协调、控制五种职能。

法约尔同时提出并论证了最经常运用的 14 条（行政）管理原则，即（1）劳动分工；（2）权力和职责；（3）纪律；（4）命令统一；（5）指挥统一；（6）个人利益服从整体利益；（7）报酬；（8）集权；（9）等级链（权力线）；（10）秩序；（11）公平；（12）人员任期的稳定；（13）首创精神；（14）集体精神。法约尔认为，“我所讲的‘行政管理’一词的意义，包括各种规模和种类的、各种形式和目的的企业。所有企业都要求计划、组织、指挥、协调和控制，为了适当地发挥作用，都必须注意同样的普遍原则。人们不再是面对几种行政管理科学，而是一种。它能同样应用于公私事务”。法约尔的理论对公共行政学的发展有很深远的影响。

这些早期研究者是在美国政府规模和开支水平很小、文官制度改革运动方兴未艾的情

---

① ［美］弗兰克·J·古德诺：《政治与行政》，见［美］杰伊·M·沙夫利兹等编：《国外公共行政理论精选》，29 页。

况下著书立说的。他们预见到公共行政学研究的重要性，精辟地论述了行政学的研究对象和内容及应遵循的一般原则和基本方法，推动其从政治学中分离出来成为一个独立的研究领域。他们提出的政府的组织和管理、行政和政治的关系、政府效率等重要论题，为公共行政学的建立奠定了基础。

2.3 两次世界大战期间的研究（1917—1945）

国外的一些公共行政学理论家把两次世界大战期间公共行政学的发展方式称为“正统时期”。从其管理思想演变的进程来看，也可以称之为由传统的管理理论向行为科学的管理理论发展的转变时期。在此期间，许多国家正在从一个田园式的农业社会向都市化的工业国家转变。市政管理、交通运输、公共娱乐、公共卫生、社会安全、文化教育等方面的迅猛变化，使政府规模、职能和活动范围不断扩大，各国政府在 20 世纪 30 年代的大萧条中应付危机的各种措施也都推动了公共行政的进一步发展。1936 年，美国罗斯福总统在新政时期成立了总统行政管理委员会。1939 年，美国公共行政学会正式成立，从公共行政实践的角度说明了公共行政的发展。1926 年和 1927 年，D. 怀特和 W. F. 威洛比的公共行政学教科书分别问世，这是公认的最早通行的两本公共行政学教科书。从某种意义上说，这两本书的出现意味着公共行政学作为一门学科的诞生。

在此期间，传统的管理理论与行为科学学派的管理理论在自身的发展过程中直接或间接地影响着公共行政学的发展，一些有影响的管理学家、组织理论家、心理学家在公共行政学的发展史上同样榜上有名。同时，有一些公共行政学家则在发展公共行政学的过程中推动了管理学的进一步发展。

2.3.1 公共行政学的诞生时期

从时间的推算来看，有“社会学之父”之称的德国学者马克斯·韦伯关于官僚制的论述是这一时期最早提出的理论。韦伯的理论集中表现在其代表作《社会组织与经济组织理论》（1922）一书中，但是，他的著作直到 1946 年才被译成英文而产生应有的影响。韦伯所说的官僚制组织指的是一种层次分明、制度严格、权责明确的理想的等级制组织模式，和现在人们对“官僚”一词的贬义理解不同。韦伯认为，这种官僚制的组织是效率最高的组织形式：“精确性、工作的速度、任务的明确性、对文件的熟悉程度、活动的连续性、权限的划分、指挥的统一、严格的上下级关系、人员摩擦的控制，以及在物质和人员方面的成本的减少，这一切在严格的官僚制机构中将达到最佳的状态”，“从纯技术的观点来看，纯粹官僚制形式的行政组织能够实现最高效率”①。韦伯对权力和权威进行了区分，他认为，权力是无视人们反对，强使人们服从的能力，而权威则意味着人们在接受命令时是出于自愿。韦伯详细论述了合理的法定权力的基本范畴，可基本概括为：（1）有一个用各种规定约束官员职责的组织；（2）详细规定权限范围；（3）等级制原则；（4）进行专门

① ［英］D. S. 皮尤编：《组织理论精萃》，12～13 页，北京，中国人民大学出版社，1990。

训练使官员行为符合规则；(5) 行政人员完全和生产资料或管理资料的所有权分开；(6) 任职者不能滥用其官员职位；(7) 以书面形式规定行政法令、决定和条例；(8) 可以用各种不同方法行使法定权力。在这种组织中，各种职位按照组织目标、职权范围和等级原则严格地进行划分，担任公职成为一种“职业”，各类人员是被任命的，有人身自由，只服从于他们的非人格化的官职义务，有固定的薪金和严格的升迁制度，其任用必须经过正式考试或培训，对其行为有严格的组织纪律和控制。韦伯认为，合法权力有三种纯粹的形式，即法定权力、传统权力和神授权力，而法定权力是官僚制行政人员职业的纯粹形式，官僚制的组织结构就是在服从这种法定权力的基础上形成的。韦伯的官僚制理论是传统管理理论中最有影响、最有代表性的理论之一。

美国公共行政学家 D. 怀特 1926 年出版的《公共行政学研究导论》被公认是第一本公共行政学的教科书，并认为该书使公共行政学成为一个单独的研究领域，标志着这门学科的基本形成。怀特和亨利·法约尔一样，相信公共行政管理有普遍的适用性和适合于各种组织的原则。怀特的立论以四种假设为基础：(1) 行政是一个单独的过程，无论从哪一级行政的角度来看，其基本特性是大致相同的；(2) 行政研究应当建立在管理的基础上，而不应当建立在法律的基础上；(3) 行政由艺术转变为一门科学的趋势日益具有重要意义；(4) 行政已经成为，而且将继续是现代政府的中心问题。怀特除强调组织原理、财务行政、行政法规外，还致力于研究招募、解雇、薪金标准化、人员鉴定、晋升、退休等列入改革议事日程的人事问题，使人事行政成为公共行政的要素之一，初步形成了较为完整的公共行政学体系。在怀特影响下，1934 年美国创建初级文官考试方法，为以后全面地改进人事制度铺平了道路。

继怀特之后，W. F. 威洛比的《行政学原理》(1927) 出版，该书也是美国最早流行的教科书之一。他认为，公共行政学带有普遍性，可以运用于所有政府部门。他的影响主要体现在预算改革的论著方面。作为以建立国家一级行政预算制度为目标的塔夫脱委员会的成员，他参与起草了 1921 年美国《预算与会计法》。威洛比对当时美国各州的预算改革运动发表了重要论述，他认为，预算可以及时用于公开表明过去的工作、现在的条件和未来的目标，准确地分配责任并提供各种进行控制的手段。他主张，预算不仅可作为保证行政效率和经济效益的手段，而且可作为加强立法行为和行政行为联系的手段，因此，他把预算改革作为市政改革、州政府改革乃至整个行政体制改革的一个重要组成部分。他指出，预算改革包括三种主要思路：(1) 如何利用预算促进大众控制并做好这种准备；(2) 如何利用预算加强立法部门和行政执行部门的合作；(3) 如何利用预算保证行政效率和管理效率。这些问题至今仍是公共行政学研究的重要论题。

2.3.2　传统管理理论的继续发展与转折

从年代上讲，玛丽·帕克·福莱特属于科学管理时代，但是她的基本观点不同于传统的管理理论和组织理论，而与人际关系学派有相通之处。她既把泰罗的许多想法加以概括，又预测到霍桑研究者的许多结论，因此有人称其为这两个时代之间的一个联系环节。福莱特在其主要著作《创造的经验》(1924) 中重点关注冲突的研究，并提出三种处理冲突的方法：(1) 一方获胜并支配另一方；(2) 顺应和妥协；(3) 通过寻找共同点“相互结合”。福莱特还对权力和权威的区别进行了研究，认为权威更多的是与个人的专门知识有关，而不是同等级制的组织结构中的正式委托权力相关。她试图用“共享权力”来代替“统治的权力”，用“共同行动”来代替同意和强制。她认为，人是怨恨受管制的，越管制就越可能出现一种跟管制对立的模式；把权威转向知识就可以避免个人之间的冲突；良好的人际关系的实质就是创造一种同某人一起工作而不是在某人之下工作的感觉。她提倡研究人们如何在组织中相互作用，以帮助行政管理更加关心人，促进行政学与心理学的结合。这些观点对传统的等级制原则提出了挑战。一些著名的人际关系理论家，如埃尔顿·梅奥、弗里茨·罗特利斯伯格、切斯特·巴纳德、约翰·杜威和库尔特·卢因等都把第一个强调人与人之间的关系和集体决策作为组织分析的要点这一荣誉归功于她。

曾任哥伦比亚大学公共行政学院院长和美国总统行政管理委员会成员的卢瑟·古利克与其英国同事林德尔·厄威克于 1937 年共同编辑出版的《行政科学论文集》被认为达到了这一“正统时期的顶峰”，该书收集了反映当时研究成果的一系列重要论文，“以极其有说服力和感染力的形式表现了正统的管理理论，成为行政科学达到一定高度的标志，并在其后很长一段时间内存在着相当大的影响”。古利克在该论文集由其撰写的论文《组织理论按语》中提出了著名的管理七职能论，即 POSDCoRB。POSDCoRB 由七种主要职能的首字母拼写而成：计划、组织、人事、指挥、协调、报告和预算。显然，这种分析和法约尔的思想是一脉相承的。在这篇论文中，古利克还对工作分工、工作协调和组织模式进行了论述。他提出的方法被许多行政官员作为主要规则运用于实际当中。他提出了自己认为适用于一切组织的八项原则：（1）目标原则；（2）相符原则；（3）职责原则；（4）组织阶层原则；（5）控制幅度原则；（6）专业化原则；（7）协调原则；（8）明确性原则。厄威克的主要贡献是综合性的而不是创造性的。有的学者认为，他的贡献在于建立“管理的语言”，他和古利克一起提供了让管理学家和理论家们讨论许多年的概念。

切斯特·巴纳德的管理思想受到霍桑实验的积极影响，也是处在由传统的管理理论向行为科学的管理理论过渡过程中的一个有影响的人。他的主要著作是《经理人员的职能》（1938），但其原著使用的经理一词并不是“manager”，而是“the executive”，除有总经理的意思外，兼有行政部门和行政长官的意思。巴纳德系统地论述了正式组织、非正式组织的特性以及二者之间的关系。巴纳德将正式的组织定义为：“将两个或多个人的力量和活动加以有意识地协调的系统。”巴纳德认为，社会的各级组织都是一个由相互进行协作的人组成的系统，每一系统都包含着三种普遍的要素：（1）协作的意愿；（2）共同的目标；（3）信息沟通。他认为，非正式组织是个人联系和相互作用的集合体及人们相互交往结成的群体，它是模糊的、无结构的、不定型的。非正式组织有两种重要的影响：（1）它形成了某种态度、理解、习惯、习性和制度；（2）它形成了正式组织可在其中出现的条件。巴纳德论证说，非正式组织使组织更有效率并有助于使组织更有效力。和传统的管理理论不同，他认为权力并不是上司强加的，而是由雇员给予监督的，即一切组织的权力均是自下而上的。因此，他提出，权力的行使有两条轨迹，上级行政官员可以运用他们的正式权力来影响其下属，但在一定条件下，也要下属接受其影响。他指出，管理者的职能是在组织的需要和雇员的需要之间保持动态平衡，从而强调了行政协调的重要作用。除此之外，他在发展决策程序方面也有重要影响。

2.3.3　行为科学理论的两次冲击

两次世界大战期间，在公共行政学领域中，效率和经济是这一时期研究的主题。此时公共行政学已形成较完整的理论体系，其范围包括行政管理的体制、组织、结构、职能、决策、人事行政、财务行政等各个方面。由于受传统的管理理论局限性的影响，这一时期的研究偏重于探讨绝对不变的管理原则、严格的等级制度和非人格化的管理、静态结构和固定程序、以工作为中心的管理方式、机械的效率和服从。但是，需要指出的是，即使在这一时期，传统的管理理论已经开始面临行为科学理论上的挑战，并且受到两次大的冲击。

第一次冲击是 1927 年到 1932 年美国哈佛大学教授埃尔顿·梅奥、罗特利斯伯格等人在芝加哥西屋电气公司的霍桑工厂所进行的研究，即著名的霍桑实验。这一研究最初是在传统的管理理论思想指导下安排的，但其结果推翻了原有的、传统的多种假设。霍桑实验证明：(1) 工人是"社会人"不是"经济人"；(2) 金钱不是唯一的激励因素，存在着社会的、心理方面的激励因素；(3) 除了正式组织之外，非正式组织有非常重要的作用；(4) 新型的领导者所需求的不是以工作为中心的技术技能，而是以人为中心的社会技能。虽然在第二次世界大战前，霍桑实验在实际运用中没有产生充分影响，但是它暴露出传统管理理论的不足之处，促进了对人际关系的更深刻的研究，奠定了行为科学的理论基础。

对传统的管理理论的第二次冲击来自美国人本主义心理学家 A. H. 马斯洛的需要层次论。这是提出最早、影响最大的一种激励理论。马斯洛于 1943 年在《人的激励理论》一文中首次提出了这一理论，并于 1954 年在其名著《动机与人格》中作了进一步阐述。马斯洛认为人的基本需要按其重要性和发生的先后次序可以分为生理的需要、安全的需要、归属的需要、自尊的需要和自我实现的需要这五个层次。人们首先必须满足最基本的需要，并且只有在满足低一层次的需要之后才发展出满足高一层次需要的动机，这种过程是逐层发展的，并且是不可逆的。按照这种理论，管理者在管理过程中必须把人的因素作为一种重要因素加以考虑，对人的激励的方法是否得当，直接影响工作效率和组织效率。这种观点无疑对传统的管理理论提出了挑战。但是，马斯洛的激励理论最初只在心理学界有影响，直到 20 世纪 60 年代才开始引起管理学界的普遍重视，广为流传并产生了重大影响。因此，在第二次世界大战期间，行为科学还处在产生和初步发展的过程中，它对传统的管理理论的冲击直到第二次世界大战结束后的一个时期中才显露出来，并最终形成全面的、占主导性的浪潮。

2.4　第二次世界大战战后时期的研究（1946—1959）

第二次世界大战结束后，经济发展和科学技术的进步进入了一个新的时期，一方面是政府规模、结构、职能、作用进一步扩大，另一方面是行为科学、计算机科学的发展和系统论、信息论、控制论等新学科的兴起，促进了公共行政学领域研究的进一步深入。传统的管理理论受到来自行为科学以及社会系统理论、决策理论、政策科学等多方面的挑战，其局限性越来越明显。因此，有的学者把20世纪40年代称为批评与转变的时期，这种批评与转变在40年代末成为强有力的学术力量。在此过程中，公共行政学也呈现一种发展的多元化趋势。

2.4.1 对传统的管理理论的批评和新的理论的形成

赫伯特·西蒙在公共行政学的发展史上具有举足轻重的地位。他本人是美国卡耐基·梅隆大学计算机科学与心理学教授，而且是1978年诺贝尔经济学奖的获得者。他将管理学、社会学、心理学、运筹学、计算机科学等多种学科的知识运用于决策理论的研究，使公共行政学的研究更显露出跨学科的性质。他在公共行政学研究方面最主要的著述是《行政管理格言》（1946）和《行政行为》（1947）。在《行政管理格言》中，西蒙对传统的管理理论进行了抨击。他指出，大多数构成行政管理理论的命题和原则都具有格言的性质，格言虽然便利，但存在严重缺陷，因为格言几乎都是成对的，以相互矛盾的对偶方式出现。他对古利克提出的专业化分工，命令统一，控制幅度，按目的、过程、对象和地点来组织等原则提出了疑问，认为每条原则都存在一个与之相反的原则，因此在可选择的、同样似乎可行的行政原则之间，会出现一种进退两难的困境，同时，像专业分工、控制幅度、命令统一等原则也是相互冲突的。

在《行政行为》一书中，西蒙主张研究行政管理的行为问题，并主要对决策行为进行了研究。用西蒙的话来说："《行政行为》一书的写作目的，就是要更好地理解组织中的人的行为，尤其是人的决策过程。"西蒙的研究包括：（1）管理就是决策。决策过程和决策行为存在于一切组织的行政管理过程之中："任何实践活动，无不包含着'决策制定过程'和'决策执行过程'"。（2）决策行为的心理环境，借助于心理学的研究成果对决策本身和决策过程及程序进行了科学分析。（3）与"完全理性"、"寻求最优"的经济人不同，"行政人"（或译"管理人"）是在"有限理性"的范围内运用相对简单的经验方法，按照"满意原则"挑选决策方案并进行决策的。（4）对程序化决策和非程序化决策进行了区分和分析。（5）从决策的角度，对权威、信息沟通、效率、认同、组织目标和组织系统、信息处理技术等问题进行了分析和研究。由于决策是一切政府组织和行政管理过程中的重要活动，西蒙的研究无疑对公共行政学的发展有十分重要的影响。

从1945年起，约翰·高斯在亚拉巴马大学一系列著名的讲座中详尽阐述了如何运用生态学的方法研究公共行政学的问题。其于1947年出版《公共行政学之我见》一书，最早把生态学一词引入公共行政学。高斯引用《韦伯斯特词典》的解释说："生态学是各种有机体同它们的环境之间的多种关系的集合。"① 他认为，这种关系不仅同闭门研究行政过程的一般理论的行政学学者有关，而且也同从事第一线行政活动的实践者有关。他列出了一些影响政府能力消长情况的因素，如人民、地区、科学技术、社会技术、希望和理想、灾祸以及人的性格。他认为这些因素可以说明公共政策和行政的某些起因。自觉认识生态上的这些因素，有助于对行政过程和公共政策的制定进行具体分析，也有助于行政官员更明智地对待其机构所面临的外部环境的需要和挑战。"它将导致很多人对政府职能的

---

① 转引自［美］斯蒂尔曼：《公共行政学：观点和案例》，上册，179页，北京，中国社会科学出版社，1988。

根源、公众态度和管理问题所产生的不同环境做细致的观察。”① 高斯为公共行政学的研究开辟了一个新的方向。1957 年，哈佛大学教授弗雷德·里格斯出版了《比较公共行政模式》，1961 年又出版了《公共行政生态学》，促进了以生态学方法研究行政管理的新方向。

保罗·亨森·阿普尔比的理论以对政治—行政二分法的批评著称。他的主要著作有《大民主》(1945)、《政策与管理》(1949) 和《民主政府的行政管理与道德》(1952)。阿普尔比是美国新政时期的行政官员，他深信在其担任农业部行政官员的 11 年中，美国公共行政管理者深深地卷入了拟定和实施公共政策的政治程序中。在《大民主》一书中，阿普尔比指出，政治介入行政的作用在于防止专横地运用官僚权力。政治和行政不是分离的，因为官僚通过制定规章、解释法律和确定公民权利使立法具体化。官僚甚至帮助国会议员起草法律。阿普尔比的论证冲破了政治和行政之间的传统界限，他的论证基本上结束了关于政治—行政二分法的争论。阿普尔比在他的著作中还将政府和企业进行了比较，认为政府与企业不同，“政府就是行政工作”。政府官员的活动受下列因素制约：(1) 国会意图和情绪的转移；(2) 政策实施的司法含义和法院可能作出的反应；(3) 对公众和利益集团关心的决定和政策应负的责任；(4) 被迫和其他政府机构合作与协调。在公共政策的制定方面，阿普尔比沿袭了玛丽·帕克·福莱特在《新国家》(1921) 一书中的论点，主张实行行政多元论的政治决策模式，他的终极目的是使官僚的必要性和民主价值能够趋于一致。

德怀特·沃尔多在《行政国家》(1948) 一书中，把矛头指向受到传统的管理理论推崇的“效率准则”。古利克曾说：“效率在行政价值尺度上是第一号公理，可能是行政管理学赖以建立的基本价值。”沃尔多则不然，他认为，20 世纪 30 年代的理论家们所提出的行政原理和规律来自经验、常识结论和信息汇编，没有不可改变的行政管理原则，而且经济和效率的价值也像用来决定它们的方法一样狭窄。

在《公共行政学研究》(1955) 一书中，沃尔多从公共行政学的历史发展和研究现状，集中探讨了如何对之下定义的问题。沃尔多分析了公共行政学的定义长期众说纷纭的原因，认为，“公共行政”一词有双重用法：一是标明和表示知识探索的一个领域、一门学科或一种研究；二是标明和表示一个过程或一种行为——管理公共事务。这是造成公共行政是科学还是艺术的争论的一个原因。沃尔多认为，在公共行政问题上，研究的中心要素是人本身，公共行政的许多研究是通过在公共行政中从事这种行为和过程的人来进行的。沃尔多对“行政”下了一个比较明确的定义，即“‘行政’是具有高度理性的人类合作行为”。沃尔多认为给“公共行政”下定义则比较复杂，它涉及对“公共”的含义和意义如何理解的问题，并认为要做到这一点，最富有成效的方法是利用一些已在社会学、人类学等学科中得到最充分发展的概念，因为在不同的地区、不同的社会环境和文化历史背景中，对“公共”的理解是不同的。但是，沃尔多认为，公共行政的中心概念是理性行为，即正确地计划实现特定的期望目标的行为。和其他公共行政学家一样，沃尔多对公共行政学的定义和限定仍没有得到普遍的认可，同样成为引起争论的问题。但是，他的研究对推动公共行政学发展所起的作用却是得到公认的。

美国现代政治学家诺顿·E·朗对公共行政学研究的影响主要体现在他对行政权力的

---

① 转引自［美］斯蒂尔曼：《公共行政学：观点和案例》，上册，179 页。

深刻分析方面。他在《权力和行政管理》(1949) 一文中，开宗明义地提出了“行政管理的生命线就是权力”的命题。他认为：各种行政管理机构由于其所处的政治环境的影响，都在不断地为政治生存而斗争。官僚们为了维持其组织的生存，竞相向下属团体、立法机构、执行机构以及一般公众争夺有限的权力源泉。他指出：“对于产生而又限制权力的各种来源的分析，像合理的预算程序一样要求进行深谋远虑的行政管理工作……权力预算规则是实用行政科学中的一个‘基本论题’”。“权力的获得、保持、增长、削弱和丧失是实践工作者和研究者不能忽视并承受不了这种后果的问题”①。诺顿·E·朗的论点主要是：(1) 行政的第一个目标是获得并保持权力，行政结构中的各个层次都涉及权力问题；(2) 下属官员不能依靠正式的指挥链条得到足够的政治权力去完成自己的工作，他们必须用自己抓住的权力补充那些来自等级制度的权力来源；(3) 各级有自决权的官员必须对其情境作出估计，分析自己的权力来源并制订出相应的计划；(4) 在多元化的社会中，多种多样的政治压力是根据国会和政府中的各种力量的平衡发生作用的；(5) 从社会制度的动态发展和相互联系方面考虑有助于描述并认识行政权力和控制行政行为的问题。诺顿·E·朗的研究提出了许多在公共行政的权力结构和行政体制方面需要进一步探讨的问题。

2.4.2 多元化趋势的进一步发展

和纯学术的研究不同，英国行政理论家C·诺斯科特·帕金森是在对公共行政部门的管理现状进行统计调查的基础上进行的。他于1957年在《帕金森定律与行政管理中其他问题的研究》一书中提出了有名的帕金森定律。这条定律可用两句话来说明：(1) 一名官员想要增加的是下属而不是对手；(2) 官员们相互之间制造工作。其基本点在于说明行政人员数量的增加与工作数量没有关系，并以此揭示官僚组织实际存在的弊端。帕金森论述说，人们一般有两种认识：一是文职人员总数的上升必然是所要完成的工作量不断上升的反映；一是官员数量的倍增必然使其中的某些人无事可做，或者使所有的官员缩短工作时间，帕金森定律的结论则不然。他认为，行政人员是按其所辖的工作人员数来看待其地位的，如果能安置更多的人，这就是成功的可靠表现，即使工作量未增加，甚至工作量减少时，他们也愿意不断增加所辖的下属人员；但是在任何情况下都不愿意增加和自己地位相同的人以免增加其仕途上的竞争对手。同时，增加人员后并未相应减少各自承担的工作，相反，他们相互之间制造了许多工作，例如依次传递、修改文件，其中不免要出现许多多余的内容和错误，最后再一一纠正等。最后，帕金森以数学形式提出了这条定律；帕金森的结论是以对英国海军部和殖民部在一定期间内的任务要求及其官员数目的实际变化的统计数字为依据的，他揭露出的是政府部门中普遍存在的机构臃肿、人员膨胀的现象，并且提出了有独到之处的解释，因此在公共行政学的研究领域中有一定的影响，同时也留下了一个在行政管理的实践中亟待解决的课题。

美国心理学家、麻省理工学院教授道格拉斯·M·麦格雷戈对管理学和公共行政学的重要影响不仅在于他引起了管理学界对马斯洛的需要层次论的浓厚兴趣，而且在于他提出的X理论和Y理论促进了对人事管理及不同的管理方式的深入研究。麦格雷戈的理论最

---

① [美] 诺顿·E·朗：《权力和行政管理》，见 [美] 杰伊·M·沙夫利兹等编：《国外公共行政理论精选》，167页。

早见诸他于 1957 年 11 月在《管理学评论》杂志上发表的文章《企业的人性面》。1960 年，他的重要著作以同样的书名正式出版并引起了广泛的注意。麦格雷戈用 X 理论来表示传统的管理理论对人的假设。这种假设是：(1) 一般人的天性是懒惰的——他想尽可能少干工作；(2) 缺乏抱负，不喜欢负责任，宁愿被人领导；(3) 生来是以自我为中心的，对组织的需要漠不关心；(4) 在本性上抵制变革；(5) 易于上当受骗，不很聪明，容易受到骗子和煽动家的愚弄。

麦格雷戈认为，这种对人的看法是消极的，它导致一种强制性的、严密监督和严厉控制或放弃管理、宽容放任的管理方式。这种管理方式很少提供创造性和自我激励的机会，其组织结构是传统的、有严格的等级制的组织结构。他以马斯洛的需要层次论为基础提出了用 Y 理论表示的创新思想。Y 理论对人的假设与 X 理论相反，因此导致的管理方式也有所不同。像权力分散和授权、工作丰富化、参与管理和咨询性管理等都是麦格雷戈倡导的向正确的管理方向发展的步骤。麦格雷戈认为，X 理论完全依赖对人的行为的外部控制，把人当作孩子来对待，而 Y 理论则主要依靠自我控制和自我指挥，把人当作成熟的人来对待。从实质上说，麦格雷戈探讨的是创造一种健全的组织机构的方法，以便允许最大限度地发挥人的潜力，这种思想无论是对企业界还是对公共部门的管理都有重要的影响。

查尔斯·E·林德布鲁姆是耶鲁大学的经济学家和长期研究公共政策的学者。1959 年他在《公共行政评论》杂志上发表的论文《"竭力对付"的科学》(有人译为《"凑合对付"的科学》或《"应付"科学》) 被认为是渐进主义的决策理论的代表作。经过对政府决策过程的深入研究，林德布鲁姆认为存在着两种截然不同的决策，一种是"理性综合方法"或"根本方法"，一种是"连续有限比较方法"或"分支方法"，前者是传统的行政学教科书中的方法，后者则是在政府中做出决策的实际方法。他从五个方面对这两种方法的区别进行了分析。

林德布鲁姆的看法倾向于持否定意见的后者。他认为，行政决策实际上包含五个特征：(1) 是"渐进的"，总是采取小的步骤逐步去实现目标；(2) 是不全面的，不能在既定时间内考虑所有备择方案及其后果；(3) 是进行连续比较的一次又一次的制定和修订；(4) 对各种方案的选择是"满足"标准而不是"最佳"标准；(5) 最后的决策是折中性的。国外一些学者认为，这种渐进主义的决策方法描述了公共行政中运用得较普遍的决策形式，其作用在于采用一种"竭力对付"或"应付"的方式，集中于与现有政策稍有不同或在有限方法上不同的政策，而不是完全重新评价既定政策，讲求实用并简化决策过程。

在这个时期内，从总的趋势上看，公共行政学的发展是以对传统的管理理论的批评为推动力的。由于这种批评往往和心理学、社会学、经济学、管理学、政治学、人类学、行为科学、计算机科学、运筹学、系统论、控制论、信息论等各个学科的新的发展交织在一起，因此它所涉及的范围非常广泛，同时也使公共行政学的研究更显出跨学科的性质。但是，这种批评并没有全盘否定传统的管理理论，只不过是提出了新的问题并进行新的探讨，传统的管理理论仍在公共行政学的教学、科研、实践等活动中保持着持久的影响。从公共行政学的研究内容看，由于受到行为科学及其他学科的影响，效率、组织结构、工作程序等仍然是引起人们重视的问题。但是，许多研究已经超出了行政过程的结构性和技术性的范围，除了正式的组织形式和权力结构外，组织已被作为一种包括各种社会和心理因素在内的、其成员之间相互作用和影响的动态发展的复杂系统，一方面把效率的提高与人的行为的研究联系起来，另一方面把组织自身及其成员的活动与外界环境因素联系起来，从而深入并扩大了公共行政学的研究范围。同时，决策和公共政策的制定、目标冲突、权力斗争、行政管理者的价值判断、激励手段和方法等也成为公共行政学研究的基本问题。这种深入的研究要求综合运用多种学科的知识和概念，从而开辟出许多新的研究领域，形成许多新的课题，并使公共行政学的研究呈现一种多元的、多方向发展的趋势。

2.5 20世纪60年代至70年代的研究

把20世纪60年代至70年代的发展作为一个时期描述是一种最简单、笼统的方法，其间仍可做进一步的划分。例如，一种有代表性的意见，把每十年的时间划分为一个时期，认为60年代是“科学—技术时代的顶峰”，是公共行政学扩大和发展的时期，系统方法对它有很大的影响。与之相比，70年代是一个困难重重的“资源贫乏”或“紧缩”的时代，因而公共行政学研究进入了一个检查和反向的时期。亦有的学者认为，到70年代，公共行政学处于发展的“动乱时期”，存在着各种各样的观点和争论。公共行政学的研究与国民经济的发展、政府的发展和运行状况有密切联系，其70年代以来的发展趋势是欧美资本主义国家经济不景气、税收负担沉重、社会问题严重、现行政府机制的各种弊端加剧的反映。这种状况为公共行政学的发展积累了新的动力。

2.5.1 20世纪60年代至70年代的研究成果

20世纪60年代至70年代，一方面，随着经济和科学技术的迅猛发展，公共行政的范围、职能、机制、各种制约因素及行政管理的技术性、复杂性不断发展变化；另一方面，由于社会问题、各种冲突、行政危机不断加剧，公共行政学的研究继续沿着多元化、多方向的趋势发展，并且学术研究中也充满了各种各样的争论和分歧。在这个时期内，公共行政学的研究继续开拓新的研究领域，不断开发新的课题，除传统理论研究的范围之外，在政策分析、系统方法、政府责任和道德、权力结构、行政体制、政府间关系等方面进行了更深入的研究。同时，由于对传统理论的一般原则批评的影响和适应社会变革、寻找解决社会问题良方的需要，公共行政学的研究日益注重现实并形成了各种对立的观点和派别，70年代出现的新公共行政学运动是探讨公共行政学应如何发展的学派之一。

自W.P.威洛比论述美国的预算改革运动以来，预算理论一直是公共行政学研究的主要内容之一，如V.O.基的《短缺的一种预算理论》（1940）、维恩·B·刘易斯的《论预算理论》(1952)、A.威尔达夫斯基的《预算过程中的政治》（1964）等。而美国公共财政专家艾伦·希克于1966年发表的一篇论文《通向计划规划预算之路：预算改革的阶段》被认为是关于财务行政的经典之作。

艾伦·希克对预算改革的历史进行了权威性的概括，并论述了计划规划预算制的基本概念和原则。他认为，任何预算制都有三种明显的职能或过程，即计划、管理和控制。预算改革的历史可以划分为三个阶段：第一阶段从1920年到1935年，重点放在发展一种适于控制经费开支的系统上；第二阶段始于美国新政时期，一直持续到 1950 年，重点强调的是管理，表现为拨款结构上的改革、管理水平的改进、工作评定的规划等；第三阶段始于 1960 年，强调的是计划，致力于将计划和预算联系起来，实行计划规划预算（PPB）的方法。该方法最初是由兰德公司提出来的，1961 年美国国防部最早采用这种方法。约翰逊总统 1965 年要求各部都予以采用。艾伦・希克认为，凯恩斯强调政府干预经济行为的宏观经济学、新的决策、信息和技术的发展及系统分析方法的实际运用，推动了计划和预算的过程逐渐趋同，成为影响预算改革的因素。艾伦・希克对美国预算改革的实践和 1974 年《国会预算和截留控制法》的制定和实施也有一定的影响。

耶路撒冷希伯来大学教授、政策分析家和政策科学倡导者德罗尔是林德布鲁姆的渐进主义的决策理论的主要批评者。德罗尔于 1967 年在《公共行政评论》杂志发表的论文《政策分析员：政府机构中的一种新的职业角色》是一篇有代表性的文章。在其后五年内，他又出版了政策科学方面的多部论著：《公共政策制定的再审查》(1968)、《政策科学构想》(1971) 和《政策科学探索》(1974)，这三本书被称为政策科学的“三部曲”。德罗尔认为，由于微观经济学、福利经济学、定量决策理论的发展以及运筹学、成本—效益分析、计划规划预算和系统分析等方法的运用，出现了一种新的职业角色，即政策分析人员，这是在旧的职能的基础上所形成的一种新的职业。他强调政策分析是一种综合运用多种学科和多种方法的更高级的知识形式，它的特点在于集中研究公共决策和公共政策的制定过程，扩大了决策和政策制定的范围，强调创造性的、新的政策备择方案，广泛运用各种知识、模型和方法，重视对未来的长远预测，所进行的分析是灵活的和系统的。德罗尔批评渐进主义的决策理论有一个严重缺点，即其可接受的边际改革不能满足日益发展的政策需要。他认为，政策需要改变时，决策者也许不得不比渐进方法所期望的更为大胆地发展新事物。当过去的政策不能解决问题时，政策的渐进变革不会产生重大的、较好的效果，其结果对决定下一步怎么办也无关紧要。德罗尔提出在所有主要行政机构中都应设立政策分析人员的职位并让其接近高级的政策制定过程，他们一般以最高行政长官和直线高级官员的顾问的身份正式行使职责。德罗尔也是最早呼吁创立一种“政策科学”方法的人之一。

一般认为，拉纳和拉斯韦尔主编的《政策科学：范围和方法的新近发展》一书是政策科学诞生的标志。而德罗尔的论著则被看作政策科学发展的第二个重要阶段。德罗尔对政策科学的目标、特征、内容、方法等作了精辟的论述。其研究涉及政策规划、高层决策系统、逆境中的政策制定、政策哲学、危机决策、模糊赌博机制、宏观政策分析和政策模式等广泛的政策研究领域。需要指出的是，政策科学在 20 世纪 60 年代日趋成为一个独立的研究领域。从 1967 年到 1974 年，哈佛大学和密歇根大学公共政策研究所、加州大学伯克利分校公共政策学院、兰德公司研究院、杜克大学政策科学研究所等相继成立，并开始兴办政策科学专业的研究生教育项目。德罗尔的论著对政策科学的迅速发展有着十分重要的影响。

彼得・德鲁克被认为是经验主义的代表人物和现代管理学的创始人。其对公共行政学的研究产生重要影响的著作主要有：《管理实践》(1956)、《有效的管理者》(1966)、《管理：任务、责任、实践》(1974)、《管理学导论》(1977)、《动乱时代的管理》(1978) 等。

德鲁克在推动“目标管理”概念走向普及实施方面起了主要的作用。除对企业管理有创见性的论述外，他还对公共服务机构的管理也有独到的见解。德鲁克论述说，公共服务机构在当前社会中日益占有重要地位，是现代社会的真正发展部门。但是除个别例外，它们的绩效和工作质量并不好，其原因不在于它们没有像企业那样进行管理、缺乏更好的人才或目标不明确，而在于它们是靠预算取得拨款的。单纯地追求更多的预算而不考虑如何提高效率、改进工作也会出现帕金森定律的结果。他认为，企业的绩效可以用利润来衡量，而公共服务机构不能去追求利润，其绩效不能用利润来衡量，并且也不能以取得多少预算和人员多少来衡量。公共服务机构的主要目的是服务，应强调工作的效果和效益。德鲁克指出：要使服务机构把工作做好……并不需要“伟大人物”，而需要的倒是制度。德鲁克对公共服务机构的特点、绩效不好的原因、成功的条件及改进方向的论述不仅在理论上是有创见的，而且在实践中也有重要的指导作用。

劳伦斯·J·彼得和雷蒙德·霍尔的《彼得原理》（1969）一书提出了一条与帕金森定律一样揭露官僚制组织弊端的原理。该书指出，在任何等级制度的各个层次上都能看到一种普遍现象，即许多人不胜任他们目前所担负的工作。根据对雇员在等级制度中晋升方式及其晋升后履职情况的研究，作者们将彼得原理表述为：“在等级制度中，每一名雇员都趋向于晋升到他所不能胜任的等级上。”① 同时，他们还引出了一条推论：“每一个岗位最终往往被一个不适合履行其责任的雇员所占据。”彼得原理是对工作效率低下、领导软弱无力的官僚现象所作的一种解释，按照该原理的解释，出现这种现象的原因在于等级制的组织不断地把人们提拔到力不从心的工作岗位上的结果。他们在低一级的工作岗位上本来工作得很好，但是在出现职位空缺向上晋升时就变得不胜任了。彼得认为，应建立一门研究等级制度的新科学——等级制度学，这门学科无论在公共行政还是在私人行政领域中都将有很大的应用价值。

美国政治学和公共行政学教授 A. 威尔达夫斯基对预算、决策、政策分析等都有深刻的见解。他的主要论著《预算过程中的政治》（1964）是美国行政学中最常被引用的著作之一。威尔达夫斯基在这本书中提出了被称为政治妥协和政治策略的预算理论。他认为，与其说预算是施政的工具，不如说是全社会决策过程的一部分，在这个过程中，各社会集团、各级政府、办事机构、管理和制定预算机关、总统、经济顾问团、国会和国会所属各个委员会等共同决定“谁在何时、何地、如何得到什么”。各种各样的参与者扮演着可预见的角色。行政官员要求不断增加预算，甚至采用虚报的方法，预算机构则想法削减预算，立法人员则是最后的仲裁者。因此预算涉及经济的、法律的、政治的、社会的各种因素，其结果主要是为妥协、策略和交易等考虑所左右。在《计划规划预算制度的营救政策分析》（1969）一文中，威尔达夫斯基对计划规划预算方法提出了批评，认为它威胁了立法者偏爱的集中预算制，趋向于打破国会委员会的专业化领域，因此在政治上不能被接受。在政策分析方面，威尔达夫斯基所持的是渐进主义的决策程序的观点，在围绕行政决策适当模式的持续不断的争论中，对采用渐进性的决策模式有深刻的论述。

美国政治科学家赫伯特·考夫曼继保罗·亨森、诺顿·E·朗等之后深入探讨了公共

① 转引自［美］杰伊·M·沙夫利兹等编：《国外公共行政理论精选》，275 页。

行政的权力结构、行政权力与政治权力的关系等问题。在《行政分权与政治权力》(1969)一文中，考夫曼概述了美国政府机构行政史上变革的过程，这些变革主要体现在代议制、政治中立权限和行政领导地位三个方面，在不同的历史时期分别侧重强调某一个方面。其结果是一些社会集团提高了影响力，而另一些社会集团则感到受压抑，要求进行变革。因此，强调某一方面以满足一部分集团的利益的变革交替地循环着。他认为目前变革的进程要求建立一种代议制的新模式，要求行政机构更具代表性，因此形成了一种要求分权的趋势，其结果是导致变革和改组，形成新的冲突和联合。考夫曼在其他文章中对政府机构的变革与改组进行了更深入的探讨。他指出，改变公共政策，对行政管理、预算、人事管理、标准操作程序、采购方式、激励制度以及对行政部门进行日常工作的其他技术方面加以改善，可以提高效率和简化手续。但是，它们与改组相比，常常显得肤浅、琐碎，没有政治上的价值，“因为改组是大规模地创立新行政机构，将旧机构重新组合，废弃过时机构并将其职能分配给其他机构，对现存机构的自主程度加以改变以及诸如此类的结构方面的改变。因此，当改革家致力于使政府精简，使之更有效率、更少耗费时——使政府处于可控状态——他们倾向于走改组的道路”。

考夫曼概括出七种改进机构的标准方案：(1) 对控制幅度加以限制；(2) 将有关职能置于统一的指挥之下；(3) 为行政人员配备充分的辅助人手；(4) 授权行政部门公正而自主地改组其所领导的机构；(5) 减少某些单位和单位领导人对政治领导人所承担的影响与责任；(6) 分散行政权限；(7) 增加公众对行政管理工作的参与。考夫曼认为，和西蒙所说的成对的行政格言一样，改组方案也是如此，但每对中的两个部分都包含着智慧和真理，改组者的天才在于能懂得在某个时候应采取哪种“对立与转化”的方式。考夫曼还论述了改组的效果、方法、领导形式等，这些研究代表着公共行政学发展的一个方向。

弗雷德里克·C·莫舍是一位有长期行政实践经验而又从事公共行政学研究的学者，他的主要论著包括《民主与公共服务》(1968)、《短暂社会中的公共服务》(1971)、《美国公共行政：过去、现在和未来》(1975) 等。在《民主与公共服务》一书中，莫舍提出了“专业人员国家”的理论。莫舍的“专业人员”指的是：(1) 有合理而且明确的职业范围；(2) 一般需要受过高等教育，至少也要取得学士学位；(3) 能够为该职业团体的成员提供一种终身职业。专业人员总体上可以分为“一般性专业”和“公共服务性专业”两大类，其包括的范围非常广泛。莫舍提出了“专业精华”的概念，他们是“核心”，处于机构的中心部位，控制着关键职位，是领导班子的主要的或全部的来源，同时也是政府中的基本决策人。这种专业化的趋势带来了雇佣、晋升、组织形式、专业教育等一系列变化。

莫舍广泛探讨了对公共服务和政府的社会要求、社会发展趋势、公共服务组织、参与管理、分权、专业化及社会趋向和两难境况对公共组织、公共服务、人事制度和高等院校的含义等各种问题，这些问题对公共行政学研究的发展都有很重要的意义。

2.5.2　新公共行政学

乔治·H·弗雷德里克森是 20 世纪 70 年代发展起来的新公共行政学的代表人物之一。1968 年，由叙拉古大学人文科学教授和《公共行政评论》杂志主编德怀特·沃尔多发起，在明罗布鲁克召开了一次青年公共行政学者会议，目的是考虑该领域将来可能的发展方向。会议结果产生了“新公共行政学”运动，会议记录汇编为《论新公共行政学：明罗布鲁克观点》，并于 1971 年出版。该学派致力于把公共行政学的注意力，从传统关心效率、经济、预算和科学的管理技术转到关心社会公平上来。传统的公共行政学理论把效率和经济作为两个基本原则，而新公共行政学赖以建立的原则是社会公平。他们十分注意研究社会需要，特别是城市生活与暴力的问题，论述价值、道德和组织成员的个人发展，对道德理论、哲学和行动主义有浓厚兴趣。H·乔治·弗雷德里克森的论文《论新公共行政学》明确表述了新公共行政学的理论和观点。他的论文有三个目的：(1) 为在明罗布鲁克会议介绍其对新公共行政学的解释和综合概括；(2) 说明其解释和综合概括与范围更为广泛的行政管理的思想和实践的关系；(3) 解释新公共行政学和组织理论相互之间的影响和意义。他指出：“新公共行政学把社会公平加入传统的目标和基本原理中。实用的或传统的公共行政学试图找出下列两个问题中的任何一个问题的答案：怎样才能利用可利用的资源提供更多的或更好的服务（效率）？怎样才能花费更少的资金保持服务水平（经济）？新公共行政学增加了这样一个问题：这种服务是否增强了社会公平？”弗雷德里克森明确地论述了新公共行政学所关心的问题、基本见解和主张、与传统的公共行政学的区别；概述了新公共行政学在公共组织中普遍存在的分配过程、整合过程、边际交换过程和社会情感过程方面各种问题上的新的观点；分析了新公共行政学遇到的反对意见、所产生的影响、与组织理论的相互影响及它的学术环境。弗雷德里克森的主要论著还有《社会公平和公共行政》(1974)、《新公共行政学沿革》(1977) 和《新公共行政学》(1980)，他于 1977 年成为美国公共行政学会主席，这表明了他本人及新公共行政学的观点对公共行政学发展的影响。

2.6 20 世纪 80 年代以来的研究

20 世纪 80 年代以来的这个时期在公共行政学的发展史上是一个重要的历史时期。可以说，公共行政学进入了一个新的繁荣时期。其推进动力主要来自三个方面：一是以公共选择理论和新制度学派为代表的经济学理论介入公共行政和公共政策领域所产生的巨大影响；二是席卷世界各国的大规模的政府改革或政府再造运动从实践的角度为公共行政理论的发展提出了新的课题；三是企业型政府、管理主义、新公共管理、新公共服务等各种各样的理论、学派从不同方面对传统的公共行政的理论、观念、模式提出了挑战。新的理论和实践问题的提出，预示着公共行政学的研究将进入一个新的发展阶段。

2.6.1 经济学理论的介入

介入公共行政和公共政策领域并产生重大影响的两位经济学理论的代表人物詹姆斯·M·布坎南和道格拉斯·C·诺思都是诺贝尔经济学奖获得者。布坎南是公共选择理论的创始人，其相关代表作有《公共选择理论：经济学在政治方面的运用》(1972)、《政治活动的经济学》(1978)、《自由、市场和国家：80 年代的政治经济学》(1986) 等。从书名可看出，布坎南学说的特点是以经济学的方法研究政治问题，这也是公共选择理论的特点之一。布坎南着重研究政治决策过程及政治决策者和选民在此过程中的行为选择，他认为：

（1）政府的政策制定者（政治家、政府官员等）和作为选民的公民都是理性经济人，追求的是个人利益的最大化；（2）在政治过程中，私人选择转化为集体选择并对经济和公共物品分配产生影响；（3）和“市场失灵”一样，存在着“政府失灵”问题，其表现在公共决策失误、效率低下、自我扩张、寻租活动等多个方面；（4）“政府失灵”是由政府自身内在缺陷造成的；（5）主张限制政府权力，减少国家干预，尽量发挥市场作用。布坎南探讨的是市场和政府的作用问题，他用经济学方法分析政治决策、政治过程、政治行为和政府作用，为公共行政学的研究提供了一种新的视角。

道格拉斯·C·诺思被认为是新制度经济学的代表人物之一，其主要代表作是：《制度变化与美国的经济增长》（1971）、《西方世界的崛起：新经济史》（1973）、《经济史中的结构与变迁》（1981）、《制度、制度变迁与经济绩效》（1990）。诺思对制度与制度变迁问题进行了开创性的研究，他认为制度对于人们的经济关系和社会关系的形成、互动具有十分重要的作用：“制度在社会中起着更为根本性的作用，它们是决定长期经济绩效的基本因素”①。制度是人类的创造物，是一个社会的游戏规则，它由道德、习惯和行为准则等非正式约束与宪法、法令和产权等正式约束所组成。诺思说：“理解制度结构的两个主要基石是国家理论和产权理论。”② 诺思精辟地论述了国家与制度的关系、国家与产权的关系以及政治、经济、社会、教育等各类组织与制度间的关系。诺思认为，国家是一种地域性的、具有垄断权的、强制性的、提供法律和秩序的制度安排。统治者（国家）和选民是一种“交换关系”，具有“经济人”的特点，国家的基本目标和作用，一是界定形成产权结构的竞争与合作的基本规则，保证国家收入（统治者租金）的最大化；二是降低交易费用，保证社会产出（选民利益）的最大化，这两个目标是相互矛盾的。诺思把产权分为有效率的和无效率的两种类型，产权制度的建立及其对社会经济发展是正面还是负面的影响均与国家有关。诺思把国家作为一种政治组织来分析其在合理的制度变迁过程中所起的关键性作用，从经济学的角度深化了对国家本质、政治制度、产权制度的建立与变革、政府的政治与经济职能的研究。

2.6.2　新公共管理和政府再造理论

20 世纪 80 年代以来，面对政府管理中暴露的各种弊端和民众的不满情绪，英国、美国、新西兰、澳大利亚等许多国家先后开展了形式多样的政府改革或政府再造运动。政府为何出现问题，政府如何高效运转，如何克服“政府失灵”问题，如何进行政府变革以及如何推动变革等，在传统的公共行政理论无法解答这些现实问题的时候，公共行政领域出现了一批理论的“探索者”。在此期间，一个最重要的理论动向就是公共管理、新公共管理理论的兴起。其主要代表人物及其著作有佩里和克雷默的《公共管理：公共的和私人的观点》（1983）、波兹曼的《公共管理战略》（1990）和《两种公共管理概念》（1993）、雷

① ［美］道格拉斯·C·诺思：《制度、制度变迁与经济绩效》，143 页，上海，上海三联书店，1994。

② ［美］道格拉斯·C·诺思：《经济史中的结构与变迁》，17 页，上海，上海三联书店、上海人民出版社，1994。

尼的《理解和管理公共组织》（1991）、林恩的《作为艺术、科学和职业的公共管理》（1996）、弗利耶的《行动中的新公共管理》（1997）等等。公共管理或新公共管理理论对传统的公共行政理论提出了全面的挑战，反映出从理论和实践两方面推动公共行政研究深入发展的总体趋势。戴维·奥斯本和特德·盖布勒提出的政府再造理论或企业家政府理论被认为是新公共管理理论的精髓。

奥斯本曾任美国前副总统戈尔的高级顾问，参与美国国家绩效评估委员会的咨询和文件起草工作，被誉为“政府再造大师”。他和盖布勒合著的《改革政府：企业精神如何改革着公营部门》（1992）一书对推动政府再造运动产生了巨大影响。奥斯本和盖布勒明确指出，他们所面对的是一个问题成堆的政府，他们在著作中所论述的主题不是政府该做什么，而是政府该怎么做。他们主张用一种“企业型政府”（或译为“创新型政府”）的新模式改造政府，他们希望为再造政府提供指引路线的地图，即书中所论述的十项原则：（1）起催化作用的政府：掌舵而不是划桨；（2）社区拥有的政府：授权而不是服务；（3）竞争性政府：把竞争机制注入提供服务中去；（4）有使命的政府：改变照章办事的组织；（5）讲究效果的政府：按效果而不是按投入拨款；（6）受顾客驱使的政府：满足顾客的需要，不是官僚政治的需要；（7）有事业心的政府：有收益而不浪费；（8）有预见的政府：预防而不是治疗；（9）分权的政府：从等级制到参与和协作；（10）以市场为导向的政府：通过市场力量进行变革。这十项原则被认为是掀起政府再造运动和推动新公共管理运动的理论指南。

奥斯本的另一本重要著作是其与彼德·普拉斯特里克合著的《摒弃官僚制：政府再造的五项战略》（1997）。该书继政府再造的十项原则之后又提出了五项战略：（1）核心战略：明确组织目标；（2）后果战略：创设绩效后果；（3）顾客战略：将顾客置于驾驶员的位置上；（4）控制战略：将控制从高层和中央移走；（5）文化战略：创造企业家文化。该书结合世界各国政府的改革或再造运动的实际进程，对“政府再造”的概念在理论和内容上进行了界定，明确指出：“‘政府再造’不是仅仅使政府更具效率的替身。政府再造的部分目标在于提高效率（efficiency），但更为重要的是要提高政府管理的效能（effectiveness，或译为‘效果’）。”① 他们对“再造”下了一个明确的定义：“我们所说的‘再造’，是指对公共体制和公共组织进行根本性的转型，以大幅度提高组织效能、效率、适应性以及创新的能力，并通过变革组织的目标、组织激励、责任机制、权力结构以及组织文化等来完成这种转型过程。”② 他们把五项战略（或5C战略）作为五个标杆，用来改变政府的“DNA”，以期在体制上对政府进行创新。“政府再造”的理论矛头直指传统的公共行政的官僚制组织模式，为公共行政学在20世纪的进一步发展指明了方向。

2.6.3 其他代表性理论

20世纪80年代以来，除公共管理和新公共管理理论外，还有其他一些专家学者从不

---

① ［美］戴维·奥斯本、彼德·普拉斯特里克：《摒弃官僚制：政府再造的五项战略》，12页，北京，中国人民大学出版社，2002。

② 同上书，14页。

同角度对传统的公共行政理论提出质疑和挑战，代表着公共行政领域理论和实践研究的不同发展趋势。戴尔·S·赖特是长期研究美国政府间关系的专家，他的论文《80 年代政府间的关系：政府间关系的新阶段》（1983）是这方面的代表作。美国是实行联邦制的国家，如何划分中央政府和地方政府之间的权力，调整二者之间的关系是公共行政学研究的一个重要内容。在这篇文章中，赖特将美国政府间关系的发展过程划分为六个阶段：冲突阶段、合作阶段、集中阶段、创造阶段、竞争阶段、测算阶段。赖特集中论述了每一个阶段政府间关系的特点和演变，分析了每一阶段的主要问题、参与者的观念、政府间关系机制的变化等。赖特着重对第六个阶段，即测算阶段进行了论述。他认为这一阶段遇到的主要是责任性、破产、强制因素、依赖性、联邦作用、公众信任方面的问题，一些城市陷入的行政危机是这些问题的集中反映。"测算"的基本含义是指精心计划和定量化的预测，它反映这一阶段处理政府间关系及其机制的特点。赖特指出，20 世纪 80 年代是一个国家、州和地方关系的特性和内容继续受到争论、争议、精心改进或重新规定的时期。里根政府推行的新联邦制在此方面带来的一系列变化是需要不断进行研究的一个重要方面。

史蒂文·科恩和罗纳德·布兰德合著的《政府全面质量管理》（1993）反映了 20 世纪 90 年代注重政府实际管理领域的特点。他们试图将全面质量管理（TQM）的理念、技术和方法从企业界引入政府中。该书详细论述了 TQM 的原理、中心概念、主要的组织变化和改革形式，实施 TQM 的工作步骤、技术方法、关键问题及各级政府管理者所应起的作用。作者们认为，TQM 是"一种提高政府工作质量和效率的方法"。"在这种方法中，不是简单地命令员工们做这做那，而是要求他们思考并参与这种组织工作。"他们认为这种方法可以激发员工的积极性，"采纳 TQM 的组织会从一种类似效应中受益"①。正如作者们所言，该书不打算对 TQM 作学术性研究，而是传达其所了解的、怎样在政府部门实施 TQM 的实际经验。其目的在于通过实际的变革手段改进政府的管理工作，有效提高政府的工作质量和绩效。这一方面的论述实际上补充了公共行政学研究中的某些不足之处。

帕特里夏·基利、史蒂文·梅德林、休·麦克布赖德和劳拉·朗迈尔合著的《公共部门标杆管理》（1997）也是一部注重政府实际管理领域的著作。该书同样是想改进政府的管理能力，找到一种"突破政府绩效瓶颈"的方法。标杆管理的意义在于"一是各个组织必须将其与别的竞争对手及相似工作程序的最佳实践相比，确定自身处于何种位置；二是让公司采用新做法，通过标杆管理使突破性改进成为可能"②。作者们首先阐明了政府采用标杆管理的七项理由，然后对标杆管理的概念、内容、方法、实施步骤、方案选择等进行了全面的阐述。该书的特点与《政府全面质量管理》一样，注重的是实践方法，而非理论性研究，反映出公共行政领域中注重管理实践探索发展的趋势。

B·盖伊·彼得斯是美国匹兹堡大学政治科学系主任、教授，以研究政府治理和改革问题著称，其在政治学、政策研究方面的著作较多，其中，与政府变革联系最密切的是

① ［美］史蒂文·科恩、罗纳德·布兰德：《政府全面质量管理》，5～10 页，北京，中国人民大学出版社，2002。

② ［美］帕特里夏·基利等：《公共部门标杆管理》，4 页，北京，中国人民大学出版社，2002。

《政府未来的治理模式》(1996)。在书中，彼得斯关注的是政府的治理模式，而不是一般的或具体的管理方法。他认为："对于政府及其成员而言，至关重要的是不断探索提升政府效能和服务品质的创新机制。"① 彼得斯对传统的公共行政治理模式提出了挑战，分析了与之相联系的几组概念：政治中立的公务员制度、等级制和规则、永久性和稳定性、制度化和公务员制度、公平等，认为它们是旧时代的信条，已经不再具有权威性。他在分析一些国家实际进行的政府改革的基础上，总结出了四种新治理模式：市场式政府、参与式政府、弹性化政府和解制型政府，并分别作了详细的论述。他认为这些模式在对问题的诊断、结构、管理、决策、公共利益等方面与传统模式有明显的不同。与前面介绍的20世纪80年代以来的几位作者不同的是，彼得斯强调该书的"实践意义是次要的，因为我的主要目的是加深人们对这些年中政府的治理究竟出了什么问题的了解，以及对未来新的治理概念含义的了解"，反映了公共行政领域中注重理论探索的发展趋势。

美国得克萨斯科技大学教授查尔斯·J·福克斯与美国威斯康星州奥什科什大学休·T·米勒合著的《后现代公共行政——话语指向》(1996)一书被认为是后现代公共行政的代表作。他们明确提出"想依据后现代的状况改变思考公共政策与行政的方向"，他们认为，传统的官僚制的治理模式已经死亡，有两种替代模式正在竞相取代之：一是新制度主义，一是社群主义或公民主义，但这两种模式仍不令人满意。他们关注的是"政治话语"问题，在研究社会对话的话语理论的基础上倡导一种民主治理的新模式。他们利用现象学、构成主义和结构化理论及"副现象"、"自我指涉"、"独白性交流"、"虚假社区"、"能量场"等较为晦涩的概念构筑其话语理论。在他们看来，与政策制定和民主参与有关的话语形式有三种类型：第一，少数人的对话，类似于统治精英的操纵；第二，多数人的对话，被比较为表现主义的无政府状态；第三，一些人的对话，即由一些真诚的、切合情境意向性的、自主参与的、可有实质贡献的参与者所进行的双向的、目的明确的、持续一定时间的对话。他们认为"一些人的对话"形式是构筑后现代民主制度的基础和前提。《后现代公共行政——话语指向》一书受到较高的学术评价，被认为是"在提高公共行政和公共政策的质量方面迈出了积极的一步"②。

2.7 21世纪公共行政研究的新动向

20世纪80年代以来是一个世界各国政府改革或政府再造运动方兴未艾的时期。与此相联系，公共行政学的研究继续呈现多元化的发展趋势，有的偏重于技术，有的偏重于理论，但总的趋势是注重实践、注重改革、注重创新。公共行政研究正是在这种背景下跨入了21世纪，在近百年的发展过程中，公共行政学作为一门独立的学科已经确定了它的地位和所要研究的基本领域，但理论体系和研究内容仍处于不断的变化和发展中。

① ［美］B·盖伊·彼得斯：《政府未来的治理模式》，2页，北京，中国人民大学出版社，2001。

② ［美］查尔斯·J·福克斯、休·T·米勒：《后现代公共行政——话语指向》，前言第13页，北京，中国人民大学出版社，2002。

美国亚利桑那州立大学公共事务学院的两位教授罗伯特·B·登哈特和珍妮特·V·登哈特合著的《新公共服务：服务，而不是掌舵》一书被认为是进入21世纪后公共行政研究领域中出现的一本颇具影响力的著作。他们在书中比较关注对新公共管理理论的批评和质疑，在对其反思和批判的基础上针锋相对地提出了“新公共服务”理论。该理论以组织人本主义、新公共行政理论、后现代主义理论为理论来源，明确提出并全面阐述了七种不同于新公共管理的理念：“(1)服务于公民，而不是服务于顾客；(2)追求公共利益；(3)重视公民权胜过重视企业家精神；(4)思考要具有战略性，行动要具有民主性；(5)承认责任并不简单；(6)服务而不是掌舵；(7)重视人而不只是重视生产率。”① 登哈特夫妇认为，与传统的公共行政理论相联系的是政治理论，“行政人”概念、当事人和选民、划桨角色、等级制、官僚组织等，与新公共管理理论相联系的是经济理论、“经济人”概念、顾客、掌舵角色、市场驱动、分权的公共组织等，而与新公共服务理论相联系的则是民主理论、公民、人的多重性、服务角色、多方面的关注、合作性结构等。对这三种理论模式的不同比较贯穿于全书的论述之中。他们主张用一种充分重视民主、公民权和为公共利益服务的理论模式（即新公共服务理论）替代传统的公共行政理论和新公共管理理论。他们注重的不是最新的管理时尚或者管理技巧，而是民主价值观的根本改造。“政府不应该像企业那样运作：它应该像一个民主政体那样运作。”② “公务员（通常）不是提供顾客服务，而是提供民主”③。新公共服务理论强调在关注民主价值和公共利益的基础上对政府角色重新定位，把公共利益的民主价值观、公民权和服务作为公共行政领域的重要规范并欲构建出一种可“包括传统的公共行政和新公共管理的最佳原理在内的、其他宝贵方法和价值观在其中都可以发挥作用的”理论框架。

有一种观点认为，继20世纪80年代新公共管理的改革运动之后，在20世纪90年代末至21世纪初，英国、澳大利亚、新西兰、加拿大、挪威等国又开始进行被称为“协同政府”(joint-up government)或“整体政府”(whole of government)的第二轮改革运动。这轮改革被认为是对新公共管理运动的回应、修正或调整。“改革的重点已经从结构性分权、机构裁减和设立单一职能的机构转向整体政府。”④ 随着第一轮改革实践的延续，新公共管理改革被认为存在着一些问题：缺乏合作与协调的“碎片化”和部门的自我中心主义；政治和行政领导减弱或丧失调控，干预或获取信息的途径，造成中央权力的“空心化”，政府缺乏紧急应付自然灾害、恐怖主义等天灾人祸的协调能力；视野不开阔、各自为政的原子化模式可能影响政府效率，加重财政预算压力等。

1997年，英国布莱尔政府首次引入“协同政府”概念，同年成立“社会排兵小组”，1998年成立“战略沟通”小组。澳大利亚政府1997年开始成立联合中心。澳大利亚总理施罗德明确提出：“整体政府坚持主张机构联合，避免部门主义，崇尚无缝隙行政”。新西兰、加拿大等国政府在21世纪初都采取了类似的改革措施，与新公共管理运动主张的分

---

① [美]珍妮特·V·登哈特、罗伯特·B·登哈特：《新公共服务：服务，而不是掌舵》，40～41页，北京，中国人民大学出版社，2004。

② 同上书，3页。

③ 同上书，前言第18页。

④ [挪]Tom Christensen：《后新公共管理——作为一种新趋势的整体政府》，载《中国行政管理》，2006(9)。

权化和碎片化不同，第二轮改革主要强调强化或恢复中央的权力和控制压力，加强政府部门间的纵向和横向协作，注重培养协调合作的文化理念和价值观，制定跨部门合作、强化公共服务能力的标准等。各国政府的改革实践无疑将为 21 世纪公共行政领域研究多元化发展增添新的源泉和动力。

进入 21 世纪以来，政府治理理论是一个值得关注的理论动向。美国公共行政学家尼古拉斯·亨利将公共行政学的百年发展史描述为六种范式。他认为，1970 年至今，"作为公共行政学的公共行政"是范式 5，而 1990 年至今，与其并行发展的"治理"是范式 6。这种趋势表明："我们正在远离政府管理，或者远离对公民控制，或者说远离由国家机构提供公共福利，而是正在走向政府治理，或者是走向控制公民并提供公共福利的法律、政策、组织、制度、合作机制以及各种协议的架构与配置。政府管理是制度化的，而政府治理既是制度化的，也是网络化的。"① 治理理论所探讨的是在公民社会中，网络技术、公私伙伴关系、非营利部门和私营部门的社会作用，以及在全球化等新形势下政府管理社会公共事务的新的制度形式，网络化管理本身也是一种制度形式。美国匹兹堡大学教授 B·盖伊·彼得斯的著作《政府未来的治理模式》（1996）是这方面的代表作，他提出了市场式政府、参与式国家、弹性化政府、解制型政府四类模式，实际上是对四种不同的制度形式的探讨。进入 21 世纪以来，较有代表性的著作有《政府改革手册：战略与工具》（戴维·奥斯本，2000）、《构建虚拟政府：信息技术与制度创新》（简·E·芳汀，2001）、《建设更好的政府：建立监控与评估系统》（凯恩·麦基，2007）。治理理论的特点是更为关注政府在社会公共事务管理中的制度问题和实践问题，使公共行政研究更有实用价值和现实影响。

关键术语

政治—行政二分法　科学管理运动　官僚制　管理七职能论　人际关系学派　需要层次论　行政生态学　政策科学　帕金森定律　彼得原理　新公共行政学　公共选择理论　新制度学派　政府再造理论　新公共管理　新公共服务理论　治理理论

问题与思考

1. 如何划分公共行政学的发展时期？
2. 公共行政学有哪些重要的代表人物和重要理论？
3. 如何在理论和实践相结合的基础上发展公共行政学？

---

① ［美］尼古拉斯·亨利：《公共行政与公共事务》，45 页，北京，中国人民大学出版社，2011。

第3章

行政组织

公共行政学主要研究的是国家行政组织及其管理社会公共事务的活动过程，和其他管理过程一样，其首先涉及的是主客体关系问题，即谁在管理、管理什么、如何管理的问题。在此基础上，又引出一系列的问题，如在什么条件下管理、如何评价管理效果、如何提高管理效率、管理的目的和责任是什么，等等。但是，在论述所有这些问题之前，必须先有一个与历史和现实相一致的逻辑出发点。行政组织是社会公共事务管理的主体，是一个现实的研究对象，从对行政组织的认识入手，可以按照内在的逻辑性、连贯性依次展开对行政领导、行政权力、行政执行、行政绩效、行政治理模式、行政监督和行政改革等一系列问题的论述。

3.1 行政组织的基本概念

现代社会是高度组织化的社会，人们在政治、经济、教育、军事、文化等方面的社会性、群体性活动都是通过一定的组织形式完成的。从某种意义上说，管理过程本身就是一种组织过程。行政组织是行政权力的拥有者和行使者，公共事务管理是通过行政组织进行的，行政组织问题是公共行政学首先要研究的一个重要内容。

3.1.1 组织的共同特性

组织是人类社会的细胞和特殊标志。人类社会的发展史包含着各种人类组织由小到大、由少到多、由简到繁的漫长的历史过程。行政组织是人类社会活动的最古老的组织形式之一，但是发展到今天，它具有与以往不同的许多新的因素和特点。行政组织是行政活动的主体，和各种各样的组织一样，它是一种有特定目标、特定结构、特定活动方式和特定制度形式的组织实体，因而具有一般组织所具有的共同特点。在公共行政学研究中，组织常被定义为“追求一定目标的人的集合体”或“为了实现共同目标分配工作的任何结构和过程”。这些定义说明：（1）组织是为了实现某种目标有意识地建立起来的；（2）组织是人们相互协作的体现；（3）这种协作建立在工作分配或分工的基础上；（4）组织有一定的结构和活动方式；（5）组织有将各类人员整合在一起的特定的制度形式。组织规模的大小及其结构的复杂程度随其目标和工作任务而变化。两个人的协作是一种最简单的组织形式，这种形式有时被称为“二分体”。在我们周围，常可看到各种规模的组织，如一个球队、一所学校或一家工厂等，像政党、军队、政府等则往往是规模很大的社会组织，有的学者认为，国家也是一种政治组织。每一个组织都是一种社会有机体，它们以广阔的社会为舞台，按照各自的目标和方式独立地、有计划地进行活动，有其产生、发展和消亡的活动过程。每一个组织特别是规模巨大的社会组织，又是一种复杂的社会系统，它们有复杂的结构和功能，有一套内部指挥和内外沟通机制，其活动建立在管理、技术、结构、社会心理等各种子系统相互依存、相互作用的基础之上。行政组织也是这样一种复杂的社会有机体和组织系统。

3.1.2 行政组织的定义

行政组织是在宪法和法律范围内拥有和行使行政权、具体实施社会公共事务管理的正式的组织实体或组织系统。除具备一般组织的共同特性之外，它还具有下述特性：

1. 政治与行政二重性

在阶级社会中，行政组织并不是单纯为管理社会公共事务建立起来的，它是国家权力机构的重要组成部分，是统治阶级维护本阶级利益、巩固其统治地位的工具，这种情况决定了它的阶级性和政治性。从奴隶社会到现代社会中的形形色色的行政组织，其首要目标和主要工作是利用政权的力量维护社会秩序，强化统治意识和统治地位，即使是其所进行的社会公共事务管理工作本身，也具有这种性质和特点。与各种政治组织、军事组织不同，行政组织不是单纯为政治目的或维持统治的需要而建立起来的，它是履行国家管理职能，负有社会公共事务管理职责的政权组织。它的活动范围包括经济、科技、教育、文化、邮政、卫生、交通、通信、环保等各个方面，涉及社会每一个成员的物质利益和经济利益，它需要从整个社会的角度进行计划和协调工作。它的管理活动不仅具有统治的性质，而且具有服务的性质，随着社会福利和公益事业的发展，这种服务活动的范围越来越大，质量要求也越来越高。这种情况决定了行政组织的社会性和服务性。所以，行政组织是一个既有阶级性、政治性，又有社会性、服务性的统一体。

2. 社会公共事务管理的具体实施者

行政组织负有社会公共事务管理的职责，但并非所有负有社会公共事务管理职责的组织都是行政组织。例如，政党是一种典型的政治组织而非行政组织，但是，没有一个政党会把社会公共事务管理的职责放在其政治纲领之外，相反，社会公共事务问题常是其政治纲领和政治活动关注的重要内容之一。军队也是一种典型的政治组织，它们也并没有完全脱身于社会公共事务之外。在抢险救灾、经济建设、科技活动或社会公益活动中，军队发挥着重要作用。又如立法机关和司法机关，它们虽然被认为是和行政机关截然不同的政权机构，但并非不具有社会公共事务管理的职责。立法机关除本身制定、通过一些有关社会公共事务管理的法律规定外，还经常要讨论审议政府等行政组织提出的法规或方案。司法机关则负有监督行政机关是否依法管理社会公共事务的权力和职责。与上述组织不同的是，行政组织不仅负有管理社会公共事务的职责，而且具有行政权，是社会公共事务管理的具体实施或具体执行者，而政党、立法机关、司法机关等一般则是通过监督或指导行政组织的具体活动履行这方面的职责。当然，这并不是绝对的，不少政治组织或立法机关、司法机关往往以各种形式直接参与社会公共事务管理。但与行政组织相比，这些职责或活动往往不是其职责或活动的主要部分，行政组织的主要职责和活动则是具体实施、执行或进行社会公共事务管理。因此，正如伍德罗·威尔逊所说："行政机关是政府最明显的部分；它是行动中的政府；它是政府的执行者，是政府的操作者，是政府的最显露的方面"（《行政学研究》，1887）。威尔逊所说的政府是包括立法、司法、行政机关在内的广义的概念，他的论述说明了行政组织作为具体实施者或执行者的显著特点。

3. 在宪法和法律范围内实施管理

在现代社会中，行政组织都是在宪法和法律范围内活动的，都是依法行政。在奴隶社会或封建社会的君主专制的国家中，行政组织是至高无上的王权的化身，其活动不受任何法律的约束，而公共行政学所研究的行政组织与传统认识中的行政组织的显著区别之一是它的法制性。行政组织作为具有行政权的具体实施者或执行者，有其强制性和权威性的一面，但是，它的活动不能超出宪法和法律规定的范围，它要接受立法机关、司法机关及各种政治组织、社会团体、社会舆论、全体公民的检查和监督，依法行政表现出行政组织的"公共行政"的特性。

3.1.3 行政组织的构成要素

行政组织是按照一定规则和形式严格建立起来的正式组织。行政组织的构成包括以下十种要素：

1. 组织目标

组织目标是一切组织赖以建立和存在的出发点和前提，一个没有目标的组织，本身就失去了建立和存在的必要。组织目标表明了对一个组织所要处理的事务、完成的工作和努力方向的要求。组织目标从执行的角度可划分为法定目标和操作目标；从任务的角度可划分为工作目标和自身建设目标；从目标分解的角度可划分为总目标和分目标；从职责关系的角度可划分为整体目标、部门目标、单位目标和个人目标；从时间角度可划分为长期目标、中期目标和短期目标；等等。

2. 制度规定

制度规定是指用正式文件或书面规定的形式明确组织目标、职能、任务、内部分工、工作程序、权责关系及活动方式的一种手段，它对组织中的机构和成员有一定强制性的约束力，要求其共同遵守和执行。有没有制度规定是正式组织与非正式组织的最明显的区别之一，它用制度形式保证了行政组织的整体性、连续性、稳定性及其成员的组织性和纪律性。

3. 机构设置

有规定就要有执行。组织中的各种目标及任务要有不同的机构来承担。机构设置是根据组织目标、职能范围在行政组织内部按单位进行分工的结果。如上所述，组织是人们相互协作的表现，这种协作是建立在工作分配或分工的基础之上的。组织内部的分工首先表现为机构设置，其次表现为岗位设置。由于组织目标和职能是从纵向和横向两个方面逐步分解为各个部分或各个层级的，所以机构设置也沿着这两个方面进行。

4. 岗位设置

岗位设置是在机构设置的基础上进一步按个人职责明确工作分配或分工的结果，它为将组织目标、工作任务、权力和职责具体落实到个人身上奠定了基础。如果把组织比作一个活的有机体，各种机构则是它的器官，而岗位是它的最小单位——细胞。

5. 权责关系

权责关系即权力和职责的分配关系，是组织中各种关系的具体体现。它是行政组织内部权力分配、指挥系统、运行程序、沟通渠道、各种机构和岗位在组织中的地位、作用及其内在联系的具体表现，是任何组织井然有序地进行工作的保证。如果没有明确的权责关系，必然会造成组织内部的失调和混乱。权责关系的确定是与机构设置和岗位设置一起进行的。

6. 职能范围

职能范围是根据组织目标对行政组织各个机构所要完成的工作任务、职责及其作用的统称，它确定了行政组织行使职权的活动和作用范围，是决定赋予行政组织何种权力、如何设置机构、如何进行管理的主要因素和依据。职能范围从其性质的角度考虑可划分为政治职能和行政职能；从专业领域角度考虑可划分为经济、教育、文化、军事、人事等多种职能；从管理角度考虑可划分为计划、组织、控制、指挥、协调等职能。一般来说，组织目标是较为抽象的，而职能范围则是对组织目标的具体体现，因此，明确规定职能、改变或转变职能往往是行政组织改革或机构改革的重要问题。

7. 物质因素

物质因素包括经费、设备、办公场所和用品等行政组织进行活动所必不可少的条件和资源，它常常以一种实物形态表现组织的存在，标志着组织的规模、社会地位和实力。同时，物质因素也是组织完成各种工作任务、实现各种目标的保证。

8. 人员构成

人是组织的生命和灵魂。任何组织都是由人组成的，组织目标的实现和组织任务的完成都离不开其成员的努力。一个组织，即使它的物质形态还存在，但是如果没有组织成员，也不成其为一个组织。组织和其成员是同步发展的。组织素质是其成员素质的整体表现，组织效率和工作绩效是其成员的工作结果，组织发展是其成员的工作能力、技术水平或工作绩效的提高。组织成员的工作与活动是与上述七种要素密切相关的。

9. 组织文化

组织文化是由组织成员的士气、工作态度、言行举止、协作精神、工作作风、管理风格、制度观念、组织观念等构成的一种氛围或情境。它是一种无形的因素，每个组织都有其特定的组织文化，它对组织成员的工作态度、人际关系和工作关系有十分重要的影响。

10. 制度形式

组织是人的集合体，制度则是人们结合在一起的构成形式。人们可以以各种不同的关系、不同的形式结合成组织。组织是制度的载体，制度是组织的形式，组织和制度密不可分，共同构成人们分工协作的实体。

3.2 组织理论的演变和发展

由于组织是社会活动的主体，很早就引起了许多专家和学者的研究兴趣。组织理论是把各种各样的组织作为一个独立的研究对象加以考察的领域，研究的是组织的基本特点和共性。组织理论的研究对公共行政学的发展有很大影响，为进一步研究行政组织奠定了基础。

3.2.1 古典组织理论

古典组织理论又叫传统的组织理论，产生于19世纪末20世纪初。古典组织理论主要可分为科学管理理论、行政管理理论和官僚制理论三种学派。科学管理理论的主要代表是泰罗、弗兰克·吉尔布雷斯和莉莲·吉尔布雷斯等人。泰罗的研究虽然主要是在工厂、车间等场所中进行的，但他所强调的“效率”思想及其方法却对行政组织的研究有很大影响。为了提高效率，他认真探讨了工人的操作方式和工作程序，提出了“工作定额原理”、“标准化原理”、“计件工资制”等方法。这些方法本身都突出了管理的重要性。正因为如此，泰罗主张把计划职能同执行职能分开，并提出将整个管理工作划分为许多较小的管理职能，实行职能管理。同时，泰罗还提出了“例外原理”，即高级管理者把例行的一般日常事务授权给下级管理者去做，自己只保留对政策制定、任免等例外事项（或重要事项）的决定权和监督权。泰罗的管理思想为组织机构中职能部门的建立、管理专业化、高层管理者的职能分工、组织效率的提高等提供了有益的启示。

行政管理理论有时也被称为一般管理理论，其代表人物主要有亨利·法约尔、卢瑟·古利克和林德尔·厄威克、詹姆士·D·穆尼和艾伦·巴雷利等。法约尔和泰罗不同，他更偏重于对高层管理问题进行探讨，提出了管理的五种职能和管理的14条原则。古利克的管理七职能论和厄威克的“适用于一切组织的”八项原则进一步发展了法约尔的思想。穆尼和巴雷利则在《组织原理》(1939) 一书中提出了四种组织原则：协调原则、梯状原则（等级结构)、职能原则（分工）和参谋—直线原则。行政管理理论主要探讨行政管理的一般职能和原则及其运用问题，认为运用这些原则会使行政管理者的工作有更高的效率，这些原则的提出奠定了组织结构和运行机制的基础，深入推动了组织理论的研究。

以马克斯·韦伯为代表的官僚制理论与行政管理理论不同的是，官僚制理论主要关心的是官僚制组织如何活动，引起它们活动的原因及其可能对社会产生什么影响，其研究深入组织内部结构、工作程序、运行过程等重要问题。组织效率仍然是引起关注的问题。韦伯认为，官僚制组织的优点在于它“准确、迅速、清楚、纵列观念、连续、审慎、统一、严格服从、减少冲突和物资、人力的浪费”。官僚制组织理论是最贴近行政组织的理论描述，可以说是传统的公共行政学的基石之一。

古典组织理论的特点在于把人看作机器的附属物，强调的是等级、命令和服从，并且用一种封闭模式的观点来对待组织，忽视了人的因素和环境的作用，这一点在以后的篇幅中还将进一步论述。

3.2.2 新古典组织理论

这一派理论的主要代表是玛丽·帕克·福莱特、埃尔顿·梅奥、弗里茨·罗特利斯伯格和切斯特·巴纳德，这些学者著书立说的时期正是传统的管理理论或古典组织理论盛行的时期，但是他们却使管理理论和组织理论的研究开始进入一个新的时期。梅奥和罗特利斯伯格进行的霍桑实验奠定了行为科学的基础，他们是人际关系学说的先驱者或行为科学的早期代表人物。他们的发现使人的社会性、心理因素及人在组织中的行为与效率的关系成为组织理论的重要内容。福莱特主要的研究活动时期是在霍桑实验之前，而巴纳德则正是在霍桑实验之后。福莱特的观点被公认为联结古典管理理论与行为科学管理理论的纽带。在她所处的时期中，她是唯一强调管理的心理学和社会学方面的人。她认为，管理是一个社会过程，组织是一个社会系统。巴纳德也是推动传统的管理理论向行为科学的管理理论过渡的有影响的人物。他重视组织的社会心理方面，而不是经济与技术问题。他把组织定义为一种协作系统，研究了非正式组织的存在及其影响，提出了与韦伯及传统管理学家的合法职位权威论有本质区别的“接受”的权威论。

新古典组织理论是以古典组织理论为基础的，他们承认等级制的存在，研究权力关系和权威问题，追求组织效率和工作效率的提高，但是他们从社会心理方面研究了人的因素和行为对组织及效率的影响，把单向服从的权力关系看作一种双向协作的关系，并以此为基础探讨新的组织模式和管理方法，成为传统的管理理论向发展中的行为科学的管理理论过渡的纽带和环节。

3.2.3 人道主义组织理论

人道主义组织理论也叫人本主义组织理论，是以社会心理学及行为科学的理论和研究为主要依据的，它把组织中人的社会心理因素、行为动机、工作者个人的工作生活质量、激励方法及效果作为研究的主要内容，其主要代表人物有 A. H. 马斯洛、弗雷德里克·赫茨伯格、道格拉斯·麦格雷戈等，其学说主要集中在 20 世纪 50 年代和 60 年代。马斯洛提出的需要层次论促进了对组织中人的需要和动机以及对管理方法、领导行为的一系列富有成效的新的研究。工作激励理论是这一时期的主要内容。例如美国耶鲁大学教授奥尔德弗 70 年代初在对马斯洛的需要层次论加以修改的基础上，把人的需要分为生存的需要、关系的需要、成长的需要三个层次，一般称之为 ERG 理论。与马斯洛严格按由低到高顺序排列并且激励作用不可逆转的需要层次论不同，奥尔德弗认为这些需要的激励作用不仅可以越级，而且是可以逆转的。20 世纪 50 年代初，美国心理学家戴维·麦克利兰提出了成就需要理论。他认为，在人的生存需要基本得到满足的前提下，人的最主要的需要主要有三种，即权力的需要、归属的需要和成就的需要。麦克利兰将成就需要定义为根据适当的标准追求卓越、争取成功的一种内驱力，并且认为这种需要可以通过训练和教育培养出来。1959 年美国心理学家赫茨伯格提出的“双因素理论”或“激励—保健理论”，将人的需要与对工作的满意态度联系起来，进一步探讨了激励的动因及在组织管理方面的新的思路。赫茨伯格在调查中发现，在职工回答他们何时感到对工作非常满意的时候，他们倾向于指出与工作内容本身相联系的因素，如工作上的成就感、个人发展机会、工作责任感、工作本身的挑战性、工作中得到的认可等。这类因素有可能增加满意程度而不能防止不满意，他将这类因素称为激励因素，也叫内容因素或满意因素。在职工回答何时他们感到对工作非常不满意的时候，他们倾向于指出与工作有关联的、环境条件方面的因素，如公司政策和管理、技术性监督、薪金、人际关系、工作条件等。这类因素不能增加满意程度，但可以防止不满意，因而叫作保健因素，也叫关联因素或不满意因素。赫茨伯格认为，这两种因素的作用是严格区分的，调动人的积极性主要应从激励因素入手而非严厉的监督和管理。美国心理学家道格拉斯・麦格雷戈于 20 世纪 60 年代提出了 X 理论和 Y 理论，对传统的管理方法和新的管理方法进行了区分和概括，推动了在组织理论领域中对各种不同的组织结构、管理类型、领导行为及其效果的研究。

人道主义组织理论与古典组织理论、新古典组织理论，既有联系又有区别。它们都追求工作效率和组织效率，承认组织的等级制结构、组织内的权威性和权力关系。但是，人道主义组织理论更注重于与人际关系、工作满意、工作生活质量、组织的激励措施等有关的社会心理因素的研究。古典组织理论家们大多认为，推动人的积极性的是严格管理、金钱、严厉监督、强制性服从等外部条件，而人道主义组织理论家们则强调人的高层次需要及内在激励的作用。因此，他们认为，“满意”的工人是生产能力较高的工人，产生满意和追求生产率气氛的组织；不是官僚制组织，而是一种鼓励人们民主参与团体决策的组织。而那种具有等级权威结构的庞大正规组织则压抑了人们的高层次需要，组织只有给予人们自我实现或满足高层次需要的机会，才能取得更高的效率。人道主义组织理论家们多是抽象地研究人的本性和人的行为，没有将其与组织条件、外部环境、社会制度或生产关系联系起来，因此有很大的局限性。同时，他们提出的一些命题，像满意的工人是生产能力较高的人、正式结构限制自我实现需要的满足等，也受到现代组织理论家们的批判。但是他们在很多方面弥补了古典组织理论的不足，丰富了组织理论的研究内容和范围。

3.2.4　现代组织理论

现代组织理论只是一种相对的提法，在此仅是对 20 世纪 60 年代以来组织理论的研究和发展状况的统称。现代组织理论主要可概括出权变组织理论、系统组织理论、组织发展理论三种类型。

权变组织理论主要研究组织结构及各种组织特性与组织的技术条件、环境因素的变量关系。“权变”有“随具体情况而变”、“依具体情况而定”的意思。这种理论认为不能用单一的组织模式解决所有组织设计问题，哪一种组织结构或模式最好，只能根据具体的情况来决定，其主要代表人物有 J. 伍德沃德、T. 伯恩斯、P. R. 劳伦斯和 J. W. 洛尔施等。J. 伍德沃德 20 世纪 50 年代在英国所进行的百家公司调查被认为是一种开创性的工作。她按照技术的复杂性把企业分为三种类型：小批量生产和单件生产、大批量和成批生产、流程化生产。她发现，组织结构及特性并不与组织规模的大小或经营效率相联系，而与其采用的工艺技术有密切关系，即是说，工艺技术不同，相应的组织结构及特性也不同。T. 伯恩斯于60年代初期提出了关于组织的机械结构和有机结构的研究成果，他认为，前者适合于相对稳定的条件，后者则适合于变化的条件，进一步揭示出组织结构及其特性与环境因素的变量关系。劳伦斯和洛尔施的研究是在60年代末进行的，他们通过对处于不同市场环境中的塑料、食品、集装箱三种行业的高绩效组织的研究，得出结论说："高绩效的组织都比其低效的竞争对手更能适应其环境需求。最成功的组织趋向于既保持分化又保持整合的状态，以便同环境各构成部分的多样性及它们所需要的相互依存性相一致。"① 权变组织理论的观点是，合理的组织结构和组织设计必须以具体的环境、条件为前提和依据。

系统组织理论把组织作为一种开放的社会技术系统进行研究，其代表人物主要有赫伯特·西蒙、乔治·霍曼斯、弗里蒙特·E·卡斯特和詹姆斯·E·罗森茨韦克等。与组织和管理有关的系统思想的发展可以追溯到玛丽·帕克·福莱特、切斯特·巴纳德，他们是第一批运用系统方法的管理学家之一，被认为是社会系统学派的代表人物。以西蒙为代表的决策理论学派是从社会系统学派中发展出来的，该学派把组织看作决策过程的复杂系统。社会学家乔治·霍曼斯使用系统观念作为他对社会群体经验研究的基础，他制定了一个可作为小群体也可作为大型组织的适当基础的社会系统模型。卡斯特和罗森茨韦克对组织和管理的系统方法进行了精辟的论述和概括，从而成为系统管理学派的主要代表人物，他们的代表作主要有《系统理论和管理》、《组织与管理：系统与权变的方法》。系统组织理论试图将一般系统论的观点同信息论、控制论等新的理论和方法结合起来，从"开放系统"的角度研究组织及其管理。系统组织理论的基本观点与权变组织理论有密切的联系。

组织发展理论，也叫组织开发理论。其主要从动态过程研究组织系统的发展和变革，它试图通过对组织的现行活动方式进行适当干预以适应环境和内部变化，提高组织效率，而这种干预建立在行为科学的基础之上。组织发展理论源于20世纪50年代初期的调查反馈方法和"实验室培训运动"。在这两方面起先锋作用的是创立群体动力学的卢因，其后在社会心理学家麦格雷戈、谢泼德、布莱克等人的推动下，很快扩展为一个重要的研究和实践领域。1973年，P. 弗伦奇和E. 贝尔在《组织发展》一书中将主要的组织发展干预活动分为下列12种：(1) 分析活动；(2) 小组建设；(3) 群体之间的活动；(4) 调查反馈；(5) 教育与训练；(6) 技术—结构活动；(7) 过程咨询；(8) 方格组织发展活动；(9) 第三者调解；(10) 辅导和咨询；(11) 终身性规划和事业计划活动；(12) 计划和制定目标。萨尔弗立奇和索科立克将组织发展和变革要解决的问题分为两大类，一类属于组织结构和经营管理性质（结构领域——操作和任务系统），另一类属于人的行为和动态过程（行为领域——行为和过程系统），他们按这两类问题的明暗程度将变革措施分为十个等级并论述了相应的模式。关于组织变革的过程和阻力也是组织发展理论研究的主要内容之一，典型的论述有库尔特·卢因的解冻、改变和再冻结的变革三阶段论、N. 蒂奇对变革代理人的素质分析、J. L. 富兰克林对组织发展成败因素的分析等。组织发展的理论和技术最初在企业组织中运用较多，但自从20世纪60年代初期以来，它对公共组织和社区开发领域

---

① ［英］D. S. 皮尤编：《组织理论精萃》，77页。

的影响正在迅速发展。据统计，1945 年至 1980 年，在美国所有运用组织发展理论的事例中，政府部门占一半左右。组织发展和变革的措施主要有工作再设计、目标管理、斯坎隆计划、弹性工作时间、个人事业发展辅导、调查反馈法、小组建设、组织行为改造和方格开发等。

上述各种组织理论从不同侧面和角度对各种组织的基本结构和特性进行了探讨。其中许多理论是在对企业组织的研究过程中形成的，它们是认识和了解行政组织的基础。组织理论的发展和演变呈现一种由组织的构成特性到组织行为、由静态结构到动态过程、由组织的内部关系到组织的外部联系的发展趋势。这表明了对组织的认识的深化，当然，由于受到调查方法、历史条件、社会制度等方面的限制，这些理论不可避免地有其局限性。因此，在了解和研究西方组织理论时，需要用一种既不盲目照搬又不绝对否定的科学态度。

3.3　组织的基本结构和特性

组织是一个按照一定目的和意图构成的复杂的社会系统，每一个组织都有程序化的结构和相应的特性。它必须在其内部确立一种等级制度、领导机制和分工协作的运行机制，涉及组织中的管理层次和控制幅度、组织的结构类型以及权责关系、上下级关系、沟通渠道等与组织特性有关的问题。

3.3.1　管理层次和控制幅度

任何较大的组织，出于工作效率的需要，必然要在其内部进行垂直分工和水平分工。前者涉及管理层次，决定组织的纵向结构，后者涉及控制幅度，决定组织的横向结构。管理层次指一个组织系统内部划分为多少等级，从最高领导层起一直到最低的操作层。从理论上说，任何组织都可在其内部划分为高层、中层、基层三个层次。高层是最高决策层，负责制定整个组织的目标、计划和政策，决定组织的大政方针。中层则在高层领导下，制定所辖范围内的活动计划，将组织的整体任务和总体目标分解为许多具体方案、任务和目标。基层包括各类操作人员，是执行、落实、完成各种计划和方案的在第一线上工作的人员。在整个组织系统中，这三个层次各有其重要作用。高层是组织系统的神经中枢，高层失调将使整个组织系统陷于混乱状态。中层起承上启下的作用，沟通高层和基层的联系，中层制定的具体方案对能否体现高层决策者的意图、实现组织目标具有关键性作用。基层的士气、情绪、能力和工作状况直接影响组织效率和组织目标的实现程度。三个层次之间的协调一致是整个组织系统正常运行的重要条件。在现实世界的各种组织中，管理层次的实际数目差别很大，有的只有两个层次，有的可能至少在七个层次以上。行政组织一般都属于管理层次较多的组织系统。

控制幅度一般指一名上级管理者直接领导和管理的下级人员数目。在涉及组织机构问题时，也可引申为一名领导者直接领导的单位或部门数目。控制幅度一方面受到上级管理人员精力和能力的限制，另一方面受到组织系统的性质、技术、条件、工作特点等限制。控制幅度越小，管理者对每一名下级和每一个下属单位或部门进行直接领导的作用就越大，控制能力也越强，反之，管理者对每一名下级和每一个单位的注意力和控制力则会减弱，进行直接领导的作用也越小。

在规模不变的同一组织系统内部，管理层次和控制幅度表现为一种反比关系。管理层次多，控制幅度则较窄；管理层次少，控制幅度则较宽。如图 3—1 所示，在某一行政机关中，总人数是 31，管理层次和控制幅度之间的关系可有下列两种情况：(1) 有五个管理层次，平均控制幅度是 2；(2) 有三个管理层次，平均控制幅度是 5。

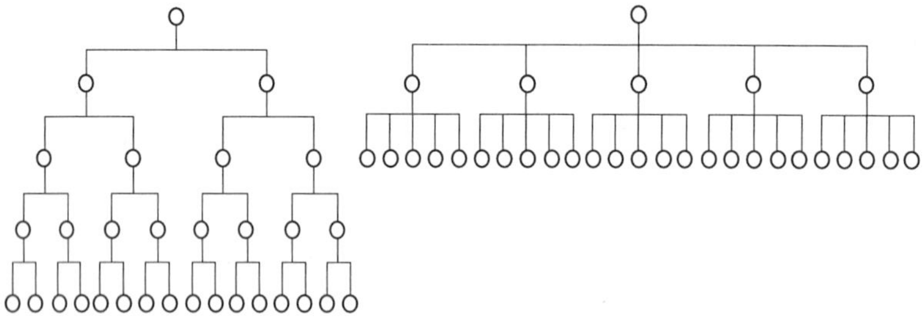

图 3—1 管理层次和控制幅度之间的关系

管理层次多、控制幅度窄的结构被称为“高耸结构”，其优点是指挥链条严密，沟通渠道多，控制严格，分工明确，每一个上级人员直接领导的作用强，协调能力高。其缺点是层次和上级人员多，信息沟通时间长，高层决策者的意图容易走样，中下层管理者和下级单位或部门的自主性较差，影响积极性和创造性，决策范围窄，整体观念差。管理层次少、控制幅度宽的结构被称为“扁平结构”。其优点是层次和上级人员少，信息沟通速度快，不易走样，下级人员和下级单位决策范围宽，整体观念强，有较大的自主性。其缺点是每一个上级人员直接领导的作用弱，控制较松散，沟通渠道少，上下级之间的协调较差。

管理层次和控制幅度对组织效率和管理效果有重要影响，在确定组织结构时，必须首先把它们作为一个重要问题加以考虑。另外，管理层次和控制幅度与组织规模、机构数目、领导人员数目和工作人员数目也有直接联系。组织的管理层次越多，控制幅度越宽，各级机构和人员就越多。如果控制幅度不变，每增加一个管理层次，则意味着机构数和人员数按控制幅度的自然倍数增加。如果管理层次不变，控制幅度增加，则意味着机构数和人员数按控制幅度的算术级数增加。在减少管理层次和控制幅度的情况下，机构数和人员数也会相应减少。因此，管理层次和控制幅度是控制组织规模、精简机构和精减人员的一个重要因素。

3.3.2 几种典型的组织结构形式

组织结构是组织存在的形式，具体来说，组织结构指一个组织系统内部各构成部分或各组成要素之间有机结合、整体运行的方式。管理层次和控制幅度的变化只是一种单纯的量的变化，组织结构则涉及组织内部各构成部分和人员的具体分工和职能划分问题，它决定组织系统的整体性，各种机构和人员之间纵横交错的权责关系、工作分工和指挥、协调沟通的具体方法。组织结构主要有下列几种类型：

直线结构是一种垂直领导的结构形式。纯粹的直线结构形式如图 3—2 所示，各级机构或人员沿一条垂直线分属于不同的层次上，每一个机构或人员都只有一个直接上司，他们之间的关系是指挥和服从、命令和执行的关系，同一层次之间的机构或人员之间不发生任何领导关系，上级人员在其管辖范围内全权处理各种事务，有关信息沿着垂直线上下传递。

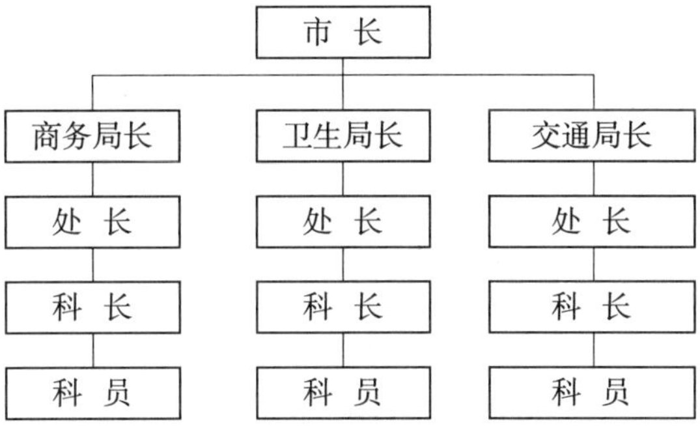

图3—2 某城市的直线结构形式

直线结构形式的特点是单一领导，结构简单，组织图清楚，上下级的权责关系易于确定，指挥与命令统一，领导隶属关系清晰，决策快，领导效率高。但是，这种结构形式要求下级的一切问题只向一名上级人员请示汇报，上级人员工作繁重，精力分散，易于陷入日常行政事务中，不利于集中精力思考研究重大问题，并且上级人员个人也难以做到事事精通，特别是在专业化、分工复杂的组织系统中，上级人员很难具有各方面的知识和技能。直线结构形式适用于规模较小、管理问题和工作业务不复杂、工作过程简单、日常工作程序固定、各种规章制度明确、各级管理者训练有素的组织系统。在组织规模较大、分工较细、内部协调任务较复杂时，需要采用其他的组织结构形式。

参谋（职能）结构形式是一种水平领导的形式。各部门或机构在水平方向按不同职能进行分工，分别指挥和监督下级部门或人员的工作。纯粹的参谋结构形式如图3—3所示，各参谋机构（或称职能部门）沿一条水平线处于同一层次上，它们分别具有计划、人事、财务等方面的职权，并在其职能范围内对其他机构有指挥、协调、监督的作用，但是，这种指挥和服从、命令和执行的关系是有限的，在其职能范围之外，它们对其他市政机构不存在领导关系，有关信息按职能范围内的权责关系传递。

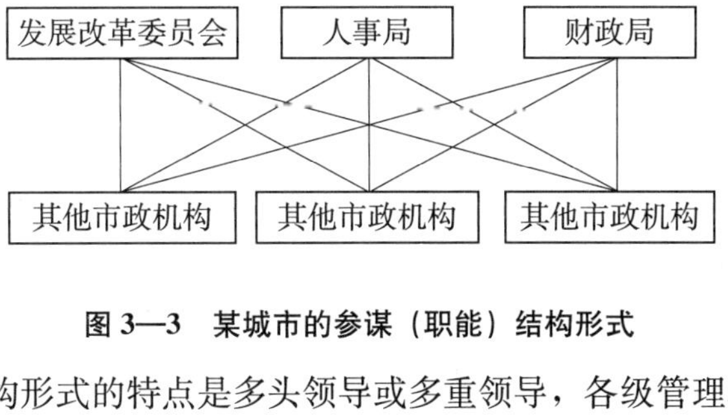

图3—3 某城市的参谋（职能）结构形式

参谋（职能）结构形式的特点是多头领导或多重领导，各级管理者在组织图上分工明确，具有专业知识和专业技能，精力集中，能够处理较复杂的问题，有一定的决策效率和组织效率。这种结构形式要求各种机构分别听命于许多上级，管理分散，机构的自主性低。参谋机构或人员容易缺乏整体观念。由于许多组织管理问题是综合性的，在实际处理过程中，其职能界限并不明确，容易出现令出多门、指示冲突或互相推诿、扯皮的现象，同时由于缺乏统一指挥，容易割裂管理过程，增加协调的任务和困难。纯粹的职能结构形式在实践中很少采用。

直线—参谋（职能）结构形式是一种垂直领导和水平领导有机结合的结构形式。如图3—4所示，各级机构既有纵向（实线表示）的垂直领导隶属关系和权责关系，又有横向（虚线表示）的水平领导隶属关系和权责关系。在直线—参谋（职能）结构形式中，直线结构形式是基础，直线管理者各有其单一的直接领导者，有独立的指挥权，但在决策、监督和有关的职能工作方面受到参谋机构的帮助、指导和限制。参谋（职能）结构形式起一种辅助性的作用，参谋（职能）机构或职能部门设在较高的领导层次上，和直线机构或人员之间没有直接的领导关系，它们虽无指挥权，但在其职能范围内有一定的决策权和监督权。它们和直线机构或人员之间的关系是通过共同的上级发生的间接的领导关系。它们向最高管理者提出各种决策方案和行动计划，经过最高管理者批准后下达给直线管理者具体执行。有关信息按直线—参谋（职能）机构的权责关系在组织中上下传递。

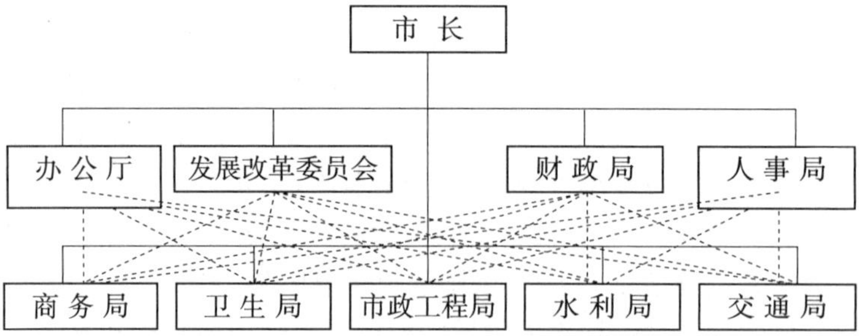

图3—4 某城市的直线—参谋（职能）结构形式

直线—参谋（职能）结构形式是一种较为复杂的结构形式，它以直线结构形式作为一种主要形式，并以参谋（职能）结构形式作为辅助形式或补充形式，因此，它可吸取两种结构形式的优点，弥合两种结构形式的缺点。在直线—参谋（职能）结构形式中，直线或参谋机构的管理者有较明确的分工和权责关系，既有统一的指挥系统，又有较合理的决策和监督系统。直线管理者的部分职责和任务由参谋机构的管理者承担，可集中精力处理本职权范围内的主要业务，培养、发展专门知识和技能。参谋机构的管理者没有直接的指挥权，而是通过最高层领导参与决策和监督，有利于全局考虑和统一领导。直线—参谋结构形式也有一定的缺点，由于它包含了两种结构形式，容易在两者之间出现某些矛盾。参谋机构人员的权限如果过于集中，会将其意图强加于直线管理者，干扰、限制直线管理者的正常工作；直线管理者的权限如果过大，自行其是，将使参谋机构及其管理者置于可有可无的地位上，削弱组织的整体领导和统一指挥。另外，在直线—参谋结构形式中，各专业分工的参谋机构或职能部门之间的横向联系较差，容易产生脱节和冲突，使直线管理工作陷于矛盾和混乱之中。因此，如何调整、改善直线—参谋机构之间的权责关系，是与提高工作效率和组织效率密切相关的问题。与前两种结构形式相比，直线—参谋结构形式具有较多的优点，适用范围广，因此在各类组织系统，特别是行政组织中是一种常见的结构形式。

矩阵结构形式是在直线—参谋结构形式基础上发展出来的一种新的结构形式。“矩阵”是借用数学上的概念，矩阵结构有时也称为方格结构。如图 3—5 所示，矩阵结构形式把按职能划分的参谋机构（如计划、财务、人事等）和按产品或项目划分的小组结合起来组成一个矩阵，其成员同时受到双重领导，既接受项目组负责人的指挥，又接受参谋机构的指挥。项目组负责人制定该产品或项目的工作计划，决定应当做什么、怎样去做、什么时候完成等。参谋机构的负责人制定该产品或项目的技术方案，决定用什么方法完成任务，负责批准有关建议或向项目组负责人推荐工作人员。这样，项目组成员和其他成员构成一个整体，在项目组负责人领导下相互协作，并且和各职能部门保持组织和业务上的联系，发挥各自的专业特长，有利于共同目标的实现。

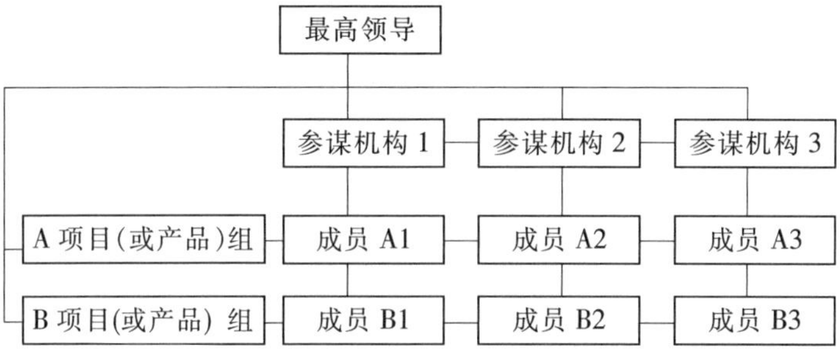

图 3—5　矩阵结构形式

矩阵结构形式与直线—参谋结构形式的主要区别在于，它是一种垂直领导和水平领导并重，而不是虚实结合、有主有次的结构形式。它加强了管理活动的纵向联系和横向联系的整体性，不仅充分发挥直线管理者的作用，保证具体工作的统一指挥和领导，而且使参谋机构直接参与具体的管理过程和管理活动，不再像直线—参谋结构形式那样必须经过最高领导者批准下达才能发挥作用，因此具有较多的积极性。由于项目组负责人可根据具体的共同目标协调各参谋机构的活动，可以减少它们之间的矛盾，加强它们的横向联系。同时，项目组负责人没有纯粹的直线管理者那样单一的指挥权，无权拒绝参谋机构的业务或技术指导，参谋机构的积极作用可以使不同部门的专业人员组织在一起，更好地发挥综合优势，提高工作效率和组织效率。矩阵结构形式由于在隶属关系上是双重领导，在实际工作中往往会产生指挥和协调方面的问题。有时由于项目要求，规模比较庞大，管理工作也较为复杂。这种结构形式多用于大型生产部门和大型科研项目。

3.3.3　两种不同的组织模式及其结构特性

组织结构特性除管理层次和控制幅度外，还包括下列九个方面：

第一，正规化程度。指在组织中的权责关系、隶属关系、工作程序、指挥链条、沟通渠道等方面规定的严格程度，其中严格的等级制是最显著的特征。

第二，集中化程度。指组织中的决策权、指挥权、监督权等在各个管理层次的分配情况。在所有权力完全掌握在最高领导层的情况下，集中化程度最高。

第三，工作标准化。指根据工作本身的性质和要求用规范化的程序和标准控制工作进度，保证工作完成的程度，其中包括工作过程的标准化、产出的标准化、技能的标准化等。常规性或程序性的任务工作标准化的程度较高。

第四，组织成员及单位之间相互作用的机会。指组织成员及单位在实现组织目标过程中的活动联系，包括非正式组织的相互作用在内。组织目标越单一，整体性越强，协作要求越多，组织成员及单位之间相互作用的机会就越多。

第五，管理人员和职能部门或管理机构的数量。一方面指其在整个组织系统及每一个管理层次中的绝对数，另一方面指其和操作人员及操作部门的相对数。

第六，沟通方式。指组织系统内上下级之间、各个部门之间传递信息（如命令、指示、建议、决定、意见等）的具体方法、范围、形式、渠道等。

第七，权力基础。指各级领导人在组织系统中确立自己的领导地位、形象、权威、作用的基础，如职位、法定权力、知识、品质、技能、下属的尊重等。

第八，各级管理者的自主权。指各级管理者决策范围宽窄和决策权限强弱的程度，与集中化程度有密切关系。

第九，对外部环境的适应性和应变能力。指组织的结构形式与外部环境稳定性程度之间的关系。

根据不同的组织结构特性，可以分为封闭的组织模式和开放的组织模式两种类型，这两种模式在结构特性方面的区别参见表 3—1。

表 3—1　　封闭模式和开放模式的结构特性

结构特性	封闭模式	开放模式
管理层次	多	少
控制幅度	窄	宽
正规化	高	低
集中化	高	低
沟通方式	命令	建议
工作标准化	高	低
管理人员数量	多	少
管理机构数量	多	少
成员及单位之间相互作用的机会	少	多
以知识为基础的权力	低	高
以职位为基础的权力	高	低
各级管理者的自主权	低	高
外部环境的稳定性	高	低

封闭组织模式也可称为机械组织、等级制组织、理性组织等，韦伯所描述的官僚制组织是封闭组织模式的典型代表。古典组织理论的各个学派描述的都是这种组织模式。封闭的组织模式适合于一种稳定的环境，一般具有“高耸”的组织结构和常规性的工作，关于人性的观念适合于麦格雷戈描述的 X 理论，强调强制性的命令和服从，注重组织系统的内部事务。

开放组织模式也有许多叫法，如有机组织模式、竞争模式、自由市场模式、自然模式等，新古典组织理论、人道主义组织理论和现代组织理论中的许多学派的理论家们对这种模式进行了描述和论证。开放的组织模式适合于一种不稳定的环境，一般具有“扁平”的组织结构和开创性的工作，关于人性的观念适合于麦格雷戈描述的Y理论，强调激励性的建议和协作，注重组织与社会的关系。

从理论上看，封闭的组织模式的缺点正好是开放组织模式的优点。但是，这并不能得出两者之间哪一个绝对好或绝对坏的结论。实际上，采用哪种组织模式，完全取决于环境、目标、技术、社会心理、制度、人员、工作性质等因素。从行政组织的历史发展来看，封闭组织模式的影响比开放组织模式的影响大。在国家还很年轻、职能简单、政府规模较小、公共目标较少、管理任务不很复杂时，封闭的组织模式是较为适宜的。当国家和政府不断发展，面对技术革新、市场竞争、经济改革、未来冲击、社会环境变化等各种复杂的问题时，传统的组织模式必须适应这种变化，因此，开放组织模式日益成为公共行政研究的重要内容。

有一些管理学家或公共行政学家并不仅仅局限于分析这两种组织模式的区别，他们以一种称为“新传统”的组织理论的形式出现，寻求将这两种模式综合在一起。例如切斯特・巴纳德的《经理人员的职能》、赫伯特・西蒙的《行政行为》、詹姆斯・G・马奇和西蒙的《组织》、理查德・西尔特和马奇的《企业行为理论》、詹姆斯・D・汤普森的《行动中的组织》等著作都是这方面的代表作，B・盖伊・彼得斯的《政府未来的治理模式》则从当今政府再造的更为现实的角度考察了组织结构的问题。这种研究的目的在于，使组织在不断变化的环境中尽量减少组织活动的不确定性，保持组织的效率和连续性。

3.4　行政组织的机构和类型

行政组织是一个复杂的组织系统，像管理层次和控制幅度、结构形式和特性等都是对组织的整体结构的描述，如上所述，在行政组织的十个构成要素中，机构设置是其中之一，它是根据组织目标及职能范围在组织内部进行分工的结果，是组织整体结构的存在基础和具体体现。

3.4.1　作为子系统的行政机构类型

作为一个复杂的社会组织系统和组织有机体，行政组织和任何组织一样，是由许多子系统组成的，它们分别具有不同的作用和职能。行政组织的活动是在这些子系统和谐一致、科学整合的基础上进行的。在将具体的行政组织（无论是国家一级还是地方一级的行政组织）作为一个整体对象进行分析时，它的子系统可以分为下列五种机构类型：

第一，领导决策机构。是行政组织系统最高层的核心机构、首脑机关或统率部，具有最高决策权、指挥权和监督权。它往往以一种领导班子的形式出现，具体制定组织发展的战略目标、基本原则、组织结构和制度形式，执行整个机构的权力和职责，如各国中央政府的内阁、苏联的部长会议、我国的国务院等。

第二，执行机构。负责贯彻执行最高行政领导决策和指令的办事机构。它们的作用是把总体目标和最高决策分解为各种具体目标和行动方案，并层层落实到具体工作中，它们是行政组织中“行动的”主体，直接管理和处理各种社会公共事务。执行机构如按地区划分可以分为省（地区）、市（州）、县和乡（镇）等地方政府；按行业划分，可以分为工业、农业和交通等主管行政部门。执行机构是行政组织中规模最大、分支机构和人员最多的子系统。

第三，参谋辅助机构。是向领导决策机构提供决策信息、依据、方案，助其做出最佳决策、进行最佳指挥、指导、协调和帮助各执行机关工作活动以及进行行政组织内部事务管理的各种职能机构，有专门的职能和分工，像计划、财务、人事、机关事务管理等部门以及各种政策研究室、办公室、秘书厅、顾问组、智囊团等都属于这种类型。在现代行政组织中，参谋机构成为一个越来越重要的组成部分。

第四，监督机构。是根据领导决策机构的决定及各种政策规定对各种行政机构及其活动进行监督检查的执法性机构。像政府中的监察机构、审计机构等都属于这种类型。监督机构是在行政组织内部建立制衡机制的重要组成部分，是使各种行政机构围绕共同的组织目标工作、遵纪守法、认真履行职责的重要保证。

第五，信息反馈机构。是负责了解组织运行状况，搜集、整理、分析与组织活动及效果有关的各种信息的情报服务机构。其形式主要有统计局、信息中心、资料室、档案室、情报室等。信息反馈机构处于组织系统内部各种信息传递、沟通的中心位置上，其作用是采用先进的信息收集和处理手段，进行筛选、整理、分类、汇编、统计和分析，为决策中心和各级有关机构制定决策和各种具体计划方案提供依据。

3.4.2 行政组织隶属机构的划分和类型

行政组织的规模往往是非常庞大复杂的，将一个行政组织整体划分为五个子系统，只是最粗略、最基本的分类，在各个子系统内，还可以具体划分出许多隶属机构或下级机构，它们是构成行政组织金字塔的基石。行政组织隶属机构有下列一些划分方法和类型。

（1）按管理层次划分。行政组织可以按照等级制的原则按隶属关系依次划分出许多管理层次并相应设置各种机构，如我国国务院下面在部（或省、直辖市）、局、处、科四个管理层次上设置各级机构，这是一种纵向设置机构的方法。

（2）按行政职能或管理职能划分。这种方式是在职能分工的基础上进行的。行政组织在同一管理层次上根据工作需要划分多种职能并设置相应的机构。例如行政组织的行政职能可划分出军事职能、外交职能、财政职能、教育职能等，因此可相应设立国防部、外交部、财政部、教育部等机构。这是一种横向设置机构的方法。

纵向和横向设置机构的方法是两种最基本的方法，它们往往是结合使用的，在纵向划分管理层次的基础上可以横向划分出具有不同层次的机构；或在横向划分行政职能的基础上可以按不同管理层次划分出许多亚职能。例如在人事职能下面可以再进一步划分出调配、工资、考核、培训等亚职能，因而在人事部下面可以设立相应的司局一级的机构。在每个司局内还可相应划分出职能分工更细的处、科级机构。行政组织内的各级各类机构主要是靠这两种方法排列组合成结构严密的组织系统的，其他一些方法基本上是在这两种方法的基础上演变出来的。

（3）按行业或专业划分。这种方法主要是根据管理对象的特殊性、管理目标、管理任务的专一性划分机构的。在行政组织内按照不同的行业或专业领域划分和设置机构的现象在各个国家中都是非常普遍的。

（4）按产品划分。是一种分门别类便于管理的常用方法，将生产某种产品的所有过程中的管理工作集中在一个机构内。例如在机械工业部下面设立汽车局、仪表局、轴承局、农机局、机械局等机构。

（5）按地区划分。是把某个地区或区域的业务工作集中在一个机构中统一领导和管理的方法。例如在外交部下面设立亚非司、欧洲司等。

（6）按工作程序或阶段划分。是把一个完整的工作过程划分为若干程序或阶段，设置相应机构进行管理的方法。这种方法在生产组织中最为常见。例如，在化肥厂中，按工艺流程分别建立煤球车间、造气车间、碳化车间、合成车间等。

（7）按子系统划分。是将行政组织中较为独立的部分作为一个相对复杂的子系统划分机构的方法。在结构复杂、规模较大的行政组织中常常存在着许多相对独立的子系统。它们常常按照领导决策、执行、参谋、监督、信息反馈这五种类型的结构模式在其内部设立各种机构。

（8）按服务对象划分。是一种通过确定某些重要的服务对象设立专门机构加强管理的方法。这种服务对象的类型主要集中于公务员、教师、科技人员、专家、青少年、留学生、军人、离退休人员等方面。

以上简单介绍了一些设计和划分机构的基本方法，无论是哪一种方法，都面临着一个重要问题，即如何合理设计和划分机构使其符合精简高效的原则。这个问题是公共行政领域中需要深入研究的重要问题。

3.4.3 与行政活动有关的组织形态

以上内容只是抽象地论述了行政组织的概念、定义、结构形式和特性，在现实社会中，行政组织都是有具体形态的组织实体，从广义上说，与行政活动有关的组织包括下列几种具体形态：

1. 国家行政组织

国家行政组织即狭义的政府，是包括中央政府和地方政府在内的以直接进行社会公共事务管理为主要目标和主要职责的体系完整、职能齐全的组织系统。在西方国家中，它指与立法部门、司法部门并立的政府执行部门。如英国、日本、德国等国家中的内阁制政府和地方各级政府以及美国、法国等国家中的总统制政府和地方各级政府都属于这种类型。在一些非西方国家中，它指最高国家权力的执行机关和地方各级国家行政机关，如我国的国务院、国务院所属各部委及各级地方政府。国家行政组织是整个社会中行政组织的最主要的部分，整个国家的大部分行政职责和行政工作都由它承担，甚至在某些国家中，国家行政组织几乎等同于整个社会的全部行政组织，承担了整个国家的全部行政职责和行政工作。

国家行政组织可以简单划分为中央政府和地方政府两个层次。中央政府是国家行政组织的主体和核心，是最高国家行政机关，有最高行政权，根据宪法和法律，规定行政措施，制定行政法规，发布各种行政命令和决定，管辖全国社会公共事务和各级地方政府。地方各级政府是与地方议会并立的或是地方各级国家权力机关的执行机关，是地方各级国家行政机关，它除服从中央政府的领导外，还对地方议会或地方各级国家权力机关负责，管理本地区的社会公共事务，具有相对的，甚至较大的自主权。

2. 独立机构

独立机构指组织上独立于国家行政组织等级结构的一种行政管理机构。它的特点在于，在行使行政职权方面具有较大的独立性。独立机构一般包括两类，一类指独立于中央政府各部之外但是仍受最高行政首脑控制的管理机构。例如在美国，联邦独立机构专指独立于内阁 15 个部的联邦管理机构，包括中央情报局、关税委员会、退伍军人管理局、民权委员会、总务管理局、人事管理局、田纳西河流域管理局等。在我国，直属国务院领导的侨务办公室、国务院机关事务管理局等类似于这种机构。另一类指独立于政府行政组织的管理机构，它们并不完全隶属于，甚至不属于国家行政组织或政府，有的受最高行政首脑和立法机关的多头领导，有的在其工作中则不受最高行政首脑的领导和监督。例如在美国，这类独立机构指的是一些独立的管理委员会，它们是由国会建立的旨在管理跨州的或与外国进行某一特别业务或商业的一种组织。它们有权制定和发布规章条例，监督执行并裁决在解释和应用规章中产生的纠纷。因此，它们履行着广义的政府所有的三个基本职能：准立法、准司法和准行政。立法、司法、行政的权力分别属于立法、司法和行政三个部门。但是独立的管理委员会兼具这三种职能，在逻辑上不符合三个主要部门中的任何一个部门，因此有时被称为“政府的第四部门”。“准”在拉丁语中的意思是“似乎是”或“类似”，在这里用作前缀旨在说明独立的管理委员会和宪法所规定的立法、司法或行政部门的区别。准立法、准司法指的是它们行使的是立法、司法性质的职能，准行政指不直接向政府首脑负责而行使的行政权力。在美国，这类委员会主要包括消费者安全委员会、平等就业机会委员会、联邦通信委员会、联邦能源管理委员会、联邦储备系统、联邦贸易委员会、州际商业委员会、国家劳工关系委员会、核管制委员会、证券交易委员会等。在美国州和地方一级，也有这一类的独立的管理委员会，如公用事业委员会、交通委员会等，它们独立办事，不受立法、司法和行政部门的直接控制。独立机构还有其他一些形式，有些既具有行政组织的特性，同时还具有政治组织的特性，其数量、职权和类型在不同的国家中差别很大。

3. 其他类型的社会组织

根据行政组织的定义，还存在着其他一些类型的社会组织，它们有其特殊的公共事务管理职能和任务。如科学院、大学及各种社会性的咨询机构、服务机构、文化和科学技术团体等。在我国，它们指与政府机关相区别的数量庞大的事业单位，其中多数是社会服务型的，有一些虽列入事业编制，却直接行使行政职能，如税务所、工商所等。此外，还有一些隶属于执政党或各种政治组织的机构或组织，本身也承担着行政任务并负责具体实施，因此也是一种特殊类型的与行政活动有关的组织。

根据我国宪法规定，全国人民代表大会是最高国家权力机关，全国人民代表大会和全国人民代表大会常务委员会行使国家立法权。国务院，即中央人民政府，是最高国家权力机关的执行机关，是最高国家行政机关。我国的政府行政组织是在实行人民代表大会制度的条件下行使国家行政权的，其地位相对来说带有从属的性质，这一点与一些西方国家中的政府行政组织有很大的不同。

我国政府行政组织在 20 世纪 50 年代初，曾实行“四实三虚”的制度。“四实”就是中央—省—县—乡四级政权，各级均召开人民代表大会，建立人民政府。“三虚”即大区设行政委员会；省分专区，设专员公署；县分区，设区公所。它们都作为上一级人民政府的派出机关。以后进行过多次改变和调整，撤销了大区。1975 年宪法曾把专区改称为地区，规定召开地区人民代表大会，使地区成为一级地方政权。1979 年 7 月，在五届全国人大二次会议通过的地方各级人民代表大会和地方各级人民政府组织法中，重新规定地区不设人民代表大会，并把专员公署改名为行政公署，仍作为省、自治区人民政府的派出机关，而不是作为一级政权机关。自 1983 年以来，由于在经济比较发达的地方实行“地市合并”、由市带县的体制，撤销了一批地区和行政公署，行政公署的数量减少了许多。按照现行宪法规定，我国行政区划有中央、省、县、乡四个层次，较大的市（州）可下设区、县（市），但目前部分地区实际上是五级政权，即中央—省—市—县—乡，因而存在着省管县或市管县等的理论争议。我国的政府组织过去是在计划经济的基础上形成和发展起来的，随着经济体制改革和向社会主义市场经济体制转变过程的日益深入，其结构和职能等也正发生着巨大的变化。

关键术语

古典组织理论　新古典组织理论　人道主义组织理论　现代组织理论　权变组织理论　系统组织理论　组织发展理论　组织结构形式　行政机构类型　行政组织形态

问题与思考

1. 试述行政组织的定义、特性和构成要素。
2. 有哪些重要的组织理论和代表人物？
3. 如何理解组织的结构形式和结构特性？
4. 如何理解国家行政组织的具体构成和组织形态？

第4章

行政领导

行政组织除了要有特定的组织结构之外，还要有特定的行政领导体制。要使行政组织的各个组成部分或各种机构作为一个整体和谐地运行，必须有统一的组织和指挥，这种要求突出了行政领导的作用和重要性。行政领导的效果与效力并不仅取决于领导者个人的素质，更重要的是需要有科学的领导体制作保证。

4.1 领导理论概述

领导是通过一定方式指引和影响个体、群体或组织实现预期目标的过程。在正式组织中，任何领导都涉及两类问题，一是组织中的等级制度和权力结构，即领导体制问题，一是领导者与被领导者的关系，即领导行为问题。这两类关系是相互影响、相互依存的：领导体制是领导行为的基础，对领导行为起着制约作用，体现领导的共性；领导行为是领导体制的现实表现，除受领导体制的制约外，还受领导者与被领导者个人特性的制约，体现领导的个性。行政领导的概念将这两类关系限制在行政组织的运行过程中，主要是指在行政组织中通过一定方式指引和影响个体、群体或组织实现预期目标的过程。

领导是任何管理过程中都不可缺少的因素，在某种意义上可以说是“管理的管理”。从管理层次的概念分析，除了最下面的或最低的管理层次外，其他管理层次都可以说是领导层次。领导问题一直是管理学、组织行为学和公共行政学等学科研究的主要内容，并形成了下面一些有代表性的领导理论，它们对行政领导的研究有很重要的影响。

4.1.1 领导特性理论

领导特性理论又称领导素质理论，它着重研究领导者的个人特性或素质，以便发现、培养和使用合格的领导人才。这是一个较古老的课题。从历史传统上说，人们一般总是认为成功的领导者，如伟大的政治家、军事家、有作为的帝王或开国元勋等，具有一些常人所不具备的、高于常人的特性或个人品质特征。

19 世纪末 20 世纪初，随着管理学、心理学等学科的产生和发展，对领导特性开始进行较系统、科学的探讨，陆续出现了各种各样的领导特性理论。各国管理学家和社会心理学家提出的领导者的特性种类繁多、范围广泛。有的认为有六种特性，有的认为有十种，也有的认为有几十种甚至几百种。如早期进行此研究的美国学者西拉季和华莱士提出的领导者特性理论认为，领导者应具有身体特点、社会背景、智力、个性、任务定向和社会技能六种特性。美国管理协会在对事业取得成功的 4 000 名管理人员进行调查时发现，成功的管理人员一般具有以下 20 种能力：（1）工作效率高；（2）有主动进取精神，总想不断改进工作；（3）逻辑思维能力强；（4）富有创造精神；（5）有很强的判断能力；（6）有较强的自信心；（7）能帮助别人提高工作能力；（8）能以自己的行为影响别人；（9）善于用权；（10）善于激发别人的积极性；（11）善于利用谈心做工作；（12）热情关心别人；（13）能使别人积极而又乐观地工作；（14）能实行集体领导；（15）能自我克制；（16）能自行做出决策；（17）能客观地听取各方面的意见；（18）对自己有正确估价，能以他人之长补己之短；（19）勤俭艰苦，具有灵活性；（20）具有技术和管理方面的知识。而我国某市委组织部为挑选、培养中青年干部设计的调查表曾列举了 40 种能力。

领导特性理论侧重于比较领导者与被领导者、高层领导者与基层领导者、成功的领导者与不成功的领导者之间的个体差异。试图确定领导者或成功的领导者具有何种个人特性，亦即是确定具有何种特性的人适合做领导人，以确定进行何种训练能够培养出胜任领导工作的人。领导特性理论的积极影响在于以下几点：

第一，它描述了成功的领导者所应具备的个人特性，对领导者的个人素质提出了最基本的要求，如知识水平、专业能力、社会技能方面的要求等。事实证明，不同类型、不同层次的领导岗位对任职者有某种较具体的要求。

第二，为建立健全考核制度提供了理论依据。例如政治思想水平考核、业务能力考核、文化水平考核、工作态度考核等都以此为主要内容，同时为运用人才测评方法选拔领导者后备人选提供了标准和依据。现在使用的许多心理测量方法、能力测验和个性测验等都是围绕着这一理论进行的。

第三，推动了成功的领导者的培养和训练工作。领导者的能力、经验、素质等一般是后天形成的，可通过专门训练、学习或实际工作的锻炼逐步提高。

第四，领导特性理论有利于领导者自身寻找差距，自我提高。良好的个人特性或个人素质是承担领导工作的必要条件之一。领导者可以在平时工作中特别是在得以晋升时根据工作要求和岗位要求有意识地培养和提高自己的工作能力和素质。

领导特性理论本身有较大的局限性，多年来一直存在着下列疑问：

第一，各种观点众说纷纭，很难形成一致的看法。不同的人所提出的成功领导者的特性甚至是自相矛盾的。某些个人特性本身具有西蒙所批评的“行政格言”的性质，并不能说绝对的好或绝对的坏。研究表明，领导者的素质要求在不同的环境、不同组织，甚至不同文化背景或不同国家中均有所不同。表 4—1 表明了美国和日本的企业对其领导者素质要求上的差别。

表 4—1　　美国、日本企业对领导者提出的素质要求

顺序	日本		美国
	品德	能力	
1	使命感	思维决定能力	合作精神
2	责任感	规划能力	决策能力
3	依赖性	判断能力	组织能力
4	积极性	创造能力	授权能力
5	忠诚心	洞察能力	应变能力
6	进取心	劝说能力	勇于负责
7	忍耐性	对人理解能力	创新能力
8	公平性	解决问题能力	敢担风险
9	热情	培养下级能力	尊重他人
10	勇气	调动积极性能力	品德超人

资料来源：孙彤、许玉林主编：《组织行为管理学》，170 页，北京，红旗出版社，1993。

第二，在许多情况下，很难确定是某些个人特性造就了领导者，还是领导工作或机会导致了这些个人特性的产生。人们发现，一些人在担任领导工作后，某些个人特性随之发生了变化。以表 4—1 为例，某人在晋升到领导岗位之后，由于责任加重而增强了责任和使命感，由于受到上级领导重视的激励而增强了忠诚心和进取心，由于掌握了更多的信息而增强了规划能力和判断能力，由于个人权力的增大而增强了决策能力、组织能力等，这是一种较为普遍的现象。

第三，研究表明，许多个人特性和领导效果没有关系，领导者并不一定具有比别人高尚的品质或超人的能力，甚至与被领导者之间没有显著的差别。他们所表现出的某些良好的个人特性可能是领导岗位的特殊条件造成的。例如，某些领导人的主动进取精神和创造精神可能是其所处的竞争环境和领导责任造成的，某些领导人善于全面考虑问题是因为他处于总揽全局的位置或可以得到较充分、较全面的信息，等等。实际上，人皆可以为尧舜，只不过许多人没有机会表现自己的才能，或没有机会在领导岗位上发挥自己的作用。

第四，在成功的领导者之间，存在着多种多样的个人特性方面的差异：他们高矮胖瘦不一；性格有的内向，有的外向；爱好、兴趣多种多样；学历有高有低；专长、技能等也千差万别。他们的许多特性在不成功的领导者身上也同时具有。另外，即使是同一个领导者，他在某项领导工作中取得了成功，但领导另一项工作却遭遇失败。这说明领导的个人特性并不是取得成功的必然条件，领导特性理论的这些缺陷促进了其他领导理论的研究。

4.1.2　领导行为理论

领导行为理论研究的是领导者在领导过程中的具体行为以及不同的领导行为对职工的影响，以期寻求最佳的领导行为。从 20 世纪 40 年代起，一些行为科学家开始从领导特性研究转向领导行为研究，目的在于提高对各种具体的领导行为的预见性和控制力，改进工作方法和领导效果。研究的侧重点在于确定领导者应具有什么样的领导行为以及哪一种领导行为的效果最好。

领导行为理论一般将各种领导行为归结为两种类型，它们和领导角色所具有的两种职能密切相关。一是任务职能，将组织中的各种成员组织起来完成工作任务；一是社会情感职能，注意利用人的社会、心理因素，调动各种成员完成任务的主动性和积极性，并增进团结协作。与此相联系，形成两种不同的领导角色，即任务型领导者和社会情感型领导者。前者称为以工作为中心的领导者，后者称为以人为中心的领导者。这两种角色有时由两个领导者分别承担，有时则由同一个领导者担任。领导行为理论基本上是在两维理论的基础上发展起来的。具有代表性的领导行为理论主要有：

第一，早期研究。美国俄亥俄州立大学教授 R. 斯托蒂尔等最早在其研究中将领导行为分为体贴和创建结构两种类型。在同一时期，美国密歇根大学调查研究中心把领导者的领导行为划分为雇员定向和生产定向两种类型进行了分析。

第二，四分图理论。1945 年美国俄亥俄州立大学领导行为研究组综合概括了 1 000 多种刻画领导行为的因素，最后归纳为“关心人”（体贴）和“抓组织”（主动结构）两大类，并用这两种行为四种不同的组合形式分析领导的效果。按照四分图理论，一般认为，高组织高关心人的领导者领导效果最好（见图 4—1）。

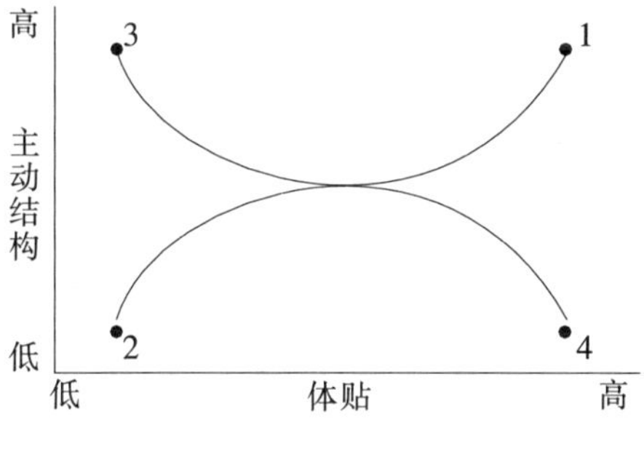

图 4—1　四分图理论

第二，管理方格理论。1964 年，美国管理学家布莱克和莫顿在四分图理论的基础上，在一个分为 81 个方格的正方形中，按照“关心人”和“关心生产”两种基本的领导行为的不同组合划分出 81 种领导类型。并分别于图的四角和正中将这两种领导行为的不同组合划分为五种典型类型，即 1.1 型（贫乏的管理）、1.9 型（乡村俱乐部管理）、9.1 型（权威与服从，亦叫任务第一型）、5.5 型（组织人管理或中间型管理，两种行为均为中等程度）和 9.9 型（协作管理），并分析其行为表现和管理效果（见图 4—2）。

第四，连续统一体理论。行为科学家罗伯特·坦南鲍姆和沃伦·施米特于 1958 年从决策过程的行为表现提出了领导行为的连续统一体理论（如图 4—3 所示）。该理论提出了七种领导决策行为。“以上级为中心的领导”倾向于关心工作关系的领导行为，重视的是领导者的权力和作用，而“以下属为中心的领导”倾向于关心人际关系的领导行为，重视的是下属的参与和积极性。领导者的两个极端之间发生不同程度的变化。其中第一、第二种行为属于指令型的或专制的领导行为，第三（参与的最低限度）至第七种行为（参与的最高限度）属于参与型的或民主的领导行为。领导行为连续统一体理论认为，领导者可根据其和下属的能力选择采用哪种行为，已经具有下面所要介绍的领导情境理论的某些特点。

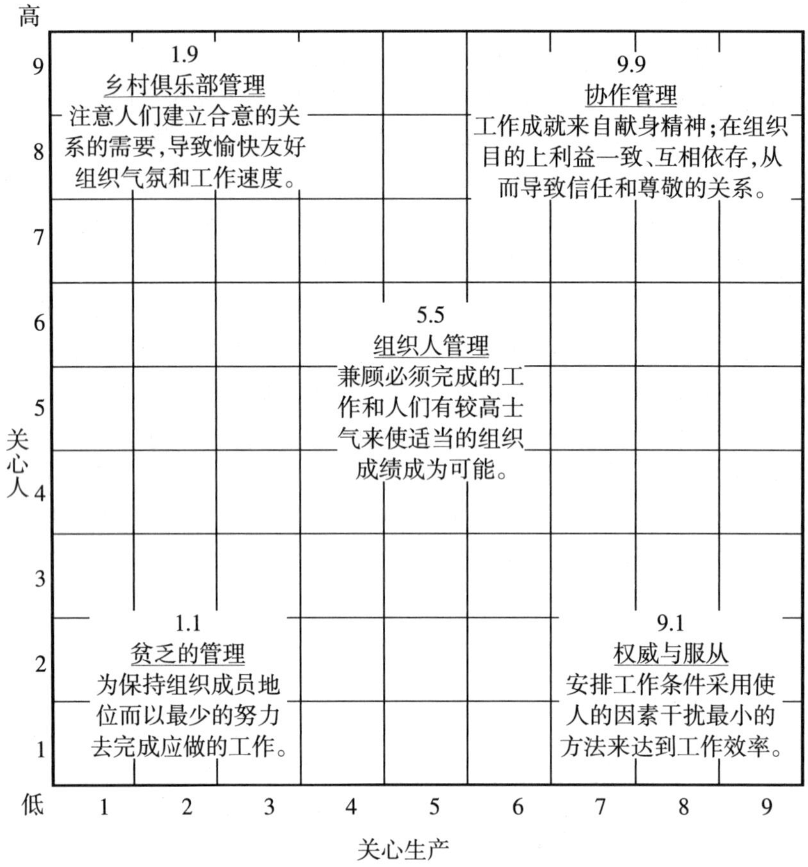

图 4—2　管理方格理论

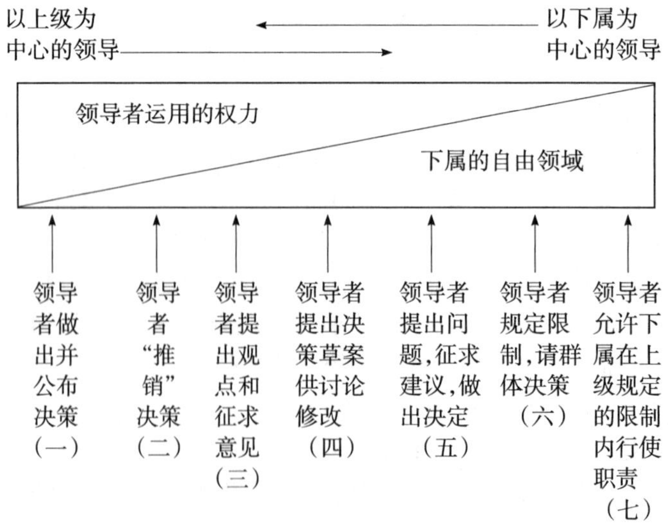

图 4—3　连续统一体理论

在领导行为理论中，其他一些理论还有美国学者卡特赖特、詹德和日本学者三隅二不二所研究的 PM 型领导行为模式，美国学者利克特提出的领导系统模式以及卢因的领导作风理论等。这些理论基本上都是两维理论的延伸和发展，一般均认为将两种不同类型的领导行为结合起来（双高）的效果最好。领导行为理论已经深入对领导过程本身的研究，它关心的是领导者在其领导角色中实际上做些什么，并分析和提出了最佳的领导行为是什么，较为注重领导行为的实际效果及方法，因此它比领导特性理论更为深入和实际。但是，它也存在着某些缺陷：

第一，领导行为理论旨在确定哪一种领导行为的效果最好，但调查结果和理论上的推断并不一致。有的学者在调查中发现，无论是在生产率高还是生产率低的组织中，都有“以人为中心”的领导行为和“以工作为中心”的领导行为，即某种领导行为和管理效果之间没有必然联系。又如，按照四分图理论和管理方格理论，在两种行为方面表现为“双高”时领导效果最好，但是按照美国学者科曼等人提出的领导生命周期理论，这只是适合于下属成熟程度不高时的最佳行为，当下属发展到成熟阶段时，采用低工作低关系即授权型的领导行为则最有效。

第二，某种领导行为可能是下属行为的结果而不是原因。有的人认为，“以人为中心”或“关心人”、“体贴人”的领导行为是下属积极工作的原因。实际上，在许多情况下，领导人的行为和普通人的行为一样，也是强化和激励的结果，关心下属的领导行为可能是下属积极工作的结果，而严格管理下属的领导行为可能是下属不努力工作的结果。研究表明，许多领导人没有固定不变的行为模式，他们有时对某些下属表现出一种领导行为，有时对其他下属则表现出另一种行为，情况不同，行为表现也相异。

第三，领导行为理论和领导特性理论一样，忽视了领导的现实情境。实际上，领导行为并不仅仅是领导者个人特点的体现，而是特定环境、特定管理体制或领导体制的反映。不同的环境或情境需要不同的领导行为。在以常规性工作为主或要求统一指挥、绝对服从命令的时候，“以工作为中心”的领导行为效果最好。而在以创造性的工作为主或要求互相协作、配合的时候，“以人为中心”的领导行为效果最好。离开了具体的环境和条件，很难绝对地说哪一种领导行为最好或哪一种领导行为最不好。另外，在第 3 章的论述中，也涉及在不同的组织类型或结构类型中，不同的领导行为有不同效果。

4.1.3　领导情境理论

领导情境理论又称领导权变理论，主要研究与领导行为有关的情境因素对领导效力的潜在影响。“情境”本身是一种心理学的概念，它指一种有社会心理因素影响的特定环境或情境，既包括客观的物质环境，又包括心理环境。不同的环境有不同的情境，如在公园里觉得轻松愉快，在墓地中则觉得沉痛悲哀。同一种环境也可以有不同的情境，如在大礼堂中讲课、开会、演出或观看电影，会有不同的心理体验。领导情境理论认为，在不同的情境中，不同的领导行为有不同的效果，其探讨在何种情境下何种领导行为最有效，并分析领导者、领导行为、领导情境与领导效果之间的关系。“权变”一词有“随具体情境而变”或“依具体情况而定”的意思。领导情境理论主要有下列几种：

第一，菲德勒的权变理论。1967 年，美国华盛顿大学教授 F. 菲德勒提出了一个有效领导的权变模式（见图 4—4）。他将领导行为分为任务定向和关系定向两种类型，将与领导有关的情境因素分为三种：领导—成员关系、任务结构和职权。每一种因素都有好坏、有无、强弱两个不同方面。他根据图中不同组合构成八种情境的权变模式，提出在最有利和最不利的四种情境中任务定向的领导行为效果最好，而在四种较一般的情境中关系定向的领导行为效果最好。

促进作用	高←→低							
领导—成员关系	好				坏			
任务结构	有结构的		无结构的		有结构的		无结构的	
职权	强	弱	强	弱	强	弱	强	弱
	Ⅰ	Ⅱ	Ⅲ	Ⅳ	Ⅴ	Ⅵ	Ⅶ	Ⅷ
最有效的领导人定向	任务			关系				任务

图 4—4　菲德勒的领导权变模式

第二，通路—目标理论。这一理论最早由加拿大多伦多大学教授 M. G. 埃文斯 1968 年提出，其同事 R. J. 豪斯于 1971 年作了扩充和发展。通路—目标的意思在于，领导人最重要的活动是指明有利于下属通向不同目标的道路，这些目标包括晋升、成就感或令人心情舒畅的工作气氛等。豪斯提出了四种领导行为和三种下属表现或结果（见图 4—5）。他认为哪一种领导行为可导致最好的下属表现或结果，取决于下属特性和环境因素这两种情境因素，也就是说，领导者应根据不同的情境因素确定激励或促进下属工作的最有效的领导行为。

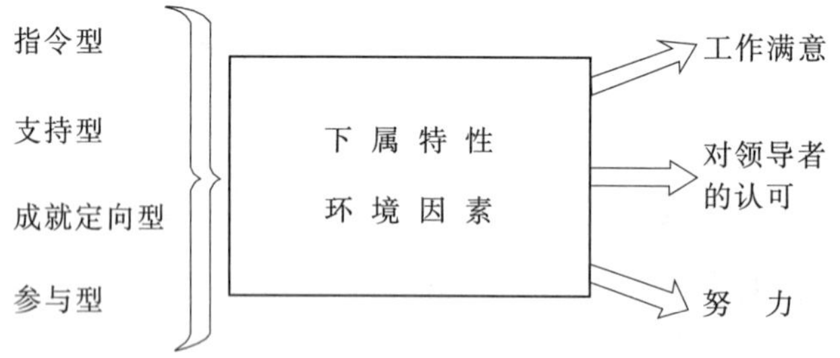

图 4—5　豪斯的通路—目标理论模式

第三，弗隆和耶顿的领导参与模式。1973 年美国行为科学家 V. 弗隆和 P. 耶顿运用决策树的形式试图说明在何种情境中、在什么程度上采用让下属参与决策的领导行为。他们在领导者单独决策和接受集体意见决策之间按征求和接受下属意见的程度划分出五种领导方式，并以提问的形式按照信息来源、下属接受和执行决策的不同情况划分出八种情境因素，让领导人利用肯定否定式的决策树选择方法，依次从这八种情境因素的判断中找出最佳的领导方式（见图 4—6）。

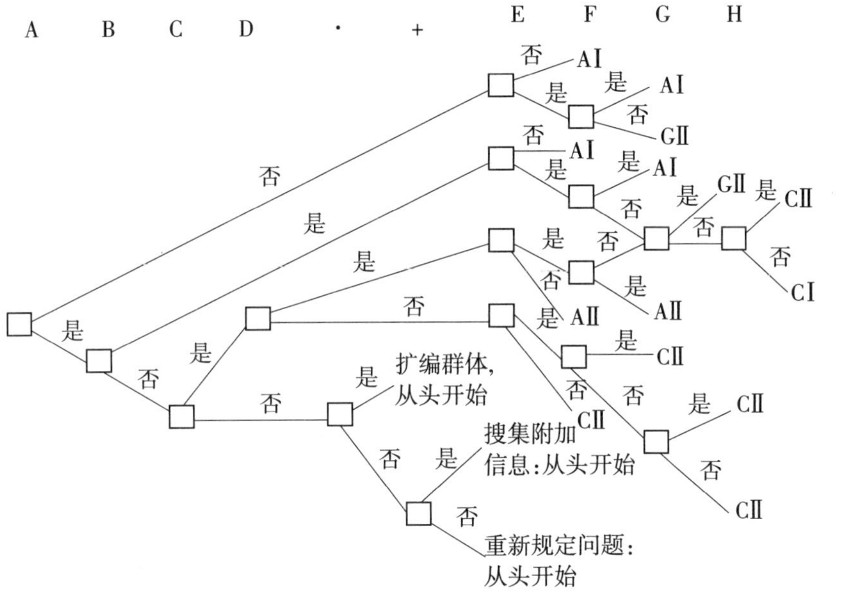

图 4—6　弗隆和耶顿的决策树

第四，领导生命周期理论。该理论首先由美国俄亥俄州立大学的卡曼于 1966 年提出，其后由赫西和布兰查德做了进一步发展。该理论的主要内容如图 4—7 所示，可以看作领导行为四分图理论和美国哈佛大学克里斯·阿吉里斯提出的不成熟—成熟理论的有机结合。图的上半部分是典型的两维模式，由两种领导行为构成四种不同的组合类型，分别称为四种象限。图的下半部分增加了一个变量，即下属的成熟度，按成熟度高低分为四种情况。由于增加了下属成熟度的变量，领导生命周期理论关于何种领导行为最佳的论证与其他两维理论截然不同。该理论认为，选择何种领导行为取决于下属的成熟度，当下属不成熟（M4）或较成熟（M2）时，应分别采用命令型的领导方式和参与型的领导方式（两种行为的组合均为一高一低）；当下属成熟度处于中等偏下（M3）时，应采用说服型领导方式（两种行为的组合为“双高”）；而其他两维理论认为效果最差的领导方式（两种行为的组合为“双低”）则适合于下属成熟度高的情境，这种分析充分体现了领导情境理论的思想风格（见图 4—7）。

以上是四种影响较大的领导情境理论，其他典型的领导情境理论还有 W. J. 雷定的三度空间领导效能模式（1967）等。

领导情境理论比领导特性理论、领导行为理论复杂得多，考虑的因素也多。但其共同特点在于：

第一，它们都把领导看作一种发生于特定情境中的动态过程，认为领导的有效行为随着被领导者的特点和情境因素的变化而变化。

第二，着重考虑如何取得最好的领导效果和如何选择最佳的领导行为或领导方式问题，认为领导效果依赖于领导者、被领导者和情境因素的相互作用，用公式表示为：领导＝f（领导者、被领导者、情境）。由于综合考虑与领导有关的三个方面的因素，避免了领导特性理论和领导行为理论机械肯定或机械否定的缺点。

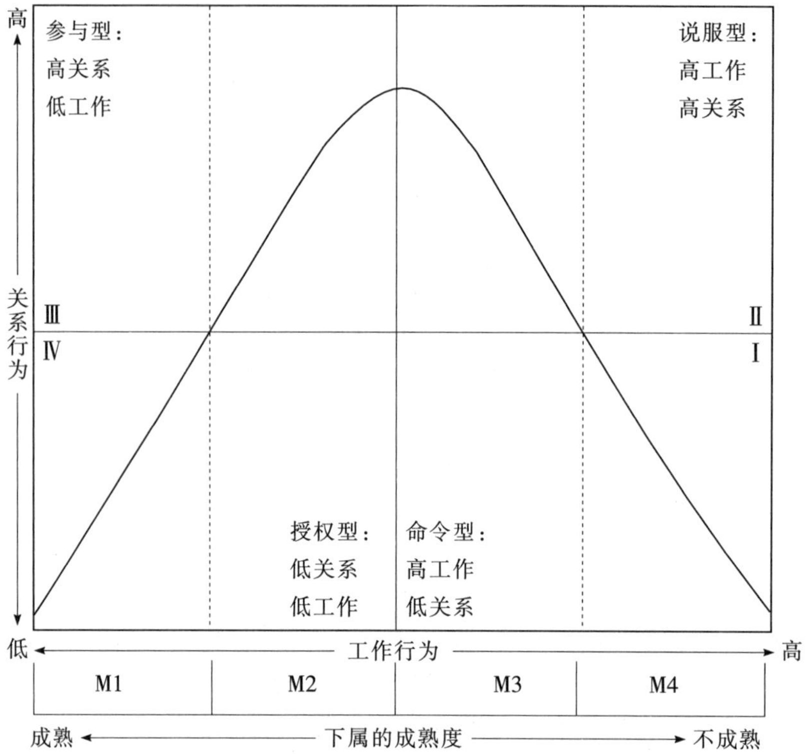

图 4—7　领导生命周期理论模式

第三，提出了提高领导效果的基本方法，如改变领导者的行为、适应下属的特性和现实的情境因素等。说明成功的领导者最重要的特性是能够正确认识实际的情境因素及其特点，能够及时改变领导行为或方式去适应特定情境的需要。失败的领导者往往缺乏这种适应能力，而并非由于其个人素质的低劣。

第四，领导情境理论大多数是在问卷调查的基础上产生的，其对领导行为和情境因素的概括有一定的局限性，并不能作为一定之规简单照套，仅仅提供一种分析和认识领导问题的方法。

4.2　领导体制的基本概念

如上所述，在任何行政组织中，都会遇到领导体制和领导行为两类问题。第一节所介绍的各种领导理论，基本上都是围绕着领导行为的问题展开的，它们只是论述了行政领导的一个侧面。实际上，任何领导行为都是在一定的领导体制下完成的，无疑都会受到领导体制的制约和影响。因此，领导体制相对来说是研究行政领导的一个更为重要的问题。

4.2.1　什么是领导体制

行政组织和经济的、军事的、文化的等任何组织一样，其管理和运行，都离不开一定的领导体制。领导体制对组织系统的正常运转具有十分重要的影响，可以说其决定着组织系统内部的指挥、决策、协调、控制、沟通、监督、执行等各种过程的效率和效果。组织有机体的存在和发展，除了与其领导人本身的素质、能力及领导行为有关外，更重要的是与领导体制的合理性和科学性紧密相关。

领导体制指独立的或相对独立的组织系统进行决策、指挥、监督等领导活动的具体制度或体系，其用严格的制度保证领导活动的完整性、一致性、稳定性和连贯性。它的核心内容是用制度化的形式规定组织系统内的领导关系、领导机构、领导权限及领导活动方式。任何组织系统内的领导活动都不是个人随意进行、杂乱无章的活动，而是一种遵循明确的管理层次、等级序列、指挥链条、沟通渠道等进行的规范化、制度化或非人格化的活动。同时，任何组织系统内的领导活动也不是一种千变万化、朝令夕改的活动，它有一套固定的规则、规定或组织章程，各种领导关系、权限和职责具有一定的稳定性和长期性。组织系统内领导活动的这些特点是由组织系统的领导体制所决定的，没有一定的领导体制，组织系统内的领导活动就不能正常进行。

领导体制的重要性表现在两个方面：第一，从制度上决定整个组织系统由谁进行领导。对于行政组织来说，即从制度上决定谁是领导决策机构及谁是最高行政首脑。第二，从制度上决定在整个组织系统内如何进行领导。对于行政组织来说，即从制度上规定领导决策机构及最高行政首脑与其他执行机构、参谋辅助机构、监督机构和信息反馈机构之间的领导关系和权责关系。这两个方面是任何领导体制所包含的基本问题。俗话说：蛇无头不行。行政组织的活动也要有一个头，不管这个头是一个人、一个小组、一个委员会还是一种制衡机制的产物，它是行政组织的最高领导机关和最高领导者，具有最高行政权、指挥权、决策权和监督权，它通过一系列法律、政策和各种规章制度以某种特定程序和方式领导整个行政组织的运行。

4.2.2　领导体制和组织系统的关系

领导体制是相对于具有一定独立形态的组织系统而言的。组织是一个完整的系统，领导体制也是一个完整的系统。如果把组织比喻为一个活的生物体，管理层次和组织结构相当于它的骨骼，领导体制则相当于它的神经系统，它遍布组织全身，并和组织结为一体。如果不是一个独立的或相对独立的组织系统，也就不可能有严格意义上的领导体制，这种关系正如神经系统与整个生物体的关系一样。在一个行政组织中，像处级、科级单位，每一个管理层次都有自己的领导活动，但它们只是整个行政组织领导体制的一部分。它们不是独立的组织系统，也没有自己的领导体制，它们内部的领导活动是在整个组织系统的领导体制下进行的。组织系统的领导活动要靠领导体制来实现，而领导体制也不能脱离一定的组织系统孤立存在，二者是相互依存、相互作用的。领导体制的形式和特点受到组织系统本身的性质和特点的制约。如在经济组织、军事组织和行政组织中，由于组织目标、性质和特点不同，领导体制的形式和特点也不同。即使同是行政组织，由于组织的规模、结构、技术条件等特点不同，领导体制的形式和特点也不同。无论是开放型的还是封闭型的、组织结构紧密的还是组织结构松散的、行业性的还是区域性的、单一目标型的还是多种目标型的、大型组织还是小型组织等，它们都各自有适应其组织特点的领导体制。除组织系统的内部因素外，外部因素的不同和变化也会影响领导体制的差异和变化。

4.2.3 领导体制和领导制度的关系

严格说来，领导体制和领导制度两个概念之间是有区别的。领导制度直接和组织系统的性质相联系，反映的是组织系统中领导关系的内容或本质。国家领导制度不仅和国家政权形式有关，而且更重要的是和国家政权的性质即和国体问题相联系。资本主义国家的领导制度和社会主义国家的领导制度的本质区别在于归根结底是哪一个阶级占据国家的领导地位。行政组织也存在着领导制度上的根本区别，它反映行政领导的阶级本质。领导体制的概念比领导制度的概念较为狭窄，它仅和组织系统的性质有间接联系，是组织系统中的领导关系和领导活动的外在表现形式，泛指组织系统中进行领导活动的具体制度或体系，从某种意义上说，是领导制度的某个侧面的体现。就国家领导体制而言，它仅和国家政权的具体组织形式即政体问题相联系，如总统制、内阁制、部长会议、国务院等都是不同形式的行政领导体制类型。

领导制度具有内容的单一性和相对的稳定性，组织系统的性质不变，领导制度就不会发生根本的变化。无论是资本主义国家还是社会主义国家，国家的阶级本质不发生变化，国家领导制度也不会发生变化。领导体制则具有形式的多样性和相对的变动性。如在资本主义国家中，行政领导制度从根本上说是一样的，但其行政领导体制却有各种各样的形式，即使是同样采用总统制的国家，其基本形式和运行机制也有很多差别。领导制度和领导体制并不是绝对一致或完全吻合的。领导体制既和领导制度相联系，受其制约和影响，同时又有相对的独立性。在某种情况下，一方面，领导体制和领导制度之间常会出现不相适应的状况，领导体制的运行可能会脱离或不符合根本制度的要求；另一方面，组织系统的内部环境和外部环境是不断发生变化的，领导体制也需要经常进行调整以适应这种变化。因此，在领导制度没有发生根本变化的情况下，也必须对领导体制有计划地进行改革，这种改革并不是改变组织系统的性质或领导制度，只是从具体形式或机制方面进行调整，因而是一种渐进的过程。

4.2.4 领导体制和领导者个人的关系

表面看来，领导体制似乎是由最高领导者制定和建立起来的，但是实际上，它的建立和形成有其客观规律和客观要求，不是领导者个人意志或个人意图的体现，它反映了整个组织系统乃至整个社会系统的领导活动的性质、特点和方式。行政领导活动本身是一种社会历史过程，它受到物质资料生产方式、社会政治经济关系、科学文化水平和价值观念等多种因素的影响和制约。领导体制的建立和形成有着深刻的社会基础和经济基础，行政领导者个人的领导活动都是通过一定的行政领导体制进行的，其领导效率和能力必然受到行政领导体制的影响。

如何发挥领导作用，提高领导效果和能力是任何组织都十分关心的问题。但是，许多组织常常是在不考虑改进或完善领导体制的条件下简单地通过选择或更换领导人来解决这一问题。实际上，解决领导体制问题往往比解决领导者的问题更关键、更重要、更有全局性。因为领导者的个人素质或个人能力固然重要，但领导体制却决定他的能力和水平所能发挥的程度。不少在企业管理方面卓有成效的人转到政府机关中工作却成绩平平，原因不在于他们的素质和能力下降，而在于政府机关有着完全不同于企业的领导体制。有人到国外企业参观后指出，与国外企业的厂长、车间主任相比，我国的厂长、车间主任在技术知识、管理经验等方面并不差，有些甚至还要强一些。但我国企业的生产和管理却不如人家，其基本原因不在于领导者个人的素质不高，而在于领导体制束缚了个人领导能力的发挥。在行政组织中，领导体制对领导者个人的影响也是一样的。实践证明，在一种机构臃肿、职责不清、僵化低效的领导体制中，个人素质再好的领导人也无法进行有效的领导。

4.3　领导体制的类型

不同的组织系统虽然有不同的领导体制，但是，它们都有一个共同特点，即至少有一个最高领导层或最高权力中心负有领导组织整体运行的权力和责任。它所反映的是组织中的领导者与其他组织成员之间的领导关系和权力关系问题。根据最高领导者或最高权力中心的权力分配和实施领导的具体方式，可以将领导体制划分为个人专权制、个人负责制、集体负责制和分权负责制四种类型。

4.3.1　个人专权制

个人专权制也叫个人独裁制，是一个人独自掌握最高领导权力的一种极端形式。在个人专权制的条件下，最高领导者个人是组织系统最高权力的化身，他凌驾于整个组织系统的全体成员和所有机构之上。在人类社会的发展史中，个人专权制长期成为一种普遍的领导体制。个人专权制的特点在于最高领导者个人的地位和权限在组织系统的至高无上性，他的权力和意志不受组织系统中的任何成员或任何机构的牵制、束缚或监督。他不对任何人或任何机构负责，相反，所有的人或机构都要向他负责。他的任职是无限期的、终身的，其权力继承人由其亲自指定并具有法定效力。

在奴隶社会或封建社会中盛行的君主制是最典型的个人专权制类型，在这种体制下，国王、皇帝或独裁者是国家的最高统治者，拥有至高无上的权力，其个人意志是整个国家的法律。就其实质来说，个人专权制是一人独裁的政权。严格意义上的行政组织的领导体制一般没有这种类型，因为行政首脑的权力要受到议会或立法机关的限制和监督，行政组织的主要职能是在法律规定的范围内进行社会公共事务管理，只有在行政首脑的权力凌驾于议会或立法机关之上的时候才有可能产生个人专权制。

个人专权制是以暴力或强制力进行统治或管理的一种领导体制，它的产生有其历史必然性。它以一种高度集权的形式维持组织系统的统一和协调。这种体制受领导者个人因素影响，在领导者个人具有远见卓识的时候，这种体制也可以保证组织系统的延续和发展，但是，在领导者个人有重大失误或领导者更迭时，容易使组织产生震荡，并且常会压制其他领导成员和组织成员的积极性和创造性。在现代社会中，这是一种不利于组织系统健康发展的、落后的领导体制类型。

4.3.2 个人负责制

个人负责制又可称为一长制、首长制或首长负责制，它是领导者在限定的权限范围内起领导作用的一种形式。个人专权制的最高领导者的个人权力不受任何限制，不对任何人负责，而在个人负责制的条件下，最高领导者的权力受到某种限制，并要对最高权力的代表或机构负责。这种权力限制主要表现在几个方面：

第一，领导者个人不是独揽一切权力，他只在某一领域、组织系统的某一部分或某一方面具有决策、指挥、监督等权力。

第二，领导者个人的地位和权力不是至高无上的，他受到一定的制约和监督。

第三，领导者个人是通过授权的形式获得权力的，因此他要向授权者负责，并接受其指导和监督。

第四，领导者个人的任职是有期限的，并非是终身的，其权力继承人也不能仅凭个人自行指定。在个人负责制的条件下，虽然领导者个人有上述因素的限制，但是有一点是明确的，即领导者个人在其权力范围内有权决定一切。

个人负责制是一种很普遍的领导类型，它的具体表现形式是多种多样的。例如，许多国家实行的总统制就是一种典型的个人负责制类型，总统既是国家元首，又是中央政府首脑，一般由公民直接或间接选举产生。总统按法律规定负责制定并执行对内对外政策，有权任免各部部长，部长只对总统而不对议会负责，一切行政大权都掌握在总统手中。但是，总统并不是至高无上的，他受到议会的约束，没有立法、司法权力，并且有任期限制。总统制于1787年始创于美国，后被法国、俄罗斯、乌克兰等国和拉丁美洲、亚洲、非洲的一些国家所采用。

许多国家实行的内阁制是另外一种典型的个人负责制类型。内阁首相或总理是政府首脑，总揽一切行政权力，有权进行组阁，但其任命要经过议会选举或推选，有一定任期并对议会负责。和总统一样，内阁首相或总理同样受到议会制约，没有立法、司法权力，只在行政领域内行使权力。内阁制最早产生于英国，后被日本、加拿大、澳大利亚、印度及德国等许多国家所采用。

我国的行政体制也属于个人负责制的类型。我国宪法明确规定：国务院实行总理负责制。各部、各委员会实行部长、主任负责制。地方各级人民政府实行省长、市长、县长、区长、乡长、镇长负责制。按照宪法规定，国务院（即中央人民政府）和地方各级人民政府由各级全国人民代表大会选举产生并对本级人民代表大会负责，各级政府行政首长在其行政权限内负有领导责任并具有相应的决策权、指挥权和任免权。

由个人负责制逐渐取代个人专权制是一种历史的进步。个人负责制的优点在于：（1）领导者在其职责范围内有权决定一切，权力较为集中，便于迅速作出决策。（2）领导者个人职责明确，受到一定监督，有责任感。（3）指挥统一，领导效率较高，组织系统运行的整体性强。（4）避免了个人专权制所产生的各种弊端。

个人负责制的缺点在于：（1）整个组织系统的领导效果与领导者个人素质的关系很大，由于个人在知识、经验、才能、精力方面的局限性，决策、指挥容易出现主观片面性和失误；（2）责任集中于一人，容易使下级和其他领导成员产生依赖性或推诿责任；（3）由于领导者个人在其职责范围内握有决策、指挥、任免、否决、强制执行等权力，在监督或制衡机制不健全的情况下，有可能出现滥用权力的现象，甚至会由个人专断导致个人专权。

4.3.3　集体负责制

集体负责制又称委员会制或合议制。个人专权制和个人负责制在某种程度上说都是一个人执掌权力的领导形式，而集体负责制则是由两个人以上的群体执掌权力，组织的权力和责任不是集中于或主要集中于一个人身上，而是由两个以上的地位平等的人共同分享。这些位居组织最高层的领导者并不是分兵把口、各管一摊，他们根据一定程序和规定组成一个决策、指挥、监督的群体，一切涉及整个组织系统的重大决策，都不能由个人单独做出，必须由整个群体成员集中讨论决定，亦即是集体领导、集体决策、集体负责。即使该群体有一名组长、主任或主席，他也只是名义上的首脑或会议召集人，在群体中只有一票的权力。

在个人专权制或个人负责制的条件下，最高领导者有时也有若干副手或助手，以其为核心组成一个群体，但他的地位、权力和责任是高居于其他人之上的，他具有一人拍板定论的最后决策权和最后否决权。在集体负责制的条件下，在最高领导层的群体中，各个成员的地位、权力和责任是相同的，除非集体授权，在重大问题上，任何人都没有最后决策权和否决权。最后决策或行动方案由集体讨论形成的一致意见或表决结果决定，决策责任也由集体分担而不是一人承担。

集体负责制也有许多具体形式，委员会制是最典型的形式之一。瑞士的联邦委员会是一个有代表性的例子，它是瑞士的最高行政机构，由联邦议会的两院联席会议选出七名委员组成。作为联邦议会的执行机构，对议会负责，任期四年，联邦委员会主席由这七名委员轮流担任，同时兼任瑞士联邦主席，既是国家元首又是政府首脑，任期一年，不得连任，联邦主席除在礼仪上代表国家外，地位与其他委员相同。联邦委员会下设政治部、内政部、司法警察部、财政海关部、公共经济部、军事部和交通电力部，分别由七个委员兼任部长。前南斯拉夫联邦主席团也采取委员会制的形式，其成员分别由各共和国和自治省的一名代表组成，实行集体工作和集体领导原则，素有“集体总统”之称。联邦主席团主席和副主席任期一年，由各共和国与自治省的代表按事先商定的顺序轮流担任。1901 年开始于美国得克萨斯州的市委员会制也是这种形式。市委员会由全市选出的五至九人组成，委员会的成员以议会集体或个人名义充当部门首长履行职责，权力平等，市长是成员之一，没有特权。目前，在美国，有不少城市采用这种体制进行市政管理。

集体负责制，往往也采用小组或联席会议形式实行集体领导，在企业中，最普遍的形式是董事会。不同的组织系统中，集体负责制的名称可能多种多样，但也具有共性。与个人负责制相比，集体负责制的优点在于：（1）有利于克服个人的主观片面性和局限性，提高决策质量和领导效果；（2）较为民主，有利于避免出现滥用权力和个人专断的现象；

(3) 集体承担责任，有利于调动多方面的积极性，减轻个人压力和负担。它缺点在于：(1) 容易出现意见分歧，决策迟缓，甚至使问题拖延，贻误时机；(2) 个人责任不明确，易于出现争功诿过现象；(3) 协调任务重，易于影响工作效率；(4) 集体决策时，个人可能会遵从群体压力，偏向于保守或激进两个极端。

4.3.4 分权负责制

分权负责制包括多元制和复合制两种类型，实际上是进行领导的一种制衡机制。在多元制的条件下，整个组织系统的最高领导权分属于两个以上的、互相制约的个人或群体。其相互之间的领导权限界限分明，分别代表组织行使不同的领导职权。单纯的个人专权制、个人负责制和集体负责制都是一元的领导体制，即组织的最高领导层只有一个头，而实行多元制的组织，其最高领导层至少有两个以上的头，这两个以上的头可以是不构成同一群体的、各有职权范围的两个以上的个人，可以是两个以上的相互区别的群体，也可以是一个以上的个人和一个以上的群体。它们之间的关系有时是平行的、无隶属关系，但是相互制约；有时有明确的隶属关系，但是职权范围不同，这种隶属关系不是纵向的，而是横向或斜向的。

多元制的具体形式也是多种多样的。一些西方国家的领导体制是典型的多元制形式，在这种体制下，国家权力分为立法、司法、行政三个部分，分别由议会、法院和政府行使，三权之间，既相互独立，各有其职权范围，又相互制约，任何一方的权力都受到其他两方的限制。在一些国家中，议会和政府处于并立地位，分掌国家政权，政府由国家元首直接控制，不对议会负责，国家元首是君主的国家，称为二元制君主国，国家元首是总统的国家，称为二元制共和国。

与多元制的形式类似但又有根本区别的一种情况是多种体制结合的复合制。其中个人负责制和集体负责制结合运用的形式较为普遍，如企业组织中的董事会和经理制、厂长负责制和职工代表大会制等，但二者的地位有主次之分，并不是并立的。在行政组织中，较常见的形式是委员会领导下的首长负责制。按照这种体制，组织的最高决策权和指挥权分属于两个相对独立的头，可能是两个相对独立的个人，也可能是一个相对独立的领导小组、委员会和一个相对独立的个人。该组织的重大方针、计划、政策及重大问题的处理由几名主要领导人、领导小组或委员会集体讨论决定，日常行政事务或具体业务则由行政首长全权处理和指挥。在一般情况下，行政首长也是领导小组或委员会的一名成员，参与集体讨论和决策，并负责具体实施。委员会领导下的首长负责制和纯粹的个人负责制有一个明显的区别，前者是指在一个组织系统中有两个分工明确的权力中心，二者结合为一个整体对该组织的上级部门或主管单位负责，如我国高校中实行的党委领导下的校长负责制或部队中的军事首长和政委制度都是这种类型的例子。后者则指在一个组织系统中只有一个权力中心，由一个人全权处理组织内部事务。

多元制和复合制不是一种纯粹的分权形式，而是一种制衡机制。它不是分裂组织高层的领导活动，而是采用一种分化整合的方式有机协调这种活动。这种类型可综合吸收个人负责制和集体负责制的优点，又可适当克服二者的缺点，具有以下一些优点：(1) 既可发挥领导的集体智慧，克服个人所具有的局限性，又可按照行政指挥的客观要求，保证日常管理工作的集中统一；（2）既可发挥个人的积极性、创造性，又可防止个人滥用权力和专制；（3）既可提高决策质量，又可迅速有效地贯彻执行；（4）在领导层既有分工，又有合作，使整个组织系统的领导人员处于一种协调、制衡的状态中。多元制和复合制也容易产生一些问题，当领导层的权限范围划分不明确或规定不合理时，往往会失去制衡效果，造成相互间的对立、摩擦和冲突。集体领导的权限范围过宽，会干预行政首长的日常事务，增加决策环节，造成拖延和失误；权限范围过窄，则有可能形同虚设，失去应有的制约和整合作用，给组织系统带来不良影响。

4.3.5 领导体制类型连续统

上述四种领导体制类型是一种复杂的连续统。个人专权制是连续统的一个极端，集体负责制是另一个极端，个人负责制介于二者之间，根据个人权力和责任大小的程度可以进一步划分为许多种形式，分权负责制则是个人负责制和集体负责制的结合形式。无论从逻辑上还是从现实的角度来看，在个人专权制和集体负责制之间不仅存在着个人负责制的中间形态，而且也存在着二者制约的分权负责制的形态。个人专权制是一种最高领导者有至高无上权力的领导体制，当个人权力受到一定限制时，则由个人专权制转为个人负责制，反之，大权独揽的领导人很容易演变为独裁者或个人专权者。在个人负责制的条件下，当领导者个人有几名副手协助时，已经存在着集体领导的潜在形式，当领导者个人的决策权逐步受到群体决策的限制时，集体负责制的特点越来越突出。如果领导者只扮演会议主席的角色，重大问题均由集体讨论和决定，实际上已经是一种集体负责制的形式。领导群体成员轮流主持会议并担任群体的名义领导人，实行集体领导和集体决策，是集体负责制的最纯粹的形式。个人负责制和分权负责制之间除了有明显的区别外也有明显的联系。一方面，个人负责制是分权负责制的产物。就行政组织来说，行政首脑在行政组织系统内是最高领导者，但是他的权力受议会或立法机关限制，这种体制在行政组织系统内部实行的是个人负责制，而在行政组织系统和议会或立法机关之间实行的则是分权负责制。另一方面，在行政组织系统内部实行分权负责制的情况下，行政首脑的权力又多了一层制约，并且个人负责的概念和性质也更为突出，因此，在某种意义上说，没有权力制约，也就没有个人负责制。

4.4 领导体制和政府间关系

领导体制的类型主要集中研究组织系统最高领导层或最高权力中心的权力分配和权责关系问题，它是围绕着由谁进行领导的问题展开的。在探讨了这个基本的问题之后，与领导体制有关的另外一个重要问题是在组织系统内部如何进行领导的问题，它涉及组织中各个层次，特别是各级政府间的权力分配和权责关系。

4.4.1 集权制和分权制

集权和分权涉及组织系统内部各层次之间权力的具体分配和权责关系的实际结构，表明高层领导者对中下层的控制程度。集权制指组织系统的决策权、指挥权、监督权等集中于最高层或最高领导中心，每一层次之间都是指挥和服从、命令和执行的关系，组织系统内的一切事务都严格控制于最高层领导之下，各级领导没有或很少有自主权，必须层层按照最高层的决定、指令办事。分权制一方面是横向分权，如组织系统内的决策权、指挥权、监督权等在同一管理层分开，形成一种制衡关系，另一方面是纵向分权，最高领导层允许下级机关或领导层在其管辖范围内有一定的自主权，对其计划、决策和工作，一般不加以干涉。

集权制和分权制有不同的特点和适用性。集权制的优点在于：(1) 组织系统只有一个上下贯通的最高权力中心，可以不受地域、层次或子系统的限制，保持决策、指挥、监督的高度统一；(2) 各级领导按照同一目标、方针、政策、标准和指令执行最高领导层的决策，有利于加强协作，保持组织系统的整体性、稳定性和一致性；(3) 最高领导层驾驭全局，令行四方，有利于全面考虑人、财、物等各种资源在组织系统内的合理分配和使用，加强宏观控制和提高整体效能。

集权制也容易产生各种弊端：(1) 由于权力高度集中于上层，中下层领导习惯于照章办事、循规守矩，缺乏工作积极性、主动性和创新精神，并且容易产生严重的官僚主义和衙门作风；(2) 政令统一、标准一致，虽然便于指挥，但是缺少灵活性，难以适应组织系统内不同层次、不同地域、不同部门和不同工作千差万别的实际情况；(3) 权力集中于上层，指挥链条过长，中间环节多，信息反馈和沟通容易受到阻碍和拖延，无疑会影响组织的工作效率和决策应变能力；(4) 权力高度集中容易造成个人专断或专权现象。

分权制的优点在于：(1) 最高领导层存在权力制衡机制，可以防止个人专断或专权；(2) 各级领导在其管辖范围内有一定的自主权，有利于调动不同层次、不同地域、不同部门的领导积极性、主动性和创造性；(3) 由于权力下放，缩短了指挥链条，减少中间环节，有利于信息反馈和沟通，可提高工作效率；(4) 各级领导可在其自主权范围内灵活处理具体事务，组织的应变能力强。

分权制的主要缺点是：(1) 形成多个领导中心，易使组织的整体性、一致性、稳定性受到影响，政令不一；(2) 有可能减弱或架空最高领导层的指挥和控制；在组织系统内部产生小集团主义、地方主义、帮派势力或独立王国；(3) 中下层领导在决策时缺乏整体考虑，增加了协调和沟通的困难；(4) 有可能影响人、财、物等资源在组织系统内的合理分配和使用，损害组织的整体利益；等等。

实际上，在行政组织中，很少有绝对的集权制或绝对的分权制。即使是高度中央集权的国家，也会存在某些自治的地方政权或代表中央政权负有全权管理使命的派出机构或代理人。而在一些实行联邦制或二元制的国家中，仍然存在某些中央集权的因素，设有最高立法机关和行政机关，有统一的宪法和法律，有国家军队和警察，等等。另外，集权和分权也不是截然分开的，为了维护组织系统的高度统一和组织系统的整体利益，某些权力必须高度集中，如最高决策权、宏观计划和控制权，重大的人事任免权以及涉及国家利益的军权、财权、外交谈判权等；某些权力则可以下放，例如地方行政权、地方财政、经济、治安等方面的决策权、管辖权等。在组织系统内，集权和分权相结合的形式是非常普遍的。

各种组织系统由于其性质、领导体制类型、组织结构及特点不同，在集权和分权的程度方面可以有很大的差异，具体可划分为下列几种形式：（1）高度集权。集权程度最高，组织系统的决策、指挥、监督等权力完全集中在最高领导层，从上到下形成一个等级森严、组织严密、令行禁止、行动整齐划一的金字塔。（2）有限授权。组织系统的最高领导中心在一定范围内或一定条件下将某些决策权、指挥权、监督权下放给下一级领导或委托给代理机构或代理人。在有限授权情况下，组织系统仍保持严格的等级制度，最高领导中心有直接干预下级领导活动或取消授权的权力。（3）模拟分权。组织系统内的下属部门或单位在人、财、物方面有一定的独立性质和较多的自主权，其财政收入和经费来源不是由最高领导层硬性调节支配的，而是采用模拟市场机制的方式进行调整的，在组织系统内部有一整套经济核算制度，但还没有完全按照真正的市场机制进行调节。组织系统内部的等级制度不十分严密，最高领导层不能强行干预下级领导或下属单位的工作。（4）联邦分权或联合分权。组织系统内部的下属部门或单位成为相对独立的子系统，拥有自治权或自主权。最高领导层的权力下放，分权部分的领导实际成为集决策权、指挥权、监督权于一身的高层领导者。组织系统内部的下属部门或单位在经济上独立。联邦分权或联合分权并不意味着最高领导层失去作用，它保留某些最关键的决策权并从整体上进行宏观控制。

集权和分权是伴随着组织系统的发展必然出现的问题，组织系统的规模越大，层次越多，结构越复杂，集权和分权的问题就显得越突出。行政组织一般都是规模较大、层次较多、结构较复杂的组织，因此，如何解决组织内部的集权和分权问题是完善领导体制、提高行政效率和组织效率的重要问题之一。

4.4.2 中央政府和地方政府的关系

在政府行政组织中，与集权和分权密切相关的一个问题是行政区划及由此产生的中央政府和地方政府的关系问题。中央政府和地方政府的关系又称政府间关系或政府间行政，在所有国家，特别是联邦制国家中，它是现代公共行政领域中日益受到注意的一个重要问题。

1. 单一制和复合制

中央政府和地方政府的关系首先涉及的问题是二者之间的隶属关系及人、财、物等各种权力的划分和配置，即国家结构形式或宏观行政权力体制问题，它可以划分为单一制和复合制两种形式。单一制国家是指由若干行政区域构成的统一的主权国家，它具有统一的宪法、最高国家权力机关和行政机关。中央政府是代表国家主权的唯一主体，对地方政权机关实行集中统一领导，一般多实行中央集权制，地方政权机关对外不具有独立性，没有脱离中央政府而独立的权力。二者隶属关系是指挥和服从的关系，中央政府根据宪法和法律，统一制定各级地方政府必须遵守的全国性的行政法规和各种规定，领导全国性的行政工作及各级地方政府的工作，管理并审计监督国家及各级地方政府的财政收支，批准地方区域划分和行政建制，有权改变或撤销地方各级政府的不适当的命令和决定。地方政府在其管辖的行政区域内以有限授权形式负责管理地方公共事务，制定地方政策和各种具体规定。像中国、日本、法国等大多数国家都属于单一制的国家。在单一制的国家中，也允许有特殊的地方政府行政体制，如设立香港特别行政区等具有相对独立性的地方自治政府、特别行政区或经济特区等。

复合制的国家是指由若干独立的或相对独立的政治实体（共和国、州、邦）联合组成的国家联盟，根据其联合程度又可分为联邦制和邦联制两种形式。在联邦制国家中，有全国统一的宪法、法律、最高立法机关和行政机关，中央政府或联邦政府代表国家行使外交、军事、财政等主要权力。但各联邦成员也有自己的宪法、法令、立法机关和行政机关，在联邦宪法规定的范围内享有某些外事权力和相当大的自主权。在联邦制国家中，多实行地方分权制，通过宪法明确规定或列举联邦政府和地方政府所享有的权力，中央政府或联邦政府对地方政府的工作不能随意干涉。像美国、德国、苏联等都属于联邦制的国家。

邦联制则是由保留独立的对内对外主权的若干国家，为了军事、贸易等某些特定的目的而组成的一种国家联盟。邦联不是国家主体，它一般没有统一的最高立法机关、行政机关、军队、赋税、预算和国籍等，通过邦联议会或成员国首脑会议协商有关重大问题。像欧盟、东非共同体、苏联解体后形成的独联体等都属于这种形式，它不存在严格意义上的中央政府和地方政府的关系问题。

2. 行政区划

行政区划指国家最高权力机关通过法律程序或行使法定权力将国家领土划分为若干行政区域并设置相应的地方行政机关进行管理。行政区划是一种传统的、历史悠久并得到普遍应用的行政方法。无论是单一制国家还是复合制国家，都按照这种方法，在中央政府下面，层层划分行政区域并相应设立各级地方政府，有时还分设各种派出机关，加强地区性管理，在全国范围内形成一个纵横交错、层次分明、权责明确的立体的权力结构金字塔。各国在划分行政区域的同时，往往用法律形式或某种行使法定权力的形式明确规定了中央政府和地方政府以及各级地方政府之间的关系。

行政区划一般要考虑下列因素：(1) 政治因素。巩固中央政权，维护国家统一。行政区划的目的和它的形式正好相反，是为了加强中央政权对全国各地的统一管理。行政区划往往采用一种有限授权的方式，通过各级地方政府加强中央政府对地方的治理。(2) 经济因素。利用各地的经济特点和优势，促进国家和地区经济的发展。行政区划的目的不是要造成地区性经济封锁和市场分割，而是推进市场经济的发展和统一市场的形成。(3) 民族因素。尊重不同民族的文化和风俗习惯，有利于促进和加强民族团结。这是加强国家统一的基础，一般采用在少数民族聚居区的基础上建立民族自治的地方政府的做法。(4) 地理因素。根据地形、山川等自然条件和地理条件划分行政区域的边界或地界，这些地理因素也是间接影响市场经济的因素。(5) 历史因素。行政区域的划分往往是在历史演变的过程中形成的，历史方面的考虑可以为行政区域的总体布局、某些地区的归属或具体边界、地界的确定提供参考。(6) 管理因素。行政区划应考虑管理层次、控制幅度、各级地方政府的规模、人员编制、财政预算等各种问题。一方面要增加各级地方政府的管辖能力，另一方面要有利于中央政府集中统一管理和减少财政开支，提高管理效率。

新中国成立初期，全国分为东北、西北、华北、华东、中南和西南六大行政区，下辖30个省、12个直辖市、5个行署区、1个自治区、1个地方、1个地区。1954年撤销了六大区，除北京、上海、天津由中央直接领导和管理外，将六大区所辖的其他直辖市分别改为省辖市。到 1957 年年底，全国划分为 22 个省、4 个自治区、3 个直辖市、1 个地方和 1 个地区。经过多年的逐步调整，我国的行政区划现包括台湾省在内的 23 个省、5 个自治区和 4 个直辖市，共有 32 个省市自治区。根据国家统计局编的《中国统计年鉴》(2014)，截至 2013 年年底，全国行政区划地级单位数 333 个，其中地级市 286 个；县级单位数 2 853 个，其中县级市 368 个；乡镇级单位数 40 497 个。

4.4.3　权责关系和领导责任感

集权和分权、中央政府和地方政府的关系问题除了涉及组织系统内部的权力结构外，还涉及权责关系问题。权力和责任是辩证统一的关系，权力指履行管理职能和领导职能所需要的支配力、约束力或影响力，责任则指进行管理活动和领导活动所需完成的实际任务和所需承担的义务。权责关系包括下列两个方面：

1. 权力和任务的关系

在设计组织结构和领导体制、设置机构和岗位时，必须同时考虑权力和任务的一致性，权力是完成任务的保证，而任务则是授予权力的前提。实际上，权力和任务并不完全是一致的，二者之间常常出现割裂现象，像有职无权、人浮于事、因人设职等都是组织结构或权力结构存在的弊病。权力和任务分离主要表现为有权无责、有责无权、权大于责、责大于权四种现象，其原因在于：(1) 在集权制的情况下，高层领导往往只向中下层机关分派任务，而不授予相应的权力，具体工作部门遇事要经过长长的指挥链条请示汇报后才能处理，必然会影响工作效率。(2) 参谋机构或其领导人的权力过大，直线机构或其领导人缺乏进行直接指挥所需要的人、财、物等权力。(3) 成立机构或设置岗位时，没有明确规定所需要完成的任务和相应的权力，对任务和权力的关系没有经过认真的客观的论证和评价，主观随意性往往是造成权力和任务分离的主要原因之一。(4) 在分权制的情况下，权力下放时没有明确相应的任务和要求，因此出现“一管就死，一放就乱”的现象。(5) 权力和任务的一致是一个动态过程，二者存在着一种相关关系，任务发生变化时，如旧的任务完成了，新的任务出现了，需要对权力分配和机构、岗位设置进行新的调整，调整不及时，则会产生二者分离的现象。

2. 权力和义务的关系

从理论上说，权力和义务是相互联系在一起的，有了一定的权力，才有承担行使权力后果的义务。行使全部权力意味着承担全部义务，行使部分权力意味着承担部分义务。因此，从这个意义上说，集权制实质上是把领导义务全部集中到高层，中下层机关及领导人并不对决策、政策的后果负责，只对执行结果负责。在分权制的情况下，高层领导在把权力下放的时候，实际上也把责任和义务分散到中下层机构和领导者身上，使他们各自对其决策、指挥、监督的后果负责，承担一定的领导义务。在个人负责制的情况下，行政首长全权处理组织中的一切事务，因此对组织的成败负有全部责任。在集体负责制的情况下，由于是集体决策、集体领导，对组织的成败和决策后果也是集体负责。

权力和义务的联系还有另外一层意思，即从谁那里得到权力则意味着对谁承担义务或对谁负责。这种联系存在着三种形式：(1) 直接义务或责任。在集权或有限授权的情况下，上级机构及领导者直接任免下级领导人，二者之间明显有直接义务和责任关系，在中央政府所属各个部门中，这种情况最为明显。（2）多重义务或责任。在中下层领导者不是由最高层领导者任免的情况下，他们对其直接任免者负有直接义务和责任，同时对最高层领导者也负有义务和责任。中下层领导者受到多重或多种领导时也负有多重义务或责任。例如我国宪法规定，地方各级人民政府是地方各级国家权力机关的执行机关，对本级人民代表大会负责并报告工作，同时，它们作为地方各级国家行政机关，对上一级国家行政机关负责并报告工作，全国地方各级人民政府都是国务院统一领导下的国家行政机关，都服从于国务院。（3）法律义务或责任。在地方政府首脑由当地选民直接选举产生的情况下，他们自然会首先考虑选民的要求和愿望，直接对选民承担义务或责任。但是，他们对上一级政府或中央政府所负的义务或责任，已由宪法或有关法律做出明确的规定，他们在履职期间必须遵守这些法律或规定。

3. 权责关系与责任感

权责关系对领导责任感有很重要的影响。如何让领导者有强烈的责任感，积极主动地履行职责是任何组织都十分关心的问题，要做到这一点，一般应具备三种条件：（1）领导者本身的素质。这主要取决于领导者的政治思想观念、个人品质、工作态度、事业心和进取心等，这方面的因素属于责任感的内在激励因素。（2）有效的激励方法和奖惩措施。领导者的工作态度和责任感的形成及向行为的转化是社会强化的结果，传统的方法认为只有改变工作态度才能改变工作行为，实际上通过各种有效的激励方法和奖惩措施不仅能约束、塑造工作行为，而且能通过改变工作行为来改变工作态度，增强责任感，这方面的因素属于责任感的外在激励因素。（3）明确、适当的权责关系。如果没有明确的任务、适当的权力和个人承担的义务或责任，即使领导者有良好的个人素质，也会感到无能为力或力不从心，有效的激励方法和奖惩措施将会流于形式。接受任务、权力和义务或责任的程度与领导者的责任感是正相关关系。工作任务和目的越明确、越具有挑战性，权力的行使越具有决策性、指挥性，所承担的义务或责任越直接、越明显，领导者的责任感就越强。组织设计和工作设计正是通过明确权责关系使各项工作和任务与各级领导者、管理者的工作态度和工作行为联系起来的，可以说，权责关系是将工作任务转化为个人行为的不可缺少的一环。

关键术语

领导特性理论　　领导行为理论　　领导情境理论　　领导体制　　个人负责制　　集体负责制　　集权制　　分权制　　单一制　　复合制　　行政区划

问题与思考

1. 试述对领导素质的基本要求和提高领导效力的基本方法。
2. 如何理解领导体制的内容及基本类型？
3. 如何从领导体制方面确定中央政府与地方政府的关系？
4. 好的领导者和好的领导体制，哪一个更重要？二者的辩证关系是什么？

第5章

公共行政职能与政府职能

公共行政职能和政府职能是两个不同的概念，前者是从与立法职能、司法职能相区别的角度较为抽象地探讨公共行政组织管理什么的问题，后者的内涵则较为具体，它把政府作为一个政权实体，考察其地位、作用和职责。

5.1 关于行政职能的经典论述

行政职能是公共行政学研究中的一个常见的概念，早期的公共行政学家曾从不同角度对其进行过细致的分析和探讨。对行政职能的研究直接涉及行政组织的作用和责任问题，它从研究行政组织自身结构转入研究行政组织的活动领域及其所应具有的作用或职责。

5.1.1 政治—行政二分法对行政职能的认识

顾名思义，政治—行政二分法是从政治与行政的区别方面探讨行政职能的一种方法，它为行政学成为一个独立的研究领域起了积极的推动作用。政治—行政二分法认为公共行政应该以管理科学为前提，并与传统的政党政治和一般政策制定相分离。从某种意义上说，它的基本思想是严格划分立法机关和行政机关各自的活动领域，并从“执行”的角度探讨行政职能问题。

伍德罗·威尔逊认为，行政学研究的目标首先应是了解政府能够适当地和成功地进行什么工作，其次是了解政府怎样才能有效地完成这些工作。在当时的条件下，有两个因素促使他对行政职能进行深入的探讨。一个因素是随着经济的发展以及邮政、通信、铁路等全国性的服务业的出现，曾经很简单的政府职能在类型和数量方面变得日益复杂和困难，人们关于政府职能和国家职责的观念也发生了引人注目的变化。另外一个因素是当时美国方兴未艾的文官制度改革的推动作用，该运动力求改革文官的任命方法，用功绩制的原则克服政党分赃制的弊病，更适当地调整行政职能，保证行政职能的履行和贯彻不受党派政治的影响。威尔逊认为，行政管理的领域是一种与政治领域不同的事务性的领域，应置身于“政治”所特有的范围之外。在他看来，政治是立法团体和其他政策制定集团专有的活动，政治的主题是国家性质、主权本质、民权还是君权、政府“构成方式”、由谁制定法律及制定什么法律等。行政则是文官专有的活动，他们的职责是贯彻执行在政治活动领域中制定的法律和政策。他在《行政学研究》一文中说：“公共行政就是公法的明细而系统的执行活动。一般法律的每一次具体实施都是一种行政行为。”① “执行一部宪法变得比制定一部宪法更要困难得多”②。威尔逊虽然没有说明行政职能所包括的具体内容，但是明确指出，随着经济发展和民众要求的增加，政府的职能已不像过去那样简单，政府在邮政、电报、铁路等方面的职责有了很大的扩充，“政府的职能日益变得更加复杂和更加困难，在数量上也同样大大增加”③。“行政管理是按照为促进公共福利的目的而组织起来的”，行政职能的调整应和具体实施宪法及一般法律规定的要求结合起来。

弗兰克·J·古德诺认为，在所有的政府体制中都存在着两种主要的或基本的政府职能：政治职能和行政职能，政治职能是表达国家意志的职能，而行政职能是执行国家意志的职能。古德诺说：“政府的这两种职能可以分别称作‘政治’与‘行政’。政治与政策或国家意志的表达相关，行政则与这些政策的执行相关。”④ 古德诺论证说，政治职能涉及的具体问题非常广泛，例如主权、政府、选举、立法程序等，并且和政党组织、政党体制有密切关系。政治职能除了首先与国家意志的表达有关外，其次还与国家意志的执行有关，用古德诺在《政治与行政》中的话说，即“为了保证国家意志的执行，政治必须对行政进行控制”，但是，他又说：“为了保证政府的民治性和行政的高效率，又不能允许这种控制超出其所要实现的合理目的。”古德诺将行政分为司法行政和政府行政两种，他认为司法行政主要是为了解释国家意志，这种解释工作和执行工作是有一定联系的。而政府行政主要是执行国家意志的，它的职能可进一步分为执行法律的职能（包括执行的职能、准司法的职能、统计的和半科学的职能），建立、维持和发展政府组织的职能以及从事行政事务、准商业或商业活动的职能等。古德诺进一步论证说，像司法行政、执行职能等与国家意志表达有密切关系的职能应受到政治职能的控制，而准司法、半科学、从事行政事务或准商业、商业活动的职能对于真正的国家意志的表达即使有影响也是很小的。“为了能最有利于行使行政职能的这一分支，必须组织一套完全不受政治影响的政府机构。”这是他将政治与行政分开的主要论点之一。

5.1.2 行政管理职能及其要素说

第1章曾对亨利·法约尔使用的“（行政）管理”一词的译法进行过简单的论述，按

---

① ［美］伍德罗·威尔逊：《行政学研究》，见［美］杰伊·M·沙夫利兹等编：《国外公共行政理论精选》，16页。

②③ 同上书，4～5页。

④ ［美］弗兰克·J·古德诺：《政治与行政》，见［美］杰伊·M·沙夫利兹等编：《国外公共行政理论精选》，28页。

照标准译法，法约尔所说的与技术、商业、财务、安全、会计职能相并列的管理职能应是行政职能，人们现在常说的管理职能五要素（计划、组织、指挥、协调、控制）亦即行政职能的五要素。法约尔认为他的理论不仅适用于企业，也适用于军政机关和宗教组织等。他所说的“(行政) 管理”和一般意义上的“管理”不同，因为从广义上理解，像财务、安全、会计等职能也属于管理的范围。从法约尔对“(行政) 管理”的说明来看，如“只是对人起作用”、“是较高层领导人的主要能力”、“在上层占主要地位”等，这是属于一种较高层次的管理职能。法约尔对（行政）管理职能及其五要素所做的简单定义是：“(行政) 管理，就是实行计划、组织、指挥、协调和控制。计划，就是探索未来，制订行动计划；组织，就是建立企业的物质和社会的双重结构；指挥，就是使其人员发挥作用；协调，就是连接、联合、调和所有的活动及力量；控制，就是注意是否一切都按已制定的规章和下达的命令进行。”①

根据法约尔的定义，这种（行政）管理职能是企业、政府和各种组织所共有的一般职能，它的五要素则进一步演变为五种一般的（行政）管理职能。由于法约尔对（行政）管理的特殊解释和限定，在西方管理学史上，他一直被作为行政管理理论的主要代表人物之一。按照法约尔的理论，行政职能并不只限于政府或行政组织，他强调的只是一种普遍存在于企业、政府等各种组织中的较高层次的一般的管理职能。这种行政含义的普遍性是与行政含义的特殊性相联系的。像企业和政府在行政职能方面的区别是由私人行政和公共行政的具体概念来体现的，即是由“行政”一词前面的限定词来区别的。因此，从这种意义上说，人们一般所说的与政府活动有关的行政职能应是公共行政的职能。

5.1.3 管理七职能论

美国管理学家卢瑟·古利克在与英国管理学家林德尔·厄威克于 1937 年共同编辑出版的《行政科学论文集》中，在法约尔思想的基础上提出了人们一般所说的管理七职能论。在对“管理”一词的理解上，管理七职能论严格地说也应是行政管理七职能论。古利克和法约尔一样，把（行政）管理看作普遍适用的，但他关于（行政）管理职能的描述不仅主要涉及高层管理者的工作，而且主要应用于政府管理，这和他的研究经历是分不开的。古利克是哥伦比亚大学公共行政学院院长，曾是罗斯福总统行政管理委员会的一名成员。因此，他主要研究的是公共行政问题，是美国公共行政学研究中最有影响的人物之一。古利克用七种（行政）管理职能的首字母构成的组合词“POSDCoRB”来表明“行政”和“管理”所具有的抽象的内容，他对这七种职能的表述如下：

计划（planning）：为了实现企事业单位所设定的目标，制定出需要完成的事情的纲要及完成这些事情的方法。

组织（organizing）：为了实现明确规定的目标建立正式的权力机构，通过这种结构安排，规定和协调各种逐级分工的工作。

人事（staffing）：雇用和训练工作人员以及保持有利的工作条件等整个人事工作方面的职能。

---

① ［法］亨利·法约尔：《工业管理与一般管理》，5 页，北京，中国社会科学出版社，1982。

指挥（directing）：指下列连续性的工作，作出决策并以各种特殊的和一般的命令使之具体化，发挥企事业单位领导者的作用。

协调（co-ordinating）：使工作的各个部分相互联系起来的所有重要的职责。

报告（reporting）：使最高管理者应对之负责的那些人不断了解所正在进行的工作，也包括通过记录、调查和检查使最高管理者及其下属不断了解有关情况。

预算（budgeting）：包括所有以财务计划、会计和控制形式出现的预算。①

古利克和法约尔一样，仍是从最一般的职能的角度来描述（行政）管理职能的，但是他一方面把法约尔的（行政）管理的要素演变为多种职能，另一方面则提出了人事、报告、预算等较为具体的职能，特别是预算职能，实际只是与政府活动有关的具体职能。古利克提出的管理七职能论，基本上包括了古典管理学派有关（行政）管理职能的一般论述，成为以后这类研究的出发点。

5.1.4 对行政职能经典论述的评价

以上对行政职能的经典论述都是在公共行政学产生和发展的较早时期提出的。但几十年来，这些经典论述一直对公共行政学的研究有着巨大影响。概括起来说，这种影响主要表现在下列几个方面：

第一，早期经典论述明确区分政治职能和行政职能，初步划分出公共行政学的研究领域和范围，对深入研究行政职能和政府具体的管理活动有积极的推动作用。这一点在威尔逊和古德诺的著作中表现得最为明显，也正是他们的目的所在，其结果是公共行政学从政治学的研究领域中分离出来而成为一个独立的学科领域。

第二，政治—行政二分法强调从“执行法律”的角度探讨和规定行政职能问题，将公共行政的职能和一般的行政管理职能区分开来。严格地说，威尔逊和古德诺所讲的行政职能即是公共行政的职能，严格划分立法机关、政党组织和国家行政组织各自的活动领域和范围，限定了国家行政组织的活动性质及应有的职责和作用。这种方法不是孤立地研究行政职能和政府活动，而是在“执行宪法和法律”的前提下研究政府的管辖范围、行政职能和如何高效运转问题，不仅可为现实地研究某个国家的政府活动和行政职能提供指导，而且也为比较不同国家政府活动和行政职能的异同提供依据。因为，在大多数国家中，政府的管理活动范围、权限、行政体制和行政职能等都是由宪法及各种法律规定的。

第三，法约尔和古利克等人是从行政管理活动本身的特点来研究行政职能的，其研究成果对公共行政学的发展一直有很大的影响。特别是他们所提出的计划、组织、控制、人事、预算等行政职能，尽管理解和定义多种多样，但一般都是各种行政管理及公共行政学专著和教科书均要论述的重要内容。如果说威尔逊和古德诺等人是从政治、法律和行政的外部关系和规定方面划出了政府活动和行政职能的范围，法约尔、古利克等人则是在某个既定范围内从内部关系上探讨行政职能问题。法约尔和古利克都把行政管理作为一种较高

---

① 参见［美］卢瑟·古利克：《组织理论按语》，见［美］杰伊·M·沙夫利兹等编：《国外公共行政理论精选》，75页。

层次的管理活动，所不同的是，法约尔所讲的是行政管理的一般职能，是企业、政府及各种组织所共有的行政职能。而古利克的管理七职能论既涉及某些行政管理的一般职能，也涉及行政管理的具体的或特殊的职能，如人事、报告和预算，其中预算是政府行政的具体职能或特殊职能。关于行政管理，特别是政府行政的具体职能或特殊职能，虽然众说纷纭，有的多至十几种或几十种，但古利克所提出的行政职能仍在最基本的职能范围之内。

关于行政职能的早期经典论述，只是为这方面的研究提供了某些有价值的指导或参考，但不能作为某种固定的准则或模式。例如，威尔逊和古德诺关于政治职能、行政职能的定义及其领域和范围的具体论述本身有很大的局限性，并且有将政治职能和行政职能绝对分离或机械地将其作为立法机关或行政机关的行为准则的倾向。当然，后来的研究者并没有完全受其理论的限制，不少人还对这种局限性进行了批评。法约尔、古利克等关于行政职能的论述是与他们追求建立某些普遍适用性的行政管理原则的思想相联系的，而这些原则证明只是在某些前提或条件下才成立。他们关于行政职能的分析提出了一些初步的、基本的概念，如果要真正了解现代国家行政组织或政府职能的复杂内容和重要影响，还必须进行更深入细致的探究。

5.2　公共行政的职能

公共行政是国家行政组织在宪法和有关法律的规定范围内对国家和社会公共事务的管理活动，它的特殊性质决定了它所具有的职能范围和类型。

5.2.1　私人行政和公共行政

在本书第 1 章，我们曾论述了在“行政”前面加上“公共”二字对行政的主体、目的、性质、特点、社会责任等方面所带来的特定含义，从而决定了公共行政与私人行政的根本区别和不同特征。美国学者华莱士・塞尔有一句话经常被人引用，即“公共管理和私人管理在所有不重要的方面是基本相同的”。这是从私人行政和公共行政所共同具有的一些抽象的行政管理职能的角度来说的。例如，无论是私人行政或公共行政，都具有计划、组织、指挥、协调、控制的职能，都需要制定目标、工作程序、绩效标准及各种规章制度，都需要有一整套进行决策、加强人力资源管理和资源管理的措施、方法，等等。但从一般的文献资料来看，公共行政和私人行政主要有下列几点区别：

第一，组织性质及执行行政活动的主体的性质不同。政府和私人企业是这方面的最典型的例子。政府的组成、经费来源、行政管理活动是严格按照立法程序进行的，而私人企业在所有权和经营管理方面体现出的完全是私营经济的性质。

第二，管辖和处理的具体事务不同。一般说来，公共行政指的是公共事务的管理，其性质是公共的，而私人行政指的是私人事务的管理。正如费利克斯・A・尼格罗和劳埃德・G・尼格罗所说：“政府机构所做的一切都是公共事务。”但在不同的国家、不同地区甚至不同的人当中，对什么是公共事务或什么是私人事务的理解也是千差万别的，二者之间的界限有时显得很模糊。许多私人企业所进行的生产经营活动，例如私人公司承包的高速公路修建计划、大型工程项目等，明显地具有公共事务的性质。

第三，行政权力与职责。国家行政组织是作为执行机关来活动的，它本身被授予进行公共事务管理的行政权，有权根据宪法和一般法律规定，通过行政法规、政策、行政命令及各种行政手段和经济手段管理社会公共事务。私人企业虽然也必须在宪法和法律的规定范围内活动，但却没有公共行政的权力和职责。

第四，行政目的和绩效标准。私人行政受私营经济的制约，利润往往和私人利益有直接关系，是其主要的目的和绩效标准。公共行政也要讲经济核算、财政收支平衡，但其主要目的以保障国家利益、社会利益和公共利益为前提，是提供服务而不是营利，因此，努力工作、良好服务的态度和行为往往成为一种绩效标准，这种标准很难量化和准确衡量。

第五，社会监督。公共行政和私人行政都要接受法律部门、新闻媒介和公众舆论的监督。不同点在于，公共行政由于其管理社会公共事务、保障公共利益的性质，必须主动接受这种监督，并且有比私人行政大得多的公开性。而私人企业的内部决策和管理活动很少并且也没有责任向外界公布。

第六，具体的或特殊的行政职能不同。公共行政和私人行政都具有法约尔所说的计划、组织等行政管理的一般职能，但是其具体的或特殊的行政管理职能则因其所辖事务的不同有很大区别。私人行政的特殊职能主要与直接涉及经营者私人利益的经济活动或生产销售活动有关，而公共行政除经济活动外，还有许多教育、科技、文化、社区发展等社会事务管理方面的职能。公共行政与私人行政在职能方面的区别是其上述各个方面存在差异的综合表现。

5.2.2 公共行政的一般职能

公共行政是由国家行政组织进行的一种较高层次的管理活动，因而具有与其他各种管理活动一样的一般职能。公共行政的一般职能表现的是管理活动的共性方面，也是所有管理活动的最基本、最普遍的职能，在一般职能的分类方面，可以结合法约尔的分析做一些新的解释。

1. 五种一般职能

（1）计划。

计划职能的要求是拟定公共行政的目标及实现目标的程序、步骤和方法，明确规定应履行的重要职责及必须完成的任务。计划在行政管理职能中处于首要地位，直接关系其他职能的作用和效果。即使是一项简单的工作，有计划和无计划的效果也会有明显差别，公共行政的庞大规模和公共事务管理的复杂性使计划职能显得更为重要。计划职能一般包括下列几个方面：

第一，确定目标。组织目标是行政组织的九种构成要素之一，是一切组织赖以建立和存在的出发点和前提。对于行政组织来说，其法定目标、整体目标或总目标一般是由立法机关提出的，计划职能是将法定目标等具体化，确定明确的操作目标或在一定期间内所要完成的具体目标。在有多种目标的情况下，还需要确定优先考虑的目标次序。

第二，制定工作程序和工作计划。确定实现某一目标的具体步骤、程序和方法，以保证行政工作的协调、稳定和系统性。

第三，制定预算。预算是用数量表示的行动计划，表明在一定时期内实现某个目标所需要花费的资金等各种资源。计划必须考虑人力、财力、物力方面的限制，预算的任务是准确计算这些限制和计划的可行性，带有一种预测性质，可为检查和控制实际执行计划的结果提供依据。

（2）组织。

组织职能的目的是通过合理设计组织结构和权责关系，妥善安排及分配组织系统内各种机构及各类人员的工作。组织过程实际是一个目标分解和任务分派的过程，在纵向分工和横向分工的基础上，在组织系统内划分出许多有不同权力和职责的管理层次、机构和岗位，并经过这种形式将组织的总目标和总任务层层分解为每个机构或成员必须完成的分目标和具体任务。

（3）指挥。

指挥职能是利用行政命令、法规、方针政策及激励机制和纪律措施推动所辖各类机构和人员发挥作用，认真履行职责。指挥的前提是制定指导性的方针政策、颁布行政法规和行政命令，建立健全各种规章制度。指挥具有下列几方面的特点：1）保证高层管理的意图及时、准确贯彻到各级组织和人员中去；2）提供统一的指导意见和行为准则，保证处理问题和组织活动的一致性和统一性；3）约束下级机构和人员，避免其滥用职权和出现差错。

（4）协调。

协调职能的作用是加强组织系统内部各个机构、环节和各类人员的沟通、联系和合作，保证组织工作的整体性和完整性。协调的内容主要包括下列几个方面：1）协调的前提是组织中的各个机构、各项工作有适当的比例关系和适当的次序；2）在组织运行过程中不断地调整各种关系和各项工作之间的内在联系，减少内部矛盾和障碍；3）加强纵向、特别是横向的沟通，保持并促进各种机构和各类人员之间的自觉合作和密切配合；4）其最终目的和最佳效果应是使整体大于部分之和。

（5）控制。

控制职能是通过建立信息反馈和绩效评估机制，把工作效果同所要达到的目标进行比较并做出评价，以便及时发现和纠正各种偏差，保证预定目标和预定计划的实现。控制包括宏观调控和微观调控两种类型，其中尤以宏观调控对组织运行和整体目标的实现影响最大。控制要求有严格的时间性和阶段性，超过了一定时间或一定阶段，再好的控制措施也起不到应有的作用。控制主要包括下列三个方面：

第一，资源控制。组织中的任何活动都是以人力、财力、物力等各种资源的投入或分配为前提的，通过及时有效的控制手段，防止并纠正资源利用在数量和质量上的偏差是一种最根本的控制方法。因为资源的投入或分配属于工作前或活动前的开始阶段，因此这种控制有时也被称为预先控制。

第二，活动控制。是一种在组织进行某种具体活动的过程中，检查、分析实际操作和实施中的政策、程序等方面可能出现的偏差并采取措施及时纠正的方法。活动控制涉及构成实际活动的各种要素，包括工作计划、目标、程序、标准、操作和管理人员的态度、行为等。由于这种控制必须是在工作现场进行，所以有时也被称为现场控制。

第三，结果控制。这种方法将某个活动过程或工作过程按时间或目标分为若干阶段、环节或部分，逐次或逐个检查分析每一阶段或环节的结果并将其与预定结果进行比较，及时采取各种措施和手段保证整体结果或最终结果符合预定目标。因为对结果的控制是分阶段进行的，因此这种方法有时也可称为阶段控制。

2. 一般职能的综合运用

法约尔把（行政）管理看作与其他五种职能并列的一种职能，计划、组织、指挥、协调、控制只是其所包括的五个要素。以古利克的管理七职能论为代表，人们一般把这五个要素演变为五种职能，并在此基础上增加了许多新的职能，这样做有利于具体分析每一种职能的内容和特点。但也有可能在人们的认识上造成一种错觉，即割裂这些职能之间的内在联系，认为它们是彼此分离的工作或过程。实际上，这五种职能往往是综合运用的，它们是一个不可分离的整体。我们为了进行深入分析，可以在概念上将一个整体分解为许多部分分别进行抽象的、孤立的考察，但在我们的思维返回到现实中时，还应该将这些孤立的部分还原为整体。例如，指挥本身就包含着计划、组织、协调、控制的因素，控制反过来说也是一样，离开了其他四种因素也谈不上控制，其他职能同样如此。

另外，我们之所以把计划、组织、指挥、协调、控制称为公共行政的一般职能，一方面在于它们是所有管理活动普遍具有的职能，另一方面它们反映的仅是公共行政的部分职能，还不是它的整体。公共行政既然和私人行政或企业管理等其他管理活动有区别，也就应有一些与其他管理活动相区别的特殊的职能。这些特殊职能与国家行政组织的活动领域和作用范围有直接联系，计划、组织等五种一般的职能只有和这些特殊职能结合起来才能真正发挥作用。这些特殊职能决定了国家行政组织对什么事务或在什么方面进行计划、组织、指挥、协调和控制，使行政管理的一般职能具有具体的内容和实际的作用。

5.2.3 公共行政的特殊职能

公共行政是一种特殊的管理活动，它有自己特定的管理范围和活动领域，因此，公共行政相应具有一些特殊的职能，它们表明国家行政组织依法管理社会公共事务的具体或特殊的职责和作用，表现的是管理活动的个性方面。公共行政的特殊职能不是固定不变的，对它们有多种多样的分析和解释。

1. 特殊职能的界定和作用范围

如上所述，首先，国家行政组织的具体活动和管辖权限是受法律和宪法约束的。由于各国的宪法、法律规定及对国家行政组织的构成存在很大差异，因而不同国家、不同地区或不同类型的公共行政组织所具有的特殊职能有所不同。其次，国家行政组织的特殊职能一般都是和它所管理的具体的公共事务相联系，如教育职能、文化职能等都与其管理的公共事务有关。而在对什么是公共事务的理解上，不同国家和地区存在着文化观念、社会习惯、传统认识等方面的差异，也使国家行政组织的特殊职能的界定和作用范围难以有统一的划分和标准。最后，国家行政组织的特殊职能不是固定不变的，随着社会条件的发展变化、人们关于公共事务的认识和要求等观念上的转变以及宪法和法律规定的调整，国家行政组织的特殊职能始终处在一种不断发展、变化、调整、完善的过程中。

2. 执行活动与特殊职能

国家行政组织的主要职责是管理社会公共事务，这是一种较为笼统的说法。严格说来，国家行政组织主要是从执行的意义上管理社会公共事务，公共行政的特殊职能实际上是一种特殊的执行活动。

社会公共事务的管理是立法、司法和行政部门有机配合、相互作用的过程。在这种管理过程中，立法机关起的是一种“规定”的作用，它首先在宪法中确定社会公共事务管理的总的或最基本的原则，并通过各种法律或法规进一步做出更具体的规定。司法机关起的是一种“裁决”的作用，它对宪法或法律的具体条文进行解释并在有关法律纠纷的案件中做出裁决，制止和惩罚任何违宪或违法的行为。立法机关和司法机关对社会公共事务的管理主要体现在“规定”和“裁决”的作用方面，它们并不负责具体实施。行政机关起的是一种“执行”的作用。“执行”一词包括三种含义：(1) 具体实施。将有关社会公共事务管理的法律规定变为进行实际操作的管理活动。(2) 有强制性。这种具体实施的管理活动是得到授权的，只有国家行政组织才享有行政权。(3) 依法行政。“执行”本身含有服从的意思，公共行政组织必须在立法机关规定的范围内行使权力，不能任意行事或自行决定一切，并且在遇到法律纠纷时必须服从司法机关的“裁决”。

行政机关所进行的执行活动是其特殊职能的现实表现，执行活动的范围和种类也就是特殊职能的范围和种类。因此，在分析特殊职能的界定和作用范围时必须对国家行政组织实际进行的执行活动进行分析。社会公共事务管理是整个国家职能的重要组成部分。立法机关、司法机关、行政机关各自分担了其中的一部分工作，行政机关的执行活动及其范围只是整个社会公共事务管理活动中的一部分，是它得到授权，可以依法行政的领域。因此，公共行政的特殊职能的作用范围也被限制在这个领域内。与此同时，随着授权情况和执行活动范围的变化，公共行政特殊职能的作用范围也会发生相应的变化。

3. 公共事务和特殊职能

对公共行政特殊职能的认识和分类取决于对行政机关执行活动的认识和分类，而对执行活动的认识和分类则取决于对社会公共事务的认识和分类。社会公共事务是指与社会利益和公众利益有关的各种事情和活动。如上所述，对社会公共事务的认识和分类是个很复杂的问题，很难有统一的认识。例如，社会公共事务的范围或边缘很难界定，人们一般认为可以通过公共事务和私人事务的区别与对立来进行这种界定。但这种认识所依据的标准是所有制或所有权的性质，而不是事务本身的性质。某个大型水利工程或高速公路的建设由私人承包后并没有理由认为它完全是一种私人事务。这样就提出了一个问题，社会公共事务是否都是由国家行政组织来管理的，答案显然并非如此。在任何国家中，都有一部分社会公共事务是由私人管理的，特别是在以生产资料私有制为基础的国家中，这种情况非常普遍。在这些国家中，像铁路、交通运输、民航、银行、医院等许多明显地关系国计民生的行业或领域都是由私人经营管理。因此，这些国家中的政府或国家行政组织被授权管理社会公共事务的范围较窄，特殊职能的类型也有限。

对于由私人管理的社会公共事务，各国政府或国家行政组织并不是放任不管，但它们更多的是利用各种经济杠杆或调控手段间接而非直接进行管理。立法机关一般要制定出约束私人经营管理行为的法律规定，司法机关要从维护社会利益和公众利益的角度出发制止私人经营管理的违法行为，行政机关也要在宪法和法律授权的范围内，利用行政权力，通过一定的行政法规、命令、政策和各种行政措施，引导、影响和约束私人经营管理活动，有时将某些社会公共事务交给私人管理，有时则又干脆收归国有。在国有化程度较高、特别是在以生产资料公有制为基础的国家中，行政机关或国家行政组织直接管理的社会公共事务的范围和种类比国有化程度低或实行生产资料私有制的国家大得多，这方面的执行活动的类型和特殊职能也复杂得多。

在历史发展的过程中，从原始社会到阶级社会，社会公共事务的管理方式出现过多种多样的变化，私人管理只是其中的方式之一，并且始终处于国家政权机关的控制之下。私人管理社会公共事务的范围和作用在资本主义国家达到了顶点，其发展趋势必然是随着生产资料所有制的革命逐步被公共行政组织的管理所取代。在社会主义的初级阶段中，由于生产力的发展水平和社会各种因素的制约，国家行政机关或公共行政组织还没有具备直接管理社会公共事务的全部能力，部分社会公共事务还需交由私人或企业进行管理。而国家行政机关或国家行政组织则通过各种调控手段和行政措施间接进行管理，因而具有一种特殊的公共行政职能，即对社会公共事务进行宏观调控和间接管理的职能。

4. 特殊职能的分类

公共行政的特殊职能与国家职能有直接的联系。任何一个独立自主的国家，其国家职能都可分为对外职能和对内职能两大类。作为国家政权的重要组成部分，立法机关、司法机关和行政机关同样要分别在自己的权力范围内履行这两大职能，公共行政的特殊职能也相应分为对外和对内职能两大类。行政机关或公共行政组织是从执行的意义上履行这两大职能的，各国政府在对立法机关的工作报告中，国内工作和对外工作是两个最基本的部分。公共行政对外职能的总体要求是维护国家主权领土完整和统一，抵御、反对外来侵略和干涉，加强各国友好关系和交流。这些要求一般是在宪法中明文规定的，并根据立法机关的授权由行政机关或国家行政组织具体实施。公共行政的对外职能具体可分为下列两种：

第一，防卫职能（国家安全和国防事务管理）。保卫国家安全、巩固国防是公共行政对外职能方面的主要事务。由于以政府为主要代表的国家行政组织是国家政权的重要组成部分，它的重要职责之一是维护国家的独立、主权和领土完整，采取各种具体措施和具体行动，加强国防科技研究和国防建设事业的发展及全国武装力量的领导和建设，保护国家机密和安全，反对外来的侵略和颠覆活动，巩固国防，守卫边疆，保证国家利益不受侵犯。

第二，外交职能（外交事务管理）。公共行政对外职能的另一项主要事务是具体处理国际关系、国际交往及履行国际义务等方面的各种工作。例如制定外交政策、缔结国际或国家间的条约和协定、设置使领馆并开展外事接待、出访、谈判、参加国际事务等各种外交活动。

公共行政的对内职能与对外职能有密切联系，对外职能涉及公共行政的外部环境和条件，而对内职能则涉及公共行政的内部环境和条件，其共同目的都是保证国家的稳定、安全和发展。公共行政的对内职能具体可分为下列五种：

第一，军事职能（军事事务管理）。军事事务管理与国家安全和国防事务管理密切相关，它包括与全国武装力量的建立、维持、管理、布防、调动、指挥等活动有关的一切事务。全国武装力量是维护国家统一、保卫国家独立和社会安全的暴力组织，主要指陆军、海军、空军等军事力量和武装警察，它们负有对外防御、反对侵略，对内镇压敌对势力反抗和破坏的重要职责。全国武装力量是国家安全和国家政权的基石，因此，军事事务管理实际上是保证所有其他公共事务管理顺利进行的基本保障和条件，在公共事务管理中具有举足轻重的影响。

第二，治安职能（监察和公安事务管理）。公共行政的特点是依法行政，国家行政组织具有要求社会上的所有机关团体和个人遵纪守法、维护社会秩序和社会治安、保护公民合法权利的重要职责。监察和公安事务管理包括用法律、政策、社会治安条例等约束机关团体和个人行为有关的一切行政活动。它和国家司法机关及检察机关的活动既有区别又有联系。国家司法机关和检察机关是加强和保证法制建设的主体，但其活动限制在起诉、审理案件、判决等诉讼活动范围内，在此范围之外的监察和公安等活动则主要是公共行政的职能。监察和治安事务管理的作用和影响涉及公共事务管理的所有领域。

公共行政的治安职能有三方面的作用：一是维护社会秩序和社会治安，约束机关团体和公民个人遵纪守法；二是监督公民个人履行宪法和法律规定的义务，如按照我国宪法规定，我国公民有劳动、受教育、计划生育、抚养教育未成年子女、赡养父母、维护国家统一和民族团结、服兵役、参加民兵组织、依法纳税、遵纪守法等各种义务；三是保护公民享有宪法和法律规定的各种权利，如选举权、被选举权、劳动权、受教育权、人身安全、宗教信仰、言论、出版、集会、结社、示威自由等。

第三，经济职能（经济事务管理）。经济事务管理是社会公共事务管理中重要的组成部分，它涉及与生产、流通、交换、分配等市场经济发展和社会生产过程中的各个环节有关的经济活动和管理活动。经济事务管理可分为宏观经济事务管理和微观经济事务管理。前者主要指整个国民经济的管理，包括制订国民经济计划和各种重大的国民经济政策；促进国内外市场体系的形成和发展；保持社会总需求和总供给的平衡；决定国民收入的分配和再分配；完善财政、金融、税收组织和协调社会生产活动等宏观调控体制；适当调整社会产业结构和区域结构、保持国民经济的适当增长速度和良好的经济环境、投资环境；加强水利、电力、矿产、机械、交通、邮电、航空等对国民经济发展有重要影响的基础工业、公用事业和重要设施的建设等。后者主要指与企业、公司、商店等单个经济单位的生产活动和经营活动有关的管理，包括确定企业、公司等生产单位和经营单位的管理体制和运行机制；下达生产定额和经费；编制计划、制订销售方案、价格体系、工资标准、审批各种报告和报表；决定主要负责人的任免；提供各种保险、劳保和社会福利条件等。如上所述，各国政府或国家行政组织在公共事务管理的范围和集中程度方面存在着很大差异，尤以经济事务管理表现得最为明显。

第四，文教职能（文教事务管理）。文教事务管理是在社会公共事务管理中所占比重日益增强的重要的组成部分，它涉及科技、教育、文化、卫生、体育、广播、电视、出版等各个方面。经济事务管理和文教事务管理是人类社会和人类文明发展的两大支柱，前者主要涉及物质文明的进步和发展，后者则主要涉及精神文明的进步和发展。经济事务管理和文教事务管理相辅相成、相互促进。教育、文化、卫生、体育等事业的发展有助于从智力和体质两方面增强劳动者的素质和国民素质，科技事业的发展和繁荣可直接转化为巨大的社会生产力，大众传播媒介的发展有助于商业信息的沟通和国内外市场的形成和发展，这些领域的活动无疑会推动社会生产和社会经济的发展。反之，人类社会的生产活动和经济活动是进行科技活动和各种文教活动的基础，它们为人类精神文明的发展提供了必不可少的物质条件。在不同时代和不同类型的国家中，公共文教事务管理的规模和范围有很大的差异，但从总的趋势来看，这一部分职能正日益得到加强和重视，对社会发展所起的影响和作用也愈发直接和明显。

第五，社会保障职能（社会保障和社会福利事务管理）。建立一定的社会保障和社会福利制度是国家行政组织的重要职责之一。社会保障和社会福利制度以提供和改善必要的劳动条件和生活条件为基本内容，缺少这类因素会引起社会上普遍的不满和消极情绪。按照宪法和法律规定，社会保障和社会福利制度的许多方面属于公民应享有的权利。公共行政的治安职能是从执法的、外部制裁的角度防止这些权利受到非法侵害，社会保障职能则是从执行的、内部改善的角度使公民实际享有应有的权利。社会保障和社会福利制度一般包括退休、失业、职业伤害等各种社会保险制度、工作时间和休假制度、就业和劳动条件、环保制度、退休制度、社会救助制度、社会优抚制度、弱势群体保护制度、劳动报酬和社会福利制度等。公共行政的社会保障职能推行社会和谐稳定的作用越来越重要。

5.3 政府职能

政府是与国家立法机关、司法机关相区别的国家行政机关，是最主要的行政组织或国家行政组织。政府职能并不完全等同于公共行政职能。一方面，公共行政职能并不是完全由政府履行的；另一方面，政府是构成国家政权的政治实体，它具有重要的政治职能，甚至在某些情况下，还具有一定程度的立法或司法职能。政府部门或机构的划分与其得到授权的行政职能有着极为密切的联系，摆正并处理好政府与国家立法机关、执政党及企事业单位的关系是调整和转变政府职能的基本途径。

5.3.1 公共行政职能的分解

政府有“广义”和“狭义”之分。狭义的政府特指国家行政机关，最高国家机关即中央政府，地方国家机关即地方政府。如前所述，内阁制、总统制是世界各国常见的政府体制。我国宪法规定，国务院“即中央人民政府，是最高国家权力机关的执行机关，是最高国家行政机关”。

人们通常把公共行政职能等同于政府职能，这是在理论上或最抽象的意义上来说的。实际上，公共行政职能并不等同于政府职能，政府不是执行公共行政职能的唯一的组织，政府的职能也并不限于公共行政职能。

公共行政职能泛指直接管理社会公共事务的职责和作用。威尔逊、古德诺等人提出的政治—行政二分法虽然从立法和执行的两种不同角度将政治职能和行政职能区分开，但是并没有把行政职能完全和执行部门的活动等同起来。古德诺在《政治与行政》中即明确指出："从理论探讨和实践便利的角度说，行政不应再只被当做执行机构（政府中的这个机构是由成文法所规定的执行性机构）的一种职能。"[①] 古德诺所说的政府是包括国家立法机关、司法机关和行政机关在内的广义的政府，他所说的执行机构则是狭义的政府。狭义的政府既被称为国家行政机关，表明它有行政权；又被称为国家权力机关的执行机关，表明它是依法行政，其行政职能的范围和类型是由立法机关的授权决定的。因此，各国政府的行政职能不仅彼此不同，而且其行政职能在整个社会的公共行政职能中所占的比重和作用也完全不同。

从许多国家的情况看，整个社会的公共行政职能并不是完全授权给政府执行，立法机关从制衡机制的角度和对实际需要的判断出发，往往将公共行政职能分解，分别授权给若干个组织系统或机构具体执行。如美国国会建立的联邦能源管理委员会、联邦储备系统等独立管理委员会即是行政职能分解的典型例子。它们不仅有经济事务管理方面的准立法、准司法的职能，而且还有准行政的职能。又如军事职能本是重要的公共行政职能，但在有些国家中，军事机关独立于国家行政机关之外，不隶属于政府。我国宪法规定单独设立中央军事委员会领导全国武装力量，该委员会对全国人民代表大会和全国人民代表大会常务委员会负责。另外，不少国家在元首制度方面也存在公共行政职能分解的情况。有些国家，政府首脑即是国家元首，公共行政职能相对统一，像美国、法国等国家，总统统率全国武装力量，领导政府工作，在外交上是国家的最高代表，可以发布动员令、戒严令，宣布战争状态等，集各种权力于一身。而有些国家，政府首脑和国家元首是分别设立的，公共行政职能因此相对分散，其分散程度各国情况很不一致，像英国、瑞典等国。英国女王、瑞典国王是名义上或法律上的国家元首，但都不统率军队，实际权力很小。我国从 1954 年开始实行主席制，当时宪法规定国家主席统率全国武装力量，可召开最高国务会议讨论国家重大事务，还可向全国人民代表大会和全国人大常务委员会提出议案，并享有公布法律权、任命权、发布命令权、外事权、荣典权等各种权力，作为一个重要的国家机关，承担了不少重要的行政职能。1975 年后，主席制度从宪法上取消，其职能由全国人民代表大会、中国共产党中央委员会和国务院分别承担。1982 年，我国宪法重新恢复主席制，但国家主席除享有公布法律权等权力外，不再具有统率全国武装力量、召开最高国务会议和提出议案的权力，在执行公共行政职能方面较为超脱。

公共行政职能分解的另外一种情况是执政党或其他政治组织的参与。在我国和一些国家中，执政党或其他政治组织也分担了某些方面的公共行政职能。这些职能的履行往往和执政党或其他政治组织的领导地位或政治作用有关，主要集中于国防、外交、计划、人事、经济等有全局性影响的问题方面。这种参与带有较多的政治因素，是和政府的政治职能联系在一起的。政党和政府的关系问题直接影响国家的统一和稳定，由于各国国情不同，所采用的国家领导体制和行政体制也不同，因此，执政党或其他政治组织承担公共行

---

① ［美］弗兰克·J·古德诺：《政治与行政》，见［美］杰伊·M·沙夫利兹等编：《国外公共行政理论精选》，30 页。

政职能的情况也不同。

5.3.2 国家职能的综合体现

国家在本质上是一个阶级统治另一个阶级的暴力工具，它由一些特殊的权力机关组成。在现代国家中，这些特殊的权力机关主要包括国家立法机关、司法机关、行政机关、军事机关等。国家的职能首先是维持其统治地位、维护统治阶级的利益和与其统治相关的政治制度和社会制度，这类性质的职能属于政治职能的范畴。国家的另一类性质的职能从广义上说主要是社会事务和公共事务的管理，属于社会职能的范畴。在阶级社会中，社会职能和政治职能并非截然分开，而是相互依存、相互包含的。恩格斯曾指出："政治统治到处都是以执行某种社会职能为基础，而且政治统治只有在它执行了它的这种社会职能时才能持续下去。"①

国家职能从性质上可分为政治职能和社会职能；从范围上可分为对外职能和对内职能。国家立法机关、司法机关、行政机关、军事机关等国家政权的重要组成部分无疑都是以履行国家职能为前提的，只是在分工、侧重点和作用范围方面有所区别。根据立法、司法、行政的划分，国家的社会职能可进一步划分为立法职能、司法职能和行政职能（即公共行政职能）三种类型。这三种职能也就分别成为这三种机关的基本职能之一，它们的政治职能是和其所承担的那一部分社会职能结合在一起执行的。

国家行政机关或政府作为一种专门的国家机构或政权实体，其职能在一定程度上是国家职能的综合体现。它本身具有公共行政的职能，但这只是它的一部分职能，它同时具有政治职能，这一部分职能甚至起着主导作用。公共行政职能和政治职能不仅相互包含、相互渗透，甚至还受到政治职能的制约。国家立法机关、司法机关和行政机关一样，其职能在一定程度上也是国家职能的综合体现，它们都具有明显的政治职能，只是在政治职能方面所起的作用与其承担的社会职能部分相对应，即一个主要体现立法的作用，而另一个主要体现司法的作用。这样，政治职能在理论上也可以划分为立法的、司法的和行政的三部分。立法机关所通过的宪法和法律所表现的是上升为国家意志的统治阶级的意志，所维护的是掌握国家政权的统治阶级的利益。这是各国宪法和法律的本质和精髓，它们像一条主线贯穿在国家司法机关和行政机关所进行的司法活动和行政活动之中。

政府或国家行政机关的政治职能使依法行政的概念扩大到政治领域。政府所承担的防卫职能、外交职能、军事职能、治安职能显然与政治职能是密不可分的，与政治职能相互包含、相互渗透的程度最高。而经济职能、文教职能和社会保障职能则与政治职能有不同程度的联系，这种联系有时是直接的，如政府在文教职能方面的许多与意识形态领域相联系的活动；有时是间接的，如政府在经济职能和社会保障职能方面的许多与社会经济发展和人民生活水平有关的活动。政府的最重要的责任是维护国家的主权独立、领土统一，维护现存的社会制度和政治制度，同时要维护社会的经济发展和繁荣，这两方面的责任互相促进，国家统一和政治稳定有利于发展社会生产和社会经济，经济发展和繁荣则有利于增

---

① 《马克思恩格斯选集》，2版，第3卷，523页，北京，人民出版社，1995。

强国力，使人民安居乐业，从而有利于国家的统一和政治稳定。

在许多国家中，政府或国家行政机关在特定情况下，也程度不同地执行立法职能和司法职能。例如在 1985 年，我国第六届全国人民代表大会第三次会议曾有限度地授权国务院立法，这次会议根据《宪法》第 89 条关于国务院职权第十八项的规定，授权国务院在必要的时候，对于有关经济体制改革和对外开放方面的问题，在同有关的法律和全国人大及其常务委员会的有关决定的基本原则不相抵触的前提下，可以制定暂行的规定或条例，颁布实施，并报全国人大常委会备案。虽然这种授权是有条件的，且并未改变国务院的国家行政机关的性质，但是它使国务院具有了某种程度的立法职能，可以在超出行政法规的范围外及时制定某些暂行规定或条例，解决经济体制改革和对外开放方面立法机关尚未考虑成熟的新的复杂问题。

另外，在某些国家中，司法机关是政府的组成部分，并没有成为独立于政府的机构。在这种情况下，政府还代行着司法的职能。抗日战争时期，中国共产党曾实行专员兼分庭庭长和县长兼司法处长的制度，各级司法机关是同级政府的组成部分。新中国成立后，按照《中华人民共和国人民法院暂行组织条例》的规定，在组织制度上，人民法院仍是人民政府的组成部分，受上级法院和该级人民政府委员会的双重领导与监督。1954 年 9 月，第一届全国人民代表大会第一次会议颁布了我国的《宪法》和《人民法院组织法》、《人民检察院组织法》之后，人民法院和检察机关不再是同级政府的组成部分，开始独立行使司法职能。在有独立的司法机关的情况下，并不能说政府完全和司法职能无关。许多国家政府中的司法部门和公安部门的职能与司法职能有密切联系。我国《宪法》第 89 条规定：（国务院）领导和管理民政、公安、司法行政和监察等工作。第 135 条规定：人民法院、人民检察院和公安机关办理刑事案件，应当分工负责，互相配合，互相制约，以保证准确有效地执行法律。按照分工，公安机关负责对案件的侦查、预审，人民检察院负责批捕、审查起诉和出庭公诉，人民法院负责审判，司法部负责管理监狱、劳改和劳教工作。这几个机关的有机结合构成了完整的司法职能。虽然法院和检察院是执行司法职能的主体，但是政府部门也在一定程度上执行了司法职能。因此，政府职能并不仅仅局限于公共行政职能，往往是多种不同性质的职能有机结合的统一体，其结合程度的不同构成了各国政府具体职能的复杂性和多样性。

5.3.3　政府职能与行政权力的关系

在本书第 3 章中，我们曾论述了组织的十种构成要素，其中职能范围是决定赋予组织何种权力、如何设置机构、如何进行管理的主要因素和依据，具体到对政府职能的限定、授权及政府机构的设置和运行，必须考虑政府职能与行政权力的关系问题。公共行政职能是与政治职能或立法职能、司法职能等相对而言的，因此其概念和范围较为抽象一些。由于政府是一种政权实体，是社会公共事务管理的具体实施者或具体执行者，因此，政府职能不仅是国家职能的综合体现，而且以合法授予的行政权力为依托，因而是非常具体的和非常实际的。政府职能与行政权力的关系主要表现在下列几个方面：

第一，一般是在宪法和法律中明确规定的。宪法是国家的根本大法，它明确规定了国家的根本性质、根本制度和根本任务，规定了国家结构形式和国家政权组织形式，同时也规定了政府的性质、地位、职能和权力。宪法所表达的是上升为国家意志的统治阶级的意志，具有最高的法律效力。政府的政治职能和政治任务是由宪法规定的国家的根本性质、制度和任务所决定的，而政府的公共行政职能和行政权力是由宪法规定的国家结构形式和国家政权组织形式所决定的。前者规定了中央政府和地方政府之间的关系及权力结构，后者则规定了国家立法机关、司法机关、行政机关、军事机关相互之间的关系及权力结构。如果没有宪法和法律的有关规定，政府的政治职能和公共行政职能就无法在权力方面得到保证。

第二，政府职能的履行与行政权的行使是一个有机整体。政府职能如果没有行政权为基础，只能是一种空洞的、抽象的概念。政府职能和行政权力密不可分。政府职能是行政权力的外在表现，行政权力是政府职能的内在力量。行政权力是得到宪法授权、具体实施或执行社会公共事务和政治事务管理的权力，行政权的运用范围即是政府的职能范围，行政权越大，政府的职能范围就越广，职能也就越明显。与公共行政职能相联系，行政权的类型通常包括计划、组织、指挥、协调、控制五种高层管理权和国家安全、外交、军事、治安、经济、文教、社会保障七种具体事务管理权。由于各国宪法的授权差别，各国政府实际享有的行政权差异很大，公共行政职能在政府与其他公共行政组织或政治组织中的分解很大程度上是由于行政权在这些组织中的分配造成的。行政权具有权威性、统一性和强制性的特点，其权力基础或来源主要取决于：(1) 得到立法机关的合法授权；(2) 得到司法机关的支持和保障；(3) 有人力、物力和财力等方面的资源支配权；(4) 有社会公共事务的具体管辖权；(5) 有军队、警察等暴力工具为后盾。

第三，行政权对社会公共事务管理的主客体关系有重要影响。政府的行政权力表明了政府（主体）有权管辖的社会公共事务（客体）的具体范围及其所管辖的程度。在社会公共事务、行政权力和政府职能之间存在着一种辩证统一的关系。社会公共事务本身是客观存在的，它泛指与人们的共同利益或社会利益相关的各种事务和活动，如抵御外敌、组织生产、兴修水利，等等。社会公共事务的社会性和整体性使人类社会在其发展过程中必然产生一种具有公共权力、执行公众意愿的专门机构，这种机构的职能就是通过计划、组织等活动合理安排有限的人力、物力、财力，妥善管理较重大的社会公共事务。社会公共事务和社会公共事务管理的关系最初是直接的、明显的，后来逐步发展出许多中间环节，一是在阶级社会中，政治职能上升为公共管理机构的主要职能，“统治”成为“行政”的代名词，社会公共事务的管理首先要服从于统治的需要，行政权首先是进行统治的权力。二是社会公共事务管理通过授权的方式进行，立法机关成为一种表达统治阶级意志和公众意愿的中介因素，行政权成为一种“执行的”权力。统治权和执行权实际上都是对政府管理社会公共事务的限制和规定，集中体现在宪法授予政府行政权的明文规定中。从某种意义上说，随着公共权力成为一种凌驾于社会之上的进行统治的力量，社会公共事务（客体）和社会公共事务管理机构（主体）逐渐被分离开，实际需要和实际进行的管理并不完全是一致的，行政权的授予使这种分离重新结合在一起，现代社会公共事务管理的过程正是在这种主客体的特殊结合形式的基础上进行的。

第四，政府职能和行政权力与政府机构设置有密切联系。政府职能的履行和行政权的执行，是一个非常复杂的层层分解的过程。政府是一个由许多分支机构组成的、复杂的组织系统，政府机构的设置与政府职能和行政权力的划分有十分密切的关系，下面从四个方面简单加以阐释。

（1）政府职能和行政权力是在宪法和法律中明文规定的，必须在这种已被限定的范围内相应设置政府机构。如上所述，整个社会的公共行政职能并不是完全授权给政府执行的，政府得到授权的公共行政职能只是其中的大部分或绝大部分，政府机构的设置必然受到立法授权的制约。

（2）政府职能部门化或专业化是设置政府机构的基础。政府机构的设置是以有效地履行政府职能和行使行政权力为前提的。为了提高效率、减少重叠，政府机构的设置往往是按照设立某个机构专门履行某种职能并授予相应权力的方式进行的。像外交部、国防部、财政部、教育部、文化部等，几乎是所有国家所共有的。政府职能的部门化或专业化的情况在各个国家虽然有所不同，但却是各国设立政府机构的一种普遍做法。

（3）政府职能和行政权力的层层分解与合理配置是使政府内部纵横交错的各种机构组成为一个井然有序、协调运行的组织系统的重要条件。政府职能和相应权力的部门化、专业化是政府内部横向分工和纵向分工的基础，因此也是建立政府内部组织结构和权力结构的基础。这种专业分工有时在不同政府部门中是相互交叉、渗透的，特别是与履行计划、组织、指挥、协调、控制等政府一般职能有关的专门的或专业性机构几乎在各种部门或各个层次中都普遍存在，像财务、人事、计划、组织等类型的机构都属于这种情况。

（4）转变和调整政府职能及行政权力是精简政府机构、提高行政效率、调整政府与立法机关、政党等政治组织、企业组织等各种关系的基本途径，这个问题将在本书第 15 章“行政改革”中论述。

关键术语

公共行政的一般职能　　公共行政的特殊职能　　公共行政的对外职能　　公共行政的对内职能　　政府职能　　国家职能

问题与思考

1. 如何划分公共行政职能？
2. 如何认识政治职能与公共行政职能的辩证关系？
3. 如何确定和调整政府职能？

第 6 章

行政权力

行政权力是国家行政组织存在和运行的基础，是其履行公共行政职能的保障。国家学说和政治权力本是政治学的主要内容，与此相关的行政权力理论明显地带有从公共行政脱胎而来的政治学的痕迹。确如某些学者所言，行政权力是公共行政组织的内核和生命线。只有具备行政权力，公共行政组织才能成为一个强有力的社会实体。

了解行政权力理论，有助于充分理解国家行政组织和政府依法行政的本质、运行机制和作用方式。

6.1　权力的概念

要理解什么是行政权力，首先要理解什么是权力。人类社会是一种有组织的社会，权力的产生和存在是其特有的现象。从某种意义上说，人们所进行的政治、经济、文化等具有群体性、组织性的活动都是在权力的作用下进行的，国家行政组织的活动更是如此。权力和行政权力不仅是政治学、法学、社会学、制度学、组织理论等所要研究的重要问题，也是公共行政研究不可或缺的重要内容。

6.1.1　权力的含义

“权力”一词在英语中是 power，其词义有能力、体力、力量、权力、权限等。它是由拉丁语中的词汇“potere”（能够）转化而来，其用作“能力”的同义语有“capacity”（能力）、“skill”（技能）等。在此意义上说，权力的词义应是“能力”的引申。因此，西方国家的学者对“权力”的定义多与“能力”相联系。在我国，对“权力”的最早表述是“权”。如战国时期法家的人慎到在其所著的《威德》篇中说：“故贤人而屈于不肖者，则权轻位卑也；不肖而能服于贤者，则权重位尊也。”① 这里的“权”已含有“权力”的词义。“权”在古时指秤锤，《广雅·释器》中说：“锤谓之权。”其作动词解释，有权衡、称量之意，如《孟子·梁惠王上》中说：“权，然后知轻重。”“权”被赋予“权力”的意思，应和其能衡量势力强弱、官职大小、地位尊卑有关。如王权、君权、父权、夫权等。“权”的含义不像西方国家那样与“能力”相联系，父权体现的是父子、父女关系，夫权体现的是夫妻关系等。因此，从中文的理解上，“权”、“权力”一词包含的政治性、社会性的含义更多一些。

有的学者将“权力”一词的定义分为两种观点：一种是“能力说”，即“认为‘权力’是指一个行为者（个人或机构）影响其他行为者（个人或机构）的态度和行为的能力”②。另一种是“关系说”，即“认为‘权力’是一个人或许多人的行为使另一个人或其他许多人的行为发生改变的一种关系”③。现将国内外的学者对“权力”的定义列举如下：

（1）权力是担任某种职务的人在作决定时所具有的能力或潜能。而这种决定却能影响这种社会制度中的其他一些人。④

（2）权力是某些人对他人产生预期效果的能力。⑤

（3）权力是影响处于依赖状态中的他人的能力。⑥

（4）所谓权力，简单来讲，就是从事或影响某些事情的能力。⑦

（5）一般说来，权力是根据行使者的目的去影响他人行为的能力，其内容包括主体、客体、目的、作用和结果等方面。⑧

（6）权力是行动者之间的一种关系，通过这种关系，其中某人带动别人采取行动，没有这种关系，他们就不会这样做。⑨

（7）权力是一种社会关系，它存在于人与人的相互关系中。权力是具有一定资格的人（权力主体），为了自己的目的，通过一定的方式，制约或支配他人（权力客体）行为的能力。⑩

（8）在一般意义上，权力是一种社会现象，反映的是政治社会中人与人的社会关系，是权力主体作用于权力客体的具有强制性的关系。⑪

上述定义典型代表了“能力说”和“关系说”两种观点。实际上，二者所揭示的权力实质是一样的，只是“能力说”侧重于权力主体本身对权力客体的作用，是对权力的广义解释，而“关系说”则侧重于权力主体和权力客体的关系而言，是对权力的狭义解释。权力本身表现为权力主体（拥有权力的一方）对权力客体（受到权力影响和制约的一方）的一种影响力、作用力、控制力或支配力，离开任何一方都构不成权力关系。权力并不是一

---

① 转引自石永义、刘玉萼、张璋编著：《现代政治学原理》，97 页，北京，中国人民大学出版社，2000。

②③ 转引自上书，98 页。

④ 参见［美］托马斯·戴伊：《谁掌管美国》，9 页，北京，世界知识出版社，1985。

⑤ 参见［美］丹尼斯·朗：《权力论》，3 页，北京，中国社会科学出版社，2001。

⑥ 参见［美］加里·约翰斯：《组织行为学》，401 页，北京，求实出版社，1989。

⑦ 参见张成福、党秀云：《公共管理学》，155 页。

⑧ 参见张国庆主编：《公共行政学》（第三版），102 页。

⑨ 参见［法］莫尼斯·迪韦尔热：《政治社会学》，108 页，北京，华夏出版社，1987。

⑩ 参见石永义、刘玉萼、张璋编著：《现代政治学原理》，98 页。

⑪ 参见张康之、李传军、张璋编著：《公共行政学》，147 页，北京，经济科学出版社，2002。

种潜在的、自然的、个人的力量，而应该是一种现实的、政治的、社会的力量。对“能力说”的理解应从社会关系的角度来把握，对“关系说”的理解则应从权力主体对权力客体的影响力、作用力、控制力或支配力的角度来把握。在此，可将权力综合定义为，权力是权力主体影响、控制、支配处于依赖关系中的权力客体的能力。

6.1.2 权力关系的构成要素

根据权力的上述定义，可从下面三个方面加以理解：

第一，权力主体和权力客体。权力关系首先是由权力主体和权力客体双方的相互作用构成的。二者可以分别为某个人、群体、组织机构或社会集团。权力主体是权力的拥有者，是主动的、处于支配地位的一方，权力主体有对权力客体施加影响的意向和能力；权力客体是权力作用的对象，是被动的、处于被支配地位的一方，权力客体有接受、服从或屈从的意向和倾向。

第二，权力客体对权力主体的依赖关系。权力主体的影响力、控制力、作用力或支配力并非是绝对的、无限的，其取决于权力客体对权力主体的依赖关系和依赖程度。这就像一种权力场，凡在此场中影响所及的个人、群体、组织、机构或集团都是权力客体的潜在对象。其依赖程度越深、依赖关系越大，权力主体的权力就越大。若二者间的依赖关系或权力作用降为零，就不存在任何权力关系。

第三，权力不是一种个人能力而是一种以法律、武力等强制性的因素为后盾的社会力量。严格说来，“权力”一词具有法律、政治、社会的意义。子女对父母生理、心理、经济上的依赖关系还不是政治意义上的权力关系；几个身强力壮的人可以用拳头迫使某人服从，但二者之间也并未构成权力主体对权力客体的权力关系。在现代社会里，权力关系首先是在法律的基础上确定的；其次是由各种规章制度、法律条文及公、检、法等执法机构靠强制性的力量约束和维护的。对一个主权国家而言，权力最终是以军队等暴力机关来保障实现的。权力主体对权力客体支配力量的强弱取决于法律、组织规章、武力等强制性因素的强弱。

6.1.3 权力的基础

一般来说，权力主体与权力客体之间的关系是支配与被支配、指令与服从的关系，这种关系的形成涉及权力的基础或来源问题。马克斯·韦伯认为，权力的基础有三种类型：（1）合理基础——它是以一种对正规规则形式的“法律性”以及对那些升上掌权地位者根据这些条例发布命令的权力的信任作为基础的（法定权力）。（2）传统基础——它是以一种对古老传统的神圣不可侵犯性及对根据这些传统行使权力者的地位合法性的既定信念作为基础的（传统权力）。（3）神授基础——它是以对某一个人的特殊的、超凡的神圣性、英雄行为或典范品格的信仰，以及对这个人所启示或发布的规范榜样或命令的信仰作为基础的神授权力。① 实际上，权力的基础决定这样一种现象，权力客体即使在主观上并不认同权力主体，但仍然要表现为服从或屈从。马克斯·韦伯的论述，从权力客体主观认同权力主体的角度，较直观地揭示了个人的、合法的以及社会的三种权力基础类型。

---

① 参见［英］D. S. 皮尤编：《组织理论精萃》，3页。

第一，个人的权力基础。由权力主体的个人素质（品德、知识、技能等，详见本书“行政执行”一章中的相关论述），以及权力主体与权力客体个人间的血缘关系、情感关系等个人因素构成。权力主体的个人素质强（甚至具有超凡魅力），与权力客体个人的血缘关系近、情感关系强，意味着其有较强的个人的权力基础，对权力客体认同、服从、追从甚至盲从的态度和行为有较强的影响力和支配力。权力主体的个人素质、个人因素差，则会出现相反的情况。建立在个人权力基础上的权力包括：父权、夫权、领袖的超凡魅力、关系的权力或专家的权力等，这是一种潜在的权力基础。

第二，合法的权力基础。由权力主体取得权力的合法性、在组织中所处的层次、地位、管辖权限及组织的规章制度、法律规定等法定因素构成。权力主体得到任命的权威性越强、在组织中所处的层次和地位越高，管辖的权限、范围越大、越重要，意味着其有较强的合法的权力基础。反之，则会出现相反的情况。合法的权力基础并非仅针对个人而言，对某个群体、机构或社会团体都有同样的作用。合法的权力基础决定着权力客体对权力主体的依赖关系，对权力客体认同、服从甚至屈从的态度和行为有较强的影响力和支配力。建立在合法的权力基础上的权力包括：世袭的权力、传统的权力、法定的权力、任免的权力、奖惩的权力等。这是一种现实的权力基础。个人的权力基础只有与合法的权力基础结合才能从真正意义上发挥权力作用。

第三，社会的权力基础。它是由带有强制力、武力甚至暴力的政治性、社会性因素构成的。它作为整个国家和整个民族的权力基础而存在。其构成主要通过警察、军队等暴力机关来实现，是使无数个人和组织所组成的权力主体和权力客体相互作用的权力系统和谐运转的后盾和基石。对该系统所有组织中权力客体的服从、顺从和屈从的态度和行为有潜在的、根本性的影响力和支配力。如果社会的权力基础减弱或失去作用，则整个国家和整个社会的权力系统将会产生震荡或崩溃，位于其中的所有权力主体和权力客体的依赖关系都将发生变化。建立在社会权力基础上的权力包括：强制的权力、公共权力、政治权力、国家的权力等。这是对前两种权力基础起支持和保障作用的权力基础。

6.2　有关行政权力的论述

行政权力的概念是与其执行的特性相联系的。从对执行权的论述中，隐约可见行政权的影子。但严格地说，行政权力的产生和确立是与立法权的产生和确立分不开的，行政权力的产生是国家权力法制化的结果。

6.2.1　行政权力的早期论述

关于行政权力的论述，最早可追溯到古希腊亚里士多德《政治学》一书中所提出的政体理论。亚里士多德对古希腊的 150 多个城邦进行研究后，认为存在着君主政体（一人掌权）、贵族政体（少数人掌权）和共和政体（多数人掌权）三种政体形式。并且认为，一切政体都包含有议事、执行和审判三个要素，相应有议事权力、执行权力和审判权力三种权力形式。17 世纪洛克在《政府论》中提出了具有重要影响的“分权”理论。洛克认为，立法权是最高权力，“其余一切权力都是而且必须处于从属地位”①。执行权是一种“经常存在的权力，负责执行被制定和继续有效的法律”②。对外权是“战争与和平、联合与联盟以及同国外的一切人士和社会进行一切事务的权力”③。洛克认为：“执行权和对外权这两种权力，虽然本身确是有区别的……但是……几乎总是联合在一起的”④，“它们很难分开和同时由不同的人所掌握”⑤。一般认为，执行权和对外权合在一起可以统称为行政权，因此，洛克还没有明确提出独立的第三种权力——司法权，他所主张的实际上只是立法权和行政权分立。

立法权、行政权、司法权最终是由法国启蒙思想家孟德斯鸠确立的。孟德斯鸠在《论法的精神》中明确指出：“每一个国家都有三种权力：（1）立法权力；（2）有关国际法律事项的行政权力；（3）有关民政法规事项的行政权力。依据第一种权力，国王或执政官制定临时的或永久的法律，并修正或废止已制定的法律。依据第二种权力，他们媾和或宣战、派遣或接受使节、维护公共安全、防御侵略。依据第三种权力，他们惩罚犯罪、裁决私人论争。我们将称后者为司法权力，而第二种权力则简称为国家的行政权力。”⑥ 他的一个最重要的思想是，这三种权力不能集中在同一个人或同一个机关之手，而必须由三种不同的人或机关分头行使，他认为：“一切有权力的人都容易滥用权力，这是万古不易的一条经验。”⑦“要防止滥用权力，就必须以权力约束权力。”⑧ 孟德斯鸠的分权学说对法国和西方各国的政治变革产生了重大影响，为国家行政组织的职能和行政权的确立奠定了理论基础。

6.2.2 行政权力的内涵

从西方学者的早期论述中可以看出，“行政权”的概念实际上是从“执行权”的概念演变过来的。在英文中，“行政权”一词是“executive power”而不是“administrative power”。行政权的英文词义本身已经表明了其内涵。近代著名法学家布莱克对“行政权”作过一个权威性的解释：“行政权即执行法律的权力，它是总统根据联邦宪法第 2 条的规定所享有的广泛权力……它区别于制定法律以及对法律纠纷裁判的权力。”⑨ 这一解释包含两种含义：（1）行政权是执行法律的权力；（2）行政权是与立法权和司法权相区别的可独立行使的权力。在美国，行政权是由总统行使的。而在某些国家，也可能是由总理或其他行政主体行使的。

从某种意义上说，“行政权”的概念比“行政权力”的概念更为严格。行政权是对行政权力的法律用语或法律解释，是相对于立法权和司法权而言的，它是在西方国家经过资产阶级革命确定的，而行政权力的概念容易使人偏离这个前提。在第 1 章关于“行政”概念的论述中曾经提到，有一种观点认为“行政等同于管理”，并且我国对“行政”一词的理解比较宽泛。因此，对行政权力的理解比对行政权的理解要广泛得多。例如，古希腊学者亚里士多德在其《政治学》一书中提到的国家行政职能及相关权力，不属于行政权力的概念，更

①②③④⑤ ［英］洛克：《政府论》（下篇），91 页，北京，商务印书馆，1964。

⑥⑦⑧ ［法］孟德斯鸠：《论法的精神》（上册），155 页，北京，商务印书馆，1978。

⑨ 张宪光、胡建淼：《行政法学原理》，18 页，北京，劳动人事出版社，1989。

不属于洛克及孟德斯鸠提出的行政权的概念。这种权力的概念不以立法权、司法权的存在为前提，它只是一种统治权力或国家权力。而行政权或行政权力的概念则是与立法权、司法权相提并论的。它是从统治权力或国家权力中演变和分解出来的一种权力。行政权可以说是统治权力或国家权力法制化的结果，这种法制化的过程是将统治权力或国家权力通过多种形式演变为立法权、行政权和司法权，并不断加以完善的过程。

为了更科学地把握行政权力的内涵和实质，应严格地从行政权的法律基础上限定行政权力。行政权是国家立法机关通过一定的法律程序授予国家或公共行政组织管理国家和社会公共事务的执行性权力。这一定义包括三层意思：

(1) 行政权的来源。国家或公共行政组织的行政权不是其本身所具有的，其权力来源于国家立法机关的授予，而国家立法机关是人民意志的代表，行政权属于人民，最终来源于人民。(2) 获得行政权的途径。行政权的授予有严格的法律规定和程序，并且不是固定不变的，国家立法机关可授予国家或公共行政组织具体行使的行政权力，也可对其进行调整或取消，但必须经过一定的法律程序进行，并用法律形式颁布实施。(3) 行政权的性质。行政权是一种有限的、执行性的权力。行政权是经过法制化的过程逐步从统治权力或国家权力中分离出来的一种权力。它受到立法权和司法权的约束和制衡，它不是封建王朝中所具有的至高无上的统治权，它被控制在立法机关制定的法律的范围内，并且受到司法机关的监督。因此它的权力是有限的、执行性的。一个国家的法制化的过程越深入，行政权的有限性和执行性就越明显。需要明确的是，"执行性"的概念仅是从立法权、行政权、司法权三者相区分的角度论述国家行政机关的地位和作用，它并非一种被动的、机械的执行过程。国家行政机关在行政权的执行范围内，有非常大的自由裁量权和行政职权。

6.2.3　行政权力的确立和演变

洛克、孟德斯鸠等思想家的政治理论、法治主张和分权学说对西方国家资产阶级革命所建立的国家政权组织形式即政体形式产生了巨大的影响。行政权最终和立法权、司法权分立并得到了确认。1789 年法国通过的《人权和公民权宣言》指出，"凡权利无保障和分权未确立的社会，就没有宪法"，并明确提出有关人权与公民权利、法治、人民主权等原则。其后，在 1791 年通过的宪法中，首次用立法形式肯定了这些原则。

1776 年 7 月 4 日由北美洲 13 个英属殖民地的代表参加的第二届大陆会议通过的《独立宣言》正式宣告美国脱离英国而独立。该会议草拟的《南部邦联条例》设立了只有一个议院的中央政府，当时尚未有分立的行政或司法机构。总统不是行政首脑，只是支持国会工作的官员。1781 年国会设立了外交部、国防部、财政部等机构，有了内阁政府的雏形。从 1776 年 6 月弗吉尼亚宪法作为北美洲的第一部宪法问世以来，所有州的基本法文件都相继规定了相似的政府结构。1787 年召开的费城会议在激烈地争论《南部邦联条例》的种种不足之处后通过了具有重要历史意义的美国《宪法》，其所确立的立法权、行政权、司法权分立的结构与程序一直沿袭至今。

1787 年美国《宪法》第 1 条第 1 款规定："本宪法所授予的全部立法权均属于由参议院和众议院组成的合众国国会。"第 2 条第 1 款规定："行政权属于美利坚合众国总统。总统任期为四年……”第 3 条第 1 款规定：“合众国的司法权属于最高法院及国会随时规定设置的下级法院……”该宪法最重要的原则之一是确立政府的“总统制”。在最初的宪法草案中，曾有两种截然相反的意见：一种是总统应由公众选举产生，另一种是总统应由国会选举产生。宪法最终的规定是总统由各州的选举团选举产生。总统成为完全独立于国会的行政首脑，其在军事和外交上的权力由宪法直接授予，其他国内事务方面的权力也暗含在宪法中。美国总统在内政事务方面和外交事务方面的权力/作用分别见表 6—1 和表 6—2。

作为行政权的法定拥有者，美国总统是行政部门的首脑，同时也是整个联邦行政机构的领导人。在联邦行政机构中，大约有 2 000 个职位可由总统任命，其他由文官制度所控制。建国初期，美国联邦行政机构只有国务院、财政部、战争部等少数机构，其成员一共不到 1 000 人。随着其职能、规模的日益扩大，发展到今天，美国联邦行政机构已拥有 15 个行政部门（见表 6—3）。除了这些机构内的上千个处局外，同时还设有大约 3 000 个顾问委员会、董事会、委员会、专题委员会、协商委员会、专题小组、任务小组、工作小组等机构，从而组成了一个规章详尽明确、结构严密、等级森严的庞大的社会组织。

表 6—1　　总统在内政事务方面的作用

权力/作用	来源	监督机制
任免主要政策制定者	《宪法》第 2 条规定总统任命官员权力，罢免是传统做法	《宪法》第 2 条第 2 款规定由国会的参议院批准确认
总统为行政机构负责人；主要管理者	《宪法》第 2 条第 2、3 款决定	《宪法》第 1 条第 8 款规定，行政机构设立的数目和结构等要征得国会同意
执法者	《宪法》第 2 条第 3 款规定	《宪法》第 2 条第 1 款规定，国会自身就可以制定法律
筹划预算	1921 年《预算与会计法》	《宪法》第 1 条第 9 款规定国会自身就可以拨款
没收/转让资金	传统做法：一条成文法的扩展	1974 年《国会预算和截留控制法》
提出立法议案	《宪法》第 2 条第 3 款中不言而喻	《宪法》第 1 条第 1 款规定国会可以自行制定法律
否决权	《宪法》第 2 条第 7 款	同源；除了在国会休会 10 天或更短的时间以前，国会可以重新通过被否决的法案
如果众议院不同意会议时间，总统可以召集特别会议或下令国会休会	《宪法》第 2 条第 3 款	《宪法》第 1 条第 5 款；国会决定所有其他程序方面事宜
行政命令	传统惯例	国会法案
行政特权	传统惯例；最高法院裁决结果（美国诉尼克松案）	最高法院在美国诉尼克松案的判决
国家元首；国家象征性的领袖	《宪法》第 2 条；传统做法	总统表现

资料来源：［美］麦克斯·J·斯基德摩、马歇尔·卡特·特里普：《美国政府简介》，233 页，北京，中国经济出版社，1998。

表 6—2 **总统在外交事务方面的作用**

权力/作用	来源	制约机制
签署条约	《宪法》第 2 条第 2 款	同源，2/3 参议员投票才通过
任命大使和其他官员	《宪法》第 2 条第 2 款	同源，参议院批准
承认其他国家、接见大使	《宪法》第 2 条第 3 款承认其他国家的权力不言而喻	无
总司令，可以发动战争	《宪法》第 2 条第 2 款	只有国会才能宣战、调配军备资金
行政协议	传统做法	《宪法》第 1 条第 8 款，受到有限控制，须将协议通知国会

资料来源：［美］麦克斯·J·斯基德摩、马歇尔·卡特·特里普：《美国政府简介》，240 页。

表 6—3 **联邦主要行政机构**

内阁[a]	白宫直属机构	主要的独立机构
国务院（元老）	白宫办公厅	核管制委员会
国防部（元老，前身是战争部）	行政管理和预算局	联邦储备系统
财政部（元老）	经济顾问委员会	国家劳工关系局
司法部（1870 年）[b]	国家安全委员会	国家和社区服务公司
内政部（1849 年）	国家内政政策委员会	人事管理办公室
农业部（1862 年）	环境质量委员会	消费者安全委员会
商务部（1913 年）[c]	贸易谈判特别代表办公室	联邦通信委员会
劳工部（1913 年）[c]	科学技术政策办公室	联邦贸易委员会
卫生与公众服务部（1979 年）[d]	行政管理办公室	州际商业委员会
教育部（1979 年）[d]	全国毒品管理政策办公室	证券交易委员会
住房与城市发展部（1965 年）	中央情报局	平等就业机会委员会
交通部（1967 年）		
能源部（1977 年）		
退伍军人事务部（1989 年）		
国土安全部（2002 年）		

注：a 所标记的年份是各部门成立的时间。
b 司法部长是建国之初就有的内阁成员，但司法部是后来设立的。
c 最初设立于 1903 年，当时是商务和劳工部。
d 最初设立于 1953 年，当时称卫生教育和福利部。

18 世纪以来，随着西方国家资产阶级革命的成功和资本主义制度的建立，立法权、行政权、司法权的设立已经成为在世界各国推进的普遍现象。20 世纪出现的社会主义国家在政体方面也采用了相应的形式。在这三种权力的关系方面，许多国家存在着一定的差异。美国的立法权、行政权、司法权分别属于国会、总统和法院，三者在宪法上地位是平等的，宪法没有规定谁是最高权力机关。英国则不同，其遵循议会至上的原则。议会的权力是最高的，内阁由议会产生，要向议会负责。法国在 1958 年建立的第五共和国采用了

“以行政权为重点的分权”，总统的地位得到加强和提高，议会的权力则受到较多限制。我国宪法明确规定全国人民代表大会是最高国家权力机关，全国人大和它的常委会是拥有和行使国家立法权的部门。而国务院，即中央人民政府，是最高国家权力机关的执行机关和最高国家行政机关，是拥有和行使行政权的部门。人民法院和人民检察院分别是国家的审判机关和法律监督机关，分别拥有和行使审判权和检察权。

6.3 行政权力与行政主体

行政权力是国家权力体系中的重要组成部分，国家或公共行政组织是行政权力的主要载体。行政主体是确定其拥有并行使行政权力的法律地位的一个重要概念。这一概念有利于理解国家行政组织的权力基础、行政职权、行政职能以及行政行为的合法性，其所承担的法律责任和其必须依法行政的法律意义。

6.3.1 行政主体的概念

一般认为，“行政主体，是指依法享有国家行政权力，以自己的名义实施行政管理活动，并独立承担由此产生的法律责任的组织”①。有的学者在研究中指出，我国的行政主体理论发端于对行政组织的研究，在 20 世纪 80 年代初期，深受行政管理学的影响，如今，“行政主体”一词成为行政法学、行政诉讼法学等法学领域中的一个重要的法律概念，而在公共行政学的著作中却不多见。从某种意义上说，行政主体是确定国家行政组织或政府的法律地位、深化公共行政领域研究的一个重要概念。按照此定义，行政主体具有下列几方面的特点：

（1）行政主体是享有行政权的特殊的权力主体。权力主体是研究权力关系时使用的抽象概念，不同的权力类型使其拥有者成为可相互区别的权力主体。行政主体的资格是由其享有的行政权决定的，没有行政权的组织不能称为行政主体。

（2）行政主体是建立在合法的、社会的权力基础之上的。行政主体所拥有和行使的行政权由宪法和相关法律明确授予，其执行过程和管理过程以整个国家的强制性力量为后盾，它的权限、管辖范围、行政行为则受到国家立法机关和司法机关的制约和监督。

（3）行政主体是一种社会组织，而不是个人。从各个国家的宪法和法律规定来看，行政权均是授予某种组织、部门或其他代表性的职位，而不授予个人。美国宪法将其国家的行政权授予总统，指的是作为行政部门最高首脑的一种职位而不是个人。在行政法学中，与行政者个人相联系的概念是“行政人”，指的是个人而不是组织。

（4）行政主体可独立行使行政权力并承担相关的法律责任。在我国，行政法学使用“行政主体”概念的一个主要作用是通过确定责任归属来确定行政诉讼的被告资格。“行政主体资格差不多就是行政诉讼的被告资格的代名词。”② 由此可见，能否以自己的名义实

---

① 王连昌、马怀德主编：《行政法学》，47 页。

② 皮纯协、张成福主编：《行政法学》，43 页，北京，中国人民大学出版社，2002。

施行政管理活动并独立承担由此产生的法律责任成为界定行政主体的一个重要标准。一般来说，通过宪法或相关法律明确被授予行政权力，并以自己的名义做出决定，对外行文的中央人民政府和各级地方人民政府都是行政主体。

6.3.2 行政主体的分类

比较普遍的方法是分为职权行政主体和授权行政主体两类。该方法主要是根据行政主体享有的行政职权的产生方式划分的，凡成立时即依法拥有行政职权的组织称为职权行政主体，凡成立时未拥有行政职权而在成立后得到新的授权的组织称为授权行政主体。这种划分方法需要在概念上明确两个问题：

第一，从严格的法律意义上说，无论是职权行政主体还是授权行政主体，其所拥有的行政职权都是通过法律的授权形式所获得的，作为一种组织形式，其可以通过法律的形式成立并通过法律的形式被授予行政职权，也可以通过法律的形式将其撤销或合并并通过法律的形式取消或改变其拥有的行政职权，从这种意义上说，职权行政主体实质上也是授权行政主体。

第二，从行政主体的定义来看，无论是职权行政主体还是授权行政主体，其之所以被称为行政主体，都是因为其通过法律的授权形式获得了行政职权，从这种意义上说，授权行政主体实质上也是职权行政主体。因此，职权行政主体和授权行政主体的分类在概念上易使人产生误解。根据上述定义，职权行政主体可称为固有职权行政主体，指的是成立时，根据宪法或组织法同时被授予相关的行政职权，即其同时具有行政主体资格，如中央政府和各级地方政府。授权行政主体可称为附加职权行政主体，指的是该组织成立时未被授予行政职权，成立后通过某种单行法律和法规的授权规定才获得某种行政职权而具有行政主体资格，较典型的例子是中国银行，其属于“国有企业”（《中国银行章程》第 1 条），本无行政职权，但它可以“根据国家授权，发行外币债券和其他有价证券”（《中国银行章程》第 5 条），或“根据国家授权，参加国际金融会议”[①]（《中国银行章程》第 6 条），当中国银行得到授权从事上述活动时，它便成为附加职权行政主体。

关于行政主体的分类，还有其他一些划分方法，如外部行政主体和内部行政主体、综合行政主体和专门行政主体、行政组织担当的行政主体和非行政组织担当的行政主体、公务性行政主体和地域性行政主体等。目前，对这些划分方法尚未形成一致意见，但是其划分依据较易理解，在此不再赘述。

6.3.3 行政主体的法律关系

如上所述，行政主体本身是一个法学术语，它有助于理解行政权力的法律基础和国家行政组织的法律地位。作为国家的行政机关，行政主体与立法机关、司法机关的关系构成行政权力的外部法律关系；作为一种权力主体，行政主体与作为行政客体的行政相对人的关系构成行政权力的内部法律关系，这两种法律关系完全以宪法和各种法律的明确规定为基础。

行政权力的外部法律关系是国家政权组织形式、国家机构的组建原则和设置形式的具

① 张焕光、胡建淼：《行政法学原理》，121 页。

体体现。一般来说，国家政权组织形式（即政体）涉及三个问题：（1）最高国家权力归属于谁，是个人还是集体；（2）最高国家权力的产生方式及任期；（3）国家权力机关的设置及其权力分配和相互关系（即国家机构的构成方式）。国家机构是由立法机关、行政机关、司法机关等国家机关按照一定原则、程序和组织形式构成的实行国家统治的统一整体。用最简单的话来说，就是执行不同国家职能的各种国家机关的总和。

如上所述，国家机构的组织原则都是用宪法形式明确规定立法权、行政权、司法权在不同国家机关之间的配置及这些机关相互之间的地位和关系。国家行政机关因此获得所拥有的行政权及其行政主体资格。立法机关又称代议机关或权力机关，它是阶级利益和国家利益的代言人，并负责审议、制定、修改和废止各种法律，同时它又是行政机关享有何种行政权及如何行使行政权的规定者，并以法律形式规定整个国家的政权性质、规定行政机关与立法机关、司法机关的法律地位及各自的权责范围。司法机关负责行使司法权，一般包括法院和检察院两大系统。行政机关享有并行使行政权，负责推行立法机关制定的法律和决议，并在法律规定的职权范围内对国家和社会公共事务进行管理。行政机关是狭义的、“行动中的政府”，其行动或行政行为受到立法机关和司法机关的制约和监督。从某种意义上说，立法权、司法权的设立本身就是出于对行政权的限制。

行政权力的内部法律关系是指行政主体与行政相对人之间的法律关系。行政权力的内部法律关系是通过其外部法律关系确定的，后者是前者存在的前提和依据。行政相对人是行政法学中与行政主体相对应的概念，是指在一定的法律关系中作为权力客体受行政主体管理的一方。和行政主体必须是某种组织不同，行政相对人既可以是组织，也可以是个人，它的范围十分广泛，甚至可以说包括社会中的所有组织和个人。在我国，行政相对人可包括下列几种类型：（1）各种行政组织；（2）各种企事业单位和社会组织；（3）所有公民；（4）我国境内的外国组织和外国人。

行政主体与行政相对人之间的法律关系可以分为两种基本类型：

第一，行政主体之间的法律关系，包括中央行政主体与地方行政主体、上级行政主体与下级行政主体、固有职权行政主体与附加职权行政主体、平行行政主体之间的法律关系等。这些关系，特别是中央与地方行政主体之间的关系是国家结构形式或宏观行政权力体制的具体体现。行政主体与行政相对人的概念并不是绝对的，有时是可以相互转换的，如下级行政主体在与公民构成的法律关系中处于行政主体的位置，在与上级行政主体构成的法律关系中则处于行政相对人的位置。某些本是行政相对人的企事业单位在得到某种授权时则成为附加职权行政主体，在通过授权形成的法律关系中处于行政主体的位置上。

第二，行政主体与非行政主体之间的法律关系，指的是各种行政主体与不具有行政主体资格的各种行政相对人之间的法律关系。这种关系体现的并不仅仅是管理与被管理的关系。按照法律规定，行政主体有其职权和职责，行政相对人则有其权利和义务。行政主体的一项重要职责是保护行政相对人依法享有的权利。

与行政主体构成外部法律关系的立法机关、司法机关和与行政主体构成内部法律关系的行政相对人（主要指所有公民）之间存在着另一种法律关系：在行政权的范围内，公民受到行政主体的管理和制约，但在国家法律体系的范围内，行政主体则受到公民的制约和监督。在孟德斯鸠提出分权学说的时候，法国思想家卢梭结合其社会契约理论和公意理论所提出的“主权在民”或“人民主权”思想为这种法律关系奠定了基础，并在大多数国家的宪法中明确地体现出来。卢梭认为，人生而是自由平等的，人们通过订立契约把个人权利转让给整体并从中获得让渡出去的同等权利；人民作为整体拥有最大的权威和力量，人民是立法者，国家的最高权力即国家的立法属于人民；“国家全体成员的经常意志就是公意”①。按照卢梭的理论，主权实质上由公意构成，法律是公意的行为，人民制定法律并有权随时修改法律；政府不是由契约建立的，它只是臣民与主权者之间所建立的一个中间体，政府是公意或法律的执行者：“行政权力的受托者绝不是人民的主人，而只是人民的官吏；只要人民愿意就可以委托他们，也可以撤换他们。对于这些官吏来说，绝不是什么订约的问题，而只是服从的问题；而且在承担国家所赋予他们的职务时，他们只不过是在履行他们的公民义务，而并没有以任何方式来争论条件的权利。”② 洛克、孟德斯鸠等人提出的分权学说和英国的代议制，虽然受到卢梭的反对，但这只是在国家政权组织形式上存在的分歧，其精神实质和理论基础与人民主权思想是一脉相承的。

“主权在民”或“人民主权”思想作为一项原则被许多国家写入宪法，其最主要的体现是立法机关甚至行政首脑的选举制。法国在 1879 年宪法中明确规定“主权属于国民”，其后不少国家在宪法中竞相仿效。美国宪法虽然没有直接说明这项原则，但在内容上却有明确体现，其开门见山地明确说明宪法是人民意志的体现：“我们合众国人民……特制定美利坚合众国宪法。”③ 立法机关、行政机关、司法机关则严格按照宪法规定的框架运行。

在资本主义私有制条件下，民选议员或议会民主的形式并不能真正反映人民的意志，只有社会主义国家才有条件真正做到这一点。我国《宪法》在第一章“总纲”中明确规定：中华人民共和国的一切权力属于人民。人民行使国家权力的机关是全国人民代表大会和地方各级人民代表大会。人民依照法律规定，通过各种途径和形式，管理国家事务，管理经济和文化事业，管理社会事务。《宪法》的这项规定是我国国家制度的核心内容和根本准则，是立法机关、行政机关、司法机关合法运行的基础和依据。在宪法规定的框架内，行政主体的外部法律关系与内部法律关系构成了一个有机的法律体系。

6.4 行政职权的内容

行政职权是行政权力的转化和分配形式，它的设置和分配要经过严格的法律授权和法律程序，它为各级行政组织和行政机关依法行政提供了重要的法律依据。

① ［法］卢梭：《社会契约论》，140 页，北京，商务印书馆，1982。

② ［法］卢梭：《社会契约论》，125 页，北京，商务印务馆，1980。

③ ［美］麦克斯·J·斯基德摩、马歇尔·卡特·特里普：《美国政府简介》，375 页。

6.4.1 行政职权的概念

“职权”是一个运用广泛但缺乏严格定义的概念。从一般的理解来看，职权是与职位、职务或职责相联系的具体、正式的权力，如会计、局长、国务院的职权等。权力的概念较为抽象，没有具体的内容和范围，职权则是对权力的具体限定，它不仅有具体的内容和范围，而且有正式的授权依据或法律基础。行政职权是对行政权的具体限定和分解，是行政权的转化和分配形式，是依法设定和划分给各级行政机关或各种行政主体的、有具体内容和职能范围的行政权力。

行政职权的设立可分为两个范围：一是在国家或公共行政组织的内部进行；一是在其外部的组织内进行，如本书第 3 章论述的“独立机构”和本章论述过的成为行政主体的企事业单位。无论是在哪一个范围中，行政职权的设立和划分都是按照纵向和横向两个方向进行的。前者按照组织内部的等级制度和隶属关系自上而下进行，从而形成行政权力的直线结构形式。后者按照不同职能的分工在水平方向进行，从而形成行政权力的参谋或职能结构形式。行政职权的设定最终要落实到每一个职位或工作单位上，形成一个纵横交错、分工严密的庞大权力体系。行政职权的设立和划分一般存在下列几种途径：

第一，由立法机关通过宪法和组织法直接设定和划分。如我国《宪法》第 3 章第 89 条明确设定了国务院的 18 项行政职权。我国宪法和地方各级人民代表大会和地方各级人民政府组织法对县以上的各级人民政府和乡一级人民政府的行政职权做了明确的规定。

第二，由立法机关通过宪法和组织法之外的其他法律直接设定和划分。如我国的行政诉讼法、行政复议法、国家赔偿法等。

第三，由立法机关通过的相关决议或决定授予行政机关某种行政职权。如 1985 年 4 月，六届全国人大三次会议作出了《关于授权国务院在经济体制改革和对外开放方面可以制定暂行的规定或者条例的决定》。

第四，由各级政府依据相关法律、法规或行政规章对下级部门制定和划分行政职权。如我国宪法规定：（国务院）“规定各部和各委员会的任务和职责”、“规定中央和省、自治区、直辖市的国家行政机关的职权的具体划分”。我国地方各级人民代表大会和地方各级人民政府组织法规定：省、自治区、直辖市的人民政府的厅、局、委员会等工作部门的设立、增加、减少或合并，由本级人民政府报请国务院批准；自治州、县、自治县、市、市辖区的人民政府的局、科等工作部门的设立、增加、减少或者合并，由本级人民政府报请上一级人民政府批准。

第五，由各级立法机关和各级政府依据相关法律、法规或行政规章对非行政机关的组织授予某种行政职权。如前文所述，中国银行根据国家授权，可发行外币债务和其他有价证券等。

6.4.2 行政职权的内容

行政职权的内容可以从两个方面认识：第一，明确的法律规定，此种规定多涉及具体的国家行政组织或行政主体；第二，理论上的分析，从行政权力的整体作用或行政行为的模式划分行政职权的内容。可以说，这是对行政权力作进一步的分类或分解，我国的行政法学著作多用此种方法阐述行政职权的内容。而行政学方面的著作对行政职权的论述较少，有的用此种方法阐述行政权力的类型。

对行政职权内容的理论阐述多种多样，有的分为七种、八种或十三种类型。为了便于从理论上理解行政职权的内容，在此将不同的论述择其精要归纳如下：

第一，立法提案权。指行政机关向立法机关提出议案的权力。

第二，行政规范权。指行政机关制定、公布行政法规和规章的权力。

第三，行政许可权。指行政机关批准符合条件者享有从事某种事项的权利或享有某种资格的权利。

第四，行政确认权。指行政机关以证明、公证、确权等形式认可或否认某种法律事实或法律关系的权力。

第五，行政命令权。指行政机关要求行政相对人采取或停止某种行为的权力。

第六，行政实施权。指行政机关采取各种行政措施，进行公共事务管理的权力。

第七，行政强制权。指行政机关对行政相对人采取强制执行措施的权力。

第八，行政奖惩权。指行政机关依法对行政相对人的相关行为予以某种奖励或处罚的权力。

第九，行政合同权。指行政机关利用经济手段与行政相对人签订行政合同的权力。

第十，行政检查权。指行政机关在执行过程中对行政相对人及其行为进行审查、审计、查验、监督的权力。

第十一，行政救助权。指行政机关对有特殊困难或合法权益受到损害的行政相对人予以物质帮助或经济补偿的权力。

第十二，行政司法权。指行政机关在处理民事纠纷、行政行为合法性争议等事项的过程中依法进行解释、复议、裁决的权力。

第十三，行政委托权。指行政机关将权限内的事项委托其他行政主体或行政相对人代其处理的权力。

当然，由于各国政治、经济、文化、历史等条件的差异，在对行政职权的内容的界定方面也存在着巨大差异。首先，行政职权的范围不同。某些国家把某些职权划归行政机关，行政机关的职权范围很大，而某些国家则把类似的职权赋予立法机关，行政机关的职权范围很小。通过比较各国的宪法，可以发现行政机关的权限范围差异很大。其次，对行政职权内容的具体规定也不同。仅就中央政府而言，由于行政体制和政府机构设置不同，各国宪法中对行政职权内容的规定同样存在着巨大差异，如在美国宪法中，对美国行政权的授予和规定只限于总统，其职权内容并无很具体的说明。在我国宪法中，对国务院的职权则做了较为详细的规定并明确了国务院所行使的职权内容。在我国地方各级人民代表大会和地方各级人民政府组织法中，对县一级人民政府及县级以上的地方各级人民政府的职权内容同样做了较为明确的规定。

6.4.3　行政职权和依法行政

在公共行政学的著作中论述行政权力的一个重要意义在于，它为各级行政组织和各级行政机关依法行政提供了重要的理论依据。

第一，不仅各级行政组织（包括不隶属于中央政府的独立机构）和各级行政机关是依法设立的，其所有的行政权力和具体的行政职权也是依法获得的。因此，它们不仅要受到立法机关和司法机关在法律上的制约和监督，而且要受到享有国家主权的全体人民的制约和监督。

第二，行政权力的产生是一个国家法制化的结果，没有立法权和司法权的存在，也就不可能有真正意义上的行政权。一个国家法律制度的完善，意味着各级行政组织和各级行政机关法律地位的巩固和法律作用的增强。

第三，行政权首先是一种执行性的权力。各级行政组织和各级行政机关的主要职权是执行宪法和国家的各项法律规定。政府所采取的各种行政活动、行政措施和行政行为也是按照依法制定的各种行政法规、规定、条例等进行的，它们的行政目标、手段、程序、方法等必须具有合法性，不得与国家的法律、法规相抵触。

第四，各级行政组织和各级行政机关无论是否是行政主体，都必须受到法律监督并承担相应的法律责任。依法行政意味着对具体的行政单位和行政人员进行依法评议、依法检查、依法裁决和依法奖惩。

第五，各级行政人员所处职位和所拥有职权的合法性要求其必须具有明确的法律观念和执法意识。各级行政人员进入行政组织或行政机关后，其个人行为必须与行政组织或行政机关的法律要求和行政行为相一致，其所拥有的个人决策权、决定权、处置权、裁量权等是处在法律要求和法定程序的框架之中的。关于依法行政的问题将在本书第 8 章“行政执行”中进一步展开论述。

关键术语

权力能力说　权力关系说　权力主体　权力客体　权力基础　行政权　行政主体　外部法律关系　内部法律关系　人民主权原则　行政职权　依法行政

问题与思考

1. 如何认识权力的性质与内容？
2. 如何理解国家行政组织的权力基础？
3. 如何理解国家行政组织的法律地位和法律关系？
4. 试述行政职权与依法行政的关系。

第7章

公共政策

公共政策是国家行政组织管理社会公共事务、有效履行各种职能的基本依据和手段，是在公共行政学研究中日益受到重视的重要领域。公共政策的制定和执行涉及国家立法机关、行政机关、司法机关及各种政治团体和社会集团的活动，对国家的稳定、社会经济的发展有十分重要的影响。因此，政策问题历来是各国政府和政治组织关注的首要问题。

7.1 公共政策的概念

公共政策是管理国家和社会公共事务的必不可少的指导准则。从某种意义上说，公共政策问题是国家立法活动、行政活动、司法活动和党派活动的核心问题之一，因此受到人们越来越多的重视。在深入探讨公共政策问题之前，有必要先对公共政策的定义、特点和类型做简要的论述。

7.1.1 什么是公共政策

在公共行政学领域中，公共政策问题已逐渐成为公共行政学研究的核心问题之一。在前面几章中，我们曾多次论述过"依法行政"问题，它主要是强调国家行政组织，特别是政府，必须在宪法和法律规定的范围内行使权力和履行职能。但是，整个公共行政过程并不仅仅是简单地按照法律规程办事的过程，宪法和法律不可能制定得非常具体，国家行政组织必须在得到授权的范围广泛、复杂的领域中制定具体的目标和准则来指导自己的行为和活动，这项工作即是一种制定公共政策的工作。另外，具体到宪法和法律，同样会遇到一个基本问题，即用什么指导思想来制定宪法和法律，或者说在宪法和法律中必须体现什么样的指导思想，这种考虑涉及政策性的问题。因此，公共政策问题是带有全局性的、方向性的问题，是包括国家立法机关、司法机关和行政机关在内的各种组织在制订其各项具体计划之前必须首先考虑的问题。

人们在观察同一个对象时，由于侧重点、兴趣焦点、所处位置的不同，往往会做出不同的描述，对公共政策的定义也是如此。伍德罗·威尔逊认为，公共政策是立法机关以法律形式制定的并且是由行政部门执行的，在政治—行政二分法的基础上提出了行政—政策二分法。其他一些角度不同且有代表性的定义有：公共政策是“一种含有目标、价值与策略的大型计划”①；“公共政策是政府所采取对公私行动的指引”②；“公共政策是对资源的战略性运用，以减轻国家的问题或政府的忧虑”③；公共政策是“党和政府用以规范、引导有关机构、团体和个人行动的准则或指南”④；“公共政策就是公共行政人员所依据以便执行的事项”⑤。欧文·休斯认为，对公共政策的定义很多，但要准确地给其下定义是不大可能的，因为它所涉及的范围太广了，“从各种各样的文献中，我们可以看到对公共政策的规定，这些文件的范围包括：‘关于目的的声明、目标的计划、关于将来的重要的政府决策行为的一般准则、可选择的行动路线或方法、采取或不采取行动的结果甚至政府的所有行为’”⑥。

对公共政策的描述虽然有所不同，但却从不同角度涉及与公共政策有关的某些很重要的问题，按照上述定义的顺序，这些问题是：(1) 公共政策的制定与立法机关有直接关系，虽然并不完全是由立法机关制定的；(2) 公共政策是有目标定向和价值定向的，制定公共政策时必须考虑目标和价值判断问题；(3) 公共政策是政府实行管理的一种指导性的手段；(4) 公共政策是用战略眼光考虑国家或政府面临的较为重大的问题；(5) 公共政策的制定与政党的作用有密切联系，是对任何组织或个人都有引导作用的行为准则。

根据对上述定义的分析和归纳及公共行政领域研究的特点，在此可对公共政策下一个较为综合的定义：公共政策是管理社会公共事务的基本规定和指导准则，它不仅关系国家意志的表达，而且关系国家意志的执行，对整个国家和社会的发展有着全局性的和方向性的影响。

7.1.2 公共政策的基本特点

根据上述关于公共政策的定义，尽管各个国家实际制定的公共政策在内容和形式上有很大的不同，但是从管理社会公共事务的宏观角度来看，可概括出下列一些公共政策的基本特点。

1. 公共政策具有政治性和阶级性

在本书第5章关于公共行政职能的论述中，曾经提到社会公共事务的管理是国家立

---

① ［美］哈罗德·拉斯韦尔、亚伯拉罕·卡普兰：《权力与社会》，见张金马主编：《政策科学导论》，18页，北京，中国人民大学出版社，1992。

② 伍启元：《公共政策》，见张金马主编：《政策科学导论》，19页。

③ ［美］J.C. 帕拉洛、R.C. 昌德勒编著：《行政管理学词典》，63页，成都，四川人民出版社，1988。

④ 张金马主编：《政策科学导论》，19页。

⑤ ［美］尼古拉斯·亨利：《公共行政与公共事务》，512页，北京，中国人民大学出版社，2002。

⑥ ［澳］欧文·休斯：《公共管理导论》，153页。

法、司法和行政部门有机配合、相互作用的过程，同时也是国家的政治职能和社会职能结合运用的过程。伍德罗·威尔逊在政治—行政二分法的基础上，认为公共政策的制定只是立法机关的事情，只与政治职能相联系，这种看法虽然并不完全符合现实，因为各国政府均程度不同地参与了政策制定过程，但它肯定地指出了公共政策具有政治性的基本命题。在阶级社会中，由于国家管理公共事务的社会职能要服从于政治统治即阶级统治的需要，因此，公共政策的政治性实质上就是阶级性。

2. 公共政策具有目的性和方向性

公共政策表明了国家最高决策者或最高决策集团如何管理社会公共事务的根本看法和基本意向，有明确的目的和方向，往往决定着某个国家或地区在一定历史时期内的发展方向和进程，起着一种“指挥棒”的导向作用。因此，一些重要的公共政策往往就是整个国家的基本国策。公共政策的概念不同于一般的决策概念，它是决策的指导准则和根据，它限定了一般决策的目标和范围，在政府中，一般的决策过程是一种执行政策的过程，是为了实现某种政策目标、制定各种备择方案优化选择的过程。修正或改变某项政策，意味着有关的一系列政府决策过程都将发生变化。

3. 公共政策具有规定性和规划性

公共政策本身并不是一种只具有导向作用的法定目标或理想目标，它必须是可执行或可操作的，否则就不能成为政策。公共政策的规定性和规划性是保证其能够执行或操作的基础和前提。公共政策的定义已说明它是管理社会公共事务的基本规定，它要求明确规定这种管理的目的、做法及所应具有的条件或行为，同时也要求明确规定相应的行动计划或执行计划。例如我国的环境保护政策并非仅仅停留在某种文字性的说明方面，它要求各级政府把环境保护纳入经济和社会发展计划，坚持经济建设、城乡建设、环境建设同步规划、同步实施、同步发展，实行城乡环境综合治理，依法加强监督检查，同时要求合理开发和保护自然资源，植树造林，改善生态环境。

4. 公共政策具有权威性和约束性

公共政策的制定、形成和颁布有一套规范化和合法化的过程，要求逐级执行和贯彻，因而具有很强的权威性和约束性。这种正规化和合法化的过程主要可分为国家立法机关制定法律，国家行政机关制定各种行政命令、行政法规和行政计划两种主要类型。在社会主义国家中，由于共产党的领导地位和指导作用，党的政策本身既具有很强的权威性和约束性，同时也常常通过上述两种正规化和合法化的过程发生作用。需要指出的是，几种过程类型并不意味着分别制定几种不同的公共政策，而是意味着某种公共政策可同时采用几种不同的政策形式。对于任何一个各种政权机关协调运转的国家来说，公共政策可成为一个统一的体系，具有政治性政策、法律性政策和行政性政策等多种形式，从而大大增强公共政策的权威性和约束性。例如我国的计划生育政策，不仅是党中央确定的一项基本国策，而且通过宪法、婚姻法、刑法、各省市计划生育条例等法律形式获得了最高法律效力，同时从国务院到地方各级政府层层制定有关计划生育管理的指示、决定、处罚和奖励办法等各种行政法规和行政措施，党纪国法及各种行政性的奖惩措施的结合运用，无疑是增强计划生育政策的权威性、约束性并使其得以贯彻执行的有力保障。

7.1.3 公共政策的类型

社会公共事务本身是多种多样的，公共政策作为管理社会公共事务的基本规定或指导准则，自然也是多种多样的。如美国政策科学文献中常见的一种分类方法将公共政策分为分配性政策、调节性政策、自我调节性政策、再分配性政策四种类型。可以说，每个国家每个政府都可根据不同情况对公共政策进行不同的分类，在此只对最普遍、最基本的分类方法做简要介绍，其他方法不再一一赘述。

第一，按公共政策的制定过程划分。依此可分为政治性政策、法律性政策和行政性政策三种，前文已有简单论述。

第二，按制定公共政策的层次划分。依此可分为中央政策、地方政策两种类型。中央政策是党和国家最高决策机关制定的对全国有普遍指导作用的政策，有时也可称为国家政策或宏观政策。地方政策是地方党组织和地方决策机关制定的政策，有一定的区域限制和作用范围的限制。因为公共政策的制定本身是一种较高层次的决策过程，所以地方政策的概念不应太窄，在我国，可以指县级以上决策机关所制定的政策。

第三，按政策的指导作用划分。依此可分为基本政策、具体政策和元政策三种类型。无论是中央政策还是地方政策，都可以包含这三种类型的政策。基本政策是具有全局性的和全面指导性的政策，也可称为总政策。具体政策则是为执行基本政策而制定的局部政策或阶段性政策，具有局部的或阶段性的指导作用，也可称为子政策。基本政策与具体政策的关系是整体与局部、母系统与子系统的关系，前者对后者有指导作用，后者服从于前者。从某种意义上说，中央政策与地方政策的关系也属于这种类型，但并不完全一样，因为地方政策允许有一定的特殊性或特殊内容。元政策是关于制定政策的政策，其英文拼写是“metapolicy”，“meta”作为前缀虽有“总的”含义，但和作为总政策的基本政策不同，它只对如何制定政策有指导作用，而不涉及社会公共事务管理的具体内容。

第四，按政府职能划分。依此可分为多种公共政策类型。政府作为执行机关的特殊地位使它成为公共政策的具体执行者，同时它也在一定程度上参与制定公共政策的过程。如按政府特殊的公共行政职能可划分为防卫政策、外交政策、军事政策、治安政策、经济政策、文教政策和社会保障政策七种。每一种政策又可进一步划分为许多具体政策，如防卫政策可划分为国防政策和国家安全政策；外交政策可划分为亚洲政策、欧洲政策、非洲政策等；经济政策可划分为工业政策、农业政策、金融政策等；文教政策可划分为文化政策、教育政策、科技政策等。每一个具体政策又可进一步划分为许多更具体的子政策，如欧洲政策可划分为对英政策、对法政策等；农业政策可划分为粮食政策、价格政策等。制定政策的过程实际上是具体履行政府职能的过程。

第五，按管理对象划分。社会公共事务管理与不同类型的社会成员的切身利益有直接关系，因此有必要按照不同的管理对象制定不同的公共政策，如妇女政策、知识分子政策、少数民族政策等。每一种政策也可进一步划分出多种具体政策，如知识分子政策可划分出老年、中年、青年知识分子政策等，并且还可再细分。

7.2 公共政策的合法化途径

公共政策只有经过合法化的过程才能得到社会确认，从而成为各级组织和个人普遍遵守、执行的基本规定和指导准则。政策合法化的过程是使各种拟议中的政策方案获得合法地位，具有社会权威性和约束性的过程，它包括政策法律化、政策法规化和政策社会化三个方面。这三个方面的相互结合使公共政策体系成为一个有机的整体。

7.2.1 政策法律化

政策法律化是使公共政策取得法律形式，具有法律效力的过程。它主要是在国家立法机关的权力和活动范围内进行的。公共政策和法律是两个既有区别又有联系的概念。公共政策和法律都属于政治范畴，体现的是统治阶级的意志，是实行国家管理和政治统治的工具和手段。在管理国家和社会公共事务的总的指导原则、调整最基本的社会关系等基本规定方面，公共政策和法律的作用不仅是相同的，而且是重合的。这种重合即是政策法律化的过程和结果。然而，公共政策并不一定就是法律，除重合部分外，二者各自存在不同的作用范围和活动领域。一方面，公共政策属于较高层次的管理决策，不包括由法律所规定的许多较具体的行为规范；另一方面，公共政策的作用范围比法律要广泛得多，像政治、经济、文教等领域的许多社会问题是靠政策而不是靠法律来管理和调节的。

1. 政策法律化的基本形式

政策法律化是公共政策取得合法地位，具有社会强制力的重要途径。当某些政策性的议案或提案经过立法机关的立法程序成为正式的法律规定时，意味着以法律形式正式颁布这些公共政策，并用整个国家的暴力机关作为执行这些政策的保证。公共政策可能具有的法律形式主要有以下几种：

第一，宪法。宪法是国家根本大法，又称母法，具有最高法律效力，是各项立法的依据。有关国家和社会公共事务管理的最重要的和最基本的指导准则通常是宪法中必不可少的重要内容。因此，一些最重要的公共政策必然要在宪法中明确地表述和体现出来。

第二，法律。法律包括基本法律和基本法律以外的其他法律。宪法中的原则规定通常要经过法律具体化，因此，宪法中所包括的政策内容也将在各项法律中得到更具体的表述和规定。我国宪法规定，全国人民代表大会有权制定和修改刑事、民事、国家机构和其他的基本法律，全国人民代表大会常务委员会有权制定和修改除应当由全国人民代表大会制定的法律以外的其他法律。

第三，地方性法规。指地方立法机关在不同宪法、法律相抵触的前提下制定和颁布的法律规定。地方性法规除进一步将宪法和法律中的政策内容具体化之外，还包括某些地方性的政策在内。我国宪法规定：省、直辖市的人民代表大会和它们的常务委员会，在不同宪法、法律、行政法规相抵触的前提下，可以制定地方性法规，报全国人民代表大会常务委员会备案。

第四，自治条例和单行条例。自治条例和单行条例指民族自治地方的立法机关制定和颁布的法律规定，具有和地方性法规类似的特点。自治条例和单行条例除上述政策内容外，还包括和体现国家的民族政策、宗教政策等内容并将其进一步具体化。我国宪法规定：民族自治地方的人民代表大会有权依照当地民族的政治、经济和文化的特点，制定自治条例和单行条例。自治区的自治条例和单行条例，报全国人民代表大会常务委员会批准后生效。自治州、自治县的自治条例和单行条例，报省或者自治区的人民代表大会常务委员会批准后生效，并报全国人民代表大会常务委员会备案。

2. 政策法律化的基本程序

政策法律化也可称为政策立法，其整个过程是在国家立法机关的职权和活动范围内进行的。国家立法机关是享有立法权，有权制定、认可、修改、补充和废止法律的国家政权机关，其立法权的行使必须依据严格的法律和法定程序。立法过程一般包括下列几个阶段和步骤：

第一，提出议案。提出议案是立法过程的最基本的阶段。有关公共政策方面的议案可能是执政党或政府已颁布实行的政策，也可能是未采用其他形式颁布过的、首次提出的政策方案。由于各国的立法规定不同，有权提出议案或有立法提案权的组织和人员的情况有所不同，主要涉及下列七种类型：（1）议会和议员；（2）国家元首；（3）政府和政府首脑；（4）司法机关；（5）政党和社会团体；（6）一定数量的选民；（7）法律规定的其他机关。我国宪法规定，全国人民代表大会代表、全国人民代表大会常务委员会组成人员以及国务院有权依照法律规定的程序分别提出属于全国人民代表大会和全国人民代表大会常务委员会职权范围内的议案。根据全国人民代表大会组织法和全国人大常委会议事规则的规定，全国人大各专门委员会、中央军委、最高人民法院、最高人民检察院也可向全国人民代表大会或全国人民代表大会常务委员会提出议案。

第二，审议议案。议案提出后，能否列入议事日程交付讨论表决，需要经过审议过程做出决定。由于各国立法议案审议权的规定不同，议案审议程序也有所不同。议案审议程序基本包括下列几种形式：（1）由议会大会直接审议议案；（2）由议会中的各专门委员会负责审议议案；（3）由专门委员会和议会大会按规定程序共同审议议案。如有的国家先由专门委员会进行初审，然后再由议会大会最终审议，有的国家的程序更复杂一些，先由议会大会进行初审，然后由专门委员会复审，最后再由议会大会最终审议。议案的审议过程同时也是对议案进行斟酌、修改、完善的过程，除此之外，在议案审议过程中还可提出修正案。根据我国宪法规定，全国人民代表大会设立法律委员会、财政经济委员会等专门委员会，在全国人民代表大会和全国人民代表大会常务委员会领导下，负责审议有关议案。同时，全国人大常委会和全国人民代表大会都有审议议案的职权和程序。

第三，表决和通过议案。当某项议案通过审议后需进行最终表决，决定其能否成为法律。表决结果一般由获得赞成票的多少来决定。根据我国法律规定，全国人大审议的普通立法议案和全国人大常委会审议的立法议案，均要求过半数通过，宪法的修改由全体代表的 2/3 以上多数通过。表决方式一般包括立法机关的表决和全民公决两种形式。立法机关的表决方式一般为无记名投票、记名投票、举手表决、使用电子仪器表决等。全民公决则指由公民直接用投票方式表示对某一重大立法议案的赞成或反对态度而决定取舍。

第四，公布法律。立法议案经过严格的审议、表决程序并获得通过后即可作为法律正式公布。公布法律的程序一般可分为两类，当立法机关审议、表决并通过某项立法议案时，或是由立法机关的领导机构或是由国家元首按法定程序予以公布。在由国家元首公布法律的程序下，仍然有两类情况：一类是国家元首有较独立的权力，或是有权否决立法机关通过的立法议案，或是可以要求议会重新审议。另一类情况是国家元首有形式上的权力，不能否决或驳回立法机关通过的立法议案。我国宪法规定，由国家主席根据全国人民代表大会的决定和全国人民代表大会常务委员会的决定以主席令的形式公布法律。与公布法律有关的两个重要问题是法律生效时间和违宪审查问题，各国的立法程序和规定在形式上虽然有所不同，但实质内容基本上是大同小异的。

7.2.2 政策法规化

政策法规化是政策合法化的重要过程之一。公共政策并不一定通过为法律才能获得合法地位。“合法”的含义主要指的是符合宪法和法律规定，其次指的是具有使各种组织和个人遵从的社会效力。政策法规化是使公共政策成为具有某种法律效力的社会规范的过程，它主要是在政府的活动范围内而不是在立法机关的活动范围内进行的。政策法规化的过程是政府通过制定行政法规，推行各种政策，进行管理的过程。

1. 行政法规

行政法规有广义、狭义和介于二者之间的三种认识。广义的行政法规是泛指一切有关国家行政管理的法律、法规、法令、规章、决议、决定、命令、指示等各种规范性文件的总称，在部门法的分类上可统称为行政法；狭义的行政法规是按我国宪法的规定专指国务院制定的行政法规；介于二者之间的行政法规含义是指国家行政机关制定的条例、规定、办法、命令、规章等各种规范性文件的总称，其范围不仅包括国务院制定的行政法规，而且包括其他国家行政机关制定的各种规范性文件。这种界定是与国家立法机关通过的法律相对而言的。按照这种界定，实际上对行政法和行政法规的概念进行了区分，行政法是与经济法、刑法、民法不同的部门法，主要包括行政法律和行政法规两部分。为便于区分国家立法机关和国家行政机关的职权范围和作用范围，本书主要采用介于二者之间的行政法规含义。

2. 授权立法或委任立法

国家行政机关制定行政法规本身是行政立法的过程，主要有两种形式。一种形式是授权立法或委任立法，另一种形式是职权立法。授权立法或委任立法指国家行政机关根据国家立法机关的授权或委托进行的立法活动，其根本特点是国家立法机关将自己权限范围内的某种立法权通过一定的授权规定委托给国家行政机关行使。例如，根据我国《宪法》第89条关于国务院职权第18项的规定，第六届全国人民代表大会第三次会议做出决定，授权国务院在必要的时候，对于有关经济体制改革和对外开放方面的问题，在同有关法律和全国人大及其常务委员会的有关决定的基本原则不相抵触的前提下，可以制定暂行的规定或条例，颁布实施，并报全国人大常委会备案；另外，全国人大常委会做出的《关于授权国务院对职工退休退职办法进行部分修改和补充的决定》、《关于授权国务院改革工商税制和发布试行有关税收条例（草案）的决定》等都属于授权立法的形式。授权立法所制定的暂行规定或条例，同国务院行使本身职权制定的各种规章或规定在性质上和法律地位上是不同的。一方面，它在程序上有所不同，需要报立法机关备案，而不是经政府最高层会议决定或经政府首脑审批后即可施行；另一方面，其本身具有国家法律的性质和地位，具有较高的法律效力。当然，授权立法或委任立法并不意味着改变得到授权的国家行政机关的性质。

自 20 世纪五六十年代以来，授权立法或委任立法在世界各国发展得较为普遍。不少国家在宪法上对此有明确规定，如法国《宪法》第 38 条规定："政府为执行其施政纲领可以要求议会授权自己在一定期限内以法令的方式采取通常属于法律范围内的措施。"原《联邦德国基本法》第 80 条规定："委任的内容、目的和范围以法律定之。"授权立法或委任立法的作用在于协调国家立法机关和国家行政机关的管理活动，其必要性在于：(1) 使政府可及时处理一些较为复杂、紧迫而制定法律的条件尚未成熟的社会问题；(2) 使政府在处理一些专业性、技术性很强的社会事务方面行使较大的权力，发挥较大的作用；(3) 适当减轻立法的繁重任务，在政府工作取得一定经验的基础上有利于立法机关制定较为成熟的法律。授权立法或委任立法并不是随意进行的，必须有一定的原则和条件：(1) 有特定范围或特定事项的限制；(2) 不能与宪法或有关法律的基本规定相抵触；(3) 有报立法机关备案的规定和程序；(4) 有一定的时间限制，在条件成熟时，授权立法制定的暂行规定或条例可由立法机关制定为法律。

3. 职权立法

国家行政机关制定行政法规或行政立法的另一种形式是职权立法，指的是国家行政机关在宪法或有关法律所规定的职权范围内进行的立法活动。这一点和授权立法或委任立法有明显的区别。传统上，立法机关、行政机关和司法机关分别拥有立法权、行政权和司法权，其职权范围有明显的界限。但是，随着政府职能的演变和政府职权的扩展，许多国家的政府不仅有行政权，而且有行政立法权和行政司法权。这种行政立法权是在宪法中明确规定的，而不是根据立法机关的某项议案临时授予的。如我国《宪法》第 89 条第 1 项规定：国务院有权"根据宪法和法律，规定行政措施，制定行政法规，发布决定和命令"。第 2 项规定，有权"向全国人民代表大会或者全国人民代表大会常务委员会提出议案"。前一规定属于行政立法权的范围，后一规定则与立法权的范围有关。严格地说，宪法中的权力规定是一种分权形式，职权立法指的是国家行政机关在限定的管辖范围内行使宪法规定给自己的行政立法权，而授权立法指的是国家行政机关行使国家立法机关授予或委托它的立法权，按照宪法规定，这部分立法权本属于立法机关的职权范围而不属于国家行政机关。国家行政机关制定的行政法规大部分是通过职权立法的活动完成的。职权立法同样有较严格的规定和限制，并且不能与宪法或有关法律的基本规定相抵触。

4. 政策法规化的基本形式

政府制定的政策性规定可按其发布的权限分为三种基本形式：(1) 中央政府法规。指国家最高行政机关制定和发布的有关国家行政管理的规范性文件。在我国，专指国务院制定和发布的规范性文件，即狭义的行政法规。其颁布有时采用某种命令的形式，如国务院令，亦可称为政令性法规。中央政府法规的法律效力仅次于由国家立法机关通过的宪法和法律，可作为提起行政诉讼法律依据和法院审判行政案件的准绳和适用规范。(2) 主管部门规章。指国家最高行政机关所属部门或规制机构制定和发布的规范性文件，亦可称为部令性规章。此类规章不具有中央政府法规的法律效力，不能成为提起行政诉讼或法院判决行政案件的法律依据，但有一定的参照作用。主管部门规章均在本专业范围或职能范围内有效，其他部门需遵守和执行，有时需报中央政府批转或请中央政府发出通知，有时则直接以中央政府名义发布，以提高效力等级。在我国，只有国务院各部委享有制定此种规章的权限，国务院除部委以外的其他工作部门（如直属机构）享有不完全的规章制定权，其制定的规章必须报国务院批准、公布。（3）地方政府规章。指地方国家行政机关制定和发布的规范性文件。在我国，省、自治区、直辖市一级的人民政府制定和发布的规章要服从于中央政府法规、主管部门规章和省、市、自治区立法机关制定的地方性法规。在本区域内有效，其法律效力和中央政府部门规章类似。省、自治区人民政府所在地的市政府和国务院批准的较大的市的市政府也有权制定地方政府规章，但要服从于省、自治区政府所制定的规章。除此之外，其他各级地方政府及地方政府部门无权制定地方政府规章，它们只有规定行政措施、发布决定和命令的权限，其规定的区域效力和法律效力随其管辖权限逐级降低。基层政府制定的规定则不具有法律效力。

政府的政策性规定除上述三种基本形式外，还可按其他方法进行分类。如按行政法规与宪法、法律的关系可分为：（1）执行性行政法规，政府具体实施某种法律制定的行政法规；（2）补充性行政法规，政府在具体实施某种法律时对其未明确或未涉及的方面所作的补充规定；（3）自主性行政法规，政府在自己的权限范围内自行制定的行政法规。按照作用划分，可分为组织性行政法规、行为性行政法规和监督性行政法规三种类型。按照政府职能或公共政策的类型划分，政府制定的行政法规可以有多种多样的类型，在此不再一一赘述，它们表明了政府职能、公共政策与行政法规之间的紧密的内在联系。

在我国，行政法规的名称多种多样，常见的有条例、规定、决议、决定、通知、办法、章程、规则、细则、方案、指示、通告、布告、批复、意见、措施等，有人统计有60～70种。为了规范化和标准化起见，2001 年 11 月国务院颁发的《行政法规制定程序条例》中规定，只有国务院才能制定行政法规，其他行政机关制定的规章不能称为行政法规；宪法也明确了这一点。同时，《行政法规制定程序条例》中规定，只有国务院的行政法规才能用“条例”名称，国务院各部委以及地方各级政府制定的规章，一律不能使用这一名称。该条例还规定，国务院行政法规所采取的具体形式是条例、规定和办法，其重要性、全面性、系统性有一定的区别。涉及某一行政领域的较全面的法规称条例，如《国家公务员处分条例》（2007 年 4 月）；涉及某一行政工作的较具体问题的法规称“规定”，操作性的法规称办法或细则，如《公务员考核规定（试行）》（2007 年 1 月）、《公务员奖励规定（试行）》（2008 年 1 月）、《中华人民共和国发票管理办法实施细则》（2011 年 2 月）等。

5. 政策法规化的基本程序

国务院批准发布的《行政法规制定程序条例》对制定行政法规提出了四条原则：（1）坚持四项基本原则，为改革、开放、搞活和社会主义现代化建设服务；（2）符合宪法和法律，符合党和国家的路线、方针、政策；（3）从实际出发，实事求是；（4）贯彻民主集中制，充分发扬民主。政策法规化的基本程序应严格遵守这些原则，在我国，其具体程序可分为以下六个步骤：

第一，编制立法规划。为了适应社会发展的需要，更好地履行政府职能，减少可能出现的矛盾、冲突和重复，行政立法必须制定具体规划，有计划地进行。在我国，行政立法规划分为五年规划和年度计划，其主要根据分别是国民经济和社会发展的五年计划所规定的各项基本任务和年度计划所规定的各项具体任务。各级政府的编制立法规划工作在其所辖权限内按规定程序进行。国务院行政法规五年规划和年度计划通常由国务院各主管部门分别在其所辖范围内提出立法建议，由国务院法制局综合考虑、拟订草案后报国务院审定；国务院各部委的规章制定规划由相应部委的法制机构（条法局、司、处）编制并报相应部委首长审定；地方政府的规章制定规划通常和地方立法机关的地方性法规规划统一考虑，由地方政府法制机构（法制局、办、处）和地方立法机关法制机构（法制委、办）在协商基础上拟订草案并报地方政府首长审定。

第二，起草方案。行政立法规划经审定后，即可按计划进行制定具体法规或规章的工作。首先是起草有关法规或规章的草案，根据其重要性或涉及范围可以由主管部门单独进行起草工作，也可以由政府法制机构或主管部门牵头，与有关的若干部门组成起草小组进行工作。起草工作或起草小组应适当吸收有关业务专家或法律专家参加。

第三，征求意见。法规或规章草案起草出来后，应在影响所及的范围和地区内广泛征求意见，其形式可以有提交书面材料、通过新闻传播媒介公布、公开讨论、举行听证会、建立一定的听证制度和咨询制度等。与有关部门协商也是征求意见的形式之一。《行政法规制定程序暂行条例》第 9 条规定："起草行政法规，应当征求有关部门的意见。对于涉及其他主管部门的业务或者与其他部门关系密切的规定，应当与有关部门协商一致；经过充分协商不能取得一致意见的，应当在上报行政法规草案时专门提出并说明情况和理由。"

第四，审查。法规或规章草案征求意见后，即由起草部门负责人审阅并签署意见后报送有关法制机构审查，如国务院各部门起草的法规草案，按规定需报送国务院法制局审查。起草部门报送法规或规章草案时，需同时报送下列材料：（1）草案说明和有关材料；（2）需同时制定的实施细则；（3）其他需要说明的情况和问题。对法规或规章草案进行审查的主要内容是：（1）制定法规或规章的必要性和可行性；（2）该法规或规章的具体内容和条款是否符合宪法、法律及党和国家的路线、方针、政策；（3）是否符合立法程序；（4）是否符合所规定的权限范围；（5）草案的结构、文字、名称、逻辑体系等是否符合规范化要求；（6）是否符合上报手续和要求。法制机构在认真审查的基础上，提出是否将该法规或规章提交讨论的审查报告并按规定程序上报。

第五，通过。属于行政立法权范围内的法规或规章，在法制机构审查后，要经过有相应权限的行政立法机关的正式会议讨论才能通过。如国务院的行政法规通常由国务院常务会议或全体会议审议通过；部门规章由部务会议或委务会议审议通过；地方政府规章由政府常务会议或办公会议审议通过。法规或规章经一定会议通过后，需由制定机关的首脑签署并按规定程序报请上级机关审批或备案。

第六，公布。公布是制定新法规或规章的最后一个程序，只有经过正式公布，才能确保其贯彻和执行。公布的方式一般是由主管的行政首长签署发布令，在政府公报上或通过新闻媒介发布。我国国务院通过的行政法规，由国务院总理签署国务院令，在《中华人民共和国国务院公报》及重要报纸上全文刊载。

7.2.3　政策社会化

政策法律化和政策法规化所涉及的是政策合法化的形式问题或现象问题，某种公共政策之所以能够转化为宪法、法律或行政法规中的条文或规定，是以一定社会历史条件下的社会成员的认识程度和接受能力为前提的。如果某种公共政策受到人们的普遍赞成和支持，就很容易转化为法律、法规或规章。如果受到强烈的反对，即使有法律效力也很难维持和执行。因此，当某种公共政策成为人们自觉遵守的社会规范时，也就具有了可转化为法律或法规的合法性的实质内容，这种转化的实现意味着其合法性达到了内容和形式的统一。政策社会化是公共政策成为人们普遍遵循的非法律化的社会规范的过程。在一个法制化的社会中，约束人们行为的并不仅仅是法律规范，思想文化、伦理道德方面的规范也起着很重要的作用。在社会公共事务管理方面，同样存在着这种现象。除了法律和行政法规外，有许多非法律化的政策规定或社会规范在起作用，其中有着巨大感召力的政治团体——特别是执政党——所制定的政策规定具有特别重要的影响。

政策社会化具有下列一些特点和条件：（1）制定政策的政党或政治团体占据执政地位或合法地位；（2）这种政党或政治团体在社会上有极高的威信、社会号召力和雄厚的群众基础；（3）其所制定的政策反映大多数人的愿望并代表大多数人的利益；（4）这种政策是经过党的或政治团体的最高领导机关正式会议讨论通过的；（5）这种政策为社会上大多数人自觉接受和执行。满足这些条件的程度与政策社会化的程度密切相关。需要指出的是，这些条件中的每一个都对政策社会化过程有相对独立的影响作用，即如果其中任何一个条件不能得到满足，政策社会化的过程将不可能完成。由于这些特点和条件限制，并不是每一个政党或政治团体制定的政策都能够实现政策社会化的过程，它是由政党或政治团体及其制定的政策的性质所决定的。实践证明，只有无产阶级的政党及其制定的政策才真正具有这种性质。在我国，中国共产党所制定的政策即具有政策社会化的特点。

在政策法律化和政策法规化的过程中，公共政策的执行主要是以国家的强制力和法制观念为基础的。在政策社会化的过程中，公共政策的执行则主要是以政党的威信、党性原则、组织观念和社会观念为基础的，政策社会化的群众基础比政策法律化和政策法规化广泛得多。当只占社会少数的统治阶级强行用法律和行政法规的形式推行代表其利益的政策时，这种政策明显缺乏群众基础，不能成为人们自觉遵守或自愿接受的社会规范，因此社会化的效果较弱。

政策社会化的过程主要分为两个阶段：（1）在执政党或政治团体的活动范围内进行，有一套拟订草案、党内外征求意见、中央正式会议审议通过、正式公布的严格程序。在我国，中国共产党全国代表大会、中央全会、中央政治局会议及各种中央工作会议所制定的政策都具有社会化的效力和效果。（2）在整个社会范围内进行，通过执政党或政治团体的各级组织利用各种传媒和沟通方式，在社会上进行广泛宣传和动员，加深公众的理解和接受程度，以期达到最好的社会化效果。

在许多国家，由于政策法律化、政策法规化和政策社会化的过程分别是在三个不同的活动范围内进行的，常会出现矛盾和冲突。在我国，这三种过程却是相互结合、相互渗透的，并形成一个完整的公共政策体系。这三种过程能够统一、协调的原因和条件在于：（1）党在群众中有很高的威信，党的政策反映并代表了大多数人的利益，得到广泛拥护和支持；（2）党的政策决定是制定宪法、法律和各种行政法规的指导思想、基本原则和重要内容；（3）除了社会化的过程外，党的政策通过法律化和法规化的形式得到积极的强化；（4）在宪法、法律和行政法规中明确了党的领导地位和指导作用，增强了党的政策的社会化的效果；（5）党章规定，党必须在宪法和法律范围内活动，这种规定维护了宪法、法律的尊严和权威，保证了政策法律化、政策法规化和政策社会化的一致性；（6）党的性质不变和党的政策的一贯性、连续性是保持这三种过程和谐统一和政策体系完整性的基础。当社会生活和政治形势发生变化时，党需要根据客观形势的变化制定新的政策，并相应对法律和行政法规进行修改和调整。如果党的政策始终能够反映人民的愿望和代表人民的利益，就能够消除政策法律化、政策法规化和政策社会化过程中可能出现的矛盾，保持公共政策的整体性，并且不断使之发展和完善。

7.3 公共政策的合理化

公共政策的法律化、法规化和社会化涉及公共政策如何取得合法形式、成为具有强制性和约束力、同时为社会成员所广泛接受的问题。除此之外，公共政策还有另外一个重要方面，即其内容的合理化问题。公共政策的合理化涉及公共政策是否适当、是否符合客观需要和客观要求的问题。当某项政策方案转化为法律、法规或党的政策时，它只具有了合法的形式，但不一定具有合理的内容，合法的并不意味着一定是合理的。因此，有必要通过科学的政策分析、政策制定和政策评估实现公共政策的合理化。

7.3.1 政策分析

政策分析是保证政策合理化的第一个步骤，有的学者称它是一种“行动前”的决策工具。政策分析的概念有广义和狭义之分，狭义的政策分析概念将政策分析与政策制定和政策评估两个基本概念区分开，是制定公共政策前的一个必经阶段；广义的政策分析概念是制定公共政策全过程的同义词，它不仅包括对政策方案的选择和对政策结果的评估，而且也包括对政策制定具体过程本身的考察和完善。为了叙述的方便，此处采用的是狭义的政策分析的概念。

1. 政策分析的重要性

制定和实施公共政策的过程可以分为政策分析、政策制定、政策执行和政策评估四个阶段。政策分析主要考虑如何认定紧迫的政策问题，确定合理的政策目标和较优化的政策方案；政策制定是政策合法化的主要阶段，使某种政策目标和政策方案成为具有一定合法形式的正式政策并予以公布；政策执行是具体实施已正式颁布的政策的阶段；政策评估主要考察的是政策实施的效果及既定目标实际实现的程度。就某项具体政策而言，这四个阶段在时间上是依次进行的，具有较明显的界限和连续性。虽然在实际过程中，这四个阶段可能会出现重复进行和交叉进行的情况，但在理论上可以对其进行抽象的考察。

在这四个阶段中，政策制定问题历来受到较多的注意，因为它是政策形成或政策具有合法性的最显著的阶段，而政策分析只是近来才越来越受到重视。但是，政策的合法化并不等同于政策的合理化，当某项政策具有法律或行政法规的合法形式时，并不意味着它就是合理的。这项政策在制定的程序方面或形式方面可能是合法的，但是其目标或内容却有可能是错误的、欠妥的或不适当的。由于政策具有导向性、规定性、权威性等的性质和作用，政策出现偏差会带来十分有害的影响。在错误政策的合法性越强、政府的效率越高、执行得越得力时，这种有害的影响就越大。在缺乏政策分析的情况下，人们往往只注意按某种既定目标制定正式政策，很少对该目标的合理性进行认真的分析，其结果是在这项政策的有害影响十分明显时才意识到应对该政策进行彻底的纠正。我国 20 世纪五六十年代的人口政策即是缺乏政策分析的一个例子。

1954 年公布第一次全国人口普查结果时，我国总人口已接近 6 亿，马寅初等一些具有远见卓识的学者曾大声疾呼严格控制人口，但是，由于“左”的思想影响和缺乏科学的政策分析，此问题一直未引起足够的重视，也没有制定控制人口膨胀的政策。至 1964 年，我国人口达到 7 亿，1969 年达到 8 亿，1974 年达到 9 亿，基本上每 5 年增加 1 亿人，给我国社会经济发展带来了沉重的压力。至 60 年代和 70 年代，当严峻的现实表明人口增长过快已给国家带来巨大压力时，才逐步推动了计划生育政策的发展。1966 年至 1971 年六年间，我国人口自然增长率高达 2.6%，净增人口 1.2 亿。根据国家统计局 1994 年公布的数字，至 1993 年年底，我国总人口已达 11.85 亿，至 1995 年 2 月，我国实际人口已突破 12 亿。至 2000 年第五次全国人口普查的资料显示，我国人口已经达到 12.95 亿。人口问题近期成为我国社会发展和经济发展的沉重包袱。20 世纪 70 年代后期，计划生育工作逐渐受到重视，1978 年 3 月 5 日，我国宪法明确规定：“国家提倡和推行计划生育”，正式有了法律化的政策导向。1980 年 9 月 25 日，中共中央发表了《关于控制人口增长问题致全体共产党员、共青团员的公开信》，使人口政策有了政策社会化形式。1981 年 3 月，正式成立国家计划生育委员会，统一管理全国计划生育和人口控制工作。同年召开五届全国人大会议，明确提出“限制人口的数量，提高人口的素质，这是我们的一项基本国策”，并把提倡每对夫妇只生育一个孩子作为人口控制政策的目标，逐步推进人口政策法律化、法规化进程。2002 年 9 月实施《人口与计划生育法》。这有效抑制了人口膨胀的速度。由此可见政策问题和政策分析的重要作用。因此，在正式制定某项政策之前，有必要先进行认真的政策分析，对其目标进行科学的论证，在对多种目标甚至完全对立的目标进行比较研究的基础上，选择较为适当的政策方案，以防止或减少政策偏差和失误。

2. 政策分析的方法

政策分析是一种运用各种分析技术和数学模型选择政策目标和方案的方法。政策分析既不是简单的比较分析方法，也不是粗略的定性分析方法，它要求综合运用各种现代的科学分析技术和定量分析方法进行较复杂的数学运算，在广泛收集有关信息的基础上，列出所要解决的问题、所要采用的方法及所要实现的目标，拟订多种可供选择的政策方案，建立相应的数学模型对其运作及效果进行预测性的分析和评估，从而选出最佳的政策目标和政策方案。

现代意义的政策分析是在将运筹学、系统分析、决策理论、计算机科学等先进的科学技术方法应用于政策科学的基础上发展起来的。它和传统的制定政策时所作的一般性的分析不同，其根本的区别在于所运用的方法上的差别。传统分析所运用的主要是概念分析和经验分析的方法，而政策分析所运用的方法包括线性和非线性规划、决策论、博弈论、排队论、回归分析、成本—效益分析、马尔可夫模型、贴现率分析、系统分析、计算机模拟等，必须通过政策制定者、专门的政策分析人员和各种专家的联合努力才能完成。

政策分析的过程一般包括六个阶段：

第一，确认政策问题。在调查统计的基础上，确认需要制定相应政策的紧迫的政策问题，确定问题的性质、现状、症结、紧迫性和社会影响。在此阶段，一项最重要的工作是系统收集量化资料，如人口普查和人口统计数据、各种经济统计报表等，这些都是合理分析、确定人口政策、经济政策必不可少的依据。

第二，选择政策目标。在对各种不同的目标进行权衡和比较的基础上，初步规划并选择所需要实现的政策目标。其常和立法机关的政策辩论、专家论证、听证会等各种形式相联系。

第三，确定政策方案。在对某项政策目标达到较为一致的认识后，则需要讨论制定实现该目标所应采取的各种可操作性的计划和行动方案。这一阶段也是在对好几种可能的方案进行比较研究、反复论证的过程中进行的。

第四，确定政策标准。确定评估所选方案的政治标准、经济标准、价值标准及相关指标，此阶段与未来的政策绩效密切相关。

第五，预测政策效果。预测所选方案实现预定的政策目标的程度及可能有的效果和影响。

第六，建立分析模型。建立各种政策分析模型，利用计算机描述或模拟各种备择方案的实施过程，在科学的量化评估基础上对各种备择方案进行优化选择，并从中选出较为适当的、切实可行的政策方案。

以上六个阶段均涉及政策论证问题，即每一个阶段都是一个选择、分析、判断、论证的过程。政策分析可以被看作一个政策论证过程，它需要政策分析人员利用多种形式和技术方法对政策问题、政策目标、政策方案、政策标准、政策效果等进行充分的构想、探询、讨论、建议、评价、预测等工作。一般认为，政策论证本身包括六种要素：（1）政策信息，信息内容包括与政策分析过程中六个阶段有关的各个方面；（2）政策主张，属于与论证问题有关的明确意见；（3）立论理由，指提出政策主张的理由，论证政策主张的原因和正当性；（4）立论依据，提出支持政策主张的论据，论证政策主张是否成立；（5）分析反论，对存在的不同意见进行比较分析；（6）限定条件，对实现政策主张所具备或提供的条件进行论证，这些条件决定了政策主张可能实现的程度。

政策分析的一个最基本的技术方法是建立政策模型。“政策模型的表现形式可以是概念、图表或数学公式，它不仅可以用来描述、解释并预测问题情势的要素，也可以通过提出解决特定问题的行动步骤来改进它。”① 政策模型通常可分为描述性模型和规范性模型两种类型。政策模型不仅有助于解释或预测政策问题、政策目标或政策方案的具体内容、

① ［美］威廉·N·邓恩：《公共政策分析导论》，169页，北京，中国人民大学出版社，2002。

因果关系、变化趋势，而且可以量化计算，模拟动态发展过程、实际结果，提高政策制定和政策决策的质量与效果。

在公共行政学领域中，由于政策分析对合理制定公共政策有十分重要的影响，所以政策分析已经日益成为一个专门的研究领域，许多国家的政府设立了专门的政策分析机构和政策分析人员。为了加强政策分析的教学和研究工作，美国公共事务和公共行政学院协会（NASPAA）1974 年将政策分析列入公共事务和公共行政教育项目所包含的学科之中。按照该协会的规定，政策分析主要要求掌握下列几方面的知识：（1）政策制定、实施和评估的过程；（2）优化和选择备择方案的方法；（3）与具体活动领域有关的特殊的政策属性；（4）进行社会经济分析所需要的技能；（5）政治判断力；（6）识别、理解和说明问题的能力；（7）项目评估；（8）与公共利益价值观有关的知识。

3. 如何提高政策分析水平

政策分析的重要性在于它有助于确定适当的政策目标及实现此目标的适当的备择方案。政策分析面对的是一些极为复杂的、难以用经验或直观的方法解决的社会公共问题，其合理性和准确性受到许多客观因素的影响和限制，这些因素造成政策分析的困难。要提高政策分析的水平和效果，需要注意下面几个问题：

第一，政策分析工作主要是由一些专门的政策分析人员进行的，他们的目标判断、价值判断及所注意的利益关系和社会关系往往和政策制定者存在着差异，在政策目标的确定和实现目标的备择方案的选择方面易于出现偏差和不一致，需要加强双方之间的沟通和了解。

第二，在政策分析过程中，政策分析人员的政治倾向、个人利益和知觉偏见不可避免地会影响其对目标、方案和标准所作出的判断和选择，需要借助于较客观的量化分析方法和群体决策方法纠正这种可能出现的偏差。

第三，政策分析所运用的各种现代方法必须以充分的和可靠的信息为基础，由于受设备、条件、时间、人员素质等客观因素的限制，常会出现两种相反的情况，一是信息量不足或不准确，二是难以充分有效地利用庞大复杂的信息。因此，需要不断加强信息收集和数据处理工作。

第四，由于政策分析是一种预测分析的方法，特别需要注意备择方案的可行性问题。首先是政治方面的可行性，指某项政策在政治上可被政策制定者和立法者接受、不会遭到社会上的强烈反对或使社会产生不安定和不稳定的气氛；其次是经济方面的可行性，指某项政策具有较好的经济效益或有利于推动社会经济的发展；最后是操作方面的可行性，指某项政策在具体实施时充分考虑到可能遇到的困难和障碍，尽量减少不确定性，防止或避免受到各种不确定因素的干扰。为了增强备择方案的可行性，需要制定适当的政治标准、经济标准或效用标准，努力提高政策分析模型的确定性、可靠性和可控性。

7.3.2 政策制定

政策制定是在政策分析的基础上，进一步论证和审查备择方案并使之最后形成正式政策的过程。由于政策分析主要运用于一些较大的并且较复杂的政策研究，在大量的公共政策方面尚缺乏先进的分析方法和设备，政策分析和政策制定的阶段界限并不明显。一般来说，前者偏重于政策问题、政策目标和备择方案的选择，后者偏重于备择方案的审议和政策的正式形成；前者主要与专门的政策分析机构和政策分析人员的活动有关，后者主要与政策制定者、最高决策者或立法者的活动有关。

政策制定过程是一种高层次的决策过程。政策制定“policy-making”和决策“decision-making”在英文中是两个不同的词汇，如果仅从字义来理解，决策即做出决定。政策是重要的决定，因此政策制定是包括在决策的范围和过程中的。但是，政策制定过程和一般的决策过程并不完全相同。决策过程可以是一个领导者或一个领导群体做出决定的过程，而政策制定过程必然是许多人和许多群体或机构共同协作的过程。同时，公共政策作为管理社会公共事务的基本规定和指导准则，也不同于一般决策，它是一般决策的指导方针和依据。政策合法化是政策制定过程的外在表现，注重的是政策所取得的合法形式，政策合理化则是政策制定过程的内在表现，注重的是政策内容的合理性、正确性和适当性。作为一种高层次的决策过程，政策制定过程的合理化与决策方法和决策程序的科学化有密切关系。在此简要介绍国外学者提出的与政策制定过程有关的六种模式，这些模式从不同角度对公共政策的制定过程进行描述和说明。①

第一，精英/大众模式。这种模式将政策制定过程描述为是少数社会精英的特殊活动过程。这些精英是社会统治集团的代表，他们占据社会的支配地位，与处于被支配、被统治地位的大众构成对立的双方。精英们掌握着制定政策的权力，他们的价值观、地位、收入、所受过的教育都与大众有明显的区别，其政策代表的是精英们的利益，由精英们颁布并强制大众实施，从某种意义上说，这种模式反映了政策制定过程与阶级统治、阶级关系的政治联系，C·赖特·米尔斯的《权力精英》（1956）一书被认为是精英/大众模式的代表作（见图7—1）。

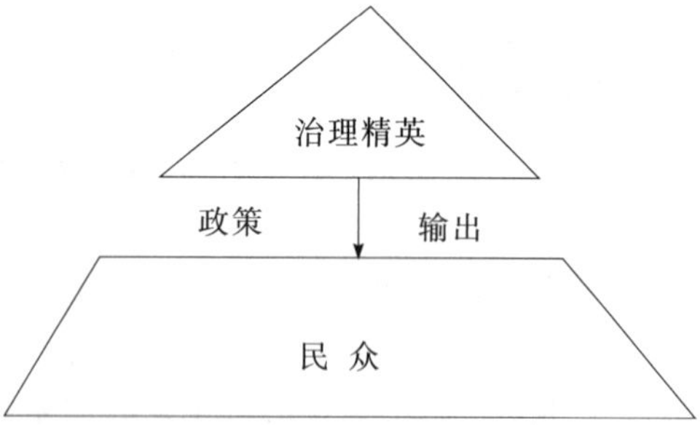

图7—1　公共政策制定和执行的精英/大众模式

第二，集团模式。这种模式将政策制定过程描述为政府处于各种利益集团的压力下谋求妥协和均衡的过程，其代表作是阿瑟·F·本特利撰写的著作《政府程序》（1949）。这种模式认为，政府是一种“中立的”执行部门，其制定政策的活动受到工业集团、军事集团、院外活动集团及各种各样的利益集团的强大压力和影响。政府制定政策的过程是各种利益集团施加政策影响、谋求集团利益的竞争过程。在这种情况下，集团利益往往被视为

① 参见［美］尼古拉斯·亨利：《公共政策与公共事务》，515～523页。

等同于甚至高于公共利益或国家利益。其结果是，以某种合法形式形成的公共政策往往有利于压力较大的集团一方，压力较小的或处于劣势的集团则成为妥协、让步的一方（见图 7—2）。

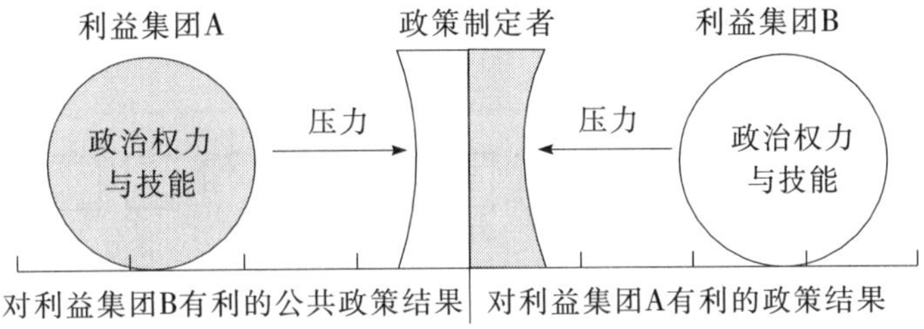

图 7—2　公共政策制定和执行的集团模式

第三，系统模式。这种模式试图用信息论的理论描述公共政策的制定过程，它把政府内部的政策制定系统看作一种结构复杂的“黑箱”，需要从输入、输出的动态过程加以考察。在系统模式中，对输入的考察包括社会需求、可利用的资源、遇到的支持和反对；对输出的考察包括与公众和其他政策制定者有关的利益和服务；对“黑箱”的考察包括其结构、程序、政策制定者和心理—社会框架，整个政策制定过程在社会、经济变量等环境因素影响下以反馈形式周期性地运行（见图 7—3）。系统模式主要关心的问题有：在制定公共政策的系统中有什么重要变量和形式？什么因素构成实际的政策制定过程的“黑箱”？什么是该过程的输入、输出和反馈？这一学派的主要代表作是戴维·伊斯顿的《政治系统》(1953)。

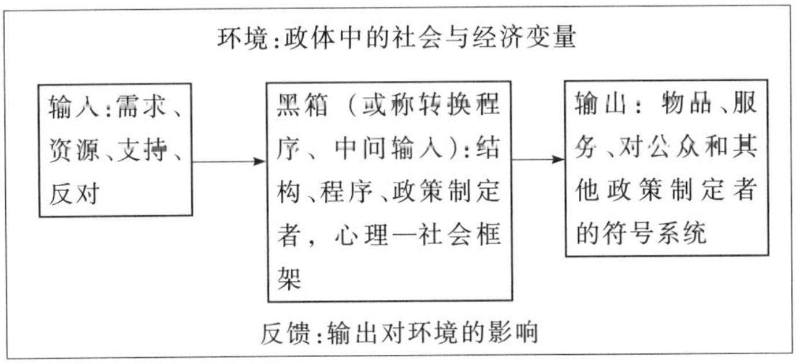

图 7—3　公共政策制定和执行的系统模式

第四，制度学派模式。这是较早从政府内部结构探讨政策制定过程的一种理论。它把注意焦点放在政府的组织图上，描述各机构的安排和法定责任，从制度上探讨立法机关、行政机关和司法机关在政策制定方面的作用，并且特别对宪法、行政法和各种法律规定感兴趣（见图 7—4）。制度学派模式不太重视各种机构之间的关系及某一机构和其颁布的公共政策之间存在的行为上的联系，因此受到行为科学的强烈冲击，卡尔·J·弗里德里克的著作《立宪政府和民主》(1941) 是这一模式的主要代表作。

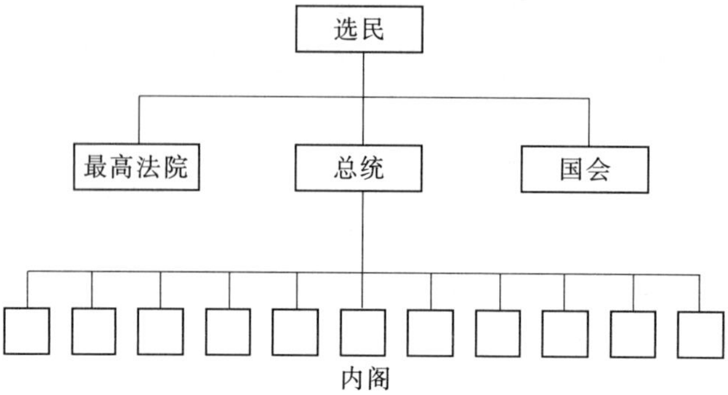

图 7—4　公共政策制定和执行的制度学派模式

第五，新制度学派模式。新制度学派模式是在制度学派模式受到冲击后重新发展起来的理论，主要代表作有西奥多·L·洛伊的《决策与政策制定：论专家政治的矫正方法》(1970)、兰德尔·B·里普利的《导论：公共政策的政治》(1966)、罗伯特·索尔兹伯里和约翰·汉兹的《政策分析理论和初步运用》(1970) 以及小迪安·斯库勒的《科学、科学家和公共政策》(1971)。新制度学派模式的政策制定理论较为复杂，他们试图按照政策制定的子系统进行分类，并在此基础上进行深入研究。例如西奥多·J·洛伊在其著作中把政策分为再分配、分配、制宪和规制四种类型，它们各有不同的权力范围和政治行为。新制度学派模式主要关心的是政治制度问题，同时也注意研究政策所涉及的各种关系问题，如政策与立法机关、行政机关、司法机关的关系，政策与政治的关系，政策与每一种权力范围内的各种类型的政治行为的关系等（见表 7—1）。

表 7—1　　公共政策制定和执行的新制度学派模式

政府施压的可能性	政府施压的对象	
	个人行为	系统行为
鞭长莫及的	分配政策，例如农业补贴 政治行为与特点： 分散的 片段的 地方性的 党派的/选举的 互相捧场的 立法集中的	选区政策，例如立法机构重新分配 政治行为与特点： 集中的 系统的 全国性的 意识形态的 互相捧场的 立法集中的
立时的	管理政策，例如消除欺骗性广告 政治行为和特点： 分散的 片段的 地方性的 党派的/选举的 特殊利益的 集体间互相讨价还价 以官僚体制为中心	再分配政策，例如收入累进税 政治行为与特点： 集中的 系统的 全国性的 意识形态的 特殊利益的 集体间互相讨价还价 以官僚体制为中心

第六，趋向和窗口模式。这种模式把政策制定看作几种趋向相互作用、融合发展的过程，其主要代表作是约翰·W·金登的《议程、备选方案和公共政策》（1984）。金登认为存在着三种独自流动并构成政策制定过程的“溪流”或“趋向”。第一种是问题趋向，它是由社会上的各种因素或事件所引起的，促使公众和政策制定者集中注意某些特殊的社会问题并加以规定和解决；第二种是政治趋向，它是各种社会力量相互作用的结果，包括国民情绪、组织或集团利益、政府机构或人员的变化、国会议员及新闻媒介的活动等，它促使制定某种力量占优势的政府议程，即政府要解决的问题或争端的一览表；第三种是政策趋向，它是参与制定决策议程的个人相互作用的结果，这些人包括职业的公共行政人员、学者、研究者和顾问、议会工作人员、管理和预算局的工作人员及各种利益集团的代理人，他们所制定的决策议程是政策制定者制定公共政策的备择方案的一览表，因此对政策制定有十分重要的影响。金登认为，当这三种趋向汇合时，公共政策就应运而生了，金登称之为“打开窗口”。在趋向和窗口模式中，这三种趋向是并存的，同时又是相互推动的，该模式依据确定问题、确定政府议程、确定决策议程的发展阶段较为全面系统地描述了政策制定的全过程（见图 7—5）。

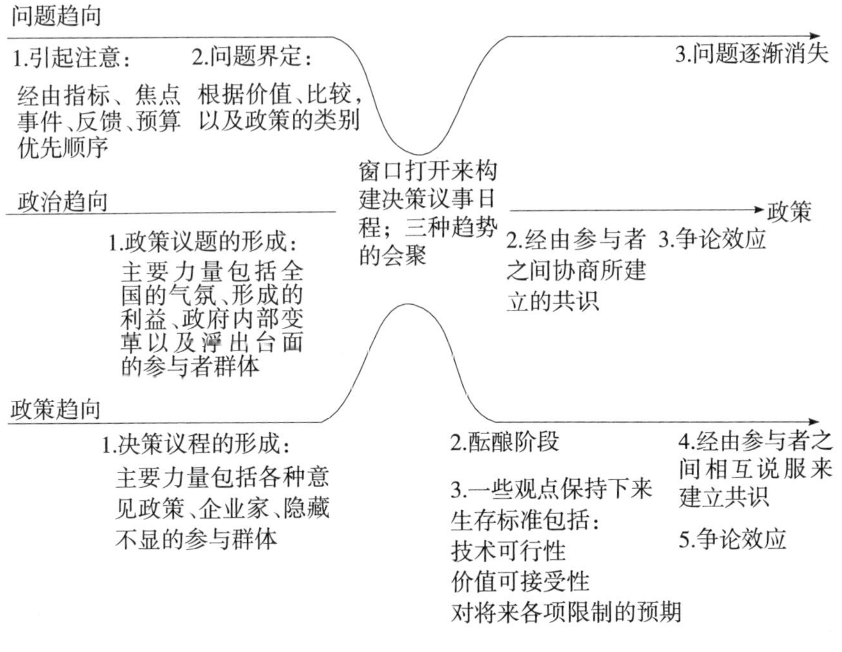

图 7—5　公共政策制定和执行的趋向与窗口模式

7.3.3　政策评估

如上所述，制定和实施公共政策的过程可分为政策分析、政策制定、政策执行和政策评估四个阶段。因为公共行政学是一门应用性的科学，政策执行问题有着特别重要的意义，这个内容在本书第 8 章“行政执行”中专门加以论述，在此直接论述政策评估问题。

政策评估是对政策执行的效果进行判断、评定和提出改进建议的过程，是政策合理化的实践检验和完善阶段。

1. 政策评估的内容

当某项政策以法律化、法规化或社会化的形式颁布后，能否达到预定的目标或效果，受到许多因素的制约：政策分析人员和政策制定者对政策问题的认定是否准确；政策方案的目标、计划、内容是否合理和完善；政策执行措施是否适当、得力；社会环境因素是否出现客观变化；社会成员是否有足够的心理承受力等。这些因素决定公共政策在其分析、制定、执行过程中不可避免地出现某些问题或偏差，政策评估的任务和目的就是及时发现存在的问题，发现影响政策执行的因素，提出合理的修正意见，保证政策目标的实现和产生良好的政策效果。在政策执行过程中，政策执行者也在不断地进行分析和判断，但他们所注意和解决的只是政策执行过程中的问题，有许多影响政策效果的问题是发生在政策执行过程之外的，必须通过专门的政策评估工作发现和纠正。政策评估主要包括下列三方面内容：

第一，政策目标和政策计划实际实现的程度。这是政策评估的最基本的方面，对于政策制定者和政策分析人员来说，某项政策的制定是与解决某种较为重大和较为紧迫的社会公共问题相联系的，政策目标和政策计划的实现程度实际上意味着所面临的社会问题已经解决到何种程度或已在多大程度上得到了控制。这种评估关系到对某项政策的成败所作出的结论。

第二，影响政策目标和政策计划实现的因素。政策评估的目的和内容并不仅仅局限于准确测量和评定政策目标、计划的实现程度，它的主要目的在于发现影响和妨碍政策效果的问题或因素，力求产生最好的政策效果。无论制定得多么周密的政策方案，在其具体实施的过程中，都会遇到各种各样的问题或因素对其政策效果产生不利影响。政策评估的任务之一就是及时发现这些问题和因素及其产生的原因或根源，为政策制定者、政策分析人员和政策执行人员提供有利于提高政策效果的意见和建议。

第三，政策所产生的各种问题和效果。一项政策的好坏或成败，并不完全取决于其目标和计划实际实现的程度，而取决于它所产生的社会效果和影响。对于一些不合理的或错误的政策，其目标和计划实现的程度越高，其产生的不良的社会效果就越大。因此，对社会效果的评估是政策评估的最重要的方面。对社会效果的评估可分为政治效果、经济效果、社会心理效果和其他社会效果四种类型，其中有些效果在政策分析和政策制定过程中是考虑到的，而有些效果是在政策执行的过程中由于各种复杂关系和连锁反应出现的，因此，政策评估需要对各种各样现有的或潜在的社会效果进行全面的考虑和测量。

2. 政策效果的评估

公共政策的社会效果是由本章第一节所论述的公共政策的性质和特点决定的，由于公共政策直接关系社会上各种阶级、阶层、集团、组织和个人的切身利益，因此具有广泛的社会影响，并成为社会瞩目的焦点，它的任何一点变化，必然会在一定的社会范围内产生一连串的反应。它在执行过程中所引起的某些强烈的反应甚至可造成社会震动和不安，这些都说明了对公共政策的社会效果进行评估的重要性。对政策效果的评估包括下列四个方面：

第一，政治效果。主要考察某项政策在政治关系方面所带来的变化及所产生的政治影响。良好的政治效果应有利于维护社会安定和民族团结，消除各种造成社会冲突的不稳定因素。公共政策必然反映统治阶级和占支配地位的社会集团的利益，而社会稳定有利于维护政治统治和阶级统治，因此是衡量政策的政治效果的重要标准。公共政策的政治效果并非只有政治性的政策才能产生。像经济政策、教育政策、文化政策等各种公共政策都有可能产生一定的政治效果和政治影响，例如造成阶级歧视或种族歧视的教育政策必然会加剧阶级矛盾和阶级冲突。公共政策的政治效果有时是直接的、突发的，有时是潜在的、长期的，有时这两种情况是相互转化的。因此，对政治效果的评估应做定期的或阶段性的考察。

第二，经济效果。主要考察某项政策的经济效益或对社会经济发展的影响。良好的经济效果应有较好的经济效益或有利于社会经济的发展。政策的经济效益指其直接效益或自身效益，其主要标准是支出、收入、成本、收益或投入、产出的比例关系。政策评估首先要考察这种比例关系，计算经济上的利弊得失。许多政策本身没有什么直接效益，但对社会经济发展却有明显的或潜在的影响。这种影响并非只有经济政策才有，像教育政策、人事政策、劳动政策等都对社会经济的发展有一定影响。政策评估除了分别考察政策的自身效益和社会效益外，还需要对二者进行综合评估。因为有些政策的自身效益虽好，但社会效益却不好，反之亦然。只有经过全面的比较才能客观地判断其优劣。

第三，社会心理效果。主要考察某项政策对社会上各类人员产生的心理影响及可能出现的变化趋势。良好的社会心理效果应有利于社会精神文明的建设和社会成员心理素质的健康发展。政策心理效果的影响不如政治效果和经济效果的影响直接和明显，因此未受到应有的重视。实际上这方面的评估对政策分析、制定和执行过程都有深远的意义，是政治效果评估和经济效果评估的重要依据之一。政策的社会心理效果与政策的稳定性、连续性、公平性、合理性、导向性有密切的联系。良好的心理效果有利于人们产生稳定感、公平感、信任感、责任感、安全感和成就感，增强有利于保持社会稳定、提高工作效率和生产效率的社会意识、舆论和观念。反之，则会产生不利的或有害的心理影响，如治安政策、物价政策、工资政策、就业政策等都具有明显的社会心理影响。因此，分析测量这两种不同的社会心理影响及变化发展趋势是政策评估的必不可少的内容。

第四，其他社会效果。除上述政策效果外，公共政策还会产生其他各种各样的社会影响。例如某项水利政策带来的自然环境因素的变化、某种生育政策带来的各民族人口比例的变化、某项体育政策掀起的乒乓球热或足球热等，这些变化没有明显的政治、经济或社会心理影响，但是它们对全面评估某项政策的社会影响有积极的意义，有时甚至在决定其取舍方面也有很重要的作用。

3. 政策评估的方法和作用

政策评估所采用的方法主要是对具体政策执行前后的情况进行对比分析，其基本要求是：

第一，确定评估机构或评估人员。政策评估工作可由政策制定者、政策分析人员和政策执行者进行，也可以组织专门的政策评估机构或政策评估人员进行。

第二，确定评估目的和评估任务。政策评估工作应该有目的和有计划地进行，根据对某项具体政策的评估内容和要求制订相应的评估方案。

第三，确定评估标准。对不同的评估内容和不同的政策效果应设立不同的评估标准，包括定性标准和定量标准两种类型，除此之外，还应有政策执行前的预定标准及执行后的测量标准，这样才能有效地进行政策执行前后的对比分析。

第四，确定可靠的评估信息和资料。政策执行后的变化有些是政策引起的，有些则是由政策之外的因素引起的，有时候，甚至可能会由于某些政策之外的因素妨碍了政策所应引起的变化。为了使评估结果真实准确，需要对各种信息和资料进行识别和分类，排除与政策执行无关的信息，以便准确判断政策的实际影响和效果及政策执行中真正存在的问题。

第五，确定适当的评估方法。政策评估有“前—后”简单对比分析、“投射—实施后”对比分析、“有—无”政策对比分析、“控制对象—实验对象”对比分析等多种方法。而且还有许多经验性的和技术性的定性定量分析方法，需要根据评估方案和评估标准适当选择相应的评估方法，这样才能保证评估结果的准确性和可靠性。

第六，提出评估结论及政策修改或取舍建议。在对政策目标和政策计划实现程度、政策执行情况及政策效果全面评估的基础上，写出评估报告，除提出对该项政策的评估结论外，还需要进一步提出继续执行、部分修改或终止执行的建议，为政策制定者的决策提供依据。

关键术语

公共政策　政策法律化　政策法规化　政策社会化　政策分析　政策制定　政策执行　政策评估

问题与思考

1. 试述公共政策的概念和特点。
2. 如何理解公共政策的合法化问题？
3. 公共政策如何才能发挥积极的社会作用？
4. 讨论政策分析的含义和应用前景。

第8章

行政执行

行政执行是国家行政组织或国家行政机关最基本的活动，各种公共政策、法律、法规等都是通过行政执行活动来完成的。一个强有力的政府首先应该是一个有效进行行政执行活动的政府。任何国家的政治制度、经济制度、行政体制的确立，首先要有政策、法律、法规等的制定过程，然后必须通过国家行政组织或国家行政机关的行政执行过程付诸实施，形成一个各种机构、各类人员之间相互作用的“场”。从这个意义上说，“制度始于规定，成于执行，表现为制度场”①。公共行政学研究的各种问题最终都要涉及行政执行活动，因此，行政执行是公共行政学研究中最早提出并持续至今的课题之一。

8.1 行政执行的概念

行政执行是国家行政机关或公共行政组织的全部执行活动和行政活动过程的统称。它是公共行政学研究的重要课题。在实际的行政管理过程中，政府等公共行政组织经常进行大量的行政执行活动，行政执行是履行政府职能、保证政策效果的决定性的因素。

8.1.1 行政和执行的关系

行政执行问题是公共行政学研究中最早提出，至今仍需深入研究的一个课题。在公共行政学早期创立阶段，这一问题甚至是促使公共行政学从政治学中脱离出来的起因之一。像伍德罗·威尔逊、弗兰克·J·古德诺等早期公共行政学家，都从与政治相区别的角度

① 参见彭和平：《制度学概论》，21页，北京，国家行政学院出版社，2015。

着重论述行政执行这一极具启发性的问题。

在对行政的解释方面有两种认识：一种认识认为，行政就是执行。例如，威尔逊认为："公共行政就是公法的明细而系统的执行活动"①。古德诺表述得更为明确："政治与政策或国家意志的表达相关，行政则与这些政策的执行相关"②，"行政是执行国家意志的职能"。这种认识的实质在于规定了国家行政机关或公共行政组织在国家政权体系中的性质和地位，即说明了它与国家立法机关的从属关系及其执行法律的主要职能和作用。这反映了 19 世纪末 20 世纪初新兴的资产阶级夺取国家政权后进一步巩固政权的迫切需要。

对行政的解释还有另外一种认识，认为行政不同于执行。这种认识首先来源于执行（executive）和行政（administrative）在英语词义上的区别，执行偏重于实施，行政则偏重于管理。在行政管理的实际过程中，执行和行政的含义也有类似的区别，执行指的是国家行政机关或公共行政组织将国家立法机关通过的法律和议案付诸实施，强调了其对国家立法机关的权责关系或从属关系，行政则指国家行政机关或公共行政组织在国家立法机关授权范围内对社会公共事务进行管理，强调了国家行政机关的行政立法权和行政权。如伦纳德·D·怀特曾提到过的一个定义："公共行政是在完成国家的各个目标过程中对人与物的管理。"③

辩证地分析这两种认识，它们分别说明了国家行政机关或公共行政组织既有执行活动又有行政活动的两种特性。行政执行的概念是这两个方面的综合体现。实际上行政和执行这两个概念是相互联系、相互转化而不是相互排斥的。执行是行政的前提，行政是执行的保证，二者缺一不可。国家行政机关或公共行政组织的全部活动首先是一种执行活动，它履行的是执行机关的职能，它必须遵守、贯彻执行立法机关所通过的法律或决议，不能与之相违背或做立法机关所不批准的事情。同时，国家行政机关或公共行政组织的全部活动又是一种行政活动，它行使相对独立的国家行政权，有权根据宪法和法律，规定行政措施，制定行政法规，发布决定和命令，统一管理国家事务和社会公共事务。这种执行活动和行政活动本身属于同一个活动过程，可以统称为行政执行。我国宪法规定，国务院是最高国家权力机关的执行机关，是最高国家行政机关，地方各级人民政府是地方各级国家权力机关的执行机关，是地方各级国家行政机关。这一规定突出地强调了行政和执行的辩证关系，也充分说明了行政执行的全部含义。表 8—1 表明了县级政府在行政执行活动中两种不同的履职行为。

表 8—1　　县级政府两种履职行为对照表

属性	履职行为	
	行政性履职行为	执行性履职行为
角色	县级行政机关	县级立法机关的执行机关
责任对象	中央政府、省级政府等	县人代会、人大常委会

① ［美］伍德罗·威尔逊：《行政学研究》，见［美］杰伊·M·沙夫利兹等编：《国外公共行政理论精选》，16 页。

② ［美］弗兰克·J·古德诺：《政治与行政》，见［美］杰伊·M·沙夫利兹等编：《国外公共行政理论精选》，28 页。

③ ［美］伦纳德·D·怀特：《公共行政学研究导论》，见［美］杰伊·M·沙夫利兹等编：《国外公共行政理论精选》，45 页。

续前表

属性	履职行为	
	行政性履职行为	执行性履职行为
法律关系	内部法律关系	外部法律关系
行政隶属关系	有	无
权属关系	指挥与服从	立法与执法
依赖性	强	弱
自主权	无	有
管理视角	宏观	微观
利益关系	全国性、跨区域	区域性、地方公民
权力来源	上级政府行政权	县人代会、人大常委会
机构设置	层级式设置	回应式设置
职能取向	全能	社会管理、公共服务

资料来源：黄文平主编：《深化行政体制改革的探索》，78 页，北京，国家行政学院出版社，2014。

8.1.2　行政执行研究的重要性

行政执行是国家行政机关或公共行政组织的全部执行活动和行政活动过程的统称，这一课题的研究在公共行政学领域中具有十分重要的地位，它应是整个公共行政学研究领域中的一条主线。

1. 行政执行是公共行政学研究的出发点

这一点在早期公共行政学家的著述中有明确的论述，如伍德罗·威尔逊在《行政学研究》中开宗明义地指出："行政学研究的目标在于了解：首先，政府能够适当地和成功地进行什么工作。其次，政府怎样才能以尽可能高的效率及在费用或能源方面用尽可能少的成本完成这些适当的工作。"①

2. 对行政执行的研究推动公共行政学成为一门独立的学科

我们已多次论述过政治—行政二分法问题，虽然这一观点现在看来存在着许多片面性和不足之处，但是它对公共行政学从政治学的研究领域中分离出来起了相当大的推动作用。同时，公共行政学研究的课题虽然与许多其他学科交叉和重叠，如政治学、管理学、行政法学、政策科学、人事管理学、财政学、行为科学、经济学、领导科学等，由于公共行政学侧重于探讨行政执行过程，因此在这些课题的研究方面与其他学科有所区别，保持了其学科的独立性和专业性，否则，其课题研究将显得空洞、盲目，并且也不如其他学科深入。

3. 行政执行是将各种问题的研究结合为一个整体的中心

公共行政学研究的各种问题都与行政执行有关，例如行政组织、行政体制、行政权力、公共政策、行政法规、行政决策、财务行政、人事行政、行政绩效及行政治理模式等。长期以来，公共行政学从其他科学领域中汲取了许多研究成果来丰富自己的研究内容，但是，如果只注意这些研究成果本身而不注意这些成果与行政执行过程的联系，将会

① ［美］伍德罗·威尔逊：《行政学研究》，见［美］杰伊·M·沙夫利兹等编：《国外公共行政理论精选》，1 页。

使整个公共行政学的研究体系显得松散，甚至偏离公共行政学研究的目标和出发点。就拿决策问题来说，公共行政学的研究注意的不仅仅是单纯的决策问题和决策方法，更重要的是注意行政执行过程中的决策特点及其效果。这种注意焦点不仅使公共行政学与管理学研究的侧重点有所不同，而且使它们的研究体系也有所不同。可以说，像行政决策、行政权力、公共政策、行政组织、行政法规、人事行政、财务行政及行政绩效等内容是在行政执行过程的基础上结合为一个有整体性的公共行政学理论框架的。

4. 行政执行问题研究体现了公共行政学应用性或实用性的特点

公共行政学研究所注意的不仅仅是理论性的问题，而是更注重对实际的行政执行过程的探讨。德怀特·沃尔多曾指出，公共行政这个词有两种用法：“(1) 知识探索的一个领域、一门学科或一种研究；(2) 一个过程或一种行为——管理公共事务。”① 第一种用法指理论性的研究，即科学性问题，第二种用法则是指应用性的问题，即艺术性问题。用伍德罗·威尔逊和伦纳德·D·怀特的话来说，后一类问题在公共行政学产生之前往往被人们认为是“在专家学者们就理论原则取得一致意见后由办事人员进行处理”的事情，或是“一般办事人员根据学者们商定的原则就能处理的琐碎事务”，他们的贡献在于，明确指出公共行政学的任务是对这类问题进行深入的研究，并使其成为公共行政学产生和发展的一条主线。20 世纪 80 年代以来的新公共管理和政府再造理论更突出地体现了这种趋势。

5. 行政执行是行政管理各种要素综合作用的动态发展的现实过程

在第 1 章中，我们指出行政管理涉及“谁在管理”（主体）、“管理什么”（对象）、“如何管理”（方法）三个方面的内容，行政执行过程实际上是这三个方面的综合体现。与行政管理有关的各种要素，如国家行政组织、行政领导体制、行政职能、公共政策、行政环境、行政决策、人事行政、财务行政、行政监督等都是在行政执行的实际过程中有机地结合在一起的。公共行政学不仅要对这些要素进行分门别类的研究，而且要对它们的综合作用和综合效果进行研究，而这种研究只有在对行政执行过程的现实考察中才能进行。行政执行是政府的实际运作过程，其中存在的许多实际问题是公共行政学产生和发展的动力源泉。

8.1.3 行政执行的基本特点

由于国家行政组织或公共行政组织的特殊性质、庞大规模、广泛的管辖范围和重要作用，整个行政执行过程是非常复杂而又井然有序的，这一过程主要有下列几方面的特点：

1. 依法行政

这是行政执行最基本的特点，是由国家行政组织作为一种具有行政主体资格的执行机关的地位决定的，它要求国家行政组织对国家立法机关负责，遵守并忠实执行宪法和法律，在宪法和法律的授权和规定范围内实施管理。按照法律要求行使行政权力，并负有相应的法律责任。另外，依法行政的概念还包括国家行政组织在国家立法机关授权的范围内通过行政立法方式实施管理。

2. 政策执行

行政执行不仅是执法过程，同时也是执行政策的过程。由于政策可以具有法律化、法

---

① ［美］德怀特·沃尔多：《什么是公共行政学》，见［美］杰伊·M·沙夫利兹等编：《国外公共行政理论精选》，184 页。

规化和社会化三种形式，因此政策执行的内容比依法行政的内容深入和广泛，前两种形式和依法行政的活动有一定重合，后一种形式则是国家行政组织与执政党关系的具体体现。特别是在宪法及法律明确规定了执政党的领导地位和指导作用时，执政党的政策在行政执行过程中就具有更重要的影响。

3. 法律和政策原则的具体化和对象化

依法行政和政策执行是法律原则和政策原则具体实施的过程，包括具体化和对象化两个方面。行政执行的过程使法律和政策的原则规定越来越具体，越来越有对象指向性，最终在某项具体工作或某个具体个人身上体现出来。例如，各尽所能、按劳分配原则既是宪法也是党的政策中的重要原则，国务院颁布并实行的有关工资制度的行政法规是执行这一原则的具体体现，各级政府通过的各种有关工资制度的规章或规定向具体化和对象化方面又推进了一步。最后，各个基层单位制定的各种工资制度的办法或细则确定了本单位每一名职工的工资级别和数额并按月发放。其结果是宪法规定的分配原则和党的分配政策通过这一过程具体落实到全国各行各业中每一名职工身上。虽然其效果还需通过各种方式进行评估，但从形式上说已经在行政执行过程中得到具体实施。

4. 逐级决策和实施

由于国家或公共行政组织特有的等级制结构，法律和政策原则的具体化和对象化不是一次完成的，而是通过逐级决策和逐级实施的过程完成的。如上所述，工资制度的具体实施至少经过国务院、省市部委、市地司局、县、基层单位五级才能具体落实到个人。每一级决策和实施都可看作具体化和对象化的一个阶段。逐级决策和实施潜伏着偏离法律和政策原则的可能性，本章后面各节还将适当展开论述。

5. 法律和政策原则的灵活运用

由于较为抽象的法律原则和政策原则不可能完全概括现实中的具体问题，在逐级决策和实施的具体过程中，允许在不违背基本原则的情况下，执行部门或执行单位有一定的灵活性，例如针对具体情况制定某些特殊规定或对某些政策规定做特殊调整。一般来说，法律规定的执行是较为严格的，灵活运用的范围和程度较有限，但在执行的过程中，仍然会遇到大量法律观念未明确解释的问题，执行结果可能会偏离法律原则的情况。相比而言，政策规定和政府规章在执行过程中灵活运用的范围和程度相对较大，如果在执行中不做进一步的具体化和对象化，偏离政策原则的可能性也较大。

6. 执行效果与具体执行者的素质和绩效有直接联系

行政执行过程是通过各级行政人员分头进行的。由于具体执行者的素质、能力、对法律原则和政策原则的认识、法律观念、执行意识等存在着很大的个人差异，同样的法律和政策原则会有不同的执行效果。所以，无论法律和政策具有多强的合法性和合理性，行政领导体制设计得多么完善，在行政执行的过程中都有可能出现偏差和失误，执行效果的不平衡突出了对行政执行过程进行研究的重要性。

8.2　行政执行过程与行政行为

行政执行过程是在行政法制的基础上由多种多样的活动或行为所构成的。这些活动或行为一般统一归结为行政行为，它们虽都具有执行和行政的基本特点，但按其不同的内容和作用，可以分为行政立法、行政执法和行政司法三种类型。通过分析这些不同类型的行政行为，可以对行政执行的运行过程有一个总括性的了解。

8.2.1 行政行为的概念

行政执行过程是由各种不同的行政执行活动或行为构成的，这些活动或行为一般统称为“行政行为”。行政行为的概念最早出现于第二次世界大战后的行政学界，并因赫伯特·西蒙的著述而成为公共行政学、行政法学、社会学、心理学、社会心理学等学科领域的重要概念。对行政行为的含义有多种不同的解释，在此仅把它作为行政执行过程中各种不同的行政执行活动或行为的统称。

关于行政行为的分类，有的学者分为行政立法、行政执法、行政司法、行政监督和行政合同等；有的学者分为行政单方行为、行政双方行为、准司法行为和行政补救行为。此外还有其他多种分类方法，本书按行政行为在行政执行过程中的不同作用和方式将行政行为分为行政立法、行政执法、行政司法三种类型，便于对行政执行过程有一个总体认识。

行政立法、行政执法、行政司法三者之间有密切联系，它们不仅构成行政执行活动的全过程，而且是这一过程的制度保障，共同构成整个过程的行政法制。行政立法为行政执法和行政司法提供法律依据，行政执法将各种行政法律和法规运用于行政执行的各种具体活动；行政司法则对行政执法有维护和监督作用，保证行政法律和法规在行政执法行为中得到有效的贯彻执行。

8.2.2 行政立法

关于行政立法的含义，基本上有三种不同的解释：（1）指国家立法机关制定行政法律的活动；（2）指国家行政组织依据宪法和法律授予的权力制定行政法规和规章的活动；（3）指包括国家立法机关和国家行政组织在内的制定行政法律的活动。这里讲的行政立法采用第二种解释。

在行政执行过程中，行政立法更多地体现为一种行政活动，其立法主体不是国家权力机关而是国家行政机关，调整的对象主要是行政管理事务或与行政管理有关的事务，行使的是行政立法权和行政管辖权，制定的行政法规和规章具有强制性的法律效力。由于其不涉及对特定事件或特定人所作的特定处理，它是抽象的行政行为，而不是具体的行政行为，但仍属于行政执行过程的一个组成部分。一方面，行政立法的主要目的是执行和实施国家权力机关制定的法律；另一方面，是在授权或职权范围内依法行政，所以仍然具有“执行”的性质和特点。

8.2.3 行政执法

行政执法指国家行政组织根据有关法律、法规的规定对具体事件或具体对象进行处理并直接影响相对方权利义务的活动或行为。行政执法和行政立法不同，它是一种具体的行政行为，同时它和行政立法又有密切联系，它更多地体现为一种执行活动，不仅执行国家立法机关通过的法律，而且也执行国家行政组织制定的法规和规章。因此，在行政执行过程中，它可以看作行政立法的继续和延伸。行政执法因其具有典型的“执行”特性，是行政执行过程的主要部分。从依法行政的意义上说，所有国家行政机关都是行政执法机关，像卫生、教育等行政部门，本身即是实施卫生法、教育法及其各种法规和规章的主管机关。行政执法与司法机关的执法有性质上的不同；它的执法主体是国家行政组织而不是国家司法机关；所行使的是行政权而不是审判、检察等司法权；其活动特点是以行政机关作为当事人的一方，直接执行法律，与个人、组织发生法律关系，而司法机关主要是以裁判者的身份解释法律，处理各种行政和民事案件。

行政执法的内容十分广泛，一般可分为下面六类：

第一，行政命令。指国家行政组织依法要求个人、组织为或不为一定行为的决定。主要有令和禁令两种类型。

第二，行政决定。指国家行政组织依法针对特定对象所作的具体的、单方面的、能直接发生行政法律关系的决定。行政决定是运用最广泛的一种执法手段，其表现方式有批准、拒绝、许可、免除、赋予、剥夺、委托、处罚等。

第三，行政检查。指国家行政组织为实现行政管理职能依法对个人、组织是否遵守法律和行政决定等作单方强制了解的行为。如公安检查、税务检查、财务检查、审计检查、物价检查、卫生检查、交通检查、海关检查等。

第四，行政处置。指国家行政组织依法对正在危害国家利益或社会利益、正在妨碍或将会妨碍国家行政秩序的人或物所作的紧急执法活动，如对违法或非违法事实的处置、预防性处置和制止性处置等。

第五，行政强制执行。指国家行政组织依法对不履行有关法律、规定或决定的个人、组织采用各种强制手段强迫其履行的执法活动。其类型有间接强制（代执行和执行罚）和直接强制（人身强制和财产强制）两种。其方式有强制传唤、强制拘留、强制履行、遣送出境、强制许可、滞纳金、强制划拨、强制扣缴、强制收兑、强行退还、强行拆除、强制检定、强制变卖财产、强制收购等。

第六，行政合同行为。指国家行政组织为实现国家行政管理的目标依法签订、履行、变更或解除行政合同的各种活动。前五类行为一般以国家行政组织单方意思表示为特点，可称为行政单方行为。行政合同行为则是一种双方合意的行为，以合同双方当事人协商一致为前提，故被称为行政双方行为。因其在行政执行过程中仍以行政主体依法行政为基本特点，所以是一种特殊的行政执法行为。

8.2.4 行政司法

行政司法指有关行政机关在其职权范围内按照准司法程序以调解、裁决、仲裁等方式处理法律规定的特定种类的案件及争议的活动。行政司法是国家行政组织在行政执行过程中实施的准司法行为，它有如下一些特点：(1) 不同于行政执法。二者虽同属于行政主体的活动，但行政执法是行使行政执法权的行为，主要涉及管理者与被管理者的双方关系；适用于一般行政程序。而行政司法是行使行政裁判权的行为；主要涉及裁决者与争议双方的三方关系；适用于近似于法院司法程序的准司法程序。(2) 不同于法院的普通司法。行政司法的主体是行政机关而不是法院；没有法院享有的完全司法权，仅能处理法律规定的特定种类的案件和争议；适用于不完全的司法程序；其裁决通常不像法院那样是最终裁决；各行政司法机构是分散的，不像法院那样是一个统一的司法系统。

行政司法是行政执行过程中的一个组成部分，它所处理的案件主要是与行政管理有关的民事案件或不服行政执法行为引起的行政争议（或行政纠纷）和行政案件，具有维护和监督行政执行活动，特别是行政执法行为的性质和作用，有助于提高行政执行的效率，纠正行政执行过程中的各种行为偏差，控制违法行政，保证行政执行过程的合法性和一致性。行政司法一般由有关行政机关负责或由专门的行政司法机构负责。如英国的行政裁判所、美国的独立管制机构、法国的行政法院等。行政司法解决行政争议的具体方法一般有下列四种形式：

第一，行政调解。指行政机关依据国家法律和政策，在当事人自愿的基础上，通过说服教育等方法，出面主持促使争议双方友好协商，互让互谅，达成协议，从而解决争议的方法和活动。

第二，行政复议。指行政复议机关在公民、法人或其他组织认为行政机关的具体行政行为侵犯其合法权益时受理复议申请，依法对具体行政行为进行审查并作出裁决的活动。这是一项与行政诉讼相衔接的用以解决行政争议的法律制度。经国务院批准通过，我国《行政复议条例》于 1991 年 1 月 1 日起施行。

第三，行政仲裁。指国家行政机关中的行政仲裁机构依法对民事争议、经济或劳动争议进行裁决与处理的活动。在我国如各级工商管理部门内设立的经济合同仲裁委员会及劳动部门内设立的劳动仲裁委员会都属于这种行政仲裁机构。

第四，行政裁判。指在行政机关内设置行政裁判机构受理和裁决行政争议或特定争议案件的制度。目前我国这类争议案件绝大多数是通过行政复议途径解决的，尚未建立这种正式的法律制度。

8.3 影响行政执行的因素

行政执行是社会、组织、环境、个人等多种因素相互作用的过程，行政执行过程直接或间接地受到这些因素的影响。在这些因素当中，有些是积极的，有些是消极的；有些是内部的，有些是外部的；有些影响是可转化的，有些是不可转化的，对这些因素进行简要分析，有利于提高行政执行的效率、效力和效果。

8.3.1 环境因素

环境因素是相对于国家行政组织或公共行政组织而言的，它们是独立于国家行政组织或公共行政组织并对其执行活动和行政活动发生影响的因素，也可以称为行政执行的外部因素。它们主要包括下列四种因素：

1. 政治环境因素

政治环境因素是国家的政治制度、政党制度、法律制度、阶级状况及各种政治团体和社会集团等各种因素的总称。政治环境因素决定着行政执行过程的目标、性质和方向，特别是对“执行什么”有重要影响。如上所述，首先，从执行活动的角度看，由于政治环境因素对立法机关的议案和执政党的政策制定有直接的影响，因此它必然会对行政执行过程产生影响；其次，从行政活动的角度看，由于行政执行活动不是单纯的或机械的执行活动，它需要逐级进行决策，制定政策或规章，这些决策和政策制定活动也必然会受到政治环境因素的影响。

2. 社会环境因素

社会环境因素是社会经济条件、生产力与科技发展水平、教育水平、文化艺术状况、人口规模等各种经济、科学、文化、教育因素及其管理制度的总称。社会环境因素不仅影响法律和政策制定过程，而且对行政执行活动可产生有利或不利的影响。国民经济状况恶化、财政困难是不利于行政执行活动的因素。

3. 自然环境因素

自然环境因素是自然资源、自然条件、气候、地理位置等各种因素的总称。自然环境因素对行政执行过程的影响是潜在的、间接的，不如前两种因素的影响明显，但在某些特殊的情况下对行政执行活动也有直接的影响。例如，虽然某一地区的各级行政人员忠于职守、依法行政，但由于自然条件恶劣，地区经济可能一直难以发展起来，甚至可能由于遇到自然灾害而陷于更困难的境地。

4. 心理环境因素

心理环境因素是法制观念、道德观念、政治态度、心理承受能力等各种社会心理因素的总称。心理环境因素与政治环境因素和社会环境因素有着密切的关系，它们虽然是无形的，但对法律和政策制定有着潜移默化的影响。同时，它们也是行政执行过程中不可低估的力量，它们可以成为行政执行的巨大阻力或压力，特别是以公共舆论的形式表现出来时，对行政执行过程的影响和作用表现得更为明显。

8.3.2　组织因素

组织因素指与国家行政组织或公共行政组织的地位、任务、权力、结构、体制、活动方式有关并对其执行活动和行政活动发生影响的因素，它和个人因素一起可以统称为行政执行的内部因素。它们主要包括下列四种因素：

1. 关系因素

关系因素是与国家行政组织或公共行政组织的社会地位和法定地位有关的各种因素的总称，如它与立法机关、执政党、政治团体、企事业单位等各种社会组织的法定关系及其享有的权力等。这些因素决定着国家行政组织或公共行政组织在国家事务和社会公共事务管理方面的地位和作用，因而对行政执行过程也有直接的影响。例如国家行政组织或公共行政组织对立法机关和执政党的从属关系，决定其依法行政和政策执行的特点；对企事业单位的领导关系，决定其行政决策和强制实施的特点。

2. 功能因素

功能因素是与国家行政组织或公共行政组织的任务和活动有关的各种因素的总称，如它所享有的各种权力、承担的任务及履行的各种职能等。功能因素与关系因素有密切关系，并且直接受关系因素的影响，它决定着国家行政组织或公共行政组织的权限范围和管辖范围，实际上决定着其执行活动和行政活动的范围。

3. 结构因素

结构因素是与国家行政组织或公共行政组织内部结构有关的各种因素的总称。如机构设置、岗位设置、权力结构和权责关系等，它们对行政执行的效率和效果有直接影响。例如，在机构臃肿、岗位责任不明确、指挥和沟通系统紊乱、权责关系模糊的情况下，行政执行很难有较高的效率和较好的效果。

4. 制度因素

制度因素是与国家行政组织或公共行政组织内部管理和运行机制有关的各种因素的总称，如聘用制度、工资制度、奖惩制度、财政制度、采购制度、预算制度、监督制度、日常管理和办公制度等。它们对组织成员的工作态度、行为、士气、个人能力的发挥，对工作积极性、主动性和创造性的发挥都有十分重要的影响。

8.3.3 个人因素

个人因素指与行政管理人员个人素质有关的各种因素。行政执行过程最终是通过所有行政管理人员的共同工作完成的，行政管理人员的个人素质和工作绩效必然会对整个过程产生影响。环境因素和组织因素也将通过对个人因素的作用对行政执行过程产生影响。个人因素主要包括下列四种类型：

1. 行政管理人员个人素质因素

个人素质指个人所具有的品德、能力、知识、性格等，是一个非常复杂的多面体。为了方便分析，可将个人素质划分为政治素质、专业素质、文化素质、管理素质、心理素质、生理素质六个基本方面。

政治素质表现为一个人的世界观、人生观、价值观，表现为一定的政治理想、政治觉悟以及对社会政治问题和本职工作的立场、观点和态度。政治素质决定行政工作人员的献身精神、创业精神和开拓精神；决定行政工作人员的组织性、纪律性、自觉性和主动性。总之，政治素质对行政人员的工作态度、精神状态起主要的、决定性的作用，是行政人员必须具备的基本素质。

专业素质表现为一个人的专业技术或专门的业务水平和能力。专业素质决定行政工作人员从事某种专业技术工作或业务工作的熟练程度和复杂程度；决定他们搜集、筛选、传递专业信息或业务信息的能力；决定他们处理专业技术问题或专门的业务问题的效能和效率。不同的行政工作有不同的专业技术要求，行政工作的专业化程度越高、技术条件越先进、分工越具体，对专业素质的要求越高。

文化素质表现为一个人的文化程度和文化水平。文化素质是政治素质或专业素质的基础。文化素质决定行政工作人员的知识范围、知识结构、科学知识、水平和政治理论水平，决定他们对路线、方针、政策以及行政工作任务的理解程度和掌握程度，决定他们认识和接受新的事物、新的知识的敏感性和能力。提高文化素质对提高政治素质和专业素质有直接影响。

管理素质表现为一个人的组织能力、决策能力、综合分析能力、社会交往能力、计划能力、创新能力等。管理素质决定行政工作人员的计划、组织、控制、指挥、协调等管理效果；决定他们的工作魄力和打开局面的程度；决定他们把握全局、综合处理各种信息的能力。具有一定政治素质、专业素质和文化素质的人并不同时就具有相应的管理素质。管理本身也是一种专业，负有领导职责、人事职责的行政干部或行政人员要求具备较强的管理素质。

心理素质表现为一个人的性格、气质和个性等。心理素质影响行政工作人员的情感的丰富性、情绪的稳定性、兴趣的多样性，影响他们的需要、动机和行为样式，影响他们的交往范围、同事关系、工作态度和精神状态。心理素质和政治素质、文化素质有一定关系，政治水平高、文化修养好的人善于控制自己的感情，稳定自己的情绪，逐步培养良好的心理素质。

生理素质表现为一个人的性别、年龄、体质和机体反应能力等。生理素质决定行政工作人员所能从事的工作长度和强度，决定他们对不同的工作环境、工作条件的适应性。不同性质、不同类型、不同条件的行政工作对生理素质有不同的要求。生理素质虽和其他素质无直接关系，但对其他素质的发挥有直接影响。

这六种素质按不同状况构成个人素质类型，直接影响行政管理人员的工作态度、工作行为和工作绩效，并对整个行政执行过程发生影响。

2. 群体素质因素

群体素质指不同素质的人员结合在一起的整体效应，是群体各个成员的个人素质、绩效的整体反映。群体素质和群体绩效可以分为两种基本类型。

第一，群体的平均素质和平均绩效。群体的平均素质和平均绩效是群体成员的个人素质和个人绩效机械相加的平均值，表明群体成员个人结合的量的方面，也就是通常所说的：1＋1＝2。群体的平均素质和平均绩效可以用简单的数学方法来计算。一般来说，在其他所有条件相同的情况下，平均素质高的群体，其平均绩效高于平均素质低的群体。

第二，群体的整体素质和整体绩效。群体的平均素质只是从某一特定方面（例如学历、年龄、政治面貌、专业技术职务、专业等）进行计算，并不能反映群体的实际素质，因此，可以说，只具有统计学方面的意义。群体的实际绩效并不单纯取决于群体的某一方面的平均素质，而取决于群体的整体素质。群体的整体素质、整体绩效是群体成员的个人素质和个人绩效的综合反映，表明群体成员个人结合的质的方面。它不等于个人素质、个人绩效机械相加的总和，可能出现1＋1＞2 或者 1＋1＜2 的情况。由于工作关系和人际关系的影响，不同素质的人组合在一起，可能会促进他们个人潜能的发挥，互相取长补短，合力递增；也可能会妨碍或无助于个人潜能的发挥，相互排斥、抵消，合力递减。按照系统论的观点：既有可能"整体大于部分之和"，部分并非最优，而整体可最优（"三个臭皮匠，赛过一个诸葛亮"就是一个例子）；也有可能"整体小于部分之和"，部分最优，而整体不一定最优。群体内部的分工协作本身要求群体成员的素质各有特点和侧重。由于组织中机构设置因素的影响，行政管理人员必然是以小组、科室、单位、部门等结合为群体的方式进行工作。不同素质的人员组合在一起，可能会促进他们个人素质的发挥，但也有可能出现负效应。

3. 群体素质结构类型

在六种个人素质基础上，各种群体的人员构成可划分为政治结构、专业结构、文化结构、管理结构、心理结构和生理结构六种群体素质结构类型。

政治结构从党团员比例、不同时期参加革命工作的人员比例、不同时期入党的党员比例等方面反映行政队伍的政治状况；从符合党团员标准的党团员比例，符合各种政治标准的人员比例等方面反映行政队伍的政治素质。调整政治结构涉及提高行政人员行政队伍的革命化问题。

专业结构从各类专业人员的比例，各级专业技术职务的人员比例，不同时期从事各类专业工作的人员比例等方面反映行政队伍的专业状况；从符合专业技术工作的人员比例，具有各种专业水平的人员比例等方面反映行政队伍的专业素质。调整专业结构涉及提高行政人员、行政队伍的专业化问题。

文化结构从具有不同最终学历的人员比例、具有不同的知识范围、不同的知识结构的人员比例等方面反映行政队伍的文化状况；从符合工作需求、职责需求的文化程度的人员比例、具有不同学识水平的人员比例等方面反映行政队伍的文化素质。调整文化结构涉及提高行政人员、行政队伍的知识化问题。

管理结构从各类行政管理人员比例、各级行政职务人员比例等方面反映行政队伍的管理状况；从符合管理工作需求、胜任管理工作的人员比例、具有不同管理技能和管理水平的人员比例等方面反映行政队伍的管理素质。调整管理结构涉及提高行政人员、行政队伍的管理专业化问题。

心理结构从具有不同心理特征的人员比例反映行政队伍的心理状况；从符合各类工作的心理需求的人员比例、不同程度满足心理需求的人员比例反映行政队伍的心理素质。调整心理结构也是提高行政人员、行政队伍管理水平的重要方面。

生理结构从不同性别的人员比例、不同年龄或不同年龄段的人员比例、不同体质的人员比例、不同的机体反应能力的人员比例等方面反映行政队伍的生理状况；从符合工作任务需求的不同性别、不同年龄、不同体质、不同机体反应能力的人员比例反映行政队伍的生理素质。调整生理结构同样是提高行政人员、行政队伍素质和绩效的重要方面。其中调整年龄结构的问题涉及实现行政人员、行政队伍的年轻化问题。

分析和研究这六种基本结构的相互变化和相互影响对自觉调整人员结构和群体结构很有益处。例如，调整文化结构有利于政治结构、管理结构、专业结构的变化；调整专业结构也有利于文化结构的变化；特别是生理结构中的年龄结构是一个引起所有结构变化的经常变动的因素。年龄结构不合理，某一年龄段的过度密集或过分疏散最终会在年龄段的相互衔接上破坏其他结构的平衡关系。在结构的调整问题上必须进行综合考察和系统分析。行政执行过程的整体绩效最终通过群体素质、群体绩效和群体效率表现出来。

4. 行政领导者个人素质因素

领导者个人素质因素是直接影响行政执行活动的个人素质因素之一。在组织因素的影响下，领导者的地位、权力、威信和责任使其对行政执行过程的个人作用远远超过一般的行政管理人员，其个人素质因素对群体素质及群体绩效和效率起着主导性的作用，因而对行政执行过程具有特殊的、十分重要的影响。在国家行政组织或公共行政组织中，领导者的等级、地位越高，这种个人影响就越大。领导者的个人素质和普通的行政管理人员一样可划分为上述六种类型，并且领导者的领导活动也是以群体形式进行的，也可以按照群体素质及其结构类型进行分析，领导者个人素质因素对行政执行过程的影响最终也需通过领导者的群体素质、群体绩效体现出来。

8.4　政府的行政执行过程

政府是国家行政组织或公共行政组织的主体，也是整个国家行政执行活动的主体。政府的行政执行过程对政局平稳、经济发展、社会安定具有十分重要的作用。深入研究这一过程本身并提出相应的改进方法，是公共行政学的主要出发点和目的所在。

8.4.1　中央政府的行政执行活动

政府行政执行的过程包括中央政府及各级地方政府的全部活动在内。政府是一个规模庞大、结构严密、分支遍布全国各地、行动整齐划一的组织有机体，中央政府是整个政府系统的指挥中心，其行政执行活动可分为下列几个方面：

1. 参与制定基本国策

基本国策是管理国家事务和社会公共事务的核心政策，是制定各种法律和法规的重要依据。它反映了各国政府治理国家的总的指导原则和方针。各国政府在制定基本国策方面发挥着十分重要的作用。政府首脑通过竞选纲领、施政演说、国情咨文、政府工作报告、五年计划等各种形式，积极对制定基本国策施加影响。基本国策的制定有多种方式，如国家立法机关的立法、执政党的重要会议决定、全民公决或中央政府颁布法规等。在制定基本国策方面，当政府首脑与国家立法机关或政党领袖的意见明显矛盾或对立时，常常造成严重的政治对立和政治危机，并给行政执行活动造成许多困难和障碍。在我国，政府领导人同时也是党中央的领导人之一，在制定党和国家的基本政策方面具有十分重要的作用。

2. 参与立法活动

中央政府作为最高国家权力的执行机关，并不是消极地站在制定法律的过程之外，等待立法者们制定出法律后见诸行动，而是积极参与整个立法活动，主动地从管理社会公共事务的实际问题出发向立法机关提出各种法律议案，并竭力对这些议案及通过各种渠道提出的其他议案的审议、修改和表决施加影响。在国家立法机关的从属关系方面，各国政府的地位和权限区别很大。在一些西方国家中，政府首脑对议会通过的法律议案持有否决权，即具有拒绝执行的权力；某些国家允许中央政府官员同时竞选国会议员等，政府已经深深地卷入国家的立法活动之中。参与制定基本国策和立法活动是政府行政执行活动的准备阶段，在通常情况下，当某项政策或法律正式形成并以合法形式颁布时，政府已有将其付诸实现的充分的计划和准备。

3. 制定法规和行政措施

中央政府作为最高国家行政机关，在其行政立法和国家立法机关授权范围内有权根据宪法和法律，规定行政措施，制定行政法规，发布决定和命令，这是其行政执行活动的最主要的特点。如上所述，政府的执行活动和行政活动并不是截然分开的。各国政府并不是简单地依据法律条文执行法律，其最常见的方式是通过制定有关的行政法规和行政措施，将法律条文或法律规定具体化，充分行使和利用其行政立法权和行政权执行法律。例如，1993 年 10 月 31 日第八届全国人民代表大会常务委员会第四次会议通过了《中华人民共和国个人所得税法》（简称《个税法》），并通过 1993 年第 12 号中华人民共和国主席令公布施行。根据这项法律规定，国务院于 1994 年 1 月 28 日通过第 142 号中华人民共和国国务院令发布《中华人民共和国个人所得税法实施条例》并予以施行。该实施条例对《个税法》中的条款内容进一步做出十分明确的解释和规定，并将这些解释和规定作为执行《个税法》的主要依据。国务院制定该实施条例是得到全国人大常委会授权的，《个税法》第 13 条明确规定："国务院根据本法制定实施条例"。因此，国务院所制定的实施条例充分体现了其执行活动和行政活动辩证统一的特点。

在制定法规和行政措施方面，中央政府有时并不一定是依据现有法律制定，也并不一定必须先制定有关法律然后才能制定有关法规，它可以根据基本国策或党和国家基本政策及舆论要求制定相应法规或措施，这一点充分体现了其行政活动的相对独立性。例如，1993 年 12 月 15 日公布执行的国发〔1993〕85 号文件《国务院关于实行分税制财政管理体制的决定》，明确说明了它是根据党的十四届三中全会的决定制定的，这是一种政策执行而不是法律执行的活动。当然，从根本上说，政策、法律、法规的基本原则和精神是一致的，政府的行政执行活动是这三者的综合体现。中央政府公布法规或行政措施后，其行政执行活动主要有两种类型：一是通过所属职能部门在全国范围内从法规生效之日起立即执行，带有十分明显的命令性和强制性；二是通过各级政府层层制定具体规定或方案后执行，允许各级政府有一定的自主权和灵活性。前一种情况多是以总统令、主席令、国务院令等行政命令的形式颁布的，如禁止令、戒严令、执行令、授权令等。后一种情况多是以各种决议、规定、决定等形式公布的，而且要求各级政府制定相应的实施方案或参照执行。

4. 主管部门制定规章

主管部门制定规章是指中央政府主管部门或规制机构根据中央政府授权制定和发布的各种规定或规范性文件，是政府执行活动的必经阶段。中央政府颁布实施的法规内容虽然已经较为具体，但要具有可操作性还需有关主管部门进一步制定更具体的规定或补充说明。例如，1993 年 8 月 14 日第 125 号中华人民共和国国务院令发布《国家公务员暂行条例》（简称《条例》），并在《条例》中规定由国务院人事部门负责解释和综合管理。1994 年 3 月 8 日国务院人事部印发《国家公务员考核暂行规定》，对《条例》的考核内容做了进一步解释和规定，以主管部门规章的形式推动《条例》的贯彻执行。主管部门规章主要指中央政府所属部门根据法律、法规或中央政府授权在其具有法律、法规解释权和执行监督权的职能范围或专业范围内制定的各种规定，应看作中央政府行政执行活动的一部分。它们在专业管理或行业管理方面具有很高的权威性。例如，财政部关于财政税收工作的规定，人事部关于人事制度、工资制度的规定，教育部关于教育工作的规定等，中央政府所属其他部门及各级政府在这些范围内的行政执行活动都要遵守这些规定。

8.4.2 中央机关和省级政府的行政执行活动

中央机关和省级政府的行政执行活动是仅仅隶属于中央政府执行活动的一个层次。中央政府的行政执行活动需要经过它们层层落实到全国各个地区和各行各业。中央机关和省级政府虽处于同一个领导层次上，但由于二者的管辖范围、权限和地位不同，具有不同的特点。

1. 中央机关的行政执行活动

中央机关指中央政府直属的部、委、办等政府机关，其设立和管辖权限往往是根据它们的职能划分的，具有专业管理或行业管理的特点。例如国防部、外交部、教育部、交通运输部、海关总署、工业和信息化部、文化部等，其各自分管不同的专业或行业领域中的社会公共事务。一方面，在其主管的职能或专业范围内代表中央政府行使职权，配合中央政府制定的法规和行政措施制定主管部门规章，并负责进一步的解释和监督；另一方面，在专业或行业归口分类的基础上往往直接管理着许多本专业或行业范围内的分布在全国各地的企事业单位，包括工厂、公司、学校、研究所、培训中心、工程基地等。各国中央机关在专业管理或行业管理的行政执行活动方面，基本上可分为三种类型：

第一，中央政府职能部门。主要是通过制定各种规定和政策，或采用各种经济、行政手段调节、控制本专业或行业的行政执行过程，一般不直接干预企事业单位的具体活动，与本专业或行业范围内的企事业单位没有直接的隶属关系。

第二，起主体作用的专业或行业管理部门。在此种情况下，中央机关除履行政府职能部门的职责外，还直接分管本专业或行业范围内的一些较大的企事业单位，与这些单位有行政上的隶属关系，直接管理和干预这些单位的具体活动。由于这些单位在全国范围内一般具有较大的专业或行业影响，其主管部门对本专业或行业的控制则具有主体性的作用。

第三，单一的专业或行业管理部门。在前一种类型中，中央机关直接管理的只是本专业或行业中的一部分较大的企事业单位，其他企事业单位则由各级地方政府管理，实际上实行的是一种中央和地方交叉的多部门管理体制。在中央机关作为唯一的专业或行业管理部门的情况下，实行的是单一的部门管理体制时，中央主管部门与本专业或行业范围内的大多数企事业单位有行政隶属关系，直接指挥和干预是其行政执行活动的主要内容。这种体制的特点是政企不分，弊端较多。无论是哪一种类型，中央机关都需要处理许多涉及职能或专业范围的问题，如人事、工资、教育、税收、生产、营销等，在这些问题上，它们必须遵守中央政府及其主管部门制定的各种规定和措施。它们在其职能范围内既各自作为中央政府的一个职能部门制定主管部门规章，要求和监督其他中央政府部门和各级地方政府执行，同时又作为一个综合性的执行部门，要求其管辖的下属机关和企事业单位执行中央政府及各个主管部门的规定，形成一个遍布全国的执行网络。

2. 省级政府的行政执行活动

中央政府对全国各地公共行政事务的管理是通过各级地方政府执行的，为了管理上的便利，各国常以行政区域为单位，设置相应的国家行政机关管理行政区域内的各种事务。省级政府指直接隶属于中央政府的一级行政区域单位的国家行政机关。各国的名称有所不同，如我国省级政府指省、直辖市和自治区的政府，美国指州政府，法国指省政府等。省级政府既是地方立法机关的执行机关，又是地方国家行政机关，这种特点使它们的行政执行活动分为两类：一类是执行国家法律、中央政府法规和主管部门规章；另一类是执行地方立法机关制定的地方性法规。中央机关是中央政府的一个职能部门，其下属机关的划分比较单一，省级政府作为一种子系统，其省直属机关的划分和中央政府直属部、委、办相对应，结构较为复杂，行政执行活动集人权、财权、物权于一身，范围也更为广泛。省级政府和中央机关一样，都处在行政执行活动的较高层次上，它们虽然也直接管理一些较大的企事业单位，但其主要责任是根据国家法律、法规和主管部门规章制定地方政府规章，要求和监督下级政府部门贯彻执行。中央机关和省级政府的行政执行活动可以看作整个政府行政执行活动自上而下运行的一个中间环节。

3. 中央机关和省级政府的关系

中央机关和省级政府的关系涉及人们所说的“条条”和“块块”的关系问题。在制定主管部门规章方面，由于中央机关是代表中央政府行使职权的，在专业管理或行业管理方面，它们与省级政府存在着领导与被领导的关系。省级政府中的与中央机关职能范围相对应的省级机关在人事关系、财政关系等方面隶属于省级政府，在业务工作方面则需要服从其对口的中央机关的规定，如省人事局、教育局、财政局等。中央机关常常以省人事局长会议、省教育厅（局）长会议或省财政厅（局）长会议的形式直接传达、布置中央政府及其自身制定的规定和决定，从而通过省级职能部门保证中央政府行政执行活动的统一性和整体性。省人事局、财政局、教育局等省级机关在协调中央政府、中央机关与省级政府的行政执行活动方面具有十分重要的作用。省级机关作为省级政府制定地方政府规章的主要机构，其拟订的规范性文件将中央的规定与地方性政策有机地结合在一起。各级地方政府及其职能部门的行政执行活动都有这种综合执行的特点，由于它们在人事关系、财政关系和业务关系方面主要隶属于省级政府，因此省级政府和省级机关的活动对贯彻执行中央政府的规定具有十分关键的作用。

中央机关所辖的企事业单位分布在首都和全国各地，即使它们的人事关系、财政关系等隶属于中央机关，它们在经济、教育、科学、文化、卫生、体育、城乡建设、治安、计划生育等方面的工作，仍需要接受所在行政区域的各级政府的管理和监督。中央机关负责向其所辖单位传达、布置中央政府及各主管部门的有关规定，检查其执行政策、法律、法规等方面的工作，同时要求或允许这些单位在许多政策性问题上遵照或参照地方政府的决定和规定执行。

在对中央机关所属的企事业单位的管理上，常会产生中央和地方“条块分割”的矛盾，如何从体制上处理好这些问题，理顺中央和地方的关系，加强专业管理和行业管理工作是行政体制改革中亟待解决的问题之一。

8.4.3 基层地方政府的行政执行活动

基层地方政府指由省级政府管辖的各级行政区域单位的国家行政机关。各国地方政府体制大多分为两级或三级管理。在我国，基本上分为省（自治区、直辖市）、县（市、市辖区）、乡（民族乡、镇）三级。此外，省、县之间还设有地区一级事实上的区划与政府。英国实行郡、区两级地方政府体制。美国州以下的行政区域是郡或市、镇或乡、学区以及各种专区。日本行政区域分为都、道、府、县与市、町、村两级区划。

基层地方政府是具体落实各种行政执行活动的重要部分。基层地方政府既是地方各级国家权力机关的执行机关，又是地方各级国家行政机关，其行政执行活动和省级政府一样带有兼顾国家利益和地方利益的双重性。

各国中央政府对各级地方政府行政执行活动的控制和监督作用差别很大，以法、美、日为代表，可分为三种类型。法国地方政府制度的特点是地方的权力集中于中央，从中央到地方的指挥系统占支配地位，地方议会只处于从属地位；美国各州政府的权力由联邦宪法规定，州政府在行使职权时可以自由裁量，其他各级地方政府则是由州政府设立的，其活动要符合州宪法和州法律，州可以决定撤销某个地方政府或改变其管辖范围；日本原则上采用地方自治体制，地方有权处理不属于全国事务的各类地方事务，拥有一定的财权和人事自主权，各级地方行政长官均由选民选举产生，各级地方政府之间没有垂直领导关系，仅仅进行工作指导和监督。

我国地方政府体制基本上属于中央集权的类型。基层地方政府行政执行活动受到的限制较多，它们必须执行国家法律、中央政府法规、主管部门和地方部门规章，同时还必须执行地方权力机关制定的地方性法规和决定。它们所管辖的行政区域和管理权限虽然随着行政区划的层次逐级缩小，但所管理的行政事务越来越具体，并直接面对当地的企事业单位和居民。基层政府负责本行政区域内的行政工作，其管理的内容包括地方财产、公共设施、地方教育、清洁卫生、绿化、办理户口、征收地方税、登记居民身份证、地方治安等各个方面。基层政府在其管辖范围内有权发布决定和命令，但更多的是传达、布置国家和上级政府的有关规定，制定落实上级规定的具体方案和从事日常的行政管理工作。

8.5　行政执行的原则和易出现的问题

综上所述，行政执行过程是从中央到地方遍布全国各行各业的整体活动过程。为了保证这一过程的顺利进行，需要注意研究行政执行活动的原则和要求、易出现的问题和应采取的措施。

8.5.1　行政执行的原则要求

根据前面所论述的行政执行的基本特点和具体过程，为保证行政执行活动的目的性、合法性、整体性和有效性，需遵循下列原则：

1. 忠实执行国家政策和法律，依法行政

行政执行活动的最大特点是执行政策和法律。对于中央政府和各级地方政府来说，忠实执行国家政策和法律是其主要职责，也是主要的原则要求。这一原则政府履行的维护国家主权、统一、完整的职能相一致。这一原则主要包括两个方面：其一，各级政府必须不折不扣地学习、领会、宣传、贯彻执行国家政策和法律；其二，各级政府必须以国家政策和法律为依据制定各种行政法规和决定，不能与之相违背，两方面相辅相成。对于各级地方政府来说，这一原则有十分重要的意义，特别是在地方性法规、政府主管部门规章或地方政策与国家政策和法律相冲突的情况下，各级政府应以这一条原则为其采取相应措施的行动准则。

2. 保证中央政府的行政领导地位

这一原则是根据中央政府在行政执行活动中的特殊地位和作用提出的。为加强行政执行活动过程的统一指挥，提高整体效果，有利于实现行政执行活动的总体目标和计划，必须确保中央政府强有力的行政领导地位。这一原则要求处理好几种关系：

第一，国家权力机关或立法机关和国家行政机关的关系。国家权力机关或立法机关应授予中央政府必要的权力，明确确定其职权范围，不过多干预其正常的行政执行活动，并通过各种法律和法案有力地支持其行政领导地位。

第二，党政关系。执政党主要是通过制定国家政策、参与立法活动、推荐政府领导人选、各级党组织的具体的政策制定和决策过程等指导并监督政府的行政执行活动，除保证执政党地位的某些必要的行政职能外，应由中央政府和各级地方政府履行各种行政职责，并确保和支持中央政府的行政领导地位。

第三，中央和地方的关系。各级地方政府必须服从和接受中央政府的指挥，遵守中央政府制定的法规和决定，即使有较大自治权的地方政府也必须承认中央政府的行政领导地位。下级服从上级，地方服从中央，是保证政府行政执行活动协调一致的基本要求。

3. 加强宏观调控能力，简政放权

政府的行政执行活动受到政治、经济、科技、文化、自然环境等各种因素的限制，不可能将社会上所有的公共事务纳入其计划和管辖范围内，也不可能考虑和规定经济活动和社会发展的一切方面。为了加强政府在社会运行和经济发展中的主导作用，提高行政效率，政府应集中有限的人力、物力和财力重点解决关系国计民生的重大问题，增加宏观调控能力，利用分权原则和市场机制有效组织社会经济活动和管理社会公共事务。加强宏观调控能力是与保证中央政府的行政领导地位相一致的，这是简政放权的前提条件，权力高度集中会压制地方和企事业单位的积极性，盲目地简政放权则会削弱中央政府和上级政府的权力，造成宏观失控和社会动荡，这两种极端都需要注意防范。加强宏观调控能力，简政放权的原则要求主要包括下列几个方面：

第一，中央政府与地方政府适当分权。中央政府在有限授权的情况下根据地方特点允许地方政府有不同程度的自由裁量权或自治权，即按照“大权集中、小权分散”的原则授予地方政府灵活管理地方公共行政事务的一定权力。

第二，理顺政府与企事业单位的关系。政府与企事业单位的关系存在着计划经济体制和市场经济体制两种不同类型。前者以政府对企事业单位的直接管理和直接干预为主，后者则以政府对企事业单位的间接管理和间接干预为主。加强宏观调控能力、简政放权，意味着贯彻政企分开、政事分开的原则，按照市场机制要求，改变企事业单位对政府的行政隶属关系，使其有充分的经营自主权或管理自主权，逐渐由直接管理转变为间接管理，由多级或多头管理转变为自主管理。即使在政府必须直接管理某些对国计民生有重要影响的企事业单位的情况下，也需要给它们较大的自主权以增强其自我发展和市场竞争的活力。

第三，在调整政府职能的基础上精简政府机构。无论是理顺中央政府与地方政府的权责关系，还是理顺政府与企事业单位的关系，都需要合理调整政府职能及政府机构。政府职能决定行政执行活动的内容和任务，调整政府职能意味着改变或减少行政执行活动的某些内容和任务。调整政府职能和精简政府机构是一种辩证统一的关系。政府机构的设置是以有效履行政府职能为前提的，政府机构设立后对政府职能有固定化和规范化的作用。在调整政府职能时，如果原有的政府机构不作相应调整，将会使政府职能的调整流于形式。按照加强宏观调控能力，简政放权的原则要求调整政府职能，意味着必须相应精简政府机构，以适应建立新的权责关系的需要。

4. 令出必行，及时高效

行政执行活动首先是一种具有权威性、强制性和有直观效果的活动，有法不依，执法不严，有章不循，办事不力将会失信于民，严重损坏政府诚信形象。一方面，当国家政策和法律经过法定程序正式生效后，国家行政机关必须贯彻执行，如果遇到阻力，则可以强制执行；另一方面，中央政府或各级地方政府正式颁布的法规、规章和规定，下级政府和下级机关必须贯彻执行或强制执行。其次，行政执行活动是一种有严格的时间性和计划性的活动，各级国家行政机关必须按照规定的生效时间进行执行活动，并且必须按照预定计划努力实现预定的目标。在行政执行过程中，及时迅速、坚决有力是最基本的原则要求。最后，行政执行活动是一种务实性的和政策性的活动。各级国家行政机关在行政执行的活动中，需要根据实际情况妥善制定各种具体的计划方案或行动方案，力求取得较好的政策效果，尽量避免由于机械和盲目的执行活动造成不良的社会影响和后果。

8.5.2　行政执行易出现的问题

在行政执行过程中，由于体制、政策规定、机构、人员素质等各种因素的影响，常会出现各种各样的问题影响行政执行工作及其效果，一般有下列几种：

1. 政策失调

指各级国家立法机关通过的法律、各级行政机关制定的法规、规章及政策规定出现矛盾、冲突和混乱。政策失调的原因产生于政策法律化、政策法规化和政策社会化的过程。由于行政执行活动的基本特点是依法行政和政策执行，如果国家立法机关制定的各种法律、地方各级立法机关制定的各种地方性法规及执政党制定的各种政策出现矛盾和冲突，特别容易使行政执行活动出现政策失调的现象。

2. 目标转移

指中央政府制定的政策目标在各级政府层层传达贯彻的过程中逐渐淡化、偏离和走样。行政执行活动是一个逐级决策、逐级实施的过程。每一级政府或机构在制定其具体的计划方案或实施意见时，有一定的自主权和灵活性，容易根据面临的实际情况和实际对象对中央和上级政府规定的政策目标做某些选择、修正而使执行活动偏离和走样，或突出了中央和上级政府规定的某些次要政策目标而淡化、模糊了主要目标。如果目标转移现象发生在较高的决策层次上，经过层层传达执行的过程，目标背离的情况将会变得越来越明显。

3. 自定政策

指下级政府和下级机构利用中央政府和上级政府授予的权力，借机推行某些自行制定的无合法依据的政策。如上所述，行政执行活动不是单纯的或机械的执行活动，各级政府在社会公共事务管理方面有相对独立的行政权，它们可以做出某些决定在其管辖范围内强制执行。在此过程中，往往会出现自定政策的现象，即人们一般所说的“土政策”。有时，这种土政策是以执行中央政府和上级政府决定的合法形式提出的，有时完全是以自行决定的形式提出。下级政府和下级机构按照中央政府和上级政府的有关规定制定政策或在法律允许的范围内制定政策与自定政策有本质的不同。前者是依法行政的合理形式，而后者则是在没有合法依据的情况下制定政策，甚至有时是在背离法律和上级规定的情况下制定政策。下级政府和下级机构在过多地考虑地方利益或局部利益时容易产生这种现象。

4. 腐败行为

指公务员或行政人员在行政执行过程中以权谋私、违法乱纪的行为。其表现多种多样，包括贪污、行贿受贿、滥用权力、横行不法、营私舞弊、监守自盗、挥霍公款、假公济私等。腐败行为是破坏正常的行政执行活动、损害政府形象甚至可造成政权更迭和政治危机的严重问题，在各个国家中都是受到社会舆论普遍关注的焦点。有腐败行为的公务人员或行政人员往往知法犯法或执法犯法。腐败行为的产生有非常复杂的社会根源，既有公务员或行政人员的个人素质原因，又有政治、经济、文化等方面的社会原因和行政体制、组织结构方面的原因。

5. 结构紊乱

指在行政执行活动中，由于机构设置不当、权责关系混乱、办事程序烦琐、工作职能重叠或规章制度不明确等产生的各种问题，例如机构臃肿、政出多门、互相推诿、办事拖拉、公文旅行、人浮于事、权责不符等。行政执行活动是一种组织化和程序化的活动，合理明确的职能分工、机构设置、权责关系、岗位责任等是保证组织有效运行和行政效率的前提条件。公共行政组织中的各类人员是根据其所在机构和岗位的职责及规定的工作程序完成行政执行活动的，如果组织结构紊乱或失调，必然会影响各个机构和各类人员的工作，即使每一个行政人员都忠于职守、精明强干，也很难形成一个井然有序、和谐高效的工作群体。

6. 控制不当

指中央政府与地方政府或上级政府与下级政府和各种机构之间的隶属关系和权力分配方面存在的问题。控制不当有两种极端情况：一种是控制过度，即中央政府或上级政府的权力过分集中，限制和压抑地方政府或下级政府行政管理的积极性，并且把许多企事业单位不适当地纳入行政隶属关系，使其成为行政执行指挥链条上的一个环节，缺乏应有的自主权和活力。其特点是行政执行过程具有许多不必要的行政干预活动。另一种情况是控制过松，即中央政府或上级政府缺乏对地方政府和下级政府应有的控制能力，其特点是中央政府和上级政府的权力削弱，自上而下的行政执行活动存在失控状态，中央政府和上级政府的行政命令不能得到有效的贯彻执行。

7. 机制失衡

指公共行政组织或国家行政机关在行政执行过程中由于缺少制衡机制不能适当地行使权力。机制失衡的现象一般也存在两种极端情况：一种情况是国家立法机关、司法机关或各种政治组织、社会团体对公共行政组织或国家行政机关的行政执行活动不能进行有效的监督和制约，例如不能罢免不称职的行政官员或不能撤销不适当的行政决定和命令，使公共行政组织或国家行政机关的权力不适当地扩大，有时甚至集中到个别人手中，这种情况的产生或是因为在国家管理形式方面缺乏制衡机制，或是宪法中虽有这种规定却流于形式。另一种情况是公共行政组织或国家行政机关的行政执行活动受到国家立法机关、司法机关或各种政治组织和社会团体过多的限制和干预，不能有效地履行公共行政职能。例如国家立法机关或执政党不适当地限制和干预行政权等。这种情况也是由于缺乏适当的制衡机制造成的。

8. 执行不力

指在行政执行活动中，具体的行政工作软弱无力或具体的公共行政人员办事不力。行政执行活动是由各级政府的许多具体的行政工作组成的，并且是由许多具体的公共行政人员完成的。行政工作软弱无力和行政人员办事不力是一个问题的两个方面，其主要原因都与行政领导软弱无力或办事不力有关。行政领导除指领导者个人外，主要指领导群体或领导班子。执行不力是行政执行活动中最普遍的现象，其主要表现多种多样，例如对上级决定的传达、贯彻不及时、不果断；有法不依、有章不循、执法不严；对下级的执行活动和执行效果不进行检查；工作布置流于形式；该管的事情不管或管不好；对管辖区域内的公共事务或人民生活问题漠不关心；办事僵化、效率低下；等等。

9. 角色错位

指各级国家行政机关在行政执行活动中出现的越位、错位、缺位现象。越位现象有两种情况：一种是未经立法机关授权不适当地扩大行政权力或职能范围；另一种是理论意义上的现象，指的是国家行政机关管了一些不该管或管不好的事情，行政权力或职能范围不当，虽然有可能得到授权的合法形式，但仍属于“越位”现象。错位现象指国家行政机关坐错了位置，如直接干预企业内部事务，将政府角色变成了企业角色。缺位现象指某些行政机关或行政人员不依法行使权力，不履行应尽职责，如放任假冒伪劣现象，该管而不管，有时不仅是缺位而且是渎职。还有一种缺位现象和立法机关未正式授权有关，涉及政府职能转变的理论问题，需要做深入的探讨和研究。

8.5.3　控制行政执行过程的方法

无论是确定行政执行的原则要求，还是分析行政执行活动易出现的问题，主要目的在于提高对行政执行过程的认识，制定有效控制行政执行过程的机制和方法，保证公共行政组织的协调运行及其行政效果和行政效率。一般可从下列几个方面控制行政执行过程：

1. 过程和效果评估

过程和效果评估是指对行政执行活动的进展情况和效果进行评价和总结。过程评估是在贯彻执行某项政策或某种计划方案的过程中全面检查各项工作的部署、落实、推进和完成情况，核实其基本内容包括政策或计划方案是否及时、准确地得到传达和理解，各种具体实施方案或措施是否符合政策或计划要求，预定的阶段性目标、任务的完成情况是否与原计划相符，是否遇到某些工作困难或未预料到的问题，各级行政机关的工作是否得力，整体进展情况是否顺利，能否较圆满地完成预定计划、达到预定目标等。效果评估是在某项政策或计划方案实施一定阶段或完成某一过程时对政策效果或计划效果进行的检查和评价，其基本内容包括分析研究某项政策或计划方案实施后在政治、经济、文化等方面所产生的直接影响或间接影响、所引起的舆论反应、预定目标或计划是否充分、合理、全面等。过程评估主要由各级行政机关组织进行。效果评估的范围则较为广泛，各级立法机关、各种党派、社会团体、新闻媒介或专门的评估机构都可以组织进行。过程评估和效果评估有利于及时发现行政执行活动中出现的问题，适当采取有效的调整措施或补救方案，控制行政执行的进展过程和社会效果。

2. 问题诊断

问题诊断指从国家管理体制、政权结构、公共行政组织整体运行情况等方面分析研究行政执行活动中存在的问题并采取有效的措施进行调整。如上所述，行政执行活动中可能存在政策失调、目标转移、自定政策、腐败行为、角色错位等各种问题，它们直接影响或妨碍各种政策和计划方案的具体执行过程。通过过程评估和效果评估，可以发现这些问题的种种表现，但缺乏整体分析和更深入的认识，因此必须从更高层次和更大范围综合考察这些问题。问题诊断的目的在于认真分析这些问题的严重程度及其对行政执行活动的实际影响，从立法程序、政策制定、组织结构、人员素质、管理体制、履职过程等方面揭示产生这些问题的具体原因及症结所在，有效制定抑制、缓解或解决这些问题的基本对策和方案。问题诊断需要运用各种定性、定量的技术和方法，并且应当定期进行，以便在问题还不十分严重时即能及时发现并采取相应措施进行调整。

3. 完善体制

完善体制指根据行政执行的原则要求合理调整国家行政组织的内部结构和职能，不断完善政治制度、经济制度和行政体制，从根本上保证行政执行活动的运行机制统一协调。其目的在于按照行政执行的原则要求在立法程序、政策制定、组织结构、权责关系、规章规定、履职活动等方面进行相应的调整和改革。由于社会制度、政治条件、历史发展、具体国情的区别，各个国家关于行政执行的原则要求可能有所不同。但其国家管理体制和政权组织形式总是遵照某些原则要求建立起来的，并且按照这些原则要求不断强化和完善。组织制度的建立和人员素质的提高是相辅相成的两个方面，对于有效的行政执行活动来说，二者缺一不可。完善体制的前提条件是确定某些原则要求，并通过法律形式或政策形式加以规定，在此基础上形成一整套制度规定和确立相应的组织结构。完善体制涉及从行政管理体制、政府内部结构和职能等方面妥善处理好与行政执行活动有关的各种关系和行为准则，例如国家立法机关和国家行政机关的关系、执政党和国家行政机关的关系、中央政府和地方政府的关系等，对这些关系的认识和合理解决是在完善体制的过程中不断改进和深化的。

关键术语

行政执行　　行政行为　　行政立法　　行政执法　　行政司法　　行政执行过程　　行政执行原则

问题与思考

1. 行政执行问题在公共行政研究中有何重要性？
2. 影响行政执行的因素有哪些？
3. 如何运用有效方法解决行政执行过程中的问题？

第9章

行政决策

行政决策是政策制定和行政执行过程中经常性的活动，如何提高决策质量和决策效率，保证良好的政策效果和执行效果，是各级公共行政组织和行政决策者普遍关心的问题。

9.1 行政决策概述

公共行政学主要从行政执行过程的角度研究决策问题，以此为基础有助于了解行政决策的基本含义与特点、行政决策与政策制定的联系和区别、行政决策在行政执行活动中的地位和作用以及行政决策的划分方法和主要类型。

9.1.1 行政决策的含义与特点

决策理论是管理学、行为科学、领导科学、公共行政学等各种学科普遍关心的一个重要领域。20 世纪 50 年代以来，由于决策行为的广泛性和重要性，运筹学、控制论、信息论、系统论、计算机科学和与决策有关的各种预测、运算手段的广泛运用，以及在政府、企业、军队等管理过程中对决策系统的重视程度越来越高，对决策问题的研究已经日益发展为一个独立的学科——决策科学。公共行政学对决策理论的研究不应限于一般性的研究，而应根据本领域的研究特点有所侧重，即主要研究行政决策问题。国外公共行政学教科书中虽然很少用“行政决策”的提法，但在论述过程中一般是围绕公共行政的主题展开的。我国的公共行政学教科书大多采用“行政决策”的提法，较明确地强调了行政领域的研究重点。

从字义上理解，决策是做出决定的意思，这种决定和即将采取的行动或行为有关，并且一般是在多种方案中做出一种选择。因此，决策可简单定义为人们为实现某种较重要的目标做出决定的过程。决策是一种较为严谨的科学术语，应有一定的适用范围，我们不应将所有决定都看作决策，但是，关于什么样的决定属于决策范围，很难划出一条严格界线。上述定义把较重要的目标作为区分决策和普通决定的界限也并不是很严格的，它取决于人们对目标的价值判断。当人们认为自己在为实现一个较重要的目标做出选择和决定时，一般要经过一个认真思考的过程，这个过程可以看作决策的过程。许多关于决策的定义都突出强调做出选择是决策的根本特点，在一般情况下确实如此，但不能就此理解为无须做出选择的决定就不是决策，实际上，有许多重大的决策，由于具体条件的限制是在没有选择余地的情况下做出的，这是一种特殊的决策行为。

一般意义的决策行为普遍存在于社会的各个领域，行政决策则是决策的一种类型，只存在于行政领域。行政决策可定义为行政人员依照政策和法律为实现某种较重要的行政目标做出行动决定的过程。这一定义强调下列几个方面：

首先，行政决策的适用范围限定在公共或国家行政组织的职权范围内。在公共行政学研究的早期阶段，由于受政治—行政二分法观点的影响，有一种意见认为，决策只是国家立法机关的事情，属于一种政治权力，行政部门的职责是执行决策。现在人们的认识已经发生了根本的变化，各国行政机关无疑拥有很重要的决策权，用美国著名学者西蒙的话来说，“管理就是决策”，决策已经成为公共行政组织或国家行政组织的核心任务，这是关于行政决策所要研究的基本内容。

其次，行政决策的主体是行政人员，特别是行政领导者。行政决策虽然限定在公共行政组织或国家行政组织的范围内，但它是由具体的个人或群体做出的，属于一种行为过程。行政决策的结果可以有决议、法规、决定等多种形式，并且以某一行政机关或机构的名义发布。但做出这种决议、法规等的主体是有独立思考能力的个人，因此，决策质量与决策者个人的素质和水平有直接联系。

再次，行政人员不能任意做出决策，必须依据既定政策和法律。这一方面体现行政决策有依法行政的特点，另一方面体现行政人员在行政组织等级结构系统中的权力和地位对其行政决策的限制。行政官员的决策与作为独立法人的企业家的决策不同，在很多情况下，他们的决策是为执行国家政策或法律规定而做出的，决策权和行政权是联系在一起的。企业家没有行政权，他们的决策一般以不违反国家政策或法律规定为前提，决策权和企业经营权相联系。

最后，并非所有行政人员做出所有决定的过程都属于行政决策，行政决策是在为实现较重要的行政目标时进行的。某一行政人员做出的与其职责无关或者涉及一些极细微的日常事务的决定都不属于行政决策的范围。按照这种解释，行政决策的过程主要集中于行政部门的领导层。我国有些学者认为，行政决策主要是指县市以上机关或其他独立机构为解决问题、指导工作所制定的决策。本书虽未采用这种限定，但对行政决策的适用范围从目标的价值判断方面做了一定限制。

根据上述定义，行政决策具有下列特点：

（1）目的性，即有明确的行政目标。各级政府都有自己的行政目标，这些目标与政府的行政职能密切相关。

（2）强制性，即有一定的法律效力。行政决策的过程往往是制定某种行政法规或重要决议的过程，其贯彻执行以政府的行政权为后盾。

（3）政策性，即有合理的政策和法律依据。各级政府的行政决策过程实际上是层层贯彻执行国家政策和法律规定的过程。在进行行政决策时，一方面，要求不能出现任何偏离国家政策和法律规定的倾向；另一方面，要求各级政府的行政决策将国家政策和法律规定按实际情况细化和具体化，通过决策结果落到实处。

（4）选择性，即有可供选择的多种方案。由于行政目标的复杂性，遇到的变量和政策性问题很多，需要采用科学的决策方法提出多种可供选择的方案，以便提高行政决策结果的质量和效果。

（5）社会性，即对社会公共事务和地方公共事务有十分重要的影响。行政决策涉及的行政目标的重要性决定了行政决策结果的重要性。行政决策的内容直接体现行政职能的范围，对各项社会事业的发展具有地域性的、全局性的影响。

（6）非营利性，即以管理社会公共事务而不是以营利为目的。这一特性强调了行政决策与企业决策的根本区别，行政决策的主要目的是提供公共产品和公共服务，而不是像企业那样谋取利润。在行政决策的过程中，也要考虑成本和效率问题，但更重要的是考虑社会效果和服务问题。

9.1.2　公共行政决策与政策制定

在现代公共行政学研究中，行政决策和公共政策是两个较为重要的课题，它们既有区别，又有联系。一般说来，制定公共政策的过程都是一种决策过程，但并不是所有的决策过程都是制定公共政策的过程。在国外公共行政学的教科书中，决策和政策制定的区别主要在于 decision 和 policy 的含义不同。前者的意思主要是决定和决议，后者的意思主要是政策、方针、策略等。显然，前者的外延比后者要大得多，因为决定有大有小，政策则只是一种重要决定。

行政决策与政策制定的关系与此相类似，高层次的行政决策可以看作一种政策制定过程，例如中央政府进行的政策法规化过程。但并不是所有的行政决策都是政策制定过程，较低层次的行政决策实际上可以看作一种政策执行过程。公共政策是行政决策的指导准则和依据，从执行法律及党和国家政策的意义上说，高层次的行政决策也是一种政策执行过程。行政决策和政策制定主要有下列一些区别：

（1）范围不同。行政决策主要是在公共行政组织或国家行政机关的职权范围内进行的，而政策制定的范围除此之外还涉及立法机关和政党活动的广泛领域。

（2）主体不同。行政决策的主体主要是行政机关和行政人员，而政策制定的主体主要是政党和政党领袖、立法机关和国会议员以及行政机关和高级行政人员等。

（3）层次不同。行政决策一般是在各级行政机关由各级行政人员进行的，在高层、中层和基层的行政组织或行政机关中都有行政决策的过程。而政策制定过程一般只在立法机关、行政机关和政党的较高层次中进行。

（4）结果不同。行政决策的结果不仅包括各种原则性、政策性的规定，还包括许多具有可操作性的计划方案、行动方案或具体的行政措施。而政策制定的结果主要是具有指导作用的法律、法令、政治决议、政策规定等。

行政决策与政策制定有十分密切的联系，在公共行政组织或国家行政机关的较高层次上，它们是两个相互交叉或相互渗透的过程，有时甚至是一个同一的过程，因为高层次的行政决策过程也是一种政策制定过程。在涉及立法机关、执政党和行政机关的相互关系时，它们是两个相互衔接的过程，构成国家政权运行机制的整体。政策制定过程的结果需要通过行政决策过程贯彻执行，行政决策过程则需要政策制定过程提供指导和原则规定。

9.1.3　行政决策和行政执行

行政决策的概念有助于深化对行政执行活动的认识。与传统的政治—行政二分法的观点不同，行政执行活动不是一种单纯的或机械的执行法律或政策及上级规定的活动，它具有灵活运用政策规定、管理社会公共事务和地方公共事务的性质。在此过程中，各级政府有权制定地方政策或部门政策，颁布各种行政规定和措施并在其管辖范围内实施，这些活动都属于行政决策的内容。由于社会问题和公共事务的复杂性，即使是以贯彻执行上级政策或规定为主要任务，各级政府也需要在许多可行的方案中做出选择，这同样属于行政决策的内容。在现代社会中，随着城市规模的扩大、人口的增长、市场经济的发展、社会公共事务的增多、管理任务的加重和决策手段的更新，行政决策在行政执行活动中所占的比重越来越大，决策难度和质量要求也越来越高，可以说行政决策已经成为行政执行活动的中心环节或核心任务。

行政决策是行政执行过程中的一个重要的组成部分。伍德罗·威尔逊在《行政学研究》一文中曾说行政机关是“行动中的政府”①。他所指的政府，包括立法机关、行政机关、司法机关在内。在他看来，立法机关只负责制定政策，而行政机关则负责执行政策，将政策付诸实施，因此行政机关是行动中的政府。当我们明确行政决策在整个行政执行活动中的作用时，可以将这种政府的行动分为两部分：一部分是制定行动方案或做出行动决定的过程，即行政决策的过程；另一部分是实施行动方案或执行行动决定的过程，即采取行动的过程。在行政执行活动中，这两个过程是不可分离的。采取行动是行政决策的出发点，同时也是行政决策的结果。行政决策则决定采取行动的步骤、程序、直接目标和效果。由于行政决策对采取行动的指导作用，它在整个行政执行活动中显然处于主导地位。

行政执行活动都是从行政决策开始的，有了一定的行动方案之后才相应采取行动。各级政府也是通过逐级决策的形式将上级规定层层下达并贯彻执行。同时，任何行政执行活动都是靠行政决策来推动的，当某项行动方案制定不出来时，政府就迟迟不能采取行动。从动态过程看，行政决策是将每种行政执行活动联系起来的中心环节，它贯穿于整个行政执行过程中。或者说，行政执行过程是由一系列行政决策和采取行动的过程所构成的。因此，要深入研究行政执行过程就必须深入研究行政决策过程。反之，对行政决策过程的研究也不应脱离实际的行政执行过程孤立地进行。

---

① ［美］伍德罗·威尔逊：《行政学研究》，见［美］杰伊·M·沙夫利兹等编：《国外公共行政理论精选》，2 页。原文为：“行政机关是政府最明显的部分，它是行动中的政府；它是政府的支持者，是政府的操作者，是政府最显露的方面，当然它的历程也和政府一样悠久。”

9.1.4　行政决策的主要类型

在行政执行过程中，存在着许许多多的行政决策活动，由于决策主体、决策对象、决策内容、决策方式等有多种多样的变化，决策类型也就有多种划分角度和方法，归纳如下：

第一，根据决策主体可分为个人决策和群体决策。这是一种最基本的决策分类。个人决策指由一个人单独做出决定，群体决策则指由两个以上的人以讨论、协商、表决等形式做出决定。这两种类型在决策时间、速度、质量、责任性、认可程度、心理压力等方面各有利弊。在实际过程中，采用哪种类型更好，取决于问题类型、信息掌握程度、决策成员的个人技能及知识差别等。它们分别与个人专权制、个人负责制、集体负责制等不同的行政领导体制类型有密切联系。

第二，根据决策目标可分为单目标决策和多目标决策。单目标决策指只有单一目标的决策过程，多目标决策指同时有两个以上目标的决策过程。单目标决策涉及的问题和决策内容、决策方法较为简单明确，而多目标决策则较为复杂困难。决策层次越高，多目标决策的比重越大。

第三，根据所运用的决策方法可分为定性决策和定量决策。定性决策指利用政治原理、法律判断、政策分析等各种定性方法进行的决策。定量决策指利用运筹学、数理统计、系统分析、计算机技术等各种定量方法进行的决策。在行政执行过程中，定性决策多用于制定政策、法规、条例、规定等决策过程，而定量决策多用于制订计划、规划、行动方案等决策过程。

第四，根据决策问题类型可分为程序化决策和非程序化决策。程序化决策也称为常规性决策或例行性决策，指按既定程序和方法处理常规性或重复性的问题时的决策过程。非程序化决策则指面对新的、首次遇到的或特别复杂的问题而无常规可循的决策过程。程序化决策属于日常工作范围，所遇到的问题较易于处理并已发展出一套较固定、有效的步骤和方法。非程序化决策多出现于较高的决策层次，遇到的问题难以处理，存在大量不确定因素，要求决策者具有较强的判断力和创新性。

第五，根据不同的决策层次可分为中央决策、地方决策和基层决策。中央决策指中央政府一级国家行政机关处理国家事务或全国性问题进行的决策。地方决策指县以上各级地方政府执行中央政府规定、处理地区事务或地区性问题进行的决策。基层决策指乡镇一级行政机关在其管辖权限和上级规定范围内所进行的决策。按决策层次划分也可分为高层决策、中层决策和下层决策，但其适用范围比上述类型更为广泛，也更为灵活。

第六，根据不同的决策依据和手段可分为经验决策和科学决策。经验决策指根据以往的经验、惯例或习惯做法进行决策，科学决策则指根据科学的定性分析和定量分析方法进行决策。在实际的行政执行活动中，经验决策往往占有较大比重，特别是在程序化决策中具有一定的作用，但由于缺乏科学分析，经验决策具有很大的局限性。科学决策不仅仅指定量决策，也包括定性决策在内。由于社会公共事务的复杂性和行政目标的特殊性，行政决策在许多情况下难以采用科学的定量分析方法，只能用科学的定性方法来完成。

第七，根据不同的决策条件和因素可分为确定型决策、风险型决策和非确定型决策。

确定型决策指决策目标明确、决策条件（或称自然状态）较为确定、有可供选择的方案、决策结果可预计到并可得到控制的决策。风险型决策指在有理想目标和可供选择方案的情况下，决策条件有不可控因素、决策结果可以进行预测和估算但有一定风险的决策。非确定型决策指在比风险型决策更不确定的条件下，决策结果无法进行预测和估算的决策。非确定型决策往往和处理重大的公共事务问题相联系，为处理好这类决策问题，国外学者分别提出了不少原则，例如大中取大原则（又称乐观原则）、小中取大原则（又称悲观原则）、大中取小原则（又称最小遗憾原则）、可能性原则（又称等概率原则）等。

第八，根据决策的不同作用可分为战略决策和战术决策。战略决策又称总体决策或宏观决策，指与国家和社会的重大目标相联系、具有全局和长远指导意义的决策。战术决策又称局部决策或微观决策，指与局部性、阶段性目标相联系、依据战略决策处理具体事务或解决具体问题所进行的决策。行政决策的指导作用与决策层次密切相关，战略决策一般只限于中央决策，战术决策大多数是地区决策和基层决策，中央决策中亦有一部分属于战术决策。

第九，根据决策的不同特点可分为执行性决策和行政性决策。执行性决策指单纯为贯彻执行中央政府和上级政府的某种具体规定而进行的决策，行政性决策指在授权和管辖范围内为综合管理社会公共事务进行的决策。执行性决策和行政性决策是行政决策的独有类型。执行性决策的特点是由权力结构和决策层次的等级制度决定的，各级政府必须按中央政府和上级政府的指令性规定逐级做出决定并向下传达贯彻。执行性决策的目标、内容、程序和步骤等一般由中央政府或上级政府事先规定好，必须按部就班地进行。行政性决策的特点是由管理社会公共事务的行政权力决定的，各级政府可以根据实际工作需要，依照法律和相关规定在自己的职权范围内主动进行决策，决策目标、内容、程序和步骤等可以自主安排。执行性决策在集权制的情况下占主导地位，行政性决策则在分权制情况下占主导地位。

9.2 行政决策过程分析

行政决策和一般决策过程一样，可以粗略地划分出若干阶段或若干步骤，由于它是行政执行活动的一部分，在具体步骤和内容方面有其自己的特点。在行政决策过程中，存在着许多影响决策判断和决策质量的因素，实际的决策活动只能在有限理性的范围内进行。由于公共行政组织是一个庞大的组织系统，行政决策是一种典型的复合决策过程，需要对其进行更深入的分析研究。

9.2.1 行政决策的一般步骤

在行政执行活动中，行政决策一般是有组织、有计划地进行的，不同类型的决策在程序和步骤方面可能有所不同，行政决策过程初步可划分为下列几个步骤进行分析。

1. 确定问题和目标要求

确定所要解决的问题或所要完成的工作任务及目标要求是行政决策的前提或出发点。

否则，行政决策将流于形式或“无的放矢”。在公共行政领域中，每天都存在大量的问题和繁重的任务要求，公共行政组织经常要做的一项重要工作是确定哪些问题或哪些任务要求应当列入决策议事日程，根据其重要性或紧迫性，将这些问题或任务要求按轻重缓急的顺序加以排列。它要求对有关问题或工作任务及所要达到的目标要求有一个初步的认识和判断。确定问题或工作任务及其目标要求的具体方法或依据是多种多样的，例如某个领导人的判断、有组织的调查研究、上级指示和布置、下级的紧急报告、例行的工作安排、社会舆论的强烈反应等。

一般的决策理论认为，在此阶段或步骤，继确定问题或工作任务后，紧接着是深入分析判断问题、明确具体的决策目标。在程序化决策、确定型决策或企业决策过程中，在此阶段可能会达到这一要求，但在非程序化决策、风险型决策、非确定型决策等行政决策的实际过程中，此阶段对问题的分析和决策目标的确定只能是初步的和总括性的，对问题的分析一般限于问题的性质、社会影响、重要性等方面，而对其产生的原因、背景和对策还缺乏深入的认识。在此基础上，很难确定明确具体的决策目标。在考虑是否将某个问题列入决策议事日程时，实际上只要有必须解决该问题的意向和较笼统的总的目标要求就可以做出决定，进一步的分析和研究则在拟订决策方案的过程中进行。况且，当行政领导人决定应解决哪个问题时，往往提出一个总的要求，指令专门的部门或人员进行分析研究，提出某种解决方案供领导决策时考虑，可以说这已经开始进行第二步的工作了。因此，确定问题和目标要求只是说明已认识到该问题的重要性和需要进行决策的必要性，但并不一定已分析得很透彻。实际上，在行政执行过程中，能把某个问题安排到决策议事日程中，是想使此问题得到解决的机构或具体人员的首要目的，在他们看来，这是一个非常重要的信号。

2. 拟订决策备择方案

确定问题或工作任务之后，拟订备择方案是推进决策过程的基础性工作。对于一般性的、常规的或较为简单的问题或工作任务，往往只有一个决策方案。而对于特殊的、非常规的或较为复杂的问题或工作任务，至少需要拟订两个以上的决策方案供决策者选择。决策备择方案的内容一般包括对问题或工作任务的分析判断，明确的决策目标，可能的决策结果，具体的实施程序、步骤、时间安排及所需要的条件等。为了使决策备择方案符合实际、切实可行，在此阶段需要进行大量的信息收集、筛选和处理工作，因为与决策问题有关的信息的完整性、准确性、及时性直接影响决策备择方案的分析质量和可行性。研究处理各种信息的过程同时也是深入分析判断问题、明确具体目标、推敲行动步骤、预测决策结果的过程，并在此基础上形成最初的决策备择方案。拟订方案的具体做法根据问题或工作任务的复杂性、重要性来决定。有时由某个专人拟订，有时成立一个专门的小组或机构，有时由不同的人员或机构分头拟订。在初步方案拟订后，有时还需反复论证或在较大范围内广泛征求意见不断进行修正。

3. 选择和决定决策方案

确定问题和拟订决策备择方案可以说是行政决策的准备阶段，真正的“决策”阶段是选择和决定决策方案。任何决策实质上都是一种选择取舍的过程，无选择余地的特殊情境意味着只能采取一种选择，绝对排除相反的选择。在只有一种决策方案的情况下，首先需要选择是否基本接受或认可这一方案，其次在讨论该方案的具体条文时，也应有逐一表示“肯定”、“否定”或适当修改的选择过程。一般的决策理论所说的选择，通常是指在两种或多种备择方案中做出抉择，选定最佳或最优方案，这种情况在行政决策过程中也是经常出现的。

选择方案的过程是一个评估选优的过程。行政决策的评估方法和企业决策一样，可以运用定性的、定量的、经验的、技术的等多种多样的方法，其可行性的评估分析主要集中在六个方面：（1）是否符合现行政策、法律或上级有关规定；（2）是否符合客观条件要求；（3）经济上是否可行；（4）技术上是否可行；（5）是否还可以有更好的方案；（6）个别地方是否需要修改。评估分析的结果最终可能从多种备择方案中选定一个最佳或最优方案。“最佳”或“最优”的概念是就几个决策方案相比较而言的，当然，也有可能出现没有一个方案被选中，需要重新拟定新方案的情况。当最终选出某一方案并决定按此方案实施时，意味着在行政执行过程中，行政决策阶段开始转化为采取行动阶段。

4. 修正完善决策方案

在决定决策方案采取行动之后，某一问题或某一工作任务方面的行政决策并没有完全结束。在实际的行政执行过程中，行政决策往往不是一次性完成的，行政决策阶段和采取行动阶段在时间上也不完全是截然分开的。行政决策对所采取的具体行动具有指导性的作用，可以用来控制具体行动的方向、次序和进程。具体行动的进展情况和效果则可为检查、判断既定的行政决策方案的有效性和可靠性提供反馈。当在具体行动期间发现某些不利情况时，可以进行二次决策或多次决策，对原有的决策方案进行修改和完善，甚至可能会出现推翻既定方案、对原有的备择方案重新进行评估、选择或重新收集信息、重新拟订决策备择方案的现象。为了减少采取具体行动时可能出现大的偏差带来十分不利的社会影响和决策后果，在处理一些较为复杂或较为重大的问题或工作任务时，通常采用先试点后推广的做法，在试点时期经过认真观察和总结，有目的地修改完善既定的决策方案，在确信有一定把握的适当时机再正式全面布置实施。修正完善决策方案的做法，被称为追踪决策，它表明了行政决策动态过程的阶段性和连续性。

9.2.2 影响行政决策的因素

对行政决策程序和步骤的描述一般是较为抽象的，在深入研究行政决策过程时，经常会遇到一些较为实际的问题。例如，为什么有些问题能够引起领导者的重视被列入行政决策议事日程而有些问题却不行；领导者在选择决策备择方案时，为什么要选择A方案而不选择B方案……如果抽象地回答，人们可以认为引入议事日程的问题更重要，或者A方案比B方案更令人满意。但如果再进一步问为什么某些问题更重要或A方案更令人满意，是问题本身确实更重要还是领导者个人认为它更重要，可能会产生多种多样的答案。事实证明，被列入决策议事日程的问题不一定是更重要的问题，被选定的A方案不一定比未被选定的B方案更令人满意，究其原因，有某些因素影响了决策者的判断和选择。若要了解实际的行政决策过程，应对这些因素有基本的了解。

由于行政决策是行政执行过程的重要组成部分，本书第8章所分析的影响行政执行过程的各种环境的、组织的、个人的因素无疑也会对行政决策过程产生不同程度的影响。在决策理论研究中，决策的质量和可接受性或认可程度是两个普遍受到关心的课题。为此有不少研究提出了许多如何提高决策质量和可接受性的有价值的原则和方法。从理论上说，要保证实际过程中的决策质量和可接受性，必须要保证问题判断和方案拟订、选择的正确性。但是，有许多因素影响了决策者所做出的这种判断和选择，它们的作用有时是潜在的或无意识的，甚至比一些决策原则和方法对决策者的思想影响更大。在行政决策过程中，影响问题判断、方案的拟订和选择的因素主要有下列几个方面：

1. 政策和法律因素

现行政策和法律是各级行政机关进行行政决策的主要依据。无论是贯彻上级规定的执行性决策，还是行使自主权或自由裁量权的行政性决策，有无正当的政策和法律依据是行政决策者必须考虑的重要问题。政策和法律因素在拟订和选择备择方案时具有特别重要的影响，尤其是担负主要责任的行政领导在需要做出决定的最后关头，这是其能否下决心的可行性评估分析的首要一条。政策和法律因素的另外一个影响在于，它使行政领导人从政策、法律或政治角度考虑其面临的问题或工作任务，权衡轻重缓急并对决策议事日程进行安排。

2. 问题性质

各种社会公共事务和问题是行政决策的对象，其本身的重要性、紧迫性和特殊性无疑对行政决策的议事日程安排、决策方案的拟订和选择都有重要的影响。有些问题是突发性的，例如地震和火灾；有些问题是有严格的时间限制的，例如年度计划和预算；有些问题是季节性的，例如植树和防洪；有些问题是常规性的，例如日常工作计划安排；有些问题是全国性的，例如工资制度改革；有些问题是地方性的，例如城市规划；等等。在公共行政领域中，每天都存在着大量的、各种各样的问题，它们的影响面、严重性、时间要求、复杂性、困难程度、引起社会和领导人关注的程度和适当的处理方法等各不相同，因此对行政决策者的判断和决策方案的拟订、选择有着不同的影响。

3. 外界压力

外界压力指各种社会集团、政治团体、社会舆论、新闻媒介、上级意图、私人关系等独立于行政决策过程之外但对其有重要影响的因素。行政决策由于牵涉社会上各个方面的利益，各种社会集团、社会阶层以及各类人员将会以各种活动或各种方式表现其对某一社会问题或某种决策方案的关心，甚至可能会在某种程度上直接影响或干预具体的行政决策过程。外界压力给行政决策者造成很大的心理负担，例如经过选举产生的行政官员不能不重视选民的舆论要求；由上级任命的行政官员在做出决策时不能轻率地对待上级的意图，这种心理压力自然会影响他们对问题的判断和对决策方案的选择。因为行政决策结果常常关系某些人、群体或集团的切身利益，各种各样的私人关系、说客等也会对行政决策者的决策行为产生重大影响。外界压力对行政决策的影响有些是积极的，有些是消极的。为了提高决策的质量和可接受性，如何充分发挥积极因素的作用（如舆论压力），抑制或防止消极因素的作用（如上级意图、私人关系的干扰），是行政决策中需要研究处理的重要问题。

4. 信息来源

信息是行政决策的基础，信息是否准确、及时、全面，直接影响问题判断的准确性和决策的质量与效果。但是，信息需要收集，行政决策者需要有一定的来源使其能够得到所需要的信息。信息来源多种多样，例如地方或下级的报告、上级文件、新闻媒介、统计资料、调研活动等正式来源和社会传闻、小道消息、上访材料、手机短信和网络信息等非正式来源。信息来源方面影响行政决策的主要问题是：(1) 信息渠道不畅通，如新闻媒介不能报道真实情况；(2) 信息反映不及时、不准确或不全面，如下级单位报喜不报忧；(3) 信息过滤，信息在沟通过程中经过层层筛选逐渐减少和失去价值；(4) 信息沟通障碍或信息流通渠道阻塞，如有关人员或单位故意扣留信息；等等。

5. 个人素质

在前四种因素相同的情况下，决策者个人素质不同对决策质量和决策行为有不同的影响。实际上，在行政决策过程中，普遍存在的是前四种因素不同的情况，完全有理由认为，个人素质差异在决策方面引起的差异会更大。在本书第 8 章，曾论述过个人素质可从政治、文化等六个不同方面进行分析，它们直接影响行政决策者的政策水平、法律观念、对问题和决策方案的判断力、承受外界压力、排除干扰的能力、对信息的敏感性等。而上述各种因素对行政决策的影响正是通过个人素质发生作用的。

6. 决策体制

决策体制是由行政领导体制所决定的行政决策形式。在个人专权制、个人负责制、集体负责制的不同条件下有不同的决策体制。例如，个人专权制下的决策形式主要是个人决策，而集体负责制下的决策形式主要是群体决策。决策体制对行政决策的影响主要表现在对决策行为、决策过程、决策效率和决策质量的影响。个人决策的特点是决策速度快、时间短、个人责任意识强，但个人偏差大，接受认可的程度低。群体决策的特点则与之相反。除了个人决策和群体决策有不同特点之外，个人决策易于突出个人素质方面的差异，群体决策虽然可减弱这种差异，但是会使决策成员产生意见冲突或遵从的心理压力，并使决策结果发生某种超出个人原有判断的变化。例如，某些研究表明，由于社会助长效应和从众心理的影响，在进行决策的方案选择时，如果群体成员中采用保守方案的意见占上风，决策结果可能是采用最保守的方案，称之为保守转化，其相反的情况是风险转化，如果群体成员中大多数倾向于采用有风险的方案，决策结果可能是采用最有风险的决策方案。

7. 决策手段

行政决策过程中所使用的决策手段和方法对决策质量和决策结果也有重要的影响。由于行政决策面对的问题十分错综复杂，仅仅利用经验的、手工的、直观的或简单的决策方法远远满足不了决策的目标要求。近年来，随着科学技术的飞跃发展和决策理论的深入研究，各种先进的决策手段和方法不断得到广泛运用，例如线性规划、数学模型、实验模拟、系统分析、网络技术、计算机科学、头脑风暴法、德尔菲法、云计算、大数据分析等。先进的决策手段和方法有助于及时、准确、全面地收集和处理信息，对决策问题科学地进行定量、定性和可行性分析，客观地判断和选择决策备择方案，并且可以有效排除或抑制外界压力、个人素质等对决策过程的消极影响。在信息技术和网络技术基础上发展起来的电子政务，将极大提高行政决策的效率和质量。

8. 决策时机

决策时机主要指行政决策的时间安排及当时的决策条件。实践表明，在不同的时间和不同的情况下，人们对同一问题或同一决策方案的看法、判断可能会有所不同。与决策时机有关的因素很多，例如决策议事日程、问题或方案提出的时间、出席决策会议的人数和具体人员、当时的政治经济形势等。其中有一些因素虽然是偶然的或临时出现的，但有时却会对决策进程和结果产生十分重要的影响，例如对某一决策备择方案持强烈反对意见的人因病未能参会，使原以为难以通过的方案获得通过。决策时机是可以有计划地选择和安排的，行政决策者可以根据决策条件是否成熟的判断决定是否安排及在何时安排决策议事日程，这种人为的因素将会增强决策时机对决策过程和结果的影响。

以上列举的只是一些影响行政决策过程的主要因素，在实际的决策过程中，还会有其他因素存在。这说明了行政决策过程的复杂性，有意识地利用这些因素的积极作用，克服它们的消极作用，是有效控制决策进程、提高决策质量的重要途径。由于实际决策的具体情境和这些因素相互作用的过程非常复杂，难以在此展开论述，仅提供一个深入研究的基础。

9.2.3 完全理性决策和有限理性决策

在描述影响行政决策过程的因素时，我们可以有针对性地提出一些保证决策的有效性和可靠性的原则和方法。例如：(1) 政策原则，行政决策要符合各种政策和法律；(2) 可行原则，针对具体问题制定切实可行的决策方案；(3) 目标原则，明确合理的决策目标，不受外界因素干扰；(4) 信息原则，及时、全面、准确地掌握和处理信息；(5) 择优原则，客观权衡利弊、分析对比、评估选优，防止个人偏好；(6) 民主原则，积极吸收有关人员参与，实行决策民主化，提高决策的质量和可接受性；(7) 系统原则，运用系统分析的理论和方法进行决策；(8) 时效原则，决策要及时果断、掌握时机；等等。这些原则在行政决策的实际过程中确有一定的指导意义。

在将上述原则运用于行政决策的实践活动中时，常常会遇到一个问题，即怎样做才能完全符合这些原则的要求。例如，在什么情况下，可以认为全面掌握了各种信息、列出了所有可供选择的方案、最大限度地让有关人员参与决策、运用的是最科学的方法或在最佳时机选定的是最佳方案等。无论是在理论上，还是在实际工作中，人们都有一种追求理想状态或最佳状态的倾向，在行政决策过程中也如此。在决策理论中，这种理想化的、完美无缺的决策模式被称为“完全理性决策”或“纯理性决策”，它所遵循的是“最大化或最佳原则”。这种决策模式的基本前提是，在决策之前，应该：(1) 掌握与决策有关的全部信息；(2) 拟订全部可能的备择方案；(3) 考察每一方案所导致的全部复杂后果；(4) 具有决策的全部知识；(5) 在全部备择方案中选出最佳方案。显然，在实际的行政决策过程中，这些基本前提很难达到。

在分析具体的决策过程时，美国经济学家和管理学家赫伯特·西蒙提出了“有限理性”的概念。他从知识的不完备性、困难的预见、可能行为的范围三个方面论述了理性的限度。西蒙认为“人脑不可能考虑一项决策的价值、知识及有关行为的所有方面”，尤其是在受到周围环境和心理环境的限制的条件下，“(1) 按照理性的要求，行为主体应具备关于每种抉择的后果的完备知识和预见。而事实上，对后果的了解总是零碎的。(2) 由于后果产生于未来，在给它们赋以价值时，就必须凭想象来弥补其时所缺少的体验。然而，对于价值的预见是不可能完整的。（3）按照理性的要求，行为主体要在全部备选行为中进行选择。但对真实行为而言，人们只能想到全部可能行为方案中的很少几个”①。实际上，前面所说的几种影响行政决策过程的因素都是一些限制性因素，行政决策者是在一种“给定条件”或特定环境中做出决策的，他们所掌握的信息、具备的知识、可供选择的方案是有限的，预测现有备择方案结果的准确程度也是有限的。他们决策时的有限性正如某位国际政要的如簧巧舌所述：“据我们所知，我们已经知道一些，我们知道我们已经知道一些，我们还知道，我们有些并不知道，也就是说，我们知道有些事情我们还不知道，但是还有一些，我们并不知道我们不知道，这些我们不知道的，我们不知道……”行政决策是在“已经知道一些，知道有些并不知道”的有限理性的条件下进行的。

和完全理性决策不同，有限理性决策遵循的是“满意原则”而不是“最佳原则”，符合要求或令人满意是它的决策标准。按照这种理解，有限理性决策不是无限地去追求全部信息、全部方案和预测全部结果以找到最佳方案，而是有一个符合最低限度目标要求的标准，在收集信息、拟订和选择决策方案的过程中，能够达到这个标准时就适可而止了，在此基础上选定的方案虽然不能说是绝对理想的最佳方案，却是令人满意的方案，它的实施结果也将是可以接受的。

行政决策过程确实是在有限理性的条件下进行的，但是，其实际内容比有限理性决策模式的描述更丰富和复杂得多。从行政决策者的真实行为来看，“最佳原则”和“满意原则”是同时发生作用的，它们之间不是相互排斥，而是相互包含和转化的，前者反映决策的主观愿望，后者反映决策的客观条件。实际上，行政决策者并不仅仅对决策方案和结果感到满意就停步不前了，在其心目中总有一种寻求最佳的愿望，他们希望进一步收集更多的信息、拟订更理想的方案、达到更满意的结果，这种现象在竞争性决策或对抗性决策中表现得最为明显。虽然永远达不到完全理性决策，但是在此过程中，却有可能超过最低限度目标要求的“满意方案”得到相对而言的“最佳方案”。然而，如果一味追求“最佳”，迟迟不在现有方案中做一选择，可能会失去实现“满意方案”的时机，因此，必须用“满意原则”来限定“最佳原则”。在此意义上，可以说，行政决策过程是完全理性决策和有限理性决策辩证发展的过程。

9.2.4 复合决策过程

对行政决策一般步骤的描述，基本上是以个人决策或群体决策类型为对象的。为了方便起见，这种描述把决策过程看作由单独一人或单独一个群体孤立进行的过程。然而，行政决策的实际进程表明，几乎没有任何一项决策是由单独一人制定出来的，即使最后的决策是由某一个人做出，它也是建立在许多人或群体决策结果的基础之上的。只不过它是某一个复杂的决策过程的最后一步或最后一个阶段，这种实际的行政决策过程被称为复合决策过程。

复合决策过程是一种由许多分别进行的决策活动构成的复杂的动态过程，其中每一种决策活动都可以看作一个孤立进行的、简单的个人决策或群体决策过程。例如某市市长在

① ［美］赫伯特·西蒙：《管理行为——管理组织决策过程的研究》，70页，北京，北京经济学院出版社，1988。

决定批准某项市政工程方案之前，需要由计委、财政局、规划局、土管局、城建局等市政府部门分别在其权限和分工范围内就此方案的可行性做出决定，其中每一个部门领导在做出决定前，还必须要求其下属的有关处室就此方案的有关内容和细节做出肯定或否定的决定。实际的决策活动还不仅限于此。

复合决策过程的特点在于，它是一种多级的或多层次的决策，整个决策是在自下而上和自上而下的多种层次的个人决策或群体决策相互作用的过程中完成的。用上面市政工程建设的例子来说，问题的提出可能来自下面某一个主管部门的报告，主管副市长按其判断认为很重要，决定让该部门拟订相应方案提交市长，市长则决定先让其他有关部门分头审阅提出决策意见后再提交市长办公会讨论。这些部门的领导人可能会又将此任务分别布置给下属机构和人员，然后召开部门会议共同决定。当市长办公会结束后，市长在会议决定的决策方案上签字同意时，整个决策活动已经上上下下反复进行了多次，并且是在已经有了较成熟决策意见时，通过市长批准的形式正式确定下来。

复合决策过程要求从组织系统整体活动的更大范围考察行政决策问题，特别是与较复杂的社会公共事务相联系的决策问题。在这个过程中，行政领导者的组织和协调能力显得比决策能力更重要。与复合决策过程相联系的一种重要的决策手段是计划，我们可以把有计划的或者按照计划进行的行政决策称为计划性决策。这种决策的特点是从决策的总体过程认真考虑和安排各种决策环节和参与人员或机构的决策工作，设计出决策的流程图和具体的时间要求。最高决策者可以通过完整的决策计划细致入微地控制各个层次和部门的有关决策者的活动和整个决策过程中的每一个具体细节。计划性决策和程序化决策不同，如上所述，程序化决策有一套常规的、例行的或既定的程序和方法。而计划性决策有时是在无常规可循的情况下对整个决策过程进行计划。由于复合决策过程所处理的都是一些较为复杂的问题，它所运用的计划性决策很少是程序化的。

与复合决策过程有关的另外一个问题是决策的集权和分权问题。由于决策是多级的或多层次的，必然会遇到决策权的分配问题，这 问题与整个公共行政组织系统内部的权力结构和等级制度相联系。作为最高决策者，往往会有一种亲自决策比委托下属决策更安全、更正确、更可靠、更放心的感觉。因为他的个人素质、他所掌握的信息可能比下属更高或更多一些，这样就需要限制下属机构或人员的决策权和决策职能，尽可能地向最高层集中。然而，这种决策的集权形式也存在种种消极后果，例如抑制下层人员参与决策的积极性、延长决策时间、降低决策效率和决策质量等。并且在许多情况下，由于最高决策者的专门技能可能不如下属人员、下属人员掌握的信息上行沟通存在障碍、决策时机不能延误、最高决策者精力有限等，使集权弊端显得更突出，而分权的优点则较为明显。因此，在设计整个行政组织的运行机制和制定较复杂的决策计划时，应适当地考虑和处理决策的集权和分权问题。

9.3　行政决策的概念模式

在公共行政学关于行政决策模式的研究中，有三种模式引起人们较大的兴趣和争论，国外不少知名学者对此曾有过较系统的理论描述，它们分别是理性综合决策、渐进决策和混合扫描决策。这三种决策模式涉及的决策范围非常广泛，并不仅仅限于行政决策的领域。它们有助于了解和深入研究政策制定、政策分析、高层决策活动等行政决策的实际过程和重要课题。

9.3.1 理性综合决策

林德布鲁姆1959年发表了一篇很有名的论文《"竭力对付"的科学》。他认为，在政府的政策制定或政策分析方面，存在着两种不同的方法，一种叫"理性综合方法"或"根本方法"，另一种叫"连续有限比较法"或"分支方法"，因为其特点是渐进性地修改和制定政策目标，后人将这种方法称为渐进决策方法。

在各种有关决策、政策制定和公共行政学的文献中，对理性综合方法论述得较多，从极端的角度来说，其基本特点类似于西蒙所描述的完全理性决策，它的特征一般被概括为：(1) 阐明各种备择政策的价值和目标；(2) 理性地或合乎逻辑地采用手段—目的的分析方法，先确定目的，后确定手段；(3) 在全面检验的基础上选择最适当的政策；(4) 采用各种综合分析的方法；(5) 依靠完备的知识和理论。简言之，这种方法要求全面评估所有要素（成本、利益、备择方案等），以便发现可能有的最佳决策。

林德布鲁姆认为，尽管各种文献把理性综合方法作为正规方法论述，但它并不是切实可行的，行政官员实际上运用的是渐进决策方法。许多专家学者也对理性综合方法提出了批评，概括起来说，主要有以下几点：(1) 政策制定者不可能收集到所有信息，详尽无遗地列出所涉及的所有备择政策；(2) 这种过程非常费时，然而行政决策常常是反应性的，而不是前摄性的，需要较快地对出现的问题作出反应；(3) 这种方法不适合于政府决策性质，因为政府决策的目标往往不像经济目标那样明确；(4) 由于代表不同社会阶层和社会集团的利益，对各种备择政策的价值判断没有一致标准，甚至是相互冲突的，很难统一，进行全面考虑；(5) 由于政府部门的专业领域和工作责任不同，在备择政策的选择上也会发生矛盾；(6) 抽象的知识和理论有时不能解决实践的具体问题；(7) 高层决策往往是一种政治行为而不是一种量化分析的理性综合行为；(8) 采用与现行政策不同的新政策，难以估计其实施的后果，可能有很大的风险；(9) 许多影响决策的不可知或不可控因素限制了决策的有效性和合理性；(10) 在不同的环境中，社会性目标并不总是具有同样的相对价值；等等。

理性综合决策可以划分为完全理性（或纯理性）和有限理性两种类型。前一种在现实生活中是不存在的，运用的是经济学家关于纯理性的"经济人"如何做出决定的设想，而后一种则在行政决策的实际过程中有很大影响。这种模式反映了人们决策心理上追求最佳的愿望，在收集信息和选择政策目标、政策方案时有理论上的指导意义。行政决策者应当尽可能收集较全面的信息，确定较理想的方案。这种模式的运用与问题的性质、现代科学技术的发展有密切关系。它最早运用于经济领域和军事领域，随着运筹学、系统分析方法、计算机科学等先进技术的广泛运用，逐步推广到各个领域。政策制定者应选择那些收益与成本之差达到最大的政策备选方案，制定可获得社会最大纯效益的政策。目前，有许多与行政决策有关的政策问题，如经济、军事、人口、教育、卫生、社会福利和社会保障等，都是理性综合决策有广泛应用前景的领域。

9.3.2 渐进决策

渐进决策被认为是在行政决策中运用得最为普遍的一种方法，它把政策制定过程看作不断逐步修改、调整以往政策的过程，而不像理性综合决策那样要求重新全面考虑政策方案。它的典型特征一般被概括为：(1) 价值判断只是在其边际上作出调整，或者说，只集中注意边际价值或增量价值；(2) 目的和手段同时选择，因为少量调整价值和目标既是目的又是手段；(3) 就政策本身而不是就价值标准取得一致意见是检验政策的标准；(4) 分析不是综合全面的，可能会遗漏一些重要价值或可能采取的重要的备择方案；(5) 连续不断地进行比较，大大减少对理论的依赖性。简言之，这种方法认为整个决策过程是在一系列小的渐进性决策的基础上进行的，这些决策是对短期的政治条件作出的反应。

渐进决策强调了解以往类似问题的处理办法，保留以往政策的延续性；它不要求完全重新评价既定政策或过多地分析与评估新的备择方案，着眼点在于现有政策的修改和补充；分析、评价与现有政策稍有不同或在有限方法上不同的政策，从而简化决策过程；决策主要靠以往的经验来指导，不坚持问题的解决必须"正确"或"合乎道德"，只要求实用、可行，是各利益集团一致的结果就行；其选择标准是既有助于解决问题，又不会急剧改变现有程序和现状，不是制造"范围广大的社会政策幻影"。这种方法可节省决策的人力、物力和时间，简化决策过程，采取一些小的步骤稳步前进，不会造成使社会动荡不安的政策后果，并且适合于行政官员在信息、技术、知识等受到限制的情况下作出决策或适合于政治性、非定量性的决策，因而在实际中运用得较普遍。

渐进决策和理性综合决策一样也有其局限性，受到多方面的批评。其中尤以耶路撒冷希伯来大学教授德罗尔的批评最有代表性。概括起来说，对渐进决策的批评主要有以下几点：(1) 有一种维持现状、不求改革与创新的保守主义的倾向；(2) 要使各种利益不同的社会集团取得一致意见，在协调工作方面存在很大困难；(3) 不适合于社会变革或有较大风险的政策制定要求；(4) 由于缺乏明确目标和综合计划，一步步小的修正走不出惯有做法的圈子，最后将使既定政策以一种令人不快的或完全意料不到的结果告终；(5) 所使用的手段不系统、不科学，是一种缺乏理论指导和远见的被动方法；(6) 其可接受的边际改革不能满足日益发展的政策需要；等等。

渐进决策模式是对行政决策过程中的一种常见做法或习惯做法的理论描述。实际上，许多行政决策者不自觉地在采用这种方法。因为首先行政决策者们处在一个需要不断做出各种决策的位置上，他们没有足够的时间和精力去收集、研究各种可能的信息和备择方案，最简便的方法是对现有政策的不足和缺点进行分析并相应制定稍有改进的政策方案。其次，行政决策者们一般均会赞同保持政策的连续性，避免出现引起社会不安和骚动的政策效果，并且不少决策者在其任期中有一种安于现状、维持现状、小步调避免大错误、少冒风险的心理，渐进决策的方法从本质上适合他们的这种政策要求和心理要求。最后，在解决涉及各个阶层和社会集团的切身利益、存在尖锐矛盾的社会问题时，渐进决策有利于使行政决策者找到一种多方面可接受的妥协或折中方案。

9.3.3 混合扫描决策

混合扫描决策（亦有人译为混合审视决策）是社会学家阿米泰·埃奇奥尼 1967 年在发表于《公共行政评论》杂志上的一篇论文中提出的，这篇论文的题目是“混合扫描：‘第三种’决策方法”，它点明了提出这种决策方法的背景和思路。作为“第三条道路”，它试图把理性综合决策和渐进决策两种模式结合起来，既可利用它们各自的优点，又可克服它们各自的缺点。

埃奇奥尼认为，一种特定的决策可能包含两种方法。混合扫描决策的方法承认人的理性是有限的，在决策过程中进行全面的、综合的考察，是不可能完全做到的。但对理性综合决策所运用的系统分析技术给予肯定的评价，主张决策应有一定程度的理性考虑，“大体正确强似完全不对”。混合扫描的决策过程仍从对整个责任领域的广泛范围进行系统考察开始，首先确定一个较大的决策考虑的范围，在这里面可能包括一些重要的决定，也可能包括一些不重要的决定，它不像理性综合方法那样逐一对这些决定进行全面、详尽的考察，而只是像渐进决策那样把主要力量集中于那些“重要的决定”上面。这种“重要的决定”是根据当时情况和最广泛的影响来确定的，因为其决策考察的范围较广泛，并不完全局限于对以往政策的修正和补充，比渐进决策有更多的选择余地和伸缩性。在备择方案的选择方面，混合扫描决策的选择范围也可较为广泛，但仅集中注意似乎可能的和有希望的选择。它不太关心同类问题在以往如何解决，改进了渐进决策的局限性，可以较为创造性地选择决策方案，同时又可节省用于政策分析的时间和精力，改善了理性综合政策的局限性。

为了形象地说明混合扫描决策的方法，埃奇奥尼用环绕地球的高空气象卫星作为例子。在他看来，按照理性综合方法，是用广角摄影机有计划地、细微地观测整个天空，这样做将会产生太多的数据，给行动造成沉重压力。按照渐进决策方法，是用窄角度的摄影机只注意观测天空的某一已经观测过的区域，也不可能准确预测天气的变化。而气象卫星则装配有两部摄影机，一部是广角摄影机，覆盖“天空一切地方，但很不细微”，另一部是窄角度摄影机，可以对第一部摄影机观测过的区域进行更深入细微的观察，在观测过程中需要灵活运用这两种摄影机，因为在某些情况下，需要“大面积的扫描”（理性综合方法），而在另外一些情况下，则需要“小面积的观察”（渐进决策方法）。继埃奇奥尼之后，另一位学者拉里·L·韦德将混合扫描决策方法用于社会问题的实际研究之中，他认为，“对社会的一般监控”起着广角摄影机的作用，对某个部门或某种社会问题的详尽考察起着窄角度摄影机的作用，这种方法既可对详尽研究的领域采取综合行动，又可以防止提不可能实现的要求，并且可以在保持渐进主义的稳定性和可预测性时鼓励进行革新。

混合扫描决策在某种程度上可吸收理性综合决策和渐进决策的优点并克服其局限性，在政策制定方面有较大的灵活性、创新性和选择余地，但并不是说它因此就可以取代或排除其他两种决策方法。实际上，这三种决策方法都是行政决策者实际运用的方法，它们各有其适用范围和条件。例如，有的学者认为理性综合决策方法适合于解决长远的、宏观的、计划性的、经济的、定量性的决策问题，而渐进决策方法适合于解决外部环境较稳定的、短期的、微观的、日常的、政治的、非量化的决策问题。混合扫描决策则是在各种问题相互交织的具体情况下对上述两种方法的综合运用。对于行政决策者来说，重要的是不仅了解这些行政决策方法的特点，而且善于在实际工作中适当地运用这些方法，这既是一种决策技能，又是一种领导技能。

关键术语

行政决策　行政决策类型　完全理性决策　有限理性决策　复合决策过程　理性综合决策　渐进决策　混合扫描决策

问题与思考

1. 试述行政决策的含义与特点。
2. 试述行政决策与政策制定的区别与联系。
3. 如何有效控制行政决策过程?
4. 如何提高决策质量和决策效果?

第 10 章

人事行政

人事行政是国家行政组织内部管理的重要组成部分，是建立国家行政组织、保证其正常运行的基础工作。它通过对国家行政人员的录用、考核、培训、晋升、奖惩、工资、交流、退休等一整套管理制度和环节的控制，将国家行政组织整合成一个由数量庞大的各类人员有条不紊地分工协作的有机整体。

10.1 人事行政概述

人事行政对国家公职人员的管理和国家行政组织的正常运行有十分重要的影响，它直接涉及国家行政人员的补充更新、工作态度和工作效率等方面的问题。为便于对人事行政的内容有一个初步的、基本的了解，在此先用定义形式对人事行政的概念作简要描述，然后介绍人事行政的一般职能和特殊职能以及人事行政的任务和发展趋势。由于人事行政的职能范围非常宽泛，在此只能侧重于进行政策性、制度性方面的探讨，为今后进一步深入研究人事行政问题提供必要的基础。

10.1.1 人事行政的概念

在国内外公共行政学的文献中，关于人事行政的含义有多种解释。总的来说，可以归纳出以下几层意思：

(1) 人事行政的特定范围和对象。

(2) 人事行政和人事管理的区别与联系。

(3) 人事行政的内容和任务。

(4) 人事行政的目的。

在此基础上，我们可以将人事行政简单定义如下：为实现行政目标和社会目标，通过各种人事管理手段对国家行政人员所进行的制度化管理。

在公共行政学和社会科学领域中，常常会遇到定义问题的困扰。一方面，为了便于论述和理解，简明扼要的定义是必要的；但另一方面，抽象简短的定义很难准确全面地把握所要描述的复杂问题。用德怀特·沃尔多的话说："这些抽象的单词和词组只能被其他抽象的单词和词组所解释，在这个过程中，'它'的真实性和重要性就变得令人困惑和模糊不清。"① 关于人事行政的定义是从各种不同的角度出发的，它们应作为我们进一步思考的启示或深入理解的基础。

上述定义包含下列几层意思：

第一，人事行政的范围主要限定在国家行政组织的内部或者说主要是针对国家行政人员所进行的管理活动。这层意思可以和下一层意思结合起来进行分析。人事行政是一种特殊的人事管理工作。这种特殊性首先表现在它的范围方面，因此有的学者指出："人事行政也就是国家行政机关的人事管理工作"②。在我国，对人事管理一词有不同的理解：(1) 干部管理，狭义的只包括党政机关，广义的则还包括群众团体和企事业单位在内。(2) 人员管理，包括各种组织中的干部、专业人员、工人等各类人员。(3) 人力资源管理，指对在全社会规定的工作年龄范围内的人员以及不到工作年龄或已到退休年龄的人员的管理。

人事行政的范围比这些概念都窄，严格地说，它的范围只局限在国家行政机关内，还不包括党的机关在内，从某种意义上说，它指的是政府人事管理。除了范围方面的区别之外，人事行政在履行人事管理的职能方面也有其特殊性。人事行政既然是一种人事管理工作，它要履行一系列人事管理职能，但它主要是偏重于组织、计划、指挥等一般的人事管理职能。而人事管理则偏重于录用、晋升、考核、工资等特殊的或技术性的人事管理职能（下文将进一步论述）。正因为如此，人事行政偏重于人事政策、人事制度等决策层次较高的问题，其细节的展开和具体操作则属于人事管理的内容。

第二，人事行政是一种法制化的管理。国家行政组织或公共行政组织是一种结构严密、规模庞大、人员众多的组织系统，其人事管理要求有一套系统、科学、统一、严格的制度和标准。这些制度包括人事制度、工资制度、考核制度、培训制度、晋升制度、奖惩制度、退休制度等，它们的许多方面是靠法律或法规建立起来的。如何建立并完善各种人事管理制度，是人事行政研究的重要内容。

第三，人事行政在国家行政人员的管理和行政队伍的建设方面有十分重要的作用。人事行政是国家行政组织赖以活动的基本条件。国家行政组织的存在和发展并不取决于其纯粹的物质形态，而取决于行政人员的素质、分工协作方式、人事关系等各种关系、结构的适合程度。俗话说："为政在人"、"其人存，则其政举；其人亡，则其政息"，固然是说领导者的重要性，但要是引申一步的话，国家行政组织只有重视和加强行政队伍的建设，才能保持自身的高效运转，更好地履行其公共行政职能，完成各种组织目标和社会目标。

---

① ［美］德怀特·沃尔多：《什么是公共行政学》，见［美］杰伊·M·沙夫利兹等编：《国外公共行政理论精选》，183 页。

② 黄达强、刘怡昌主编：《行政学》，271 页。

10.1.2 人事行政的职能

人事行政的职能表明了国家行政组织在行政人员管理方面的工作内容和作用。人事行政作为一种特殊的人事管理活动，和其他各种管理活动一样，具有两种类型的职能：一类是一般的管理职能，一类是特殊的或技术性的管理职能。关于一般的管理职能（本书第5章“公共行政职能与政府职能”对此有专门论述），它们是管理学理论中常说的计划、组织、指挥、协调、控制五种职能，是所有管理活动普遍具有的职能。例如，人事行政工作必须要有一定的目标、工作计划和工作程序，要有精心设计的组织结构和权力结构，要通过政策、法规、行政命令和措施保证人事工作的一致性和统一性，要有机协调各种机构和各类人员的分工协作，要对人事工作中所需要的资源、费用、工作进程和工作结果实行某种程度的控制，等等。这些都属于一般的管理职能的内容，即人事行政的一般职能。

人事行政的一般职能反映的是所有管理活动的共性，它们必须和人事行政的特殊职能结合起来才具有实质性的内容。由于人事行政是一种特殊的人事管理工作，它的特殊职能和人事管理的特殊职能除了适用范围和具体内容的差别外，在形式上是一样的。例如录用、考核、培训、奖惩、晋升、工资、福利、退休等，都是人事行政和人事管理常见的特殊职能。为了便于分析，可将这些职能划分为下列四种类型：

1. 人员录用

要求履行的职能是为国家行政组织补充所需要的各类人员，其中包括确定各类人员的合理编制和比例结构，确定人员补充原因、职位空缺、任职条件、选配方法和程序，对候选人员进行选择、取舍和分配以及控制组织成员调入、调出的各项工作等。录用是外部人员进入国家行政组织的门户，起着把关的作用。录用质量的好坏对整个行政队伍建设、组织系统的正常运转和其他三个职能的履行都有重要的影响。

2. 人员开发

要求履行的职能是逐步提高国家行政组织在职人员的素质和工作潜能，其中包括在职培训、脱产培训、进修、学历教育等多种形式。在职人员通过不同渠道进入国家行政组织后，都有进一步提高和发展的问题。首先，他们的业务知识、专业技能、文化程度、管理能力、工作经验等并不一定完全符合现有的工作需求；其次，不断变化中的环境、条件、工作任务以及工作和职务变更等，不断提出新的或更高的工作需求，因此人员开发的职能具有连续性和层次性的特点。

3. 人员维持

要求履行的职能是为组织成员努力工作创造良好的组织环境和工作条件，保持其工作安心和稳定，其中包括工资制度、社会福利、退休制度等。组织和其成员之间的关系是双向选择的关系，组织成员只有对组织提供给自己的报酬和条件感到基本满意时，才能积极要求进入并安心留在组织中工作。影响人员维持的因素与赫茨伯格的“双因素理论”中的保健因素（参见本书第3章“行政组织”）相类似，但范围较小，因为像办公条件、住房、后勤服务、子女入学入托条件等虽与组织成员的稳定性有关，但不属于人事行政的职能范围。另外，像工资制度等在一定条件下也具有激励的作用，故不能简单地将人员维持的职能与激励机制隔离开。

4. 人员使用

要求履行的职能是检查、引导、监督和激励组织成员积极、主动、创造性地工作以提高工作质量和行政效率，其中包括考核制度、奖惩制度、纪律、岗位责任制、晋升机制等。即使在组织成员具有较高的素质、较好的工作条件、较高的工资和受过较多培训的情况下，如果缺少适当的管理、监督手段和有效的激励机制，他们也不一定会努力地工作。人员录用、开发、维持三种职能的效果最终要通过人员使用的职能体现出来。

国家行政组织一般在上述职能分类的基础上设置专门的人事部门和分支机构履行这些职能。剖析各个国家的人事部门的组织图或机构设置情况，基本上可以看出人事行政工作过程的概貌。总的说来，人事行政的一般职能和特殊职能是互相交叉、互相包含的，有机结合为一个整体，它们之间的关系很像第 3 章中图 3—3的职能结构形式。如果把每一个一般职能和每一个特殊职能之间的关系用连接的线表示的话，每一个一般职能连着四个特殊职能，每一个特殊职能连着五个一般职能。这种图示说明，像人员录用、开发等特殊职能，每一个职能的实际过程都存在计划、组织、指挥、协调和控制的问题。而对计划、组织等一般职能来说，每一个职能都与人员录用、开发等特殊职能有关（见图 10—1）。

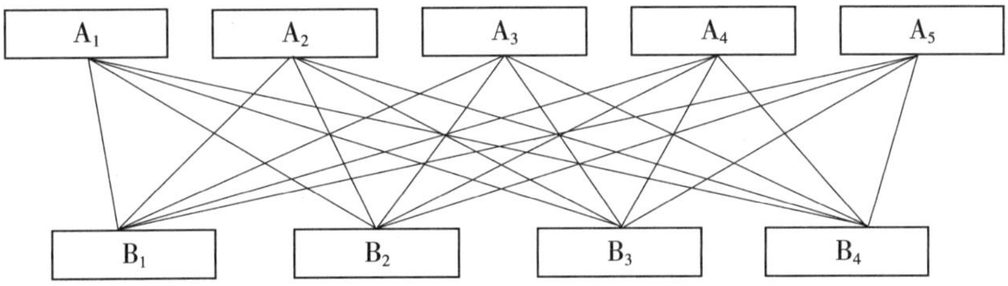

图 10—1　人事行政的一般职能（A）与特殊职能（B）的关系示意图

需要指出的是，在公共行政学的教科书中，关于人事行政的论述大多集中于其一般职能方面，即主要涉及行政人员管理的政策、制度等问题。或许，我们可以把它叫作政策性的职能。人事行政的特殊职能是人事行政的具体操作部分，因此又可叫作技术性的职能。而对这方面的详细论述一般是人事管理教科书的内容，这种区别也可反映人事行政和人事管理有不同侧重点的一面。

对人事行政职能的认识有助于加深对人事行政定义的理解。“人事”一词在汉语中至少可以有三种理解：人和事的关系、人的事情、人做的事情。基于上述理解，有些关于人事行政、人事管理的定义是围绕着管理人和事的关系规定的，这确是抓住了人事行政和人事管理工作的本质。英文“人事行政”（personnel administration）中的“人事”一词亦指全体人员或全体职员，直译就是全体人员的管理或人员管理，主要说明的是它的形式。赫伯特·西蒙曾说过，“从广义上说，一切行政活动都是人事行政，因为行政所要研究的问题就是人的关系及行为。一般所说的人事行政是狭义的人事行政，即指组织中工作人员的选用、升迁、调转、降免、退休、训练、薪金、卫生、安全和福利等事项”①。人事行政

① 转引自张德信、李兆光主编：《现代行政学》，195 页。

不是单纯对人的管理，它要求合理处理人与事的关系问题，但它是用一种特殊的形式解决这类问题的。组织中的各种管理活动，都有合理处理人和事的关系问题，即使是对生产或对物的管理，也是通过对人的管理来进行的。同时，各级领导都有识人、用人问题，而人事行政处理人和事的关系是以履行人事行政职能的形式来体现的，也就是说，上述关于人事行政的定义是从西蒙所说的狭义的意思来规定的。

10.1.3 人事行政的任务和发展趋势

人事行政的基本目的是以适当的人力和财力保证国家行政组织的高效运行，较好地实现既定的行政目标和社会目标。为达到这一目的，对人事行政提出了下列任务或工作要求：

1. 事职相符

根据所要完成的工作，确定相应职位或工作岗位。人事行政的总体要求或总的工作任务是要做到人与事的最佳配合，这种要求实际上是通过确定职位或工作岗位的中间环节来实现的。在各种形式的管理活动中，上级领导直接派某人做某事的现象是常见的。但对于人事行政来说，却有一个较为复杂的过程。首先需要根据具体的工作任务通过某种测算办法核定行政部门或行政机构的编制定额；其次通过工作分析和工作评价确定工作需求和人员需求并设立相应的职位或工作岗位；最后按照正规的录用程序挑选适当的人员任职。由于人与事的关系是通过设职、任职的形式结合起来的，要想做到人与事的最佳配合，首先要做到事职相符。事职相符有两层意思：（1）二者在总量上要安排适当，事多职少意味着事多人少，反之意味着事少人多。显然，总的工作量与总的职位数不适当就会影响人与事的配合程度，进而影响工作效率和行政效率。（2）具体任务与具体职位要求安排适当，这是将总任务逐步分解为具体的职位要求的结果。它与前者有联系，并且是前者的基础。

2. 人适其职

任职人员的素质和能力应符合具体的职位要求，这是人与事最佳配合的基本条件。在国家行政组织中，各种职位要求之间存在着很大的差异，任职人员的素质也存在着个体差异。一方面，不同的职位有不同的任职条件；另一方面，素质不同的人员只有从事适合于自己特点的工作才能充分发挥自己的潜能。人适其职才能人当其用，人尽其才。

3. 人安其位

人安其位即任职人员安心于在其岗位上工作。在事职相符、人适其职的情况下，人与事的配合可以说已达到某种较理想的状态。但是，任职人员如果不安心于其职位，则随时有离职而去、破坏这种较理想状态的可能。因此，人事行政工作必须创立一种人安其位的条件，通过与职位挂钩的工资、福利、晋升机制等措施维持组织成员任职的稳定性。

4. 人尽其责

人尽其责即任职人员努力工作，认真履行自己的职责。任职人员的潜能所能发挥的程度是受其岗位职责约束的。在国家行政组织中，更多的是要求人尽其责而不是人尽其才，尤其是在常规性的或执行性的行政工作中更是如此。前三种任务的完成只是为人与事的最佳配合创造一种可能的条件，只有在人尽其责的情况下，这种可能才能变为现实。否则，人与事相吻合的较理想的状态只是虚有其表。人事行政的这四项任务或工作要求与其特殊的或技术性的职能相关，后面还将进一步展开论述。

人事行政的效果直接影响国家行政组织的正常运行。一般来说，一个组织的存在和发展必须满足三个基本条件：

首先，组织本身对外界人员具有极大的吸引力，能够为自己的生存和发展获得充足的、高素质的人力后备资源。

其次，能够使组织内部的成员保持安心稳定状态，集中精力工作，把组织作为一种归属和依靠。

最后，能够使组织成员产生内在激励的力量，主动、积极、创造性地工作，把组织目标的实现视为个人成就和事业的成功。

这三种基本条件都与人事行政的职能和任务有关，同时也突出了人事行政的重要性，促进了人事行政的研究和实际工作。在人事行政领域中，与整个人事管理领域一样，存在着下列三种持续发展的趋势。

第一，日益注重规章制度及法律的作用，促进人事行政工作的制度化和法制化。社会发展的历史表明，人事行政的计划性、正规性、科学性等是和社会、经济、文化等各个方面的发展及社会生产水平、国家行政组织的发展密切相关的。近一个世纪以来，各国政府在其规模、结构、体制等方面都有巨大的变化和发展。一方面，它要求在一个精心设计的系统中妥善安排人事行政的各个方面、各个阶段和各个程序，使政府组织中的人事工作纳入科学的计划管理之中；另一方面，它要求人员编制、岗位设置、权责关系、人员录用、考核、训练、奖惩、工资、福利等都有严格的、规范化的规定，在组织中，人人都有明确的岗位、关系、任务、目标和标准。组织系统的设计、维持和正常运转不是靠个人或群体之间的任意影响和作用，而是靠法律法规和规章制度来保证的，这一趋势促进了公务员制度的建立和发展。

第二，日益注重人与事的实际结合程度，促进人事行政的定量化和科学化。随着公共行政组织的发展和政府职能的扩大，工作差异和个人差异的区别日益扩大，对人与事最佳结合的组织要求也越来越高。社会公共事务管理的专业化程度越高，政策界限要求越严；岗位职责越明确，对个人素质、知识和技能的限定也就越严。它要求严格人员录用、选择、考核、训练等各种程序，要求有一整套科学测定、评估人员素质及其绩效的计量体系及标准、量化的测量程序和方法，切实实现人和事适当结合的较理想的状态。

第三，日益注重人的因素和人的实际工作效率，促进人事行政的政策考虑和激励机制的建立。一方面，在公共行政组织中，行政人员不像企业中的某些人员那样处于从属于机器的地位，他们往往是手中握有一定权力的人，他们的行政行为和工作效率并不完全取决于严厉监督的程度，而取决于其自我努力、自我约束、自我激励、自我贡献的程度，取决于他们的工作主动性、积极性、创造性和遵纪守法、克己奉公的自觉意识。另一方面，行政人员一般是具有较高素质和较高文化修养的人，他们的政治、精神、文化、物质等方面的需求较高，这些方面的满足程度极大地影响他们的工作态度和精神状态。这要求组织利用各种人事政策和人事措施为其自我努力、自我激励创造一种良好的、和谐的工作条件和社会心理环境，要求了解他们的个人需求和满意程度，分析、测量、调节他们的心理活动和工作行为，运用各种政策和激励手段保持并不断提高他们的工作热情和努力程度。后两种趋势促进了公共部门人力资源管理的发展。

10.2　人事行政与公务员制度

公务员制度是人事行政的制度化管理较为完备的形式，体现了人事行政发展的一般趋势。在已建立和发展公务员制度的国家中，人事行政的各种职能活动基本上是按照一整套有法律效力的规范化的程序和规章制度进行的，如职位分类制度、考试录用制度、职务升降制度、工资福利制度等。即使是一些尚未建立公务员制度的国家，其政府人事管理体制方面也不可避免地受到各国公务员制度的影响并循着这种趋势向前发展。公务员制度与国家政治、经济、文化等各个领域的发展有十分密切的关系，因此一直是各国政治体制、经济体制、行政体制改革的“敏感区域”，因而也是人事行政研究的重要课题。

10.2.1　公务员的含义和范围

公务员制度是一种现代政府人事管理制度，是在长期的政府管理实践中产生形成的。由于各国的具体国情不同，其含义和范围也各不相同。

“公务员”一词，英文是“civil service”，或“civil servant”，中文有“公务员”、“文职人员”、“文官”、“公职人员”等多种译法。美国则主要称为“governmental employee”，译为“政府雇员”。法文是“fonctionnaire”，直译为“公务员”。日本在第二次世界大战以前称为“文官”，二战后改称“公务员”。联邦德国称“联邦公务员”，亦有人译为“联邦官员”，等等。由于英国文官制度形成得最早，所以英文译法的影响较大。

公务员是一种特定的概念，各个国家对其基本含义和范围都有严格规定。这些规定因国而异，有的甚至差别很大。因此，在研究公务员制度时很难笼统地作出某种抽象规定，必须分别考察各国的具体规定和范围。

在英国，公务员（或文官）指所有不与内阁共进退、一般需经过公开竞争考试方能录用、无过失可长期任职的文职人员，也叫常任文官。其范围并不完全限于“官”，它包括政府部门上至常务次官、下至清洁工在内的各类人员，甚至包括国防部及其机关警卫部队、狱警、狱官以及皇家兵工厂、皇家造船厂、海军码头、邮政系统等单位的职工。但不包括首相、国务大臣、部长、政务次官、政务秘书等经选举或政治任命产生的官员或议员，不包括企业、事业单位文职人员，不包括半官方中央管理机构和地方政府官员以及法官、军警等。

在美国，公务员或政府雇员的范围与政治体制有密切联系，一般仅指在美国联邦行政机构中执行公务的人员，其中包括总统、州长、市长等选举产生的官员、特设委员会人员、部长、副部长、部长助理以及独立机构的长官等政治任命的官员和行政部门的所有文职人员，而不包括国会议员、国会的雇员以及司法部门的法官人员等。具体说来，基本可分为两类：（1）职业文官，也称业务类常任文官，包括职类人员（如参加公开竞争考试录用的人员、政府雇用的律师、牧师、医师、护士、专门技术人员、邮政系统人员，行政16～18级人员等）和非职类人员中的部分例外人员（如工勤人员、机密人员等），但不包括政治任命官员（政务官）、临时职位人员、行政长官自行委派的人员（助理、秘书、司机等）和驻外机构雇用的外国公民等。(2) 政治任命官员，也称政务官，或由民选产生，或由总统任命，通常与总统共进退。在美国，“政府雇员”的提法范围较为广泛，包括职类人员、非职类人员和军事人员等一切文武官员在内。

在法国，公务员在法律概念上分为国家公务员、地方公务员和医护公务员。但总的可以分为两大部分：一类是不适用于公务员法的公务员，如议会工作人员，法院的法官，军事人员，工商业性质的国家管理部门的人员，工商业性质的公用事业和公益机构的人员，市、乡（镇）、村公职人员，依照契约服务的人员等；另一类是适用于公务员法的公务员，如中央政府和地方政府机关各部门从事行政管理事务的常任工作人员、外交人员、教师、医务人员等，其范围大体上与英国的常任文官、美国的职业文官类似。此外，还有一些非在编的公务员，主要是辅助人员、合同工、临时雇佣人员等。

在联邦德国，公务员分为两大类：一类是特别职务公务员，即不适用于联邦公务员法以民选方式任用的官员，如联邦总理、联邦政府各部部长、国务秘书等，相当于英国和美国的政务官。另一类是一般职位公务员，即适用于联邦公务员法的官员，如在联邦、州和地方行政部门、联邦劳动局、联邦铁路、联邦邮政、研究机构、基金会、社会保险机构和各级教育等部门工作的文职人员，绝大部分属于职业文官的范围。

日本则和法国相类似，公务员分为国家公务员和地方公务员两类。国家公务员指通过国家考试录用，在中央政府各机关、国会、司法、军队、国立学校、医院、国有化企业、事业等单位中任职的人员。地方公务员指通过地方考试，在地方各级自治体、地方议会、公立学校、医院、公立企事业单位中任职的人员。这两类公务员均有特别职和一般职之分。特别职指通过选举或政治任命的官员，不适用于日本国家公务员法，如内阁总理大臣、国务大臣、法官、国会议员、国会职员、检察官、侍从长、日本学士院会员、驻外使节等。其他适用于公务员法的官员均属一般职公务员。

苏联东欧各国没有像西方国家那样实行公务员制度，一般将领取国家工资的公职人员统称为“干部”或“国家工作人员”，其范围一般包括国家行政机关、立法机关和司法机关以及国有企事业单位中的各类人员。

我国根据 1993 年 4 月国务院第二次常务会议通过的《国家公务员暂行条例》，自 1993 年 10 月 1 日起正式实行公务员制度。公务员的范围包括各级国家行政机关中除工勤人员以外的所有工作人员。在各国公务员制度中，公务员的范围虽然有宽有窄，例如英国的公务员范围较窄，法国、日本的公务员范围较宽，但其核心或主体部分是国家行政机关内的行政官员。我国的公务员基本上是按这一范围确定的。

综上所述，在此可将公务员范围可能涉及的人员划分为下列两类八种：

第一，各级国家行政机关范围内的人员：(1) 事务官，通过公开竞争考试取得公务员资格并终身任职的官员；(2) 政务官，通过选举产生或由官员任命而未参加竞争性考试、不是终身任职的官员；(3) 工勤人员。

第二，各级国家行政机关范围外的人员：(1) 国会议员；(2) 法官、检察官；(3) 立法机关和司法机关的工作人员；(4) 军事人员；(5) 国家企事业单位人员。

其中，事务官是各国公务员范围内普遍包括的，其他各类人员的取舍则构成各国公务员范围方面的差别。就具体国家而言，狭义的人事行政的范围是与公务员的管辖范围相一致的，而广义的人事行政的范围则更为广泛一些，因为在上述各类人员中，至少有一些人员即使未划入公务员范围，其录用、考核、培训、工资、福利、奖惩等方面的制度、标准和费用是靠国家行政机关制定的，因此对他们的管理应属于人事行政的职能。

10.2.2 西方国家公务员制度的形成和发展

西方国家公务员制度的形成和发展经过了一个漫长的历史过程。它是在资产阶级革命推动下，建立国家政权、实行政党政治的产物。这一过程可以粗线条地划分为下列三个阶段：

1. 形成和初创阶段

1640 年英国资产阶级革命揭开了欧洲历史上新的一页，也开始推动吏治改革的进程。1688 年英国资产阶级革命胜利后，确立了资产阶级君主立宪制政体，议会成为最高权力机关，其后通过一系列法令，最终取消了封建社会中长期由国王任命政府官员的“恩赐官职制”，重要官员的任免权逐渐掌握在议会手中。1694 年，英国政府公布法律，限制印花税局的服务人员不得为国会议员，1699 年将此法律扩大到其他机关的官员。1700 年通过的《吏治澄清法》明确规定：“凡接受皇家薪俸及年金的官吏，除各部大臣及国务大臣外，均不得为议会下院议员。”英国官员队伍中开始有了“政务”与“事务”的区别。1805 年，英国财政部首先设立了一个常务次官，主持日常工作，不与内阁共进退。1830—1833 年，英国各部陆续设立常务次官，英国政府官员从此正式分为政务官和事务官两类，为公务员制度的形成奠定了基础。在此期间，封建的“恩赐官职制”的残余影响难以清除，与政党政治弊端相联系的“政党分肥制”造成的官场营私舞弊、卖官鬻爵等现象层出不穷，促进英国政府进一步进行官吏制度改革。1853 年，当东印度公司任命特许状期满申请继续授权的时候，议会委派麦考莱三人委员会提出了一个改革公司人事制度、建议经过公开考试任用职员的报告。一年以后，斯坦福·诺斯科特爵士和查尔斯·屈维廉爵士在全面调查英国文官制度现状的基础上，提出了一份关于建立英国常任文官制度的报告（通称为《诺斯科特-屈维廉报告》），其主要内容是确立公开考试竞争录用制度；统一各部门录用文官的标准；所有文官分为高级、低级两类并有不同的晋升标准；对文官实行统一管理等。这一报告奠定了英国公务员制度的基础。1855 年 5 月，英国政府颁布《关于录用王国政府文官的枢密院令》，决定成立文官委员会，办理各级公务员的选拔考试事宜。1870 年 6 月 4 日，政府颁布了第二个枢密院令，以补充第一个枢密院令的不足，规定公务员缺位一律由公开竞争考试及格者充任，否则无权享受退休金。人们通常把 1870 年的枢密院令的颁布作为英国近代文官制度正式建立的标志。它意味着世界上第一个常任文官制的建立。

美国公务员制度的形成一般被划分为三个时期，即“绅士政府”时期（1789—1828）、“政党分肥制”时期（1829—1882）和功绩制时期（1883 年至 20 世纪初）。“绅士政府”时期从华盛顿的第一届政府开始至杰克逊总统就职时结束。华盛顿总统认为，任命官员的主要标准应是其品德和声望，受过良好的教育，有较高的社会地位。实际上，这些人往往是一些属于上层社会的成员。这种做法妨碍平民加入文官的行列。1829 年，安德鲁·杰克逊总统就任后，主张进行改革，其结果是使“政党分肥制”盛行一时。在这一时期，“轮流任公职”、“战利品属于胜利者”的主张和总统任命各级官员的权力及两党制的发展结合起来，造成了一种合法公开地大规模更换政府官员的现象，每届总统上台后必然撤掉原有的一批政府官员，将肥缺分配给为本党竞选获胜出过力的亲信和人员。杰克逊在其八年任期内，几乎更换了 1/5 的联邦政府官员。

1840 年，因分肥不均，国会两院中一些议员提出限制总统的免职权的议案。此后，在社会舆论对“政党分肥制”愈来愈不满的情况下，各种试图改革的方案和措施不断出台。1851 年，众议院又有议员提议创设公务员分级考试制度。1853 年和 1855 年，国会先后通过两个法律，规定通过考试录用公务员并成立三人考试委员会。1856 年，国会授权总统制定考试选拔外国领事官的规则。1871 年，成立统一负责改革事宜的三人文官委员会，这是美国历史上第一个独立的文官机构。1877 年，纽约文官改革协会成立，它以推进文官制度改革为宗旨。1881 年，加菲尔德总统死于一名感到分肥不均的求职未遂者之手，促进了“功绩制”时期的到来。同一年，在 13 个州的文官改革协会合并基础上成立了文官改革同盟，它研究并倡导英国的公务员制度，特别是竞争性考试的原则和摆脱政党政治压力的“中立”制度，它对 1883 年文官法的通过产生了很大影响。1883 年 1 月，国会通过了由议员彭德尔顿提出的《调整和改革美国文官制度的法案》(即《彭德尔顿法》)。该法规定文官委员会领导的文官制度在联邦的任命中执行功绩制原则，虽然最初只有 10% 的联邦雇员实行功绩制，却有十分重要的意义。该法内容主要包括：在招工制、竞争考试制、政治中立和职位任期基础上建立一种功绩制；允许总统扩大受文官制保护的人员比例；创立一个独特的开放式的人事制度；不以政治理由解雇人员；文官委员会负责联邦文官的统一管理等。《彭德尔顿法》奠定了美国公务员制度的基础，标志着美国公务员制度的形成。

英国和美国是最早建立公务员制度的国家，其他一些欧美国家，则由于种种原因虽然进行了改革但始终未形成正式的公务员制度。例如德国是较早重视官吏管理法制化的国家，在西方国家中最早采用考试选拔人才的制度。1700 年，普鲁士军队中曾采用公开竞争考试的方法任用军事法官，1713 年将此法推广到其他法官和律师的任用上，以后又推广到书记官和司法行政官吏。1737 年又规定与司法行政有关的各种官吏均需经考试方可录用。1743 年，腓特烈大帝颁布命令，规定所有到政府工作的大学生，必须经过国家考试及格后才能授予职位。因此，在 1980 年出版的《美国大百科全书》第 6 卷中，有人评论说：“18 世纪普鲁士文官制度常常被认为是近代文官制度之首”。1871 年，德国统一后，制定了《帝国官员法》，其后曾多次进行过修改，但因其没有对公务员的管理进行科学分类，无政务官、事务官之分，没有专门的管理机构和系统的立法，还不能认为已形成了近代的公务员制度。

法国的情况也是这样。1789 年法国资产阶级大革命后建立了资产阶级政权，法国官吏制度开始发生变革，出现了法国现代公务员制度的雏形。在拿破仑执政时期，已初步有公务员制度的一些特点，如建立等级制度、实行严格的纪律、建立培训等一些单项管理规章制度，成立行政法院等。但这离真正的公务员制度还很远，是一种带有鲜明军事色彩的管理制度。

日本于 19 世纪 70 年代明治维新后，政治体制逐渐由封建主义向资本主义过渡。在此过程中，它主要借鉴德国的做法建立了自己的官吏制度，天皇在文官任用方面拥有很大权力。1885 年和 1887 年，日本政府分别颁布了《官吏纲要》、《文官考试试用和实习规则》，确立了考试用人的原则，进行了一些初步的改革。

2. 扩大发展阶段

在此期间，随着英美两国公务员制度的进一步发展，许多国家相继确立了公务员制度，并逐渐成为一种较普遍的政府人事管理体制。

英国公务员制度自 1855 年和 1870 年两个枢密院令确立之后，又相继做了一些新的规定进行调整和改进，如 1875 年的普莱蕃委员会、1888 年的里德利委员会、1914 年的麦克唐纳委员会、1918 年的格莱斯顿委员会、1923 年的安德森委员会、1930 年的汤姆林委员会、1953 年的普列斯特里委员会等。其中有些重要的调整和规定，包括：公务员分为书记类、执行类、行政类三大类；应考人有不同的年龄段和考试水平要求；公务员的待遇应高于在私营企业中任职的人员；在考试科目上加重口试或面试的比例等。

美国公务员制度在此时期是随着职位分类制的实行向前发展的。19 世纪初，泰罗掀起的科学管理运动对公共行政领域产生了很大影响，特别是“工作分析”、“工作评价”等科学方法的引进推动了文官制度的改革。1896 年，联邦文官委员会提出以工作人员的职务和责任作为职位分类的原则，并于 1903 年建议政府机构正式推行职位分类制。1905 年，芝加哥市政府率先开始推行这一制度，并从 1912 年正式实行。其后 20 年，许多州和地方政府都先后实行了职位分类制。1919 年，美国国会成立了工资调整联合委员会，研究对职位的分析、评价和工资分类问题。1923 年，美国国会正式通过联邦政府职位分类法案，成立联邦人事分类委员会，对联邦政府各部委及华盛顿特区机构实行职位分类，具体划分为 5 类 44 等。1931 年，在扩大职位分类适用范围的同时，联邦政府对职位分类结构做了较大调整，改为 7 类 81 等 1 633 级。1949 年，国会通过新的职位分类法，将七大类减并为两大类或称两个职门，一个叫行政职门，是一般职位分类表，简称 GS，分为 18 个职等；一个叫技艺保管职门，简称 CPC，分为 10 个职等。1954 年，CPC 职门取消，其中一部分职位并入 GS 类，一部分职位由文官委员会核准为不适用分类法的例外职位。1958 年，又将 GS 类职位分为 23 个职组，524 个职系，到 1965 年年底，再减为 22 个职组，439 个职系，原 18 个职等不变。

法国在 19 世纪末到 20 世纪初虽未正式建立公务员制度，但是陆续提出了许多向这种方向发展的单项法规，如 1880 年关于中学教员地位的法律，1886 年关于小学教师地位的法律，1896 年关于大学教师地位的法律，1901 年的邮电部门公务员法，1902 年的海运部门公务员法，1909 年的司法部门公务员法，1910 年的公用事业部门公务员法，1913 年的公务员转调法，1921 年的公务员家属随同调动法，1923 年的内政部公务员法，1924 年的退休法，1928 年的劳动部公务员法，等等。法国虽然自 16 世纪起较长时期内实行中央集权制，但由于政党林立、政坛不稳、内阁变化频繁，第二次世界大战前一直未能建立统一的现代公务员制度。第二次世界大战结束后，戴高乐政府利用国家重建机会加紧推进这一过程。1945 年，该政府设立公职管理总局，专门管理公共职务，同年设立国立行政学院，统一考选、培训高级公务员。1946 年 3 月，参照英国做法制定公务员总章程草案，并于当年10月由国民议会讨论通过正式颁布，建立了统一的现代公务员制度。法国政府于1959年2月对此章程做了100处修改，颁布了新的公务员章程，接着又颁布了7个补充条例，对公务员制度做了修改和完善。

在西方国家中，加拿大是较早建立公务员制度的国家，有的学者认为，它在1882年就建立了公务员制度。其建国初期，政府人事制度的基本特点是恩赐官职制。1908年，议会通过《文官法》，成立文官委员会，开始推行竞争考试。1918年通过新的《文官法》，由早期的“恩赐官职时代”（1868—1918）转入公务员制度的“集中控制时代”（1918—1960）。

联邦德国近代公务员制度的初步形成，是从第一次世界大战后的1919年公布魏玛宪法开始的。该宪法宣布了德国君主统治的专制政体的终结，确立了多党制的共和政体。宪法中规定，公务员需经严格考试才能任用，如无过失不得因政治原因解除职务，政治上保持中立，等等，从法律上规定了现代文官制度的基本特征。1933年希特勒上台后实行独裁统治，扼杀了公务员制度发展的进程。第二次世界大战后，形成东西两个德国分治局面。联邦德国于1950年颁布了《联邦公务员法》，在恢复魏玛宪法规定基础上作了相应改进，民主德国于1969年颁布了《关于国家机关工作人员的义务、权利与责任的条例》。

日本首先以“文官三令”的形式推动了文官制度改革的步伐。1893年，日本明治政府改革了文官任用规定，制定了《文官任用令》和《文官考试规则》，确立了以考试任用高等文官的原则。1899年，明治政府着手修改《文官任用令》，并制定新的《文官资格保障令》和《文官惩戒令》，在官员质量、专门知识和行政管理知识方面都提出了较明确的要求。第二次世界大战后，日本作为战败国，受美国占领当局的影响较大。1945年11月，日本内阁通过了《关于官吏修正案》，主要内容有：废除天皇专制的官吏制；统一薪金制；改革高等官员考试制度；建立新的官吏任用、考试、薪俸等制度。1947年10月，日本政府在美国胡佛人事行政顾问团建议下，制定公布了《国家公务员法》，并于1948年作了一次重大修改。1948年7月制定了《国家行政组织法》，1950年制定了《关于国家公务员职阶制的法律》，同年12月又制定了《地方公务员法》。日本早期借鉴普鲁士文官制建立起官吏制度，二战后通过的《国家公务员法》，实际上很多方面沿袭美国的体制，因此其公务员制度是日本传统和欧美文官制度结合的混合体。

在此期间，受英、美等国公务员制度的影响和国内改革的需要，不少国家相继建立起本国的公务员制度，例如，意大利于1908年颁布了第一部公务员法规《意大利文官条例》，澳大利亚于1922年正式批准《澳大利亚公务员法案》，泰国政府于1928年颁布了《公务员法》，巴基斯坦、新加坡等国也于第二次世界大战后开始建立公务员制度，公务员制度出现了一种扩大和发展的趋势。

3. 新的改革时期

进入20世纪60年代，由于受政治、经济等各种矛盾的困扰，许多国家的公务员制度的弊端日益变得突出，迫使各国政府不得不面对现实，想方设法制定新的改革方案以走出困境。

20世纪60年代初期，英国首先进行了一次较大的文官制度改革。1964年，工党领袖威尔逊出任英国首相，他任命苏塞克斯大学副校长富尔顿负责研究并制定改革的方案。二战后，政府职能明显地扩大和加强，经济管理和专业管理的要求日益突出，政府干预的经济活动和社会活动也日益增多。在这种情况下，人们要求改变当时过分推崇“通才”的做法，提高专业科技人员的地位。富尔顿委员会在对文官制度的现状进行研究之后，提出了改革计划，主要内容是：提高行政管理专业化程度，在政府各部门推行“目标管理”；从社会上广泛招收人才，允许大臣到任时随带自己任命的高级政治人才。这一改革方案遭到了激烈反对，除了设立文官事务部，开办文官学院等，其他措施阻力重重。1981 年，保守党执政后，撒切尔政府停止了改革，撤销了文官事务部，使这次改革半途而废。

与之相比，美国政府长期艰苦地进行的文官制度改革最终取得了某种效果。自 1883 年以来，传统的文官制度一直存在许多弊端，如文官委员会是立法机构而非管理机构，不适应公务员管理工作的需要；公务员录用和管理程序繁杂，晋升限制较多，在与企业人才竞争中处于不利地位；由于文官职业保障法案的增多，执政者奖善罚恶的权力受到限制，考核形同虚设，在工资、定级、晋升等方面存在凭年资、熬年头的弊病，缺乏激励机制；严格的职位分类制妨碍高级文官在各部门间的正常调动；等等。卡特政府执政期间着手进行改革。1978 年，美国国会通过《文官制度改革法》，于 1979 年元旦起正式实施。这次改革主要包括下列几个方面：

第一，撤销文官委员会，成立人事管理局、功绩制保护委员会和联邦劳工关系局。

第二，下放人事管理权限，“中央人事部门可以把自己的某些权力委托或下放给各部门的人事机构”。

第三，设立“高级行政职务”，简称 SES，由 GS16-18 等的高级职位划出，不再实行职位分类，而改为品位分类，即不再实行工资同职位挂钩的方式，改为薪金同人员挂钩的方式，有利于担任高级行政职务的人员变动职务。

第四，改变处分程序，使处分不合格的官员成为可能，并且减少了被处分人员申诉成功的可能性。

第五，规定了比较有激励作用的奖励办法。表现突出的人员可在“功绩加薪”之外，得到现金奖励。

第六，第一次用法律形式（即《文官制度改革法》）确立了联邦政府人事制度应遵循的九条功绩制原则：“(1) 公开竞争，通过公开竞争考试，建成由社会各个部分组成的文职人员队伍。(2) 平等对待，不论其政治派别、种族、肤色、宗教、民族、性别、婚否、年龄或身残状态如何，所有雇员和申请雇用的人在人事管理的各个方面应受到公正平等的对待。(3) 同工同酬，应适当考虑全国和当地私人企业工资状况，工作优异者应给予适当的刺激和奖赏。(4) 保持公德，对所有雇员要求在品行、道德和对公益的关心方面保持高标准。(5) 发挥人力，应有效益和效率地使用联邦文职队伍。(6) 符合标准，工作成绩良好，继续任职；成绩不好的，应加以改进；不能够或不去改进工作成绩以满足规定的标准者，予以解雇。(7) 提高效率，对雇员应提供有效率的教育和训练。(8) 保持中立，保护雇员不受专断行为、个人好恶或为党派政治目的而施加的压力的影响，禁止雇员使用其权力或影响去干预选举。(9) 提供保障，雇员在揭露违法行为、管理不善、浪费资财、滥用职权、危害公共健康或公共安全的现象时，不得对其打击报复。”①

---

① 杨柏华、明轩：《资本主义国家政治制度》，349 页，北京，世界知识出版社，1984。

法国从1983年开始着手进行公务员制度改革。其改革的主要原因是国家社会、政治、经济的迅速发展及政府管理职能的调整，对公务员制度提出了更高的要求，主要表现在：(1) 改进预算方法，提高行政经费的效益；(2) 增加公务员的责任心和自主性；(3) 应付地方权力机构和企业竞争的压力；(4) 制定政策和具体工作应体现为公众服务的特点；(5) 适应欧洲政治经济一体化、建立欧共体大市场的未来发展变化的要求。当前法国公务员制度改革的目标主要是反对官僚主义、下放权力，提高政府的工作效率。改革的内容主要有：(1) 改革规章制度，如取消D类公务员，合并为C类，根据资格和工作性质相似的情况将现有近1 000个职系进行合并和压缩，改革公务员工资指数表，下放录用公务员的权力等；(2) 改革管理的方式方法，推进办公自动化；(3) 改革管理的运行机制，更好地发挥公务员的工作积极性，如给公务员理解法规的一定的自由度，增强公务员关于企业管理、经济核算方法的知识和服务观念等。法国政府对这次改革较为重视和慎重，专门成立了由公务员部长挂帅的委员会，审查改革方案，预测将要进行的改革项目，指导协调各方面的改革工作。

20世纪60年代以来，特别是80年代和90年代，许多已经建立了公务员制度的国家，除了进一步制定各种有关法律、法规，不断巩固和完善公务员制度外，几乎都不同程度地提出了改革公务员制度的要求和措施。这种改革要求和具体的改革进程有广泛的社会历史背景，直接关系政府人事管理体制的变化发展，引起了各个方面的关注，21世纪的公务员制度已成为人事行政研究的一个重要课题。

10.2.3 我国公务员制度的建立

我国干部人事体制是在长期的革命实践过程中逐步形成和发展起来的，从传统的干部人事体制到公务员制度的建立和推行，经历了一个较长的历史过程。为了便于分析，可以粗略地划分为下列三个阶段：

1. 统一管理干部体制（1921—1953）

指由中央及各级党委组织部统一管理干部的体制，可初步分为下列两个时期：

第一，革命战争时期（1921—1949）。中国共产党从建党初期开始即十分重视干部管理工作，党的第一次全国代表大会就已设立了中央组织部专门管理干部工作。此后很长一个时期，在建立根据地政权和军队后实行的是党管干部的体制，党内外一切干部都由党直接管理。1938年11月，扩大的中央第六次全会作出《关于各级党委暂行组织机构的决定》，明确在敌人后方区委以上各级党的委员会设立组织部，干部的考察征调和分配是与组织发展、党员登记、征收党费并列的职责之一。1941年10月，中央政治局通过《中央组织部业务和半年工作计划》，决定军队干部管理由总政治部组织部负责，但在总的干部政策上仍接受中央组织部的领导。当时干部管理实行供给制，管理内容主要包括选拔、培训、调剂、审查、任免、奖惩干部等方面。

第二，新中国成立初期（1949—1953）。1949年在组建国家政权机构后，开始在政府设立专门的人事机构。1949年在政务院设立人事局，1950年成立中央人事部。但是党的组织部门统一管理干部的原则并没有变，政府人事部门主要是协助党的组织部门管理政府系统的干部，没有事实上的干部管理权。此时的干部管理体制基本上是革命战争时期的延续，但是已经开始出现了某种过渡形态。

2. 分部分级管理干部体制（1953—1993）

指在中央及各级党委组织部统一管理下，由党委各部门按分工范围和权限对口管理干部的体制，初步可分为下列三个时期：

第一，经济发展时期（1953—1966）。1953年11月，根据《中共中央关于加强干部管理工作的决定》对统一管理干部的办法加以改进，逐步建立在中央及各级党委统一领导下，在中央及各级党委组织部统一管理下的分部分级管理干部的制度。具体内容是按照工作需要，将全体干部划分为军队干部，文教工作干部，计划、工业工作干部，财政、贸易工作干部，交通、运输工作干部，农、林、水利工作干部，统战对象和统战机关干部，政法工作干部，党、群工作干部及其他工作干部共九类，由中央及各级党委的各部门分别进行管理，并确定各自管理的范围是下两级机构中担任主要领导职务的干部。凡属担负全国各个方面重要职务的干部，均由中央管理，其他干部，则由中央局、分局及各级党委分工管理。1954年9月，根据《中华人民共和国国务院组织法》的规定，撤销了中央人事部，成立国务院人事局，明确政府人事工作是党的干部工作的重要组成部分，人事部门协助组织部门做管理干部的工作，形成了较稳定的干部人事管理体制。1955年3月中共中央《关于干部分管后有关干部任免、调动应注意事项的通知》、1957年5月中央批准的《中央工业工作部关于改进工业系统干部管理的报告》以及1961年5月中央批转的《铁道部党委关于干部管理工作的几项暂行规定》陆续对中央和各部管理干部的分工做了一些调整。在此时期内，随着中央人事机构的发展和变化，各级人民政府也设立了相应的人事机构，企事业单位也设立了除党委组织部门以外的行政人事部门，但干部人事管理体制的基本格局在党的十三大以前始终没有发生根本的变化。

第二，“文化大革命”时期（1966—1976）。“文化大革命”期间，干部人事体制遭到严重破坏，党和国家机关陷于瘫痪状态。自1969年年底，从中央到地方各级人事部门陆续被撤销，人事部门的工作有的被移交给党的组织部门，有的被移交给各级革命委员会，有的被取消。党的各级组织部门的干部管理工作也处于一种极不正常的状态。

第三，恢复、调整和改革时期（1976—1993）。1976年粉碎“四人帮”后，特别是党的十一届三中全会以来，随着党和国家工作重心的转移和改革开放的深入，在恢复受到严重破坏的干部人事体制的基础上陆续进行了一系列的调整和改革。1980年5月，中共中央组织部《关于重新颁发〈中共中央管理的干部职务名称表〉的通知》再次明确了党管干部的原则和体制：“一切干部都是党的干部，都应根据他们担任的职务，分别由中央、各地区和各部门的党委、党组或所在单位的党组织负责管理。”“对于党政机关一般要管理下两级机构中担任主要领导职务的干部。”该通知还对各级党委管理干部的范围、相互间的关系和干部管理体制作了具体规定。

传统的干部人事制度对坚持党的领导，贯彻执行党的政治路线和组织路线，用政治标准选配干部起了重要作用，无论在革命战争时期和以计划经济体制为基础的社会主义建设时期都是行之有效的。但随着我国改革开放过程中社会主义市场经济体制的探索和逐步建立，这一制度日益暴露出某些不适应性和弊端，改革干部人事制度的必要性和紧迫性日趋凸显。以1980年8月邓小平一篇题为《党和国家领导制度的改革》的重要讲话为标志，干部人事制度改革成为党和国家的改革目标之一。1987年10月，党的十三大具体规划了我国干部人事制度改革的目标和方法，指出："进行干部人事制度的改革，就是要对'国家干部'进行合理分解，改变集中统一管理的现状，建立科学的分类管理体制；改变用党政干部的单一模式管理所有人员的现状，形成各具特色的管理制度；改变缺乏民主法制的现状，实现干部人事的依法管理和公开监督。"大会确定，我国干部人事制度改革的重点和关键，是建立和推行国家公务员制度。1992年10月，江泽民同志在十四大报告中指出：加快人事劳动制度改革，逐步建立健全符合机关、企业和事业单位不同特点的科学的分类管理体制和有效的激励机制。这方面的改革要同机构改革、工资制度改革相结合。尽快推行国家公务员制度。1992年12月和1993年1月，中央政治局常委会议和中央政治局全体会议分两次听取了关于建立和推行国家公务员制度的汇报。在1993年3月八届全国人大一次会议上，李鹏同志指出，用三年左右的时间完成国务院、省和县乡的政府机构改革任务，"在完成机构改革的地区和部门，实行国家公务员制度"。

根据经济体制改革和政治体制改革的需要以及党和国家的改革部署和目标，在以经济建设为中心、坚持四项基本原则、坚持改革开放的基本路线的指导思想下，我国干部人事制度进行了一系列的调整和改革。主要有以下几个方面：（1）多次调整人事管理机构，1988年3月成立国家人事部；（2）实行机关岗位责任制和领导任期目标责任制，采用民主评议的办法考核干部；（3）打破干部任用上的单一委任制模式，实行委任、选任、考任、聘任等多种形式，如试行厂长、经理招聘制和实行乡镇干部聘用制；（4）实行专业技术职务聘任制，初步采用分类管理的办法；（5）下放干部管理权限，1984年按照对干部"管少、管好、管活"的原则，由原来的下管两级变为原则上只管下一级主要领导干部；（6）采取各种措施加强干部人事管理制度化、法制化建设；（7）调整各级党委组织部门和行政机关人事部门的干部管理范围和权限；（8）实行全民所有制事业单位人员辞职制；（9）建立领导干部离休退休制度，废除了实际存在的领导职务终身制，并按"革命化、年轻化、知识化、专业化"的"四化"方针，调整各级领导班子成员；（10）实行国家行政机关工作人员回避制；（11）进行国家公务员制度的研讨、筹备和试点工作。

1984年年底，由原劳动人事部和中央组织部组织有关人员着手设计改革方案和起草"条例"工作；1988年人事部成立之后，组织专门小组接手修改第十三稿并制定有关配套法规；1989年8月，国务院决定把中央原则同意的第十六稿下发各个省市征求意见。1990年，人事部根据国务院意见决定在国家税务局、统计局、建材局、环保局、审计署和海关六个机构试点工作基础上，进一步扩大公务员制度的试点，把哈尔滨、深圳、青岛、武汉四个计划单列市作为试点城市，同时在广泛征求意见的基础上修改出《国家公务员暂行条例》第十七稿，为正式建立和推行国家公务员制度做了大量的准备工作。上述这些调整和改革措施对我国干部人事体制的重大改革起了积极的推动作用，打下了坚实的基础。

3. 建立和推行公务员制度（1993年至今）

1993年4月24日，国务院第二次常务会议通过了《国家公务员暂行条例》，并决定于1993年10月1日起施行，它标志着有中国特色的国家行政机关新的人事管理制度的初步确立。从此，我国干部人事管理体制进入了一个新的阶段。

建立和推行公务员制度是我国干部人事制度的重大改革，也是政治体制改革的一项重要内容。其主要目的是“为了实现对国家公务员的科学管理，保障国家公务员的优化、廉洁，提高行政效能”，以适应我国建设中国特色的社会主义和社会主义市场经济体制的需要。根据该条例，实施国家公务员制度的总体部署和步骤由国务院作出统一规定。《国家公务员制度实施方案》对实施范围、实施步骤、实施方法以及实施工作的组织领导都提出了明确的要求。总的考虑是：1993 年重点是在国务院各部门、各直属机构实施；各省、自治区、直辖市政府及地、市、县、乡政府机关的实施时间和步骤，由各省、自治区、直辖市根据机构改革的进程作出具体安排。2005 年 4 月 27 日，第十届全国人大常委会第十五次会议正式通过《中华人民共和国公务员法》（简称《公务员法》），标志着我国公务员制度的正式确立，关于我国公务员制度的特点和具体内容将在下节中展开论述。公务员制度确立后，全面推行考试、公开招聘制度，推进薪酬制度改革，完善养老保险制度等，成为新的课题和工作重点。

10.3 人事行政与科学管理

人事行政的基本任务是建立和发展有利于对国家行政人员进行科学管理的行之有效的制度。为保证国家行政队伍的优化、精干、稳定、廉洁，保证他们正当地行使权力、认真履行其行政职责，以适当的人力和物力保证国家行政组织的高效运行，必须按照科学管理的基本原则和基本方法确定和建立录用、考核、奖惩、培训、晋升、回避、工资、退休等方面的一系列法律规范和制度。

10.3.1 公务员制度的基本原则

国家行政人员管理体制或公务员制度的基本原则一般包括两方面的内容：一是符合进行阶级统治的政治需要和基本国情，与国家的社会制度和政治制度保持一致；二是符合提高行政效率的管理需要，采用科学的管理方法和激励机制。任何一个国家在确定其国家行政人员管理体制或公务员制度时，必须相应确定这两类原则作为基本的指导思想或一般准则。前一类原则与有效履行政府的政治职能相联系，可称之为政治原则，主要体现在对公务员法或法规总则和公务员的义务与权利等规定中；后一类原则与有效履行政府的公共行政职能和人事管理职能相联系，可称之为管理原则，主要体现在录用、考核、晋升等管理制度的规定中。

由于我国的社会制度和政治制度与西方国家有本质区别，公务员制度的政治原则也有本质的区别。西方国家的公务员或文官制度是两党（或多党）轮流执政的政治制度的产物，其奉行的政治原则是法治原则、政治中立原则和民主原则。法治原则根植于资产阶级法治体系和法治思想，指用法律规范约束公务员的行政行为的一般准则，一般包含两层意思：一是遵守宪法、法律和法规；二是依法行政。法治原则的政治意义在于用法律的强制力要求公务员为统治阶级的利益服务。政治中立原则指限制公务员（特指业务类公务员或事务官）参与政党活动或政治活动的一般准则，如不得任议员，不得参加政党或党派之争，不准罢工，不能接受政治捐款，不得对政党、政治团体提供援助，对政治问题保持缄默等，要求在执行公务活动中，对政党政治采取公正超然的态度。政治中立原则是在反对和改革“政党分赃制”的过程中确立的，对维护资产阶级政权和文官队伍的稳定性具有重要的作用。民主原则是与法治原则相联系的政治原则，指赋予公务员某种程度的民主权利的一般准则。法治原则和政治中立原则一般体现在对公务员义务和其他有关规定中，民主原则一般较多地体现在对公务员的权利和其他有关规定中。各国政府为了体现当代的民主政治和保障公务员的宪法权利，在不同形式上规定公务员所享有的政治权利和自由权利，主要包括个人信仰自由、言论自由、结社及参加工会的权利等。我国公务员制度的政治原则具体可划分为法治原则、党管干部原则、德才兼备原则、民主原则四类，其内容与西方国家通行的政治原则有本质上的不同。我们将在本节最后一部分展开论述。

政治原则一般偏重于公务员制度的内容方面，而管理原则一般偏重于公务员制度的形式方面。因此，包括我国在内，各国公务员制度在管理原则方面共性较多一些。管理原则一般包括下列几个方面：

1. 公开原则

指对有关公务员制度的法律、法规、政策及公务员考试、录用、考核、奖惩、晋升等工作程序和工作制度的公开性、透明度的原则要求，旨在打破公务员管理工作的封闭、神秘化状态，便于接受社会检查和监督。公开原则贯串于公务员制度的各个工作环节，如考试公开、录用结果公开、考核民主公开、奖惩及时公开等都是这一原则的具体体现。

2. 平等原则

指关于公民进入公务员队伍及公务员内部依法享有平等权利、受到公平合理对待的原则要求。一般包括两个方面：一是公民参加公务员录用考试机会均等，不论其政党派别、种族、肤色、宗教、民族、性别、年龄或身残等情况，在平等条件下公平竞争；二是公务员任职期间，在考核、奖惩、晋升、培训、工资福利、退休等方面权利平等，在平等条件下享有平等待遇。

3. 竞争原则

指关于公务员管理工作中建立竞争机制和激励机制的原则要求。竞争原则的贯彻执行以公开原则和平等原则为基础，主要是指在考试、录用、考核、奖励、晋升等环节创造一种鼓励个人表现其知识、能力、技能、实绩和尽可能发挥其潜能的条件和机会，便于发现人才，增强国家行政组织内部活力。

4. 择优原则

指关于严格考试录用及内部评选程序、标准、选拔优秀人才的原则要求。竞争原则与择优原则是相辅相成的两个方面，竞争是择优的基础，只有在公平竞争的基础上才能体现真正的择优；择优是竞争的出发点和结果，竞争是为了择优，没有择优，竞争则流于形式。择优原则要求在考试、录用、考核、奖励、晋升等方面有严格的程序和标准，便于比较、筛选和最后确定优秀人选。

5. 功绩原则

指以工作实绩作为晋职提薪的依据并形成一套激励机制的原则要求。从严格的意义上说，公务员考试录用阶段主要涉及知识、能力、心理性格测试和国籍、政治条件、学历、年龄等资格审查，较少或不涉及工作实绩问题。因此功绩原则主要适用于公务员的内部管理制度，在严格进行绩效考核的基础上，把公务员的工作实绩或政绩与其职务升降、工资待遇、奖惩等联系起来，以强化竞争机制和激励机制。

6. 效能原则

指公务员的工作应有较高行政效率和较好行政效果的原则要求。行政效率和行政效果的含义本身有某些差别（参见本书第 12 章“绩效测评和管理”），在此仅用效能一词统一这两个词的含义。效能原则是对公务员管理制度和公务员队伍建设提出的总体原则。它不仅要求提高公务员的个人素质和个人绩效，而且要求提高公务员的群体素质、群体绩效以及平均素质、平均绩效。广义的效能原则还包括国家行政组织的机构改革、体制改革等内容在内。

7. 法制原则

指通过制定有关公务员制度的法律、法规，并建立有效的监督机制进行法制化管理的原则要求。法制原则和法治原则的主要区别在于，后者从政治角度要求公务员守法执法，前者要求用法律形式对公务员进行管理，二者是相辅相成的两个方面。法制化管理可分为三方面内容：一是制定有关公务员制度的法律、法规，规定和调整公务员管理体制和职务关系。西方各国的关于公务员制度的法律、法规，有的由总法和各种配套法规构成，有的由一系列单行法规构成。二是建立有法律保证的监督机制（参见本书第 13 章“行政监督”）。三是依法设立专门的公务员管理机构。公务员管理机构的设置必须有法律依据。一般有部外制（设在行政系统之外）、部内制（设在行政系统之内）和折中制（分设于行政系统内部和外部）三种类型。我国《公务员法》规定：中央公务员主管部门负责全国公务员的综合管理工作。县级以上地方各级公务员主管部门负责本辖区内公务员的综合管理工作。

10.3.2 职位分类和品位分类

建立公务员制度的基本要求是按照分类管理的原则，建立符合国家行政组织特点的人事管理制度。公务员的分类管理一般包含两层不同的含义：(1) 政务类公务员（亦即政务官或民选官员、政治任命官员）与业务类公务员（亦即事务官或常任文官）的划分，通常称为管辖划分，其分类管理的办法一般是政务类公务员依法实行任期制，业务类公务员依法实行常任制；(2) 对业务类公务员进行分类管理，一般有职位分类和品位分类两种类型，形成两种不同的公务员分类制度。

公务员分类制度是公务员制度的重要组成部分，它是如何科学地建立各项公务员管理制度的基础和依据，直接决定行政执行过程中人与事的科学结合程度。这两种分类制度都面临如何科学地解决人与事的结合问题，各有不同的角度和侧重点。但是，相对而言，职位分类较易明确人与事的主次关系和建立科学管理的程序及标准，因此以职位分类为核心的分类制度日益为许多国家接受和运用。

职位分类是用职位形式规定工作任务与责任，利用科学分类方法按各种职位的工作性质、工作内容、难易程度、责任大小等建立一套系统的职位体系，作为考试、录用、考核、培训、晋升、工资等各项人事行政管理制度的基础和依据。“对于文官系统（以及大多数大公司而言），设计一张根据所需要的专业知识的异同，工作的难易和责任的大小，以及任职条件的不同，将所有职位进行划分与归类的分类表，是它们得以有效运作的基础。这就是职位分类系统。”① 职位分类制度最初是由美国创立并为许多国家所采用的，其关键概念是“职位”一词。按照美国人事管理局1979年关于职位分类用语的解释，职位是：“由主管当局指派一个人应完成的任务和责任的集合体”，“职位正像其是组织结构中的最小要素一样是基本的分类单位”。日本的《职阶法》中规定，职位“是分派于一职员之任务与职责”。在此意义上，可将职位理解为根据工作性质、工作内容设置的、具有一定任务、责任和相应任职条件要求的工作岗位。

职位通常具有下列一些特点：(1) 职位是以事或工作为中心确定的；(2) 职位与事或工作相联系而与任职者相分离，其存在不取决于任职者的去留；(3) 职位的数量受事或实际工作任务的制约，因而是有限的；(4) 由于事或实际工作的整体性、系统性，职位可按不同标准划分成一套完整的体系；(5) 职位是人与事结合的中介，有多少职位就应有多少工作人员，二者数量相等。

职位分类是一项复杂而艰巨的工作。其主要工作步骤包括：

第一，职位调查。调查、收集现有职位的资料和数据。如每个职位的工作特点、任务、数量、时间、方法、报酬等；任职者所需资格条件及权责关系等。

第二，工作分析。“工作分析包括两方面内容：对工作本身作出规定；确定工作对工作人员的行为有什么要求。”② 具体内容包括工作性质、强度和难度、工作责任和作用、工作条件、任职者素质等。工作分析的结果除用于分类过程外，还广泛用于录用、选择、培训等人事计划，是现代人事管理工作的重要方法。

第三，工作评价。根据工作分析结果，对各种工作进行比较和区分，并对职位设置的必要性、合理性进行评价。在美国的职位分类过程中，工作评价的目的之一是确定各种工作的工资率。

第四，职位归类，或称职位横向分类。即根据各种职位业务工作性质的异同在不同层次上由高到低划分出不同职门、职组和职系，并将业务工作性质相同或相似的职位归为同一职类。其中职门是对所有职位第一次分为几个大类的结果，职组是在每个职门下面进一步分为若干中类的结果，职系则是在每个职组下面再次分为若干小类的结果。

第五，职位归级，或称职位纵向分类。根据各种职位业务工作的繁简、难易程度、责任轻重及所需人员资格条件等因素把每一个职系的职位进行排列（即职位排列），然后在此基础上将每一个职系内的职位各自划分出若干职级，不同职系划分出的职级数量是不同的（即划分职级），最后在各职系划分职级的基础上，划分出适用于各个职系的统一职等（即职级列等）。职级即工作性质相同，工作的繁简难易程度、责任轻重、所需人员条件相似的职位群。同一职系内，工作性质相同的职位分属于不同的职级。其特点是工作性质相同而其他因素不同。职等是业务工作性质虽然不同，但业务工作的繁简、难易程度、责任轻重及所需人员资格条件相似的职级群（或职位群）。其特点是工作性质不同而其他因素相同。不同职系内的职级可以列入同一职等，便于不同职系之间的职位进行比较。

第六，制定职位说明书或职位规范。以书面形式确定每个职位的职责和任职资格条

---

① ［美］詹姆斯·W·费斯勒、唐纳德·F·凯特尔：《行政过程的政治——公共行政学新论》（第二版），16页。

② ［美］韦恩·卡西欧：《人事心理学》，182页，北京，中国人民大学出版社，1991。

件。其内容一般包括职位名称、职位编号、工作项目、工作描述、工作所需知识和能力、升迁范围、工作标准等方面。

职位分类可以用多种多样的方式或方法进行。如美国采用的方法主要是因素评价制度。我国确定职位分类制度则采用从实际出发、循序渐进的方法。其主要做法是在各级国家行政机关依照国家有关规定，在定职能、定机构、定编制的基础上，通过职能分解、职位调查、职位评价、设置职位、拟订职位说明书等形式进行职位设置，然后选择具有相应职务的人员定位入级。

品位分类是一种以行政人员的学历为主要依据的分类方法。品位分类的英文是“rank classification”，职位分类的英文是“position classification”，二者词义有显著的区别。“rank”的英文含义主要有军阶、军衔、等级、地位、身份等，可直译为等级分类。品位分类是与现代文官制度或公务员制度相联系的一种分类方法，其特点是将行政人员或公务员划分为不同的等级，然后再进一步划分为不同的职务类别，而其划分公务员等级的主要依据是个人学历或文化程度。

品位分类因其译法在理解上容易和我国封建社会中长期实行的品阶勋爵制度混淆。“品”表明官员的等级、地位。汉代时官员品级共有 21 级，依据官品的高低确定俸禄的多少。魏晋南北朝时实行九品中正制或九品官人法，官分九品，每品分上、下两级。其后历代沿袭，直至清朝，除每品等级数略有变化外，九品制度一直未变。我国的品级制度只涉及等级问题，不涉及职位区别和录用标准，西方国家公务员制度中的品位分类制度与此完全不同。

品位分类制度具有公开考试、择优录用、职务常任、功绩晋升、政治中立、依法管理等各种公务员制度的基本特征。其与职位分类的主要区别在于它不是以职位作为分类的唯一依据和基础，而是同时考虑学历等个人条件和职位划分问题；另一个主要区别是职等与职位相分离。例如法国按照职位具有的工作性质和所需教育程度的不同，把公务员划分为 A、B、C、D 四类。A 类公务员担任领导、计划、决策性的工作，须是大学或高等院校的毕业生；B 类公务员担任执行计划、决策的工作，须是高中毕业生；C 类公务员担任执行计划、决策的辅助性工作，须是初中毕业生；D 类公务员担任勤杂性的工作，须是小学毕业生。在这四个不同类别中，又根据工作性质分成不同职系，然后再进一步划分职等和职级，最后形成一个严密的、金字塔形的等级体系。其特点归纳起来是：按学历划分类别，按工作性质划分职系，根据责任大小、难易程度划分职等，根据资历和考核确定职级。德国官员等级按其接受教育程度不同分为高级官员、上级官员、中级官员和低级官员四种，并同时确定相应职位，各等级的学历要求与法国类似，也是典型的实行品位分类的国家。

职位分类制度和品位分类制度各有优点和缺陷。职位分类有利于建立科学的考试录用制度、考核制度、培训制度、工资制度、晋升制度等，有利于获得职位的最佳人选，有利于预算管理和编制管理，有利于改进整体结构、增进效率；但工作费时、耗资、繁杂，结构缺乏弹性，不利于人才流动和全面发展。品位分类有利于培养、选拔通才，重视教育，级随人走；便于调配交流，划分方法较简便；有利于队伍稳定。但分类不系统，不利于严格的科学管理，有碍业务的专业化发展，影响工作效率，限制学历较低但能力较强者的晋升机会，不利于实行按劳分配、同工同酬原则等。从各国公务员制度的发展看，这两种分类制度相互融合已成为一种趋势。如英国是最早实行品位分类，同时也是最具代表性的国家，其品位分类方法较为复杂。经过多次调整和改革，特别是富尔顿委员会建议的改革，英国已经注意到现有分类制度的某些缺陷，强调因事设职，增加职类，简化职级，实际上已开始减弱“品位分类”的色彩，体现出职位分类与品位分类两种分类制度互相借鉴的趋势。与此同时，美国职位分类制度也有两种趋势，一方面是进一步简化分类制度，另一方面是开始注意“人对职位的影响”，1978 年的《文官制度改革法》专门设立了高级行政职务（原 GS16-18 等），实行级随人走的制度，不受职位分类法的限制，表现出品位分类的特点。

10.3.3　我国公务员制度的政治原则、特点和内容

建立和推行公务员制度，是根据建立社会主义市场经济体制的需要，对我国长期形成的干部人事管理体制的重大改革。其主要内容是通过制定专门法规，对政府机关中行使国家行政权力、执行国家公务的人员进行科学的分类管理，使政府人员更为精干、办事更有效率，使政府人事管理制度的各个环节实现科学化和法制化。我国干部人事体制随着由社会主义计划经济体制向市场经济体制的改革，日显弊端和不适应性：“国家干部”的概念过于笼统，范围过宽，管理方式过于集中和单一，管人与管事相脱节；缺乏科学的预算管理、编制管理、机构和岗位设置制度；缺少有效的竞争机制和激励机制；管理权限和分工不尽合理；缺乏法制约束和保障；缺乏系统、规范、科学的标准、程序和方法，干部人事管理实行“部门所有制”模式，调配流动困难；等等。建立和推行公务员制度是为了从根本上解决所存在的问题。它一方面继承和发扬了为我国几十年革命和建设的历史证明行之有效的经验和传统，并吸取十多年来干部人事制度改革的成功经验；另一方面，从我国的国情出发，借鉴了一些发达国家公务员制度的某些合理的部分，初步形成了一套与我国经济体制改革和政治体制改革相适应的、具有中国特色的政府机关人事管理制度。

1. 政治原则

建立我国公务员制度的根本指导思想是坚持以经济建设为中心，坚持四项基本原则，坚持改革开放的基本路线。它决定了我国公务员制度的政治原则的实质内容。

第一，法治原则。与坚持四项基本原则的社会主义法制建设相联系。对国家公务员的政治立场、政治态度及其遵守和执行社会主义宪法、法律的政治行为和行政行为做出原则规定。

第二，党管干部原则。主要指按照党的路线、方针、政策制定各项具体管理制度和政策，在公务员制度中认真贯彻执行党的思想路线、政治路线和组织路线，并保证党对公务员制度的政治领导和组织领导。党的管理作用主要体现在：（1）制定公务员制度的基本原则、方针、政策及重大决策；（2）依法推荐并管理高级行政官员；（3）对行政管理工作进行有效监督；（4）加强公务员队伍的党风建设和廉政建设；等等。

第三，德才兼备原则。指在选拔使用公务员时坚持用政治标准和业务工作标准来衡量并把坚定的政治立场和正确的政治方向放在首位，其实质内容完全和西方国家的政治中立原则相反。

第四，民主原则。与社会主义民主制度相联系，用法律形式充分保证公务员的政治权

利和民主权利。我国公务员制度的建立从国外借鉴了一些有益的管理原则，其中特别强调了公开、平等、竞争、择优的原则，因为其形式上与别的国家的共性较多，在此不再赘述。

2. 特点

与传统的干部人事管理体制不同，我国公务员制度主要有下列一些特点：

第一，体现了分类管理的特点。公务员范围“适用于各级国家行政机关中除工勤人员以外的工作人员”，对传统的国家干部概念进行了区分和限定。

第二，具有科学的激励竞争机制。实行职位分类制度，在各个管理环节贯彻公开、平等、竞争、择优原则，有利于调动公务员的积极性和创造性。

第三，具有正常的新陈代谢机制。规定了严格的考试录用、考核、职务升降交流、辞职辞退及退休制度，有利于使公务员队伍不断更新、交流和流动。

第四，具有勤政廉政的保障机制。在公务员义务与权利、纪律、录用、晋升、考核、奖惩、回避、交流等各项制度和管理环节中贯串着勤政廉政的基本要求，为促进公务员廉洁奉公提供了制度保证。

第五，在法制化基础上建立和完善公务员制度。1993 年国务院先以行政法规形式发布了《国家公务员暂行条例》，经过 12 年的实践，2005 年人大常委会正式颁布了《公务员法》，并将在此基础上逐步形成一套比较健全的法律体系，加强和完善公务员的法制化管理。

3. 内容

关于公务员制度的基本框架，各个国家大致相同，但其具体内容却因国情不同差别很大。各国公务员制度的具体内容一般都以法律形式做出明确规定，便于理解和执行。《中华人民共和国公务员法》共有 18 章 107 条，除第一章“总则”，第二章“公务员的条件、义务与权利”及第十八章“附则”之外，其余几乎每一章都涉及一项或多项具体的管理制度，它们构成我国公务员制度的主要内容，也是人事行政的主要内容。现将它们粗略地归纳为三个管理环节简述如下：

第一，“进口”环节。按较宽范围包括：(1) 职位分类制度。公务员的职务分为领导职务和非领导职务两类，领导职务按国家级、省部级、厅局级、县处级、乡科级的正副职分为五个层次，非领导职务分为八种类型。公务员职务与级别的对应关系，由国务院规定。(2) 录用制度。录用担任主任科员以下及其他担任相当职务的非领导职务的公务员，采用公开考试、严格考察、平等竞争、择优录取的方法；中央公务员主管部门与省级公务员主管部门分别负责组织录用考试；录用公务员有资格条件和试用期。

第二，“内部管理”环节。具体内容包括：(1) 考核制度。对德、能、勤、绩、廉全面考核，重点考核工作实绩；考核分为平时考核和定期考核；定期考核结果分为优秀、称职、基本称职和不称职四个等次；定期考核结果作为奖惩、培训、辞退以及调整职务、级别和工资的依据。(2) 职务任免制度。公务员职务实行选任制和委任制；领导成员职务按照国家规定实行任期制；公务员任职必须在规定的编制限额和职数内进行，并有相应的职位空缺；兼职要经批准，并不得领取兼职报酬。(3) 职务升降制度。应当具备拟任职务要求的政治思想素质、工作能力、文化程度和任职经历等方面的条件和资格；一般应当逐级晋升；晋升领导职务有规定程序，实行任职前公示制度和任职试用期制度。(4) 奖励制度。坚持精神鼓励与物质鼓励相结合、以精神奖励为主的原则；列出十种应予奖励的表现；奖励分为：嘉奖、记三等功、记二等功、记一等功、授予荣誉称号。(5) 惩戒制度。禁止 16 种违纪行为；行政处分分为：警告、记过、记大过、降级、撤职、开除。(6) 培训制度。机关根据公务员工作职责的要求和提高公务员素质的需要，进行分级分类培训，包括初任培训、任职培训、专门业务培训、在职培训和专业技术培训。(7) 交流与回避制度。交流制度分为内部交流、外部交流两种类型；交流包括调任、转任和挂职锻炼；应回避的亲属关系包括夫妻关系、直系血亲关系、三代以内旁系血亲以及近姻亲关系；有三种任职回避范围；公务回避对象包括本人及上述亲属关系；地区回避有地区和职务限制。(8) 工资福利保险制度。内容主要有：工资制度贯彻按劳分配原则；实行职级工资制；工资包括基本工资、津贴、补贴和奖金；建立工资的正常增长机制；公务员工资水平与国民经济发展相协调、与社会进步相适应；实行国家规定的工时制度，按照国家规定享受休假；建立公务员保险制度。

第三，“出口”环节。主要内容包括：(1) 辞职辞退制度。公务员辞去公职，应当向任免机关提出书面申请，走审批程序；未满国家规定的最低服务年限等 5 种情形不得辞去公职；连续两年考核被确定为不称职人员等 5 种情形可以辞退；因公致残、被确认或部分丧失工作能力等 4 种情形不得辞退；等等。(2) 退休制度。退休条件为：达到国家规定的退休年龄或者完全丧失工作能力。提前退休条件为：工作年限满 30 年，距国家规定的退休年龄不足 5 年，且工作年限满 20 年的；符合国家规定的其他情形。公务员退休后，享受国家规定的退休金和其他待遇。

10.4　公共部门人力资源管理

国家行政人员的录用、选择、训练、考核、晋升、调配等都不是一劳永逸的工作，任何一个人事部门都会发现它永远处于一种无休止的似乎是不断循环的工作过程中，它的各种职能既是继起的，又是并存的。由于行政人员的不断变动，国家行政组织中的工作需求和人员需求经常处于不平衡的状态中，要有计划地控制人和事的最佳结合，必须研究人力资源的动态平衡问题及人员的流动规律和心理因素。同时，要做到人和事的最佳结合，不能仅仅孤立地考察个别工作和个别人员的一致性，还必须从群体心理、组织心理方面考察人力资源利用和开发的综合效应。最后，要想有效地调动和提高行政人员的主动性、积极性和创造性，必须从全社会的范围考察公务员制度、人事政策的心理影响，通过社会心理的调节，提高国家行政组织人力资源管理的作用和开发效果。

10.4.1　人力资源的动态平衡

由于全球性的市场竞争，信息技术和通信技术的迅猛发展，人才竞争对企业核心竞争力的巨大影响，企业人事管理已从传统的、事务性、行政性的管理转变为注重战略和规划开发的人力资源管理。这种趋势也深深地影响国家行政组织的人事行政领域。“人事行政的传统研究领域已经突破其思考的界限，现在被称为‘人力资源管理’（human resources management）。公共部门人力资源管理就是指对公共部门的人与职位的管理以及相关的人事政策制定。”①

任何组织都是一个材料、信息、人员不断新陈代谢的复杂的开放系统，公共部门人力资源管理工作的任务之一是将人力资源管理与组织战略结合起来，制定人力资源战略，有效控制和调节人力资源的动态平衡、保证组织系统的正常运转。由于组织的技术、任务、规模、环境和人员本身处于不断变化的过程中，组织中的人员供求关系必然随之发生变化，这种变化常常破坏组织中原有的平衡结构，影响组织活动的整体绩效。因此，国家行政组织必须对这种变化有足够的认识，采取各种科学方法预测、分析人力资源变化的过程和规律，控制组织内部、组织之间以至整个社会范围中的人员的合理流动。这种控制一方面依靠必要的立法手段和行政手段，另一方面依靠科学管理和政策、心理因素的影响和作用。

人员结构是组织的最基本的结构形式之一，是组织中由不同的编制定员标准所决定的各类人员的比例和组合方式。人员结构和组织内部的工作分工、职责划分、权力分配密切相关，人员结构是否合理，直接关系工作需求和人员需求的一致性，影响组织的效率和活动，因此控制和调整组织的人员结构是公共部门人力资源管理的最基本的任务之一。对组织的人员结构可以从许多不同的角度进行分析，基本上可以划分为六种类型：政治结构、专业结构、文化结构、管理结构、心理结构和生理结构。这六种结构的稳定性与组织活动的稳定性密切相关，对组织效率和活力有潜在影响。人员结构的变化受到两方面的影响，一方面，人员结构受任务结构、技术结构及外界环境的制约；另一方面，人员结构受人员变化的制约。

在一切外在因素不变的情况下，组织现有人员本身也处于不断的变化之中。这是因为：（1）由于年龄和身体状况的变化造成的自然减员，例如退休、死亡等；（2）组织内部人员升迁、调动等纵向流动和横向流动，例如晋升、平调等；（3）组织成员的外部流动，例如辞职、退职、调出、开除等；（4）编制内成员较长时间脱离工作岗位，例如脱产进修、委托代培、停薪留职等。人员变化必然造成一定的职位空缺，组织内部的职位空缺超过一定数额就会给现有人员造成极大压力，严重妨碍组织的正常运行，某些关键职位的空缺甚至可能会使组织陷于瘫痪。从整体上看，个别人员的变化常会引起整个组织人员结构的变化，造成新的不平衡或严重失调。因此，各级政府的人事部门必然在填补职位空缺和调整人员结构方面花费大量的时间和精力。人员变化并非全是消极的方面，人员流动本身，如果方法适当，可以成为组织新陈代谢的过程。通过对新的组织成员或新的职位候选人的严格挑选、合理任用，可以不断提高人和事的最佳结合程度。提高新成员或新任职者的知识、技能等个人素质，渐增到一定程度则会提高整个组织的人员结构的质量，增强组织活力和竞争能力，促进组织更新技术、健康发展。

人员结构的变化和组织的变革与发展是互为因果的关系。人员结构的变化有利于提高组织的整体素质，有利于组织及时根据外界环境的变化改变任务结构、技术结构和发展规

① ［美］尼古拉斯·亨利：《公共行政与公共事务》，244 页。

模。同时，组织的任务结构、技术结构和发展规模的变化必然会对人员结构的适应性提出新的要求，例如，采用先进的信息技术和管理体制，明显地要求相应改变原有工作队伍的专业结构、文化结构和管理结构等，有计划地进行人员补充、调整和更新。

人员结构的变化能否在保持原有质量的基础上进一步适应技术、任务、规模、环境变化的要求，是衡量人力资源管理工作成效的标准之一。但是，在大多数行政组织中，往往对这种变化缺乏主动性和预见性，人力资源管理工作常见的问题往往是人员的变化更新、人员结构的调整落后于组织发展的要求，只有少数成功的组织才符合这种要求，而这正是它们赖以成功的秘诀之一。实际上，人员变化和组织的变革与发展两种因素是交织在一起的，因此，组织中的人员结构始终处于一种不平衡、平衡、不平衡的动态发展过程中。忽视这种变化对组织的重要影响，或者虽然认识到这种影响但处于一种软弱无力、消极被动的状态，其结果都会给组织造成损害。许多组织由于消极地对待人员结构的变化，常常处于非常被动的境地。例如，组织成员一进一出的个人素质差别过大，超过一定数量，必然会使整个组织的素质下降，从而使行政队伍的政策水平、管理水平或学术水平以及工作绩效下降；某些关键岗位的人员或骨干的离去留下永远无法填补的空白；采取硬性措施限制人员流动，造成组织成员的不满和怨恨；缺乏必要的人力资源储备，难以吸引、物色合格人员填补急需的职位空缺；降低录用、选择标准，滥竽充数，补缺人员能力递减等。这些现象和问题无疑会给国家行政组织带来严重的，甚至不可估量的损失。

10.4.2　人力资源规划

为了维持人员结构的动态平衡，必须有计划地系统地分析、预测、控制人员变化和组织变革发展的需求，越是结构严密、分工复杂、规模巨大的组织，其人员结构的合理调整越需要采用科学的技术方法。

人力资源规划是在组织任务、技术、规模、环境等因素不断变化、发展的情况下分析人员结构现状和未来需求，保证人力资源动态平衡的一种方法，它主要包括以下四个方面：

1. 人力资源基本情况统计

通过统计数据，了解组织发展状况和人员结构现状（人员类型、年龄、性别、政治面貌、民族、学历、所学专业、现从事专业、职务、职称、职业、兴趣、满意程度、创造性、团结精神和发展潜力等），对各个要素及相互间的结合程度、科学程度进行评估和分析。

2. 人力资源预测

预测人员结构变化趋势、组织未来发展及人力需求（人员素质、数量、比例等方面的变化及内部和外部的补给来源）。目前，主要有下列几种预测方法：(1) 人力资源供给模式：建立各种模型确定组织未来结构及其策略。(2) 随机模式：按照组织成员调进、调出、晋升、降职、平调、退休等各种可能进行预测。(3) 分析模式：利用多种分析方法综合分析组织成员的年龄、学历、任期、升迁、绩效等各种因素，检查、评价现行的人事政策及决策。(4) 线性规划模式：利用政策变量（工资制度、晋升制度、退休制度等）和结构变量（人员数量、工作类型等）分析各级人员的录用率、留职率以及是否过剩、短缺，旨在确定如何用最少的人力资源完成组织特定任务，或确定如何安排、使用一定数量的人力资源完成的组织任务最多，以达到最佳的人员结构。（5）目标规划模式：采用线性规划和随机模式相结合的方式，从组织整体目标出发确定人员结构。（6）计算机模拟模式：用计算机模拟组织中成员的行为，预测和控制人员结构变化的多种原因、多种结果、多种相互作用和多种依赖性。（7）其他模式：例如集中判断法、综合预测法等，这些模式较少使用数学方法，但预测效果也比较准确。

3. 人力资源规划方案

根据预测结果，制定有关政策，确定具体实施步骤，采取有效的人事措施调整现有人员结构，例如通过考试录用、选择、考核、训练、教育、晋升、调动、离退等方法改变工作队伍中的各种人员类型的数量、质量和比例，利用考试、广告、推荐、交流等多种形式吸引外界人员，扩大符合未来组织发展需求条件的人员贮备等（见图10—2）。有计划地对在职人员进行教育和培训是人力资源规划的一项重要内容。

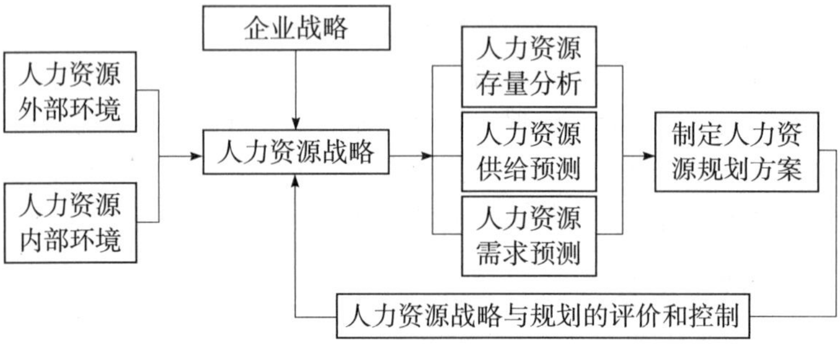

图10—2 人力资源战略规划

资料来源：赵曙明编著：《人力资源战略与规划》，17页，北京，中国人民大学出版社，2002。

4. 控制和评价

及时提供每一工作环节和具体步骤的反馈，监督人力资源基本情况统计、人力资源预测、人力资源行动计划的实际进展和实际效果，评估人力资源计划系统目标的实现程度和完成情况，并制定相应的改进方法和调整措施。

通过人力资源规划可以在一定程度上了解和控制组织的人员结构变化，保持工作需求和人员需求的一致性及人员结构的动态平衡。但是，规划并不能决定一切，实践证明，影响人员结构变化的因素有些可控性较高，可通过行政计划和行政手段直接调节，有些可控性则较低，计划、政策及人事手段只能起间接调节的作用。例如，在人员变化的四个方面中，退休、组织内部的流动、脱产学习等可控性较高，可以按照一定的比例、一定的规定有计划地调节。组织可以通过对年平均退休率、晋升率等方面的分析，事先着手进行人员的物色、选择、训练、开发工作，为填补职位空缺做好准备。然而，组织成员要求调动、辞职、离职等事件的可控性则较低，组织显然很难对这些方面事先做出计划。原因之一在于，组织成员的外部流动在很大程度上受到外界环境和条件对其心理活动的影响。因为外界环境和条件的变化是不确定的，所以，组织成员的心理活动和需求变化也是不确定的。另外，组织对外界人员吸引力的大小、对补充人员的潜在数量和质量也很难做出准确估计。在骨干人员要求调走，组织又难以找人替代或补充的情况下，往往采用不同意、不批准等强制性的手段来控制人员结构。这样做，虽然表面看来保持了队伍的稳定，但其代价是组织成员不满程度的增加和个人工作效率的下降。另一方面，组织常常遇到的难题之一是不想留用的人靠行政方法调不出去，即使有合理的人员结构调整计划，也难以付诸实施。无论是从全社会的利益而言，还是从组织自身的利益而言，人力资源的合理流动（并不仅仅限于人才流动）有利于形成较佳的人员结构，有利于提高组织成员的满意程度和积极性，有利于解除对人才的束缚和促进知识、技术、信息的合理转移。“人畅其流”才能“才尽其用”。要使人员合理流动，并不能只靠组织内的或者全社会的人力资源系统计划和直接控制的行政手段。只有与此同时进行心理分析和心理测试，认识人员合理流动的心理规律和心理因素，采取间接控制的方法才能收到较好效果。

10.4.3 人员合理流动的心理规律和心理因素

人员流动是一种普遍的社会现象，一方面，它是社会生产力发展和组织发展的客观要求，马克思对此做了高度概括：现代工业不断地使社会内部的分工发生革命，不断地把大量资本和大批工人从一个生产部门投到另一个生产部门。因此，大工业的本性决定了劳动者的变换、职能的更动和工人的全面流动性。另一方面，它是工作者改善工作条件和生活条件的个人要求。对于个人来说，人员流动是岗位、职业、组织、环境等的再选择过程。

在人员流动问题上，存在着社会需要、组织需要、个人需要三者之间的矛盾。社会需要要求在不同的单位之间、不同的部门之间、不同的地区之间合理调剂使用社会现有的人力资源，以有效保证单位、部门、地区乃至国家的政治、经济、文化各方面的良性运行和协调发展。组织需要要求把具有所需要的知识、技能和能力的人员集中在组织内部，保持和完善人员结构以维持组织的正常活动，有利于组织的生存和发展。个人需要则以个人的实际利益为中心，寻找更有利于个人工作、学习、生活、发展的工作条件和社会条件。社会需要要求人员流动按照适当比例较均衡地分布在各个单位、部门或地区中，因此强调人员流动的计划性、合理性。组织需要要求人员流动符合自身发展特点，强调人员流动的集团性和强制性，在一种竞争的环境中，组织之间因各自的经济效益必然导致人才之争，不仅“挖墙脚”是一种正常现象，而且常会出现人才垄断、人才封闭的现象。组织片面强调集团利益，则会损害社会利益，造成组织需要和社会需要之间的矛盾。社会需要和组织需要除其不同点外，其共同点在于对人员的选择、录用都偏重于工作需求，而个人需要正相反，强调的是利己性和自由性，偏重的是个人需求，这使个人需要和社会需要、组织需要也常常处于矛盾之中。

与社会、组织、个人三种流动需要相联系，存在着三种流动趋势：（1）社会导向——人员流动符合社会发展需要。（2）组织导向——人员流动符合组织发展需要。（3）个人导向——人员流动符合个人发展需要。这三种流动趋势有时是一致的，有时是交叉的，有时则是逆向的。显然，要促使人力资源合理流动，其内在含义是保证三种流动需要和三种流动趋势的一致性。控制人力资源的合理流动，首先要求有人事制度的保障，其次要求采用有效的人事政策和人事措施进行调节。在人事制度或公务员制度改革中，如何控制和调整人力资源的合理流动是一个十分重要的问题，研究人员流动的心理规律和影响人员流向的心理因素有助于提高对这一问题的认识。俗话说：“人往高处走，水往低处流”。它在某种程度上揭示出人员流动的心理规律。如上所述，对于个人来说，流动实质上是个人对岗位、职业、组织、环境等的再选择过程。

在不同岗位、不同职业、不同组织、不同环境之间，总是存在着工作性质、工作条件、报酬、待遇等方面的差异，这种差异对个人来说，必然意味着某些工作岗位、某种职业的组织或环境较好，某些则较差，这种差异可称为位势差。人们总是趋向于从位势差较低的一头（即对个人较不利）向位势差较高的一头（即对个人较有利）移动，这是人员流动的一般的心理规律。位势差本身有两大特点：

第一，它既是客观的，又是主观的。不同岗位、职业、组织、环境之间的差异是客观存在的。例如，按照规定，不同地区、不同职务的工资有高有低，不同职业的工作有重有轻，不同组织的地理位置有好有坏等，这些都是既定的、个人无法改变的事实，因而是客观的。但是，对位势差的判断则又因人而异，每个人都从自身的实际需要、兴趣和利益等进行判断和选择，因而是主观的。

第二，它既是绝对的，又是相对的。在地区工资类别、职务分类、工资等级等各种规定中，在职业特点、组织类型、环境构成等方面，各种工作之间的差异是客观的，高低、好坏的区别是绝对的。但是，人员流动往往采用替补性的形式，人们总是用一种现实的观点来看待流动的可能性，即他站在自身的岗位上来分析有可能替补的岗位。对于不同的人来说，由于其自身的位置不同，往往对同一岗位有不同的判断。例如，对于在县里工作的人来说，他认为市政府的工作是高位势差的工作，而市里工作的人却认为自己的工作是低位势差工作，省政府的工作才是高位势差的工作，因此，工作位势差的高低、好坏又是相对的。通过对人员流动的心理规律的认识，组织可以把对人员流动的直接控制或限制，变为对位势差的调控或调节，采用一种间接控制的方法调整个人流动需要和个人流动趋势，使之和社会及组织的流动需要和流动趋势协调起来。

要合理地、有计划地调整和控制位势差，必须认识、了解人们如何对位势差做出主观的、相对的判断。也就是说，要认识、了解影响人员流动的心理因素。凡造成岗位、职业、组织、环境之间的位势差的因素都是影响人员流动心理的因素。这类因素很多，其影响程度由于人们的需要、动机、兴趣、价值观、信念等不同，往往因人而异。一般来说，最常见的因素是工资收入、住房、福利、奖金、工作条件、个人发展前途、工作兴趣、领导作风、人际关系、子女问题、文化生活条件、职业声望、组织的地理位置、所在地区的经济发展水平等报酬、情境、个人感情方面的因素。这些因素对个人的心理活动发生综合影响，因此，对人员流动的心理活动的分析十分复杂。但是，这些因素对人员的心理活动的影响并不是平列的，它们在具体个人心目中的重要性和排列位置取决于两个方面：

一方面是个人的实际情况。社会或组织中的每一个人的实际情况差异很大。例如，有的人住房拥挤，有的人住房却超过标准；有的人夫妻长期两地分居，有的人夫妻从未分离；有的人为子女入托发愁，有的人为子女上班离家太远操心；有的人工资很高，有的人工资很低；有的人受到组织重用，有的人认为英雄无用武之地；等等。他们所面临的最突出的问题就是影响其流动的最直接的因素。

另一方面是个人的需要层次和思想境界。在同样的情况下，由于需要层次和思想境界不同，各种因素的心理作用也不同。例如，在同样存在专业不对口和子女问题的情况下，有的人首先要解决专业对口问题，有的人首先要解决子女问题。一般来讲，位势差越大，心理因素的影响作用就越大，人员流动的心理活动和行动趋势就越强。反之，位势差越少甚至缩减到零，心理因素的影响作用就越少，人员流动的心理即趋于稳定。

人员流动有两种基本形式。一种是互补形式，甲和乙互换 A、B 岗位，或者甲、乙、丙互换 A、B、C 岗位。一种是替补形式，甲填补 A 岗位，空出 B 岗位，乙填补 B 岗位，空出 C 岗位，丙填补 C 岗位，空出 D 岗位，依此类推。替补形式可以是垂直或纵向的，也可以是水平或横向的；可以是组织内部的，也可以是组织或地区之间的，这种替补形式的展开在全社会呈现连续不断的流动趋势。

控制人员的合理流动存在两种方法。一种是截流方法，即采取限制性的直接控制手段，这种方法只能起到水闸的断流作用，在许多情况下，表面上看来满足了“工作需求”，但常会造成社会、组织和个人需要之间的矛盾，造成个人不满、情绪低落、人际关系紧张、工作消极等后果，实际上损害了工作需求。这种方法的实际控制效果也不高，人们会千方百计地通过各种渠道的渗透，突破这种限制。另一种是导流方法，即通过一定的制度、政策和规定，例如工资等级、地区差价、岗位津贴、职业补贴、特殊待遇等，合理调整不同职位或岗位、不同职业、不同组织、不同地区的位势差，有计划地间接控制公共部门人力资源“自然的”合理流动。例如，某些国家采取与私人企业报酬水平相比较的方法制定调整行政队伍的薪酬制度，以维持国家政府工作人员的稳定性。

采用截流的方法，可以把组织需要的人截住，但不能把组织不需要的人调走。采用导流的方法，其优点在于可以使人员自己“动”起来。无论是替补性的流动还是互补性的流动，“动”是基本前提，有出才有进。要使人员动起来，仅靠调整位势差还不够，还必须有配套措施，例如打破单位或部门所有制，逐渐消除户口、住房、交通、子女等多种多样的限制性因素，解决行政队伍的稳定性和合理流动问题，这是一个公共部门人力资源管理需要进行全面改革的社会问题。

10.4.4　群体心理、群体绩效和人力资源管理的综合效应

录用、选择、训练、开发、使用等人力资源管理工作首先要注意个体差异、个体技能、个体素质、个体心理、个体绩效等。但是，仅仅停留在这一点上，只是完成了人力资源管理工作的一部分任务，为了最终实现组织目标和社会目标，必须在注意和提高个体素质及个体绩效的基础上，注意和提高群体素质及群体绩效、组织素质及组织绩效。

人力资源管理工作不仅要注意人与事的结合，还要注意人与人的结合。任何生产活动或社会活动本身是一种群体活动或组织活动。组织是通过群体努力实现共同目标的社会产物，组织目标的实现是组织系统中的各个群体及各个成员协同一致、互相配合、共同努力的结果。群体是组织中分工协作的一种形式，是两个或两个以上的人为了完成某种共同任务所组成的相互作用、相互依赖的集合体，群体的构成、配置和建设是人力资源管理工作的基本任务之一。

在一个通过录用、选择构成的分工明确的正式的工作群体中，群体成员之间存在着两种关系：一种是工作关系，即靠人和事的结合构成的关系，群体成员是按照预定的职位配置的，各有其专门的岗位和职责，他们的权力、地位、等级、沟通渠道等是由其所从事的

工作本身的性质、内容、作用等决定的；另一种是人际关系，人际关系是在群体成员或组织成员之间相互沟通、交往的基础上形成的个人之间的关系，它是由人们的需要、兴趣、态度、情感等决定的。任何群体、组织的活动都需要靠这两种关系来维持。工作关系要求群体成员或组织成员具有完成整体工作所需要的专门知识和技能，人际关系则要求群体成员或组织成员进行心理和情感方面的交流，他们既需要在工作方面忠于职守，又需要在思想和情感上彼此相互信任、理解和支持。

人力资源管理工作不仅要注意从人和事结合的角度，即从工作关系的角度录用、选择适合于工作需求的合格人员。而且应从人与人结合的角度，即从人际关系的角度录用、选择适合于协作需求的合格人员，个人的知识和技能只有在和谐的人际关系中才能更好地发挥出来。因此，仅从单一的、孤立的工作需求出发考虑单一的、孤立的人员需求，还不能达到人与事的最佳结合。人适其职，并不一定能够人尽其才。一方面，他可能会受到工作关系方面的限制，例如职责不清、无自主权、沟通渠道不畅通等；另一方面，他也可能受到人际关系方面的限制，例如领导的歧视、下级的抵制、同事的疏远、不配合甚至拆台等。无论是哪种情况，都会降低人力资源的使用效果，人力资源管理工作必须从工作关系和人际关系两个方面来考虑提高综合效应问题。

调整工作关系主要可从制度、政策方面入手，调整人际关系则必须认真考虑心理因素对群体素质和群体绩效的影响。如上所述，个人潜能的发挥并不完全取决于其能力和其职位之间的适合程度，人与事的结合总是处于某种现实的工作环境和心理环境之中，个人的知识、技能只有在协调一致的群体活动或组织活动中才能更好地发挥出来。能力、气质、个性特征、态度、兴趣、爱好、需要、动机等任何心理因素都对群体素质和群体绩效有潜在影响。互利、互补的心理因素有利于提高群体素质和群体绩效；相互妨碍、冲突的心理因素则不利于甚至有害于群体素质和群体绩效。

心理因素对群体的整体素质和整体绩效的影响主要表现在五个方面：（1）群体成员之间的相互理解和信任；（2）群体成员之间态度和认识的一致性；（3）群体规范的形成和遵守；（4）群体内聚力的强弱；（5）群体成员之间情感上的支持和主动协作。群体成员具有良好的心理素质可从上述五个方面对群体素质和群体绩效产生积极的、正面的、有益的影响，心理的和谐、情感的交融、能力的组合、气质的协调、思想的碰撞、兴趣和爱好的一致等，有利于提高群体的整体素质和整体绩效。反之，即使群体的每一成员都有较强的个人技术和技能，但彼此之间心理因素的不和谐，例如个性不和、兴趣不同、态度对立等，会引起相互之间的猜疑、反感、厌恶、分裂甚至激烈冲突，因而会影响、妨碍、破坏相互配合和协作，降低群体的整体素质和整体绩效。

10.4.5 人力资源管理研究和政策心理分析

人力资源管理不是一种简单的、事务性的工作，它本身既是一种实践，又是一门科学。人力资源管理所遇到的大量问题，靠经验的方法或靠主观判断的方法都不能得出科学答案。特别是对整个组织、整个地区、整个社会的人力资源的动态平衡、综合利用和宏观控制，必须在科学认识的基础上，通过一定的制度、政策、方针、措施等进行总体调节。因此必须对人力资源管理的现状、现行人事制度及有关政策的效果与问题、未来改革的设想等进行深入认真的研究。这种研究不能以零碎的材料为依据，它需要加强组织整体的乃至社会性的人力资源信息的管理和利用，为了解、分析人力资源的分布、流动、使用效果等提供科学依据。人力资源管理的宏观控制不能仅靠直接的行政手段来进行，及时了解、分析人事制度和人事政策所产生的社会心理影响对建立和完善科学的人力资源管理体制具有十分重要的意义。

1. 人力资源管理研究

公共部门人力资源管理研究是人事行政的基础，它为具体的人事管理工作提供指导和依据。公共部门人力资源管理研究的任务包括：

第一，分析和评价人力资源管理的现状（例如，人员录用、考核、培训、奖惩等各个方面的情况）、人力资源管理的职能执行是否全面（例如，是否有一定的编制计划或考核制度、奖惩制度等）、人力资源管理的权责划分是否合理（例如，人事部门和高层、中层、基层领导人的干部管理权限）。

第二，评价现行体制、政策、计划、方案和措施等的效果和结果（例如，所采取的政策、计划等是否适当，在多大程度上得到预期效果，产生了一些什么样的影响和新的问题等）。

第三，为改进现行体制、政策、计划等提供科学依据（例如，为提高现行政策、计划的效果，需要采取哪些配套措施，如何处理新产生的影响和问题等）。

第四，提出未来应采取的新的政策、计划、方案等并进行充分的论证和鉴定（例如，应在哪些方面制定新的政策、计划或方案，采取何种步骤实施，实施的必要条件和可行性等）。

第五，研究考试录用、薪酬、退休等制度、政策、计划对各类人员的心理和行为影响，研究职工态度、行为方面的规律性的特点等（例如分析职工当前心理、行为的特点及其体制、政策方面的原因；预测各种人事改革方案可能产生的社会心理影响；了解行政人员缺勤、离职、调动等心理因素及问题出现的分布规律、征兆、特点等）。

2. 人力资源信息的管理和利用

与任何研究工作一样，人力资源管理研究需要掌握充足的人力资源管理信息和数据。人力资源管理本身既是一个连续不断的工作流，又是一个连续不断的信息流。在人力资源管理工作的过程中，无论是录用、开发、考核、维持还是使用，每一个阶段、每一个环节都通过并产生大量的人力资源管理信息，整个人力资源管理工作实际上是一个人力资源管理信息组织系统内外相互交流、沟通、处理的过程。人力资源管理的计划性、系统性取决于人力资源管理研究的科学性和广泛性，而人力资源管理研究的科学性和广泛性则取决于人力资源管理信息的完整性和精确性。如果信息是杂乱的、无头绪的、不完整的，则研究将是粗糙的、不科学的，管理必然是盲目的和混乱的。信息流不畅通，工作流也不会畅通。有许多人力资源管理问题，如果离开系统的、准确的信息，很难在理论和实践上解决，例如，我国行政人员的宏观布局是否合理；不同类型的人员结构是否符合组织系统或社会系统内的各种工作需要；人才成长、流动、开发的规律是什么；哪类人员短缺、过剩、分布不均或亟待发展；不同类型人员的需要层次、工作态度和心理状态是什么；等等。这些都是人力资源管理的宏观控制所需要研究的问题。为了得到充足的、高质量的决策信息，必须加强人力资源信息的管理和利用，加快人力资源信息的流动和沟通，并从总体上对其进行汇集、存贮、加工、综合、筛选、分类、分析、评价等多方面的工作。

（1）人力资源信息的主要内容。

第一，人事档案信息。人事档案信息是人力资源管理工作的最基本的信息。我国对人事档案的管理工作十分重视，设有专门的档案管理机构和部门，并有一整套严格的管理制度和规定。人事档案是个人信息量最大的信息源，一个人一生经历的各个重要阶段、重要发展过程都以各种履历表、登记表、鉴定表的形式浓缩在个人档案中。人事档案的内容一般包括个人基本情况、简历、自传材料、鉴定材料、考核材料、政治历史问题的审查材料、参加党团材料、奖惩材料、晋职晋级材料、思想总结等。目前，人事档案信息主要用于个人审查和组织调查，整体研究的利用率很低。在人事部门中积累的大量的人事档案大多以一种封闭的形式将大量的人力资源信息储存在档案柜中，它们是静止的、孤立的，并没有真正被利用起来。在遵守保密制度的范围内，利用这种丰富的人力资源信息是加强人事部门管理和研究工作的一个方面。另外，现有的一些档案材料某些方面反映的信息量不足，需要进行设计更新，增加一些新的内容，例如，在个人履历表中反映本人业务水平、专业知识和工作实绩方面的信息很少，需要增加相应的填表内容和栏目。目前，由于心理学的知识和技能在人力资源管理领域中日益得到广泛运用，对人的心理因素的分析、研究和测量已成为人力资源管理工作的一个重要方面，有些单位已试行设立心理档案，这将是充实人事档案信息的一种趋势。

第二，人力资源社会统计信息。由于电脑的应用和普及，已有可能在整个组织、地区，甚至社会的范围内进行大规模的统计和数据处理工作。人力资源社会统计信息是以各种统计表的形式收集和汇总的，包括的内容非常广泛，例如各级组织内的各类人员基本情况统计表、领导职务情况统计表、后备干部基本情况统计表等。它可分为优秀人才信息、专业人员信息、劳动力资源信息、干部信息等多种类型。人力资源社会统计信息的搜集和研究成为人力资源管理工作中的一个日益普遍的趋势，并且规模越来越大，项目越分越细。例如，1984 年，国家科委、国家统计局等部门组织建立了全国科技人员数据库，该库直接存入全国具有高级专业技术职称的，有突出贡献的，担任重要领导或学术职务的，获国外或国家级奖励的，在国内外取得博士、副博士学位的，主持国家重点工程项目、重大科研项目和攻关项目的科技人员及新中国成立以来来华或回大陆定居工作的专家、学者等专业技术人员的信息，共包括 11 个信息集和 67 个信息项。人力资源社会统计信息对加强人力资源管理和研究工作有十分重要的意义。

第三，人员心理调查信息。人力资源社会统计信息偏重于各类人员基本情况的统计分析，而人员心理调查信息偏重于各类人员心理状态、工作态度、价值观、社会观点、政治信仰等方面的统计分析。它多采用抽样调查、典型调查、普遍调查、民意测验等方法进行。人员心理调查信息提供了许多在日常的人力资源工作中观察不到的信息，对了解评价、调查人事制度、人事政策等方面的效果与影响，对人事管理的宏观控制有很重要的作用。

（2）人力资源信息的收集与处理。

人力资源信息的收集、处理是一项非常复杂的任务，它日益成为人事部门需要认真考虑的问题。当前，由于对管理工作的重视和人事政策研究的需要，人事统计、调查的任务越来越繁重，统计分类越来越细，项目越来越多，各种表格的填写也越来越频繁。因此也带来了许多新的问题，例如，进行调查、统计的部门之间缺乏协调，表格或调查内容相互交叉，重复劳动多，信息利用率低。为了提高人力资源管理效果，科学利用人力资源信息，应做到下列几点：

第一，在人事部门内，设立专门的统计机构或信息中心，分析、处理各种人力资源信息，为人事决策提供科学依据。

第二，建立组织、地区或社会内的人力资源信息网络，打破单位间、组织间、地区间的信息沟通界限，明确各种沟通关系，并建立严格的信息沟通制度，定期填报各种表格，修改、补充原有数据。

第三，采用电子计算机、复印机、缩微设备等先进技术，改变手工处理人事信息的落后状况。

第四，配备专门的计算机管理人员和统计人员，改变传统的内部分工方式，加强人事部门各科室之间的联系和合作。

第五，设计新的运用于计算机处理的人事报表，增加人事报表中业务、技能、考核、心理测试等方面的内容。

第六，有针对性地进行专门的社会心理调查，及时得到对现行人事制度和人事政策的反馈信息。

3. 人事制度、人事政策的心理影响和社会效应

人力资源管理宏观控制的效果最终取决于整个人事制度和人事政策。人事制度和人事政策直接关系到人力资源管理的组织制度、工作程序、权责关系、计划方案、任务内容等各个方面，同时对行政人员的心理活动亦有十分重要的影响。人事制度、人事政策方面的任何一点变动，都涉及成千上万人的实际利益，其反响将波及整个国家行政组织和整个社会。研究人事制度和人事政策的心理影响是公共部门人力资源管理研究的重要的问题。人事制度和人事政策对社会上各类人员的工作态度、工作行为有何影响，直接关系人事管理宏观控制的方向和效果，这些影响包括下列四个方面：

第一，制度、政策的连续性和行政人员的稳定感。人事制度的改革和人事政策的制度是一项十分严肃、十分谨慎的工作，制度和政策多变，常会造成巨大的社会心理压力。行政人员对制度和政策持续稳定的信任感是其工作稳定感的基础。

第二，制度、政策的合理性和行政人员的公平感。如前所述，公平感是影响职工工作态度、工作情绪和工作行为的一个很重要的心理因素、公平感涉及行政人员对自己的条件、付出的劳动、做出的贡献、得到的报酬和他人的条件、劳动、贡献、报酬等的比较问题。平均主义不能产生公平感，只能产生不公平感，其主要原因在于它忽视了个人条件、劳动、贡献方面的差别，在报酬上保持形式上的一致。另一种引起不公平感的倾向是在个人条件、劳动、贡献差距不大时，报酬方面的差距很大。建立科学的录用制度、聘任评审制度、晋升制度、工资制度、考核制度、奖惩制度等，合理规定不同部门、不同职业、不同岗位、不同人员之间的条件，把握劳动、贡献、报酬之间的内在联系，是调整、保持和提高各类人员公平感的最根本的工作。

第三，制度、政策的方向性和职工的责任感。如何提高各类工作人员、各级管理人员和领导者的工作责任感，是人事制度改革中带有方向性的问题。制度、政策对人们的思想和行为往往起一种“指挥棒”的作用，它指引的方向是什么，人们就趋向于什么方向。近年来，在一定程度上说，社会上的“文凭热”、“职称热”等都是这种影响的反映。人事制度、政策的合理制定，应以提高行政人员的责任感为主导。例如，建立健全岗位责任制、任期目标责任制、专业技术职务聘任制、职务工资制、年薪制等，其基本思想都是以工作责任、工作职责、工作实绩作为职务、权力、待遇的中心，强调责、权、利三者统一，避免和消除脱离责任片面追求待遇、职务，盲目攀比、论资排辈等现象。

第四，制度、政策的推动性和行政人员的成就感。人事制度或政策应对各类人员的工作主动性、积极性和创造性有促进或激励作用。这种激励作用表现在职工明确知道在什么条件下按照什么标准做出什么努力可达到什么成就、得到什么奖酬。如果工作没有自主性、没有明确的标准、工作者或管理者不知道做何种努力可以使工作做得更好，他们就会缺乏内在激励的动力。每一个人都有成就需要，要激发职工的成就感，必须使他们看到个人努力的前景，并使他们能够在完成组织目标的同时实现个人的目标。如果绩效标准不明确，并且几年或十几年才按照学历、毕业年限、工作年限划定范围评审一次，就很难激发行政人员的工作积极性和成就感。人才的产生和成长在于制度、政策，人力资源的合理开发和利用也在于制度、政策。因此，各级管理者和人事工作者的首要责任并不仅仅是按照现有的人事制度和人事政策完成人员录用、开发、考核、维持等各种职能，而是设计和制定合理的人事制度和政策并使之产生良好的社会心理影响。

关键术语

人事行政　人员录用　人员开发　人员维持　人员使用　公务员制度　政治原则　管理原则　职位分类　品位分类　人力资源管理　人力资源规划　人员流动趋势　政策心理分析　人力资源信息管理

问题与思考

1. 简述人事行政的内容和任务。
2. 试述公务员制度的基本原则和具体内容。
3. 如何提高公共部门人力资源管理的预见性和科学性？

第 11 章

财务行政

国家行政组织的正常运行必须具备人员和资金两个基本条件，前者是人事行政所要解决的问题，后者则是财务行政所要解决的问题。财务行政并不仅仅局限于国家行政组织内部的财务管理工作，它是国家行政组织有效履行各种公共行政职能、调控社会经济活动的重要机制和手段。

11.1 财务行政概述

财务行政是政府有意识地利用各种财政政策和财政手段维持自身发展和保证社会经济稳定增长的过程，有其特定的含义、内容和职能。了解有关财务行政的这些基本概念，有助于加深对国家预算、税收等财政管理体制的认识。

11.1.1 财务行政的概念

财务行政和人事行政是公共行政的两项最基本的管理体制，是保证公共行政组织正常运转必不可少的基本条件。由于国家行政组织的各种活动和各种职能的履行都是在财政收支基础上进行的，其组织机构、规模、人员数量、职数、工资额等也是由一定的财政经费制约的，可以说，财务行政直接关系国家行政组织的存在、建设和发展。另外，财务行政是政府履行经济职能、对国民经济进行宏观调控的重要手段。因此，财务行政是公共行政研究中至关重要的领域。

在国内外的文献中，和其他公共行政学的概念一样，对财务行政的解释也是多种多样的，有的定义范围很宽，适用于经济学、财政学等广阔的研究领域。有的定义范围很窄，只限于国家行政组织内部的经费管理活动。出于公共行政学研究的特点，在此可对财务行政的概念做一个简要的概括：财务行政是国家行政组织通过社会产品价值分配的各种形式和宏观调控手段维持其正常运转和有效履行公共行政职能的管理活动。这包括三层含义：

第一，国家行政组织是财务行政的主体。财务行政和企事业单位中的财务管理工作不同，它由国家行政组织负责实施并与其履行行政职能的各种活动密切相关。公共（国家）行政组织在社会产品分配中处于主导地位，在此基础上形成国家与各种社会组织、社会团体和社会成员的错综复杂的分配关系。另外，财务行政的概念和行政机关、企事业单位内部的财务管理不同，它涉及的是国家或社会范围内的社会产品集中分配问题，而行政机关、企事业单位的财务管理主要涉及单位内部的分配问题。

第二，财务行政的目的是保证社会公共需要，它以国家公共行政组织的正常运转和有效履行公共行政职能为前提条件。国家行政组织是社会公共权力的代理人和执行者，“为了维持这种公共权力，就需要公民缴纳费用——**捐税**。捐税是以前的氏族社会完全没有的。但是现在我们却十分熟悉它了。随着文明时代的向前进展，甚至捐税也不够了；国家就发行期票，借债，即发行**公债**”①。如上所述，在现代国家中，国家行政组织的各种行政职能是与社会公共需要密切相关的，国家行政组织必须从社会产品中占有一部分资金满足各种社会公共需要。每当社会发展产生一种新的公共需要时，就需要对社会分配过程进行相应调整以满足这种需要。社会公共需要在不同的社会经济制度和经济发展阶段中是不断变化的。因此，识别和确定社会公共需要及其资金规模和比例是财务行政的一个重要问题，这一问题至今还未得到科学的解决。除此之外，满足社会公共需要不仅是财政问题，而且是政治问题。公众需要通过一定的政治程序和立法程序表达其对社会公共需要的意见，并且监督检查政府解决此类问题的财政计划和执行活动。

第三，财务行政是借助于货币的特殊职能实现的社会产品价值分配过程。在人类历史上，随着以自然经济为主的封建社会被以商品经济为主的资本主义社会所取代，社会产品的主要分配形式已由实物分配变为以货币收支实现的价值分配。国家行政组织借助于货币的支付手段、价值尺度等特殊职能采用多种形式进行价值分配，包括预算、税收、信贷、价格、利润分配、补贴等。公共产品或社会产品从价值形态上可分为三部分：一是生产资料耗费的补偿价值（C），二是劳动力再生产价值（V），三是剩余产品价值（M）。财务行政收入的来源或其靠政治权力等强制手段集中分配的对象主要是第三部分，即剩余产品价值，它通过剩余产品价值的分配有效地控制国民收入以至整个社会产品的分配。在不同性质的国家中，财务行政的宏观调控手段有所不同，主要有运用指令性计划进行的直接调控和运用价格调节、金融调节、财政调节等各种经济方法进行的间接调控两种类型。

在公共行政学的研究领域中，财务行政的概念和经济学、财政学领域相比有不同的侧重点。它以国家行政组织在社会经济活动中和财政活动中的特殊地位和职能为研究的出发点，着重于财政管理体制、财政政策、财务行政运行机制、重要的财务行政活动和宏观调控方法等方面的研究，把财务行政作为政府活动的一个组成部分加以考察。而经济学、财政学等学科则以整个社会的经济活动和财政活动为研究的出发点，把财政问题作为社会经济活动的一个组成部分加以考察，深入研究财政管理的范畴、原理、基本理论、具体过程

① 《马克思恩格斯全集》，中文1版，第21卷，195页，北京，人民出版社，1965。

等各个方面。可以说，财务行政概念既是公共行政学、经济学、财政学等不同的研究领域相互融合、交叉的部分，又是公共行政学研究国家行政组织行政职能及其作用的特殊部分。

11.1.2　财政收入和财政支出

财务行政主要包括两个内容：一是财政收入，二是财政支出。财务行政的实际运行过程相应分为两个阶段：财政收入是其初始或第一阶段，它是国家凭借政治权力或生产资料所有权通过一定计划和执行手段占有一定量的公共产品的过程；财政支出是其第二阶段，是国家根据社会公共需要对集中起来的公共产品价值按不同用途进行分配的过程。财政收入和财政支出是财政理论的重要概念，一般的财政理论均把它们直接描述为财政过程的两个阶段。需要指出的是，行政学的财务行政研究和财政学、经济学研究的不同点在于，它把财务行政作为国家行政组织或政府活动的一个组成部分或一项职能来考察，其重点不在于对财政收支的形式、规模、结构及各种财政活动本身进行详尽分析，而偏重于对财政收支的管理活动，即对其计划和执行活动以及所涉及的政策和制度——进行分析和研究。

1. 财政收入

如上所述，财政收入的主要来源是剩余产品价值（M）。从量的方面看，其可表示为一定数量的货币收入；从质的方面看，它则是特定社会中的财政分配关系的具体体现。财政收入从形式上可以分为税收、企业收入、债务收入、其他收入几种类型。我国财政统计分析经常采用这种分类方法。税收是财政收入的主体形式。财政收入从来源上可以分为国营经济收入、集体经济收入、中外合营经济收入、私营经济或外商独资经济收入、个体经济收入等。如果以部门结构为标准，可以分为工业部门和农业部门收入，轻工业部门和重工业部门收入，生产部门和流通部门收入，第一产业部门、第二产业部门和第三产业部门收入等。除此之外，财政收入的分类还有经常收入和临时收入、强制性收入和自由收入、公营经济收入和私营经济收入等多种划分方法。这些方法可以从不同角度研究财务行政的实际运行过程。

财政收入阶段集中反映了国家、企业、个人（或家庭）等分配主体之间的关系，政府主要以利税形式从企业和居民个人取得收入，这种分配关系是在企业和劳动者之间支付或领取个人劳动报酬的分配活动基础上完成的。除此之外，政府还可以采用国家信用形式从国内、国外借款，作为财政收入的补充部分。其特点是政府为债务人或债权人以国债等信用形式筹集财政收入和运用财政支出。财政收入与政府能力的强弱有着密切的关系。

2. 财政支出

财政支出是财务行政过程的第二阶段，它虽然是在财政收入的基础上进行的，但却并不能因此而忽视其重要性。从某种意义上说，政府在控制社会经济活动、扩大社会再生产、调节社会协调发展等方面的制约作用和主动性主要表现在财政支出方面。财政支出和财政收入一样，也有多种分类方法。

第一，按用途分类。此类方法较为普遍，划分类型也多种多样，如有的将财政支出划分为国防支出、外交支出、司法支出、教育支出、经济建设支出和医疗保健支出 6 类；有的划分为 11 类。我国财政支出在此方面分为基本建设支出、流动资金、挖潜改造资金和科技三项费用（新产品试制费、中间试验费、重要科学研究补助费）、地质勘探费、工交商各部门事业费、支援农村生产支出和各项农业事业费、文科卫事业费、抚恤和社会福利救济费、国防费、行政管理费、债务支出、价格补贴支出等29类。

第二，按国家职能分类。我国依据国家职能的区别，将财政支出分为经济建设费（包括用于基本建设、挖潜改造、科技三项费用、简易建筑、地质勘探、工交商各部门事业费、支援农村生产、城市维护、国家物资储备、城镇青年就业经费等项支出）、社会文教费（包括用于科教文卫、出版、通信、广播、文物、体育、地震、海洋、计划生育等方面的经费等项支出）、国防费（包括各种武器和军事设备、军事人员给养、军事科研、对外军事援助、民兵建设、实行兵役制的公安、边防、武警和消防队伍建设、防空等项经费的支出）、行政管理费（包括用于国家行政机关、事业单位、公安机关、司法检察机关、驻外机构的各种经费支出）、债务支出（包括归还由政府直接出面借入的国内外资金、发行的各类债券的本金和利息的支出）、其他支出六类。

第三，按经济性质分类。可分为购买支出和转移支出两类，其划分以财政支出是否与商品和劳务相交换为标准。前者如政府各部门的事业费和投资拨款，政府通过付出资金购得实现国家各种职能所需要的商品与劳务；后者如补助支出、捐赠支出和债务利息支出等，它们直接表现为无偿的、单方面的转移。

第四，按和物质生产的关系划分。可分为生产性支出和非生产性支出，生产性支出包括生产性积累和补偿性支出；非生产性支出包括消费支出和非生产积累。

第五，按社会性质划分可分为经济建设支出、社会文教事业支出、行政管理支出和国防支出四类。

研究财政收入和财政支出的分类有助于了解现行的社会分配关系和财务行政的实际过程，分析政府宏观调控的社会作用，合理安排各项收支的比例关系，搞好国民经济综合平衡并使各项费用的使用收到最大的经济效果。在财务行政的宏观调控方面，财政收入和财政支出分别在国民收入中所占的比重及其相互间的关系是一个极为重要的问题。我们将在本章第四节展开论述。

11.1.3 财务行政的职能

财务行政是公共行政的经济职能的重要组成部分，它是社会经济关系、经济政策、经济制度的综合反映。作为一种分配范畴，它体现在社会生产和再生产过程中生产、流通、分配、消费四个基本环节的内在联系；作为治理社会、调控社会经济的手段，它对政府如何有效地履行公共行政的各种职能具有十分重要的影响。财务行政总的说来是合理调节财政收入和财政支出两个方面。其通过税收、发行公债、缴纳利润等形式筹集资金获得财政收入，并通过拨款、投资、补贴等财政支出的形式供应资金，以控制和调节社会生产、流通、分配、消费过程及政治经济活动。具体说来，财务行政主要有以下四种职能：

1. 筹集资金

为维持和巩固国家机器的存在、运行并发挥其在社会政治和经济生活中的控制、支配和调节作用，政府凭借政治权力在社会产品集中分配过程中无偿占有一定的社会资金。国家政权机构表面上虽然是公共权力的化身，但是在阶级社会中，其本质上是阶级统治的工具。“赋税是官僚、军队、教士和宫廷的生活源泉，一句话，它是行政权力整个机构的生活源泉。强有力的政府和繁重的赋税是同一个概念。”① 包括国家行政组织在内的国家政权机构本身并不创造物质财富，只能依靠行政权力从社会分配中强制性地集中一部分公共产品维持其自身的存在。财务行政是从氏族制度潜在发展的分配形式中游离出来的特殊的社会分配方式，它强化了国家政权机构的特殊地位和权力，这一职能本身在此过程中亦不断得到强化。

2. 配置资源

配置资源即国家行政组织凭借其掌握的权力，通过资金、财力的分配，按轻重缓急顺序满足社会各种公共需要，并引导社会人力和物力的流向，形成一定的资产结构和产业结构。在生产力水平十分低下的原始社会中，已经出现了某种形式的公有财产用来满足一定公共事务和公共活动的需要。即使在阶级社会中，为了加强阶级统治，维持社会稳定，促进经济发展，财政收入的很大一部分必须有计划地用于满足工农业发展、水利、交通、运输、文化教育、体育、邮政、能源等各种公共设施和公共事务的需要配置资源，要求政府通过各种财政政策和规定利用有限资源解决重要的社会经济问题，满足急需的社会公共需要，要求优化资源配置目标，合理确定投资项目和规模以及各种分配比例，注重资金利用率和经济效益。不同的社会经济制度和经济发展阶段有不同的社会经济目标和社会公共需要，随着现代社会物质文明和精神文明的迅速发展及公民纳税意识的提高，财务行政这一职能不仅日益强化，而且将更大程度地受到法律和社会舆论的监督。

3. 调节分配关系

调节分配关系即调节社会中的各分配主体间的物质利益关系，在实现合理分配目标的基础上形成较稳定的社会分配制度。分配主体是指分配过程的参与者，这是一个相对的概念，可以按照不同的分配范围和分配过程分为下列三种情况：

第一，社会分配过程。在社会主义经济中，这一过程的分配主体可以简单地归结为国家、企业和个人（或家庭）三种基本类型。实际上，根据不同标准还可以将它们作更细致的分类。例如，在我国改革开放的新形势下，企业可以进一步划分为国有企业、集体企业、私营企业、联营企业、股份制企业和外资企业等。

第二，中央政府和地方政府间的分配过程。其中的分配主体可以简单地归结为中央政府和地方政府两种类型，而地方政府实际上还可以根据不同管理层次和管辖范围作进一步的划分。

第三，各级政府内部的分配过程。这一过程中的分配主体是构成政府的同一层次上的各个部门，它们也需要一定的分配机制调节相互间的物质利益关系。由于各分配主体的不同利益要求、分配行为和分配目标，在不同的分配过程中就会有不同的分配方法和分配体制。在上述三种分配过程中，国家和企业或个人之间的物质利益关系是最主要的社会分配关系，其他的两种过程则属于政府内部的分配过程。整个社会的物质利益分配过程是通过预算、决算、税收、信贷和投资等一系列的财务行政活动和财务管理体制来实现的。

---

① 《马克思恩格斯全集》，中文 1 版，第 8 卷，221 页，北京，人民出版社，1961。

4. 宏观调控

宏观调控指国家通过财政的直接调控或宏观调控手段保证社会经济的稳定和增长。财务行政的前三项职能都与这一职能密切相关。经济稳定一般包括充分就业、物价水平稳定和国际收支平衡三个方面。经济稳定和经济增长的目标集中体现为社会总需求和社会总供给的平衡，这是财务行政对社会经济进行宏观调控的根本任务。政府需要在一定的行政管理体制下，运用各种财政政策和财政手段，通过有目的、有计划、集中性的收支活动和财务活动，在力求财政收支、信贷收支、外汇收支和物资供求之间进行综合平衡的基础上保持社会总供给的大体平衡，在经济出现过“热”或较“冷”时进行主动调节，以实现社会经济持续稳定的增长。

11.2 国家预算

国家预算是调整财政收支的重要控制手段，在财务行政领域有举足轻重的影响。国家预算的编制、执行以及国家决算是财务行政的重要工作，是财务行政职能的最明显的体现。

11.2.1 国家预算的概念

一方面，国家预算是政府的财政收支计划，它具体规定计划年度内国家财政收支指标及其平衡状况，反映政府活动的范围、方向和政策，是政府有计划地集中和分配资金，调节社会经济生活的主要的财政手段和财政机制。另一方面，国家预算是国家的重要立法文件，它必须由政府提交国家权力机关审批后方能生效和执行，体现国家权力机构和全体公民对政府活动的制约和监督，是公共行政的权力制衡机制。

现代国家预算制度是在欧洲新兴资产阶级与封建君主争夺国家财政权的过程中产生的，最早于17世纪末产生于资本主义发展最早、议会制度的形成也最早的英国。新兴资产阶级利用议会批准预算的形式限制封建君主的课税权、财政资金支配权和皇室年俸等财政特权，同时用于满足国家政权集中化过程中扩大行政机关、建立常备军、修建公共设施等的资金需求。欧美其他资本主义国家一般是在18世纪、19世纪建立了资产阶级政权之后才形成国家预算制度的，国家预算此时已成为控制政府财政收支的经济手段和限制公共行政官员的管理手段。

美国公共行政学家尼古拉斯·亨利曾把美国国家预算的发展分为七个阶段。①

（1）传统或分项预算（1921—1939）。强调控制定位，“根据每个项目的支出简单地配置资源”。

（2）绩效预算（1940—1964）。也叫“规划预算”，“它以运作和项目来编制预算，并以特定的预算数额把运作和项目的绩效标准联系在一起。强调的是管理定位”。

（3）计划规划预算（1965—1971）。用于提高政府效率和效果的资源分配系统，“通过

① 参见［美］尼古拉斯·亨利：《公共行政与公共事务》，385～395页。

建立长期规划目标，分析达到这些目标的可选择方案的成本和效益，并且准确地把规划表达为预算和立法申请建议以及长期的预算”。

(4) 目标管理预算（1972—1977）。强调预算的分权化，它和计划规划预算一样，重视投入、产出以及效果，但并不一定重视备选方案，通过目标管理过程，“组织成员根据期待的工作成果，参与组织目标和目的的设定，并且依照组织目标和目的的实现程度来配置资源”。

(5) 零基预算（1977—1980）。“是各机构资源的一种配置，这种分配，乃是根据各机构的定期重新评估其所负责的全部项目，并且提出各机构每一个项目的继续或中断的理由。”强调将项目的优先性分等级。

(6) 自上而下预算（1980—1990）。强调预算的集权化及其立法的控制，“是一种将政府的岁入分配给各机构的方法”，与各机构向预算主管呈报预算请求的传统预算过程不同，强调将预算管理授权给各机构主管，由其在中央决定的支出限额范围内，决定各机构的支出限额。

(7) 结果导向预算（1994 年至今）。强调将政府再造运动的价值纳入预算体制，将预算分配与绩效测评结合起来进行。

这些阶段基本可以反映西方国家预算制度的不断完善和预算目标及方法的变化发展过程。我国自周朝以来，除秦朝还无据可考外，历代封建王朝为维持庞大的中央政权都建立了中央财会制度并已有一定形式的预算。但直至清朝末年，才开始形成现代形式的国家预算制度。新中国成立后，政务院于 1951 年正式颁发《预算决算暂行条例》，标志着我国现代国家预算制度的建立。

国家预算既是政府的财政收支计划，又是国家的重要立法文件，这一性质决定了它在政府活动和社会经济生活中举足轻重的作用，主要表现在：(1) 有计划地通过财政收入为国家筹集大量的财政资金；(2) 有计划地通过财政支出合理安排社会经济活动，分配公共产品满足社会公共需要；(3) 利用国家预算的审批程序检查、监督政府的行政效果和经济活动；(4) 通过执行国家预算促使各级政府、国民经济各部门、各地区、各企事业单位遵守国家的经济计划和财政制度，保证整个社会经济活动的协调发展。

国家预算最基本的问题是安排计划表格和确定计划指标（数字），前者通常称为国家预算的形式，后者则是国家预算的内容。国家预算的种类主要根据其形式和内容划分，按形式可分为单式预算和复式预算。单式预算指国家财政收支计划通过统一的一个计划表格来表示。最早出现的国家预算较为简单，曾有人称为政府收支一览表，通过一个计划表格表示政府的财政收支计划，在相当长的时期内世界各国实行的都是这种单式预算。复式预算指国家财政计划通过两个以上的计划表格来反映，20 世纪初，丹麦、瑞典等国将政府财政收支按经济性质差异分别编为两个收支表，最早采用复式预算形式。现在，世界上大多数发达国家都实行复式预算，一些发展中国家也在准备进行由单式预算转为复式预算的变革。国家预算按内容可分为增量预算和零基预算。增量预算指财政收支计划指标是在以前财政年度的基础上，按新的财政年度的经济发展情况调整之后确定的。零基预算指只是按新的财政年度经济发展情况确定财政收支计划指标，而不考虑以前的财政收支状况。我国的国家预算主要采用增量预算，同时在具体收支项目计划和核算上也采用零基预算方法。

国家预算的组成与国家政权结构和行政区域的划分相联系。由于有中央政府和地方政府的划分，国家预算相应地由中央预算和地方预算所组成。在我国，地方预算由省（直辖市、自治区、计划单列市）和县（市、自治县）预算所组成。现在世界上大多数国家都实行这种多级预算，有一级政府即有一级财政收支活动主体，也就有一级预算。与中央预算和地方预算有联系的概念是总预算和单位预算。一级政府的总预算不仅包括本级一般财政收支和特别预算，也包括下级政府的总预算，从而形成完整的国家预算体系。在我国，中央总预算由中央各部门的单位预算和企业财务收支计划组成；省总预算由本级各部门预算和企业财务收支计划以及县总预算构成；县总预算由本级各部门预算和企业财务收支计划组成。

11.2.2 国家预算的编制和审批

预算编制工作是整个预算工作程序的开始，它包括拟订、审查、汇总和批准国家预算收入、预算支出指标体系数字的全过程。国家预算编制工作由国家主管财政的行政机关负责进行，在我国即为中央人民政府财政部。国家预算的基本要求是当年预算收支平衡。国家预算的原则是公开、可靠、统一、完整和年度性。预算编制工作必须遵循这些原则，不得虚列收入，支出分配没有“缺口”，量力而行，避免出现结余过多或赤字预算的情况。

各国的预算编制和实现，基本上以一年时间（365 天）为限，它是指预算收支起讫的有效期限，即所谓预算年度。许多国家的预算年度采用历年制，即从当年 1 月 1 日至 12 月 31 日止，如中国、法国、瑞士、苏联等。有的国家采用跨年制（或称跨年制），如英国、日本等国家的预算年度从当年 4 月 1 日起至次年 3 月 31 日止，意大利从当年 7 月 1 日起至次年 6 月 30 日止，美国从当年 10 月 1 日起至次年 9 月 30 日止，等等。国家预算编制工作必须在预算年度开始前完成。

国家预算编制概括起来说大体经过下列几个上下反复的过程：

第一，国家预算编制的准备工作。一般在预算年度开始前的几个月内进行。工作内容包括：(1) 预计和分析报告年度预算已实际执行的和即将完成的收支数额情况。(2) 拟订计划年度预算控制指标。主要依据是报告年度预算预计执行情况，计划年度国民经济和社会发展计划的主要控制指标，长期财政计划中有关的各项收支数字，影响计划年预算收支的各种因素，各部门、各地区的有关意见，历年预算收支统计资料等。(3) 颁发编制国家预算草案的指示和具体规定。编制国家预算草案的指示，通常以国务院的名义下达，内容包括编制预算的方针和任务；编制各项主要预算收支计划的具体要求；各级财政之间预算收支的划分和地方机动财力的使用范围；预算编制方法、程序、报送份数和报送时间等。财政部则根据国务院的指示精神，颁发编制各级预算草案的具体规定，如《关于编制预算草案若干具体问题的规定》等。(4) 修订国家预算收支科目和预算表格，如收支总表、预算收支明细表、预算收支明细核算表、基本数字表等。

第二，测算国家预算控制指标。各部门、各地区遵照有关指示和规定，结合本部门、本地区计划年度的工作任务、业务计划及经济事业发展情况，提出预算收支建议数，经过层层上报、审查和汇编，形成各省、自治区、直辖市和中央各主管部门的预算收支建议数，并上报财政部。财政部在此基础上，根据国家的方针政策、国民经济计划指标，通盘考虑全国预算资金的需要与可能，拟定预算收支控制指标，经国务院批准下达，并由各部门、各地区层层逐级下达。

第三，编制国家预算草案。各部门、各地区根据财政部下达的收支控制指标，自下而上地编制本部门和本地区的单位预算草案、财务收支计划草案和总预算草案，逐步汇总上报到财政部。财政部经过严格审核后即可汇编国家预算草案。

第四，审批国家预算。国家预算草案必须经过法律程序批准通过后方能执行。国家预算的批准权属于立法机构，在我国即为各级人民代表大会。我国宪法规定，国务院“编制和执行国民经济和社会发展计划和国家预算”，全国人民代表大会“审查和批准国家的预算和预算执行情况的报告”，“县级以上的地方各级人民代表大会审查和批准本行政区域内的国民经济和社会发展计划、预算以及它们的执行情况的报告”。按此规定，财政部汇编完成国家预算草案后，先要经国务院审查通过，然后再报请全国人民代表大会批准。经国家立法机构批准后的国家预算，即成为正式的国家预算。

11.2.3　国家预算的执行

国家预算经国家立法机关批准通过后，即具有强制执行的法律效力。国家预算的执行是预算年度内实现国家预算收支任务的重要工作，无疑是由国家行政组织负责完成的。在我国，国家预算的执行机关是国务院和地方各级人民政府。国务院起领导作用，全面负责国家预算的组织执行，地方各级人民政府负责本地区总预算的组织执行。国家预算的具体执行部门是各级财政部门。财政部对国务院负责，在国务院领导下，一方面执行中央预算，另一方面指导地方预算的执行工作。地方各级财政部门对地方各级人民政府负责，在地方各级人民政府的领导下具体组织管理本级预算的执行，如拨款、征税、收缴款等。另外，参与预算执行的还有许多专职机关，如税务机关、海关、中国人民银行和各专业银行等，它们都是执行国家预算的重要的收入机关和支出机关。

国家预算的执行原则是统一领导、分级管理、明确分工、密切合作。在国家预算执行过程中，一切收入都要集中上缴国库，一切支出由国库集中拨付。国家预算的执行是按计划完成的，其执行计划一般采用季度收支计划的形式，在每季开始前编制，它和国家预算的关系是短期计划和长期计划之间的关系，是年度预算的短期安排。国家预算执行任务主要包括下列三个方面：

第一，组织预算收入的执行。实现预算收入是实现财政收入的重要步骤，是合理调整社会分配关系的前提条件，因此这是预算执行的首要任务。它要求各部门、各地区、各执行机关严格按国家税法和其他收入法规以及执行计划及时、足额地完成国家预算的收入任务并缴纳入库。预算收入的缴库方式有三种：就地缴库、集中缴库和自收汇缴。预算收入的来源可分为税收和非税收入，根据有关规定分别由各级财政部门、税务部门、海关等执行机关执行。

第二，组织预算支出的执行。预算支出的执行是财政支出的重要内容，是财政部门、上级主管部门、银行和国家金库通过国家规定的办法向用款单位进行预算资金分配的活动。它要求按照国家预算项目和金额，考虑支出用途及业务工作计划和进度，遵循各项拨款原则，及时合理地拨付资金，并随时检查和分析支出的执行情况。

第三，组织预算收支的平衡。在整个预算执行过程中，预算收支经常会出现不平衡的情况，需要财政部门及时进行适当的预算调整，重新组织预算新的平衡。影响预算平衡的因素很多，首先，预算本身是预测性的，尽管采用了各种科学的预算测算办法，如系数法、比例法、定额法、基数法、综合法等，但预算结果和实际执行情况总会存在一定差距。其次，在执行过程中，常会出现许多编制预算时难以事先考虑的因素，如发生重大意外事件、经济政策调整、财政制度改革或国民收入的其他分配形式变化等情况，引起收支规模及其结构发生变动，为求得新的平衡需要进行相应调整。预算调整有全面性调整和局部性调整两种形式。全面性调整在性质上近似于重新编制一次国家预算，需要报中央政府和国家立法机构审批。局部性调整是预算调整的主要形式，常用的方法主要有：预算支出科目间的流用、动用预备费、预算的追加或追减、预算隶属关系的划转等。

国家预算的执行过程同时也是预算的监督检查过程。它要求：（1）制定组织预算收支的各项规章制度，检查和监督各级执行机关和财政部门的贯彻执行情况；（2）各单位必须建立健全内部经济责任制，按规定合理使用预算资金和上缴预算收入；（3）进行财政检查监督，对违纪违法、执行不力或滥用预算资金造成损失浪费的单位和个人，追究经济和法律责任；（4）定期进行预算分析，了解和掌握预算收支完成程度、工作进度、财经政策影响、预算、信贷、外汇、物资之间的相互平衡关系等，查明可能出现的超收短收、超支节支等收支不平衡情况的原因，及时提出可行的预算调整措施。

11.2.4 国家决算

国家决算是国家预算执行的总结，它与国家预算处于执行过程的两端，一个反映了预算执行过程的起点和根据，一个反映了预算执行过程的终点和结果。国家预算是国家各种政策的集中体现，是对预算年度收支规模、结构和各种比例关系的总的估算，国家决算则是国家各种政策和国家预算执行后真实效果和真实规模的集中反映，并且是重新制定国家财经政策和国家预算的重要依据。国家决算的编制与国家预算的编制和执行是一个统一的、完整的过程。因此，国家决算和国家预算在形式与内容上基本上是相互对应、相互衔接的。

第一，国家决算的原则和时间要求与国家预算相一致，它同样要求公开、可靠、统一、完整和年度性。决算数字不准确、不完整、报送不及时，不仅会混淆对预算执行年度财政收支情况真实性的了解，而且会影响财经计划、政策和新的国家预算的制定。为了保证国家决算的统一性和正确性，必须严格划清预算执行的截止日期。通常采用两种方法：其一，收付实现制，规定预算年度结束当天为截止期。我国采用的即是这种方法，与实行从1月1日起到12月31日止的历年制的预算年度相一致，每年12月31日即为预算执行的截止期。国家决算的收支均按年度收付实现数编制，12月31日以后发生的收支，一律记入下年度预算的账户上，不得列入本年度的决算。这种方法的优点是可以保证年度决算的及时编制、上报和汇总，有利于预算管理。而缺点是有时不能完全反映预算年度内的一切财政收支。其二，权责发生制，在预算年度结束后延长一段时间，将截止期延长到新的预算年度内。对于实行历年制预算年度的国家来说，即不把每年的12月31日作为预算执行的截止期，而是适当地把截止期延长一段时间，以较全面反映预算年度内的一切财政收支，但由于在延长的时间内要同时执行两个预算，预决算过程较复杂，并且时间性、年度性不如第一种方法。

第二，国家决算的组成与国家预算相一致。国家决算由中央级决算和地方总决算组成。有一级财政，就要编制一级独立的预算，相应要编制一级独立的决算。各种决算按其隶属关系，下级决算必须包括在上级总决算中，地方总决算必须包括在国家决算中。

第三，国家决算的结构与国家预算结构相一致。国家决算的目的是全面总结和检验国家预算的实际效果和执行结果：一方面，它是在国家预算的基础上进行的；另一方面，它要求便于检查和分析比较。因此，决算使用的科目必须和预算使用的科目协调一致。同时，各单位、各部门、各地区决算的主要项目的内容也应和预算相一致。

第四，国家决算的编制和审批程序与国家预算相一致。国家决算的编制和审批大体经过下列几个过程：(1) 准备工作。主要包括：每年第四季度由财政部拟定和颁发《国家财政决算编审工作的通知》，提出决算的具体要求、方法、报送期限和份数；执行预算单位进行年终清理，对预算收支、会计账目、财产物资等进行全面核对、清查和结算；修订和下达决算表格；等。(2) 单位决算编制，包括企业的财务决算和行政事业单位的单位决算。(3) 地方总决算的编制。各级地方总决算是各级地方总预算执行的结果。首先由市、县等地方财务部门根据有关的单位决算和财务决算，汇编本地区总决算，并报省（自治区、直辖市）财政部门审查。经层层审查、汇总，形成省（自治区、直辖市）总决算，同时编写决算说明书，由同级人民政府审查通过后上报财政部审查。(4) 国家决算的编制和审批。国家决算由财政部负责编制，财政部在汇编中央级总决算和地方财政总决算的基础上汇编国家决算，同时编写决算说明书。在此期间，财政部对中央各主管部门和省（自治区、直辖市）上报的决算必须进行政策性和技术性的审查。国家决算的审查和批准程序同计划年度国家预算的审批程序基本相同。财政部经过逐级审核汇总编成的国家决算需报国务院审查。国务院对国家决算讨论通过后，再提请全国人民代表大会审查批准。

11.3　税收制度

税收是国家参与社会产品分配、组织财政收入和预算收入的重要手段，同时又是国家直接掌握的调节社会经济活动的杠杆。建立健全完整的税收体系和税收制度，是财务行政的重要职责。

11.3.1　税收和税收制度

税收是与财务行政运行过程和国家预算执行过程密不可分的重要范畴。税收是国家财政收入的主要形式，是国家参与并调节国民收入分配、执行国家预算、积累社会资金的重要手段。

税收实质上是国家凭借政治权力为实现其职能无偿取得财政收入的一种手段。它与国家的产生和发展是同时并存的。国家公共权力的出现为税收的产生提供了政治条件，而剩余产品和私有制的出现则为税收的产生提供了经济条件。税收反映了国家和不同所有者之间的经济关系和分配关系。一般来说，税收在形式上具有区别于其他财政收入的三方面的特征。

第一，强制性。指税收是国家凭借政治权力，通过颁布法令收缴的而非由纳税人自愿缴纳，不允许任何单位和个人违抗，否则将受到法律制裁。在现代社会中，税收的强制性主要表现在国家用法律形式规定纳税人必须按照法令履行其纳税的义务并由税务机关根据法律规定和处罚条例负责执行。税收的强制性并不是说明国家可凭借政治权力无限占有社会公共产品，法律形式本身对国家的政治权力也有一定限制。在纳税人自觉守法的情况下，税收的强制性是相对的而不是绝对的。

第二，无偿性。指国家征税以后，税款即为国家所有，既不需要直接返还，也不需要对纳税人付出任何报酬。需要指出的是，税收的无偿性同样也是相对的，它仅指国家对具体纳税人没有直接的偿还关系。税收的无偿性应同税收的用途联系起来整体考察。在阶级社会中，税收本质上为统治阶级的利益服务。但在法律制度较为完善的国家中，纳税人对政府税收在履行公共行政职能和满足社会公共需要的用途方面有一定的监督作用。特别是在社会主义国家中，税收更具有“取之于民，用之于民”的性质。

第三，固定性。指课税对象及其征税比例（或征税数额）都是以法律形式事先规定的，并且较为稳定。只要纳税人取得应纳税的收入或发生应纳税的行为，就要按税法规定的固定比例纳税，不受其他客观因素的影响。税收的固定性也不是绝对的，因为税收标准将会随着社会经济条件的变化而改动，只具有相对的稳定性。

税收的强制性、无偿性和固定性靠税收制度来保证。税收制度简称税制，从不同的角度出发对它可以有不同的理解，例如，“税收制度是国家各种税收法令和征收管理办法的总称”；“税收制度是国家按一定政策原则组成的税收体系，其核心是主体税种的选择和各税种的搭配问题”；“（税收制度）是指一定时期设置哪些税种，为每个税种制定的税法或条例”；“（税收制度）是指具有法律效力和行政约束力的各种税收法规、条例、试行办法、实施细则以及税收管理体制、税收征收管理制度等的总称”。从财务行政的角度看，最后一种提法的含义较为适合。税收制度的建立和实施既和国家立法机关有关，也和国家行政机关有关，它是一种通过立法程序建立的、严格按有关法律执行的、特殊的财务行政制度。

税收制度在社会经济活动中具有十分重要的作用。(1) 税收制度是国家财政收入和预算收入的重要保证。由于税收的强制性、无偿性和固定性的特点，税收制度是国家财政收入和预算收入较稳定的来源。(2) 税收制度是国家向纳税人征税的法律依据。税收制度以各种税收法规、条例等形式对纳税人（由谁纳税）、课税对象（对什么征税）、课税标准和税率（征收多少）等做了具体规定，不仅有助于提高纳税意识，而且可以强有力地约束纳税行为。(3) 税收制度是调整分配关系的手段。国家通过商品课税、所得课税、财产课税等征税形式有意识地调整国家和不同所有制纳税人之间的分配关系。(4) 税收制度是贯彻执行国家财经计划和财经政策的重要保证。国家财经计划和财经政策是建立税收制度的基础，税收制度则是国家财经计划和财经政策的具体体现和强有力的执行工具。(5) 税收制度可以从法律上维护国家主权和经济利益。在国际经济贸易活动中，涉外税收制度在维护本国经济利益、保护本国经济发展、参与国家经济利益分配并从中取得一定税收收入方面有十分重要的作用。

11.3.2 税收分类

各国的税收制度是由不同的税类和税种组成的。税收制度由一个税类或少数税种构成的称为单一税制，如单一的消费税、单一的土地税、单一的财产税等。税收制度由多种税类的多个税种组成的复杂的税收体系称为复合税制。由于单一税制难以适合复杂的社会财经状况，不能有效地筹集财政收入和起到调节社会经济的杠杆作用，所以世界各国普遍实行复合税制。

尽管各国的税收制度组成多种多样，但可以从课税对象、课税标准等不同角度对税收作不同分类，这是研究和建设税收制度的重要前提。下面归纳的是一些常见的税收分类方法及其分类。

1. 两类说

两类说即按不同标准，把税收分为两种类型。典型的有下列几种：

（1）直接税和间接税。这是最古老的一种分类方法，如我国古代的“口赋”、“算赋”、“更赋”等对人课征的税种和“田赋”、“马口钱”、“间架税”等对物课征的税种都属于最早的直接税，而“关市之赋”、盐税、茶税、渔税和西方国家的市场税、入市税等则属于最早的间接税。直接税和间接税的划分曾有过不同的标准，如税源的稳定与否、课征对象、税负能否转嫁等。按照现在的划分标准，凡是由纳税人直接负担，税负不能转嫁的税种属于直接税，如所得税和财产税等；凡是税负能够转嫁的税种，即纳税人能将税负转嫁给他人负担的税种属于间接税，如商品课税、销售税、消费税、增值税等。在人类社会早期，人头税、户税、房屋税、田亩税等直接税是税制的主体。随着商品经济的发展，商品课税形式的间接税逐步成为税制的主体。到了现代社会，现代直接税——所得税和财产税——又取而代之成为主体税种。这种变化表现出税收制度的不同发展阶段。

（2）从量税与从价税。这是按照课税标准划分的。计税方法按课税对象的数量、重量、容量或体积计算的税种称为从量税，如资源税、车船税、土地使用税等。其税额随课税对象数量的变化而变化，计算简便，但如果不分等定税或分等过粗，税负水平固定则不尽合理，因而只有少数税种采用这种计价方法。计价方法按课税对象的价格计算的税种称为从价税，如增值税、营业税、关税等。其税额随课税对象价格的变化而变化。比较而言，从价税比从量税更适应商品经济的要求，税收负担比较合理，因而大部分税种都采用从价税的计价方法。

（3）价内税与价外税。以税收与价格的关系为标准划分。凡税金构成价格组成部分的，称为价内税，顾客购物时不用另付税金。凡税金作为价格之外附加的，称为价外税，顾客购物时按商品价格的比例另付税金。价内税的计税依据称为含税价格，价外税的计税依据称为不含税价格。价外税比价内税更容易转嫁和控制，有利于增强消费者的纳税意识。价内税课征的重点为厂家或生产者，价外税课征的重点是消费者。西方国家的消费税大都采用价外税方式。我国的商品课税以价内税为主，但近年来也开始在部分税种如烧油特别税上试行价外税。

（4）中央税与地方税。按税种的隶属关系或税收收入的归属权划分。顾名思义，由中央政府开征的或收入划归中央政府的税种是中央税，由地方政府开征或收入划归地方政府的税种是地方税，二者之间的关系与国家在政治和经济上实行的分级管理体制相联系。有些国家的地方政府拥有税收立法权，可以自行设立税种和征税；有些国家的税种由中央政府统一设立，但划出一部分税种归地方管理和征收；有些国家设立中央地方共享税，这种分类方法亦可归入三类说，其收入由中央和地方按一定比例分成。我国长期实行统一领导、分级管理的预算体制，绝大部分税收收入和立法权集中于中央。1994 年 1 月 1 日起在全国全面实施分税制，按照税种统一划分中央税、地方税和中央地方共享税，并设立中央税收和地方税收体系，分设中央与地方两套税务机构分别征管。

（5）其他分类方法。依据不同标准，两类说还有其他一些分类方法，如实物税和货币税、一般税和目的税、普通税和特别税、定率税和摊派税（或称配赋税）等。

2. 三类说

三类说即按照课税对象的性质将各税种分为商品课税、所得课税和财产课税，这是一种可反映税制实际结构的分类方法。西方经济学家常运用这种方法。商品课税指所有以商品为征税对象的税类，如产品税、营业税、增值税、消费税、关税等。由于其主要对象是消费品或劳务，而且是在流通过程中征收的，称为消费课税或流转课税。其特征是以商品交换并形成销售收入为前提，课征普遍，以商品和非商品的流转额为计税依据，实行比例税率和计征简便。所得课税指以所得额为征税对象的税类，分为企业（公司）所得税和个人所得税两类。在我国有国有企业所得税、集体企业所得税、私营企业所得税、城乡个体工商业户所得税、中外合资经营企业所得税、外国企业所得税、个人所得税和个人收入调节税等。在西方国家中，社会保险税、利得税、收益税等也划入此类。其特征是课税公平，一般不存在重复征税问题，有利于维护国家的经济权益和课税有弹性。财产课税指以各类动产和不动产为征税对象的税类，是对纳税人所有的财产课征的税，可分为一般财产税和个别财产税或动态财产税和静态财产税，如财富税、遗产税、赠与税、动产税、不动产税等。我国由于个人拥有财产的种类较少，只有房产税、车船税、财产与赠与税等少量税种。在自然资源为国家所有的国家中，与财产课税并列的有资源课税，是对自然资源开发或受益者课征的，如资源税、盐税、土地使用税、耕地占用税等，很多国家的自然资源为私人拥有，这些国家只有财产税而没有资源税。在我国，土地、矿山等自然资源为国家所有，资源课税是与财产课税并列的五大类税种之一。财产课税和资源课税的特征是课税较为公平，有利于促进社会节约和资源利用，课税不普遍，弹性较差。

3. 五类说

五类说即按课征对象将各税种分为流转税、增值税、收益税、财产税和行为税五大类。流转税指按商品或劳务买卖的流转额课征的税类，进一步可划分产品税（或货物税）和营业税，前者指对特定的产品（或货物）的销售额课征，后者指对营业行为所发生的营业额，而不是销售产品征税。流转税的特征是税额作为价格的组成部分，只与商品或劳务的流转额有直接依存关系，在税率和流转额不变的情况下，商品或劳务的成本变化不影响税额。增值税指按商品生产过程的增值额课征的税类，进一步可划分为生产型增值税、收入型增值税和消费型增值税。它是介乎流转税和收益税之间的一种特殊类型的税收。其特征是不存在重复征收的弊病，能适应经济结构的变化而不受影响，税收较稳定，税额不受流通环节增减的影响。收益税指按纳税人的收益额课征的税类。其特征是税额多少取决于收益的有无和多寡而不是商品或劳务的流转额，常常实行累进课征，在调节纳税人的收入方面具有特殊作用。财产税指按纳税人拥有和支配的财产课征的税类，可进一步划分为财产税、土地税、资源税、资金税等。其特征是不需要以商品交换为经济前提，可促进资金、自然资源的合理使用和节约。行为税指按某种特定行为课征的税类，可作进一步划分，如我国的烧油特别税、筵席税、奖金税、印花税、屠宰税、建筑税及某些国家的无子女和少子女税等。其特征是可有目的地调节或限制某种特定的经济行为和社会行为。

除此之外，还有其他一些五类说的划分方法，如我国现行税种按征税对象分类，可以分为所得课税、流转课税、资源课税、行为课税、财产课税五大类，其定义、特征和所属税种按照税法均有特定规定。上述介绍的只是一些最基本的分类方法，实际上，世界各国的税收制度是由许多不同的税种构成的，对各个税种有不同的法律规定和解释。而且同一个国家在不同时期的税种构成及其法律规定和解释也常常发生变化，如我国 1994 年进行的税制改革，将原有的 32 个税种，通过合并、调整、新增和取消，改变为 17 种，并相应作了新的规定和解释。

11.3.3　税收管理体制

根据上述定义，税收管理是税收制度的重要组成部分，同时也是财务行政的重要工作职能。税收管理体制是有关如何在中央和地方政府之间划分管理权限及如何进行税收管理的一种制度。由于各种税收法规、条例和具体规定的执行以及实际的税收管理工作是由各级政府组织实施的，所以合理划分各级政府的税收管理权限是完善税收制度、加强税收管理工作的重要问题。其要点是首先必须坚持“统一领导、分级管理”的原则，从法律上合理确定国家立法机构与国家行政机构以及中央政府与地方政府之间的从属关系和审批权限，在保证国家立法权、行政权的同时确立中央政府在税收管理工作中的主导地位。其次是给地方政府必要的税收管理权限，调动其组织税收的积极性，并使地方政府通过自己掌握的一部分税收权力对本地区的经济发展有一定的调控能力。最后是加强税收管理体制的法律效力，明确规定违反税收管理权限的处罚措施，有效处罚越权行事、各自为政或擅自变通税法的违法、违纪行为，维护国家税法的统一和完整。

税收管理权限一般包括下列内容：(1) 税法的制定和颁布权。指设置税种以及相应制定并颁发基本税收法规的权力。(2) 税法的解释权。指对已经制定并颁布的税收基本法规作出具体说明解释的权力。(3) 税种的开征与停征权。指对已经制定税法的税种何时将其税法付诸实施或对已经开征的税种何时停止其税法执行的权力。(4) 税目的增减与税率的调整权。指增加或减少课税品目以及调整课税对象或课税品目的税收负担的权力。(5) 减税、免税和加税权。指对纳税人减征或不征其应纳税款以及对其在应纳税款之外加征一部分税款的权力。

税收征收管理是与税收管理权限相联系的税收管理的重要部分，它是税务机关执行税收法规，实现税收计划，协调征纳关系，组织税款入库的一系列工作。其内容包括税务登记、账簿、凭证管理、纳税申报、税款征收和税务检查，通称为“管、征、查”。税收征收管理是由基层税务机关负责的，是财务行政的一项重要任务。如果没有强有力的税收征收管理工作，税收法规、税收制度、税收计划等都不能落到实处。为了做好税收征收管理工作，必须注意下列几个方面：

第一，不断完善税收制度。税收征收管理的原则是依法治税，应在法律基础上组织税收管理和税收征收工作，完善的税收制度是税收征收管理的法律保障。当税种、税目、纳税人、课税对象、课税标准、税率（税额）、起征点与免征额、课税基础、应纳税额、组成计税价格、申报纳税的要求和期限、纳税办法和程序、偷税、漏税处罚措施等都有明确的法律依据时，税收征收管理才能做到有法可依、有法必依。

第二，建立健全税收征收管理法规。征收机关征税是代表国家一方依法向纳税人进行税收的征收和管理，需要由国家统一制定法规。1986 年，国务院发布了《中华人民共和国税收征收管理暂行条例》，1992 年第七届全国人大常委会第二十七次会议通过《中华人民共和国税收征收管理法》，并于 1993 年 1 月 1 日起执行，使税收征收管理法规上升为国家法律。

第三，使税收征收管理工作制度化、规范化和科学化。税务机关需根据有关法律法规，制定对征纳双方都有约束力的具体的征收管理制度，明确规定税收征收管理的严格的程序和步骤，并逐步采用和推广计算机技术，提高税收征收管理的工作效率。

第四，建立严密的监控网络。税收征收工作本身要求进行严格的检查和监督，一方面防止和处罚偷税、漏税行为；另一方面约束税务人员依法治税，不以税谋私。

第五，加强税务人员队伍建设。各级税务人员是税收征收管理法规和制度的具体执行者，需要通过各种人事行政措施不断提高其政治、专业、文化等基本素质，遵守税收工作纪律，胜任税务工作。

第六，增强全民纳税意识。促使纳税人自觉纳税，是搞好税收征收管理工作的重要任务之一。在制定和执行具体的法律的同时，还应大力普及税法知识，加强税法教育，使人人知法，人人守法。有些国家还通过法律将纳税金额与领取退休金等个人利益联系起来，借以增强纳税意识。

1993 年 12 月，国务院在批转我国工商税制改革实施方案的通知中指出了我国税收征管制度改革的基本方向：（1）普遍建立纳税申报制度；（2）积极推行税务代理制度；（3）加速推进税收征管计算机化的进程；（4）建立严格的税务稽查制度；（5）适应实行分税制的需要，组建中央和地方两套税务机构；（6）确立适应社会主义市场经济需要的税收基本规范；（7）中央税和全国统一实行的地方税，立法权集中在中央；（8）加强税收法制建设，加快完成税收法律、法规的立法程序，逐步建立税收立法、司法和执法相互独立、相互制约的机制。

11.3.4 我国税制改革

我国税收制度是在进行社会主义建设和改革开放的过程中建立和不断完善的，其发展大体可分为下列七个历史阶段：

第一，1950 年建立新的税收制度。新中国成立后，为解决新老解放区税制不统一的矛盾，适应社会主义经济建设发展需要，中央人民政府于 1950 年 1 月颁布《关于全国税收的决定》的通令，1949年11月制定了《全国税收实施要则》并于1950年1月公布实施，建立全国统一税制。当时建立了农业税、货物税、工商业税、盐税、关税等15个税种。

第二，1953年首次税制改革。1953年为适应我国财经状况的好转和经济结构及经营方式的变化，根据“简化税制，保证税收”的精神对税制进行了修正，1952年12月31日在报纸上公布，1953年1月1日开始实施。主要是开征商品流通税，修订货物税和营业税，取消特种消费行为税等，修改后的税种为14种。

第三，1958年的税制改革。为适应1956年我国完成社会主义改造后社会经济结构由多种经济成分并存转变为基本单一的社会主义经济的新情况，按照“基本上在原税负基础上简化税制”的原则进行改革，1958年9月，经全国人民代表大会常务委员会审议通过并由国务院宣布。主要是实行工商统一税，建立工商所得税等，同时还对农业税制进行改革。经过简化合并，改革后的税种有11种。

第四，1973年的税制“简化”。“文化大革命”期间，在“左”的错误思想影响下，财政税收制度被视为“管、卡、压”的工具并因此以“简化”为主要原则进行了所谓的改革，1972年3月国务院批转财政部的《工商税条例（草案）》，1973年1月在全国试行。这实际上是对我国当时税收制度的破坏和摧残。其结果虽仍保持11种税种，但国有企业只需缴纳工商税一种税，集体企业只需缴纳工商税和工商所得税两种税，并且大大简化了税目和税率，限制了税收的范围和作用。

第五，1979年以后的税制重建和“利改税”改革。从1979年起，为适应我国改革开放的新形势，在不断完善税收制度的同时进行了多方面的改革。其主要内容包括：（1）利改税。把原来国有企业向国家上缴利润的办法改为征税的办法（1959年我国进行“税利合一”试点，实行“以利代税”），分“利税并存”和“以税代利”两步完成。（2）陆续开征或恢复了产品税、增值税、营业税、消费税、国有企业所得税、集体企业所得税、个人收入调节税、城乡房产税、车船使用税、土地使用税、资源税、中外合资经营企业所得税、外国企业所得税、国有企业奖金税等税种。（3）建立了涉外税收制度。（4）建立健全了所得课税制度，改革了流转课税制度和其他税收制度。由1950年开始的以商品课税为单一主体税种的税制初步建成以商品课税和所得课税为双主体的复税制等。截至1993年，我国建成了由36个税种组成的税收体系。

第六，1994年的新税制。国务院决定从1994年1月1日起在全国实行新税制，是新中国成立以来改革幅度最大的一次，是我国税收制度建设上的一个重要里程碑。在1979年税制改革后的36个税种中，关税以海关为收入机关，农（牧）业税、耕地占用税、契税以财政机关为收入机关，其余的32个税种以国家税务总局及其所属各级税务机关为收入机关，通称为工商税收，新税制的改革是在这一范围内进行的。这次改革的指导思想是统一税法、公平税负、简化税制、合理分权、理顺分配关系、规范分配方式、保障财政收入、建立符合社会主义市场经济体制要求的税制体系。其内容主要包括与实行分税制的财政体制改革相联系，调整税制结构、合理划分税种和确定税率；对流转税制、企业所得税制、个人所得税制和其他税种税制进行了较全面的改革；相应进行税收征收管理体制的改革。通过合并、调整、新增、取消后的税种，由原有的32种，改变为增值税、消费税、营业税、资源税、企业所得税、外商投资和外国企业所得税、个人所得税、土地增值税、城市维护建设税、房产税、车船税、印花税、遗产和赠与税、证券交易税、固定资产投资方向调节税、城乡土地使用税和屠宰税共17种。

第七，新世纪的税制改革。进入21世纪，我国税制改革方面的一项重大举措是农业税政策的调整。征收农业税的法律依据是1958年全国人民代表大会通过的《农业税条例》，根据党的十六届三中全会决定和中央农村工作会议精神，为进一步减轻农民负担，调动农民种粮积极性，保障粮食安全生产，促进全面建设小康社会，国家决定进一步调整农业税政策，继续推进农村税费改革。2004年4月6日，经国务院批准，财政部、农业部、国家税务总局联合下发《关于2004年降低农业税税率和在部分粮食生产区进行免征农业税改革试点有关问题的通知》，在吉林、黑龙江两省先行免征农业税改革试点；在河北省、内蒙古自治区等11个粮食生产省、区降低农业税税率3个百分点；其余地区总体上降低1个百分点；沿海及其他有条件的地区也可视地方财力情况进行免征农业税的试点。

2005年12月十届全国人大常委会第十九次会议通过了《关于废止〈中华人民共和国农业税条例〉的决定》。

2007年3月16日，十届全国人大五次会议审议通过了《企业所得税法》。11月28日，国务院常务会议原则通过了《企业所得税法实施条例（草案）》，在纳税人适用税率、税前扣除、优惠政策、征收管理等方面实现了统一平衡内外资企业所得税的负担，在纳税立付制度、税率制度、税基制度、税收优惠制度、反避税制度等方面进行了多项制度创新。

2013年11月，党的十八届三中全会通过了《中共中央关于全面深化改革若干重大问题的决定》对完善税收制度、推进增值税、消费税、个人所得税、房产税、资源税环境保护税等税种改革指明了方向。

11.4 财务行政和宏观调控

国家预算和税收制度都是财政管理体制的重要组成部分，它们通过建立健全财政管理体制才能构成有机联系的整体。财政管理体制是政府在财务行政过程中进行宏观调控的制度保证，其形式和内容与不同的政治制度和经济体制密切相关。财政政策对财务行政过程及财政管理体制的建设和改革有十分重要的影响，也需要对其有一个基本的了解。

11.4.1 财政管理体制和分税制

财政管理体制是规定国家财政管理原则和财政运行机制，明确划分各级政府之间以及国家与企事业单位之间收支范围及权限的一系列制度。它的实质是社会分配体制和政府进行宏观经济调控的运行机制。一方面，它是经济体制的重要组成部分；另一方面，它是政府履行财务行政职能的制度保证。

财政管理体制有广义和狭义之分。狭义的财政管理体制有三种不同的表述：（1）预算管理体制；（2）税收管理体制；（3）中央财政与地方财政分配关系或政府间的财政分配关系。这三种表述的内容和覆盖范围虽有某些区别，但其在主要点或基本点上是一致的。因为预算管理体制和税收管理体制本身是相互联系的，并且二者的实质都是如何划分由各级政府构成的各级预算主体或税收主体的独立自主程度以及集权和分权关系的问题。

广义的财政管理体制有两种不同的表述：（1）包括预算管理体制、税收管理体制、各级政府间财政关系及国家和企业的财政关系在内的一系列制度；（2）与政府财政制度是同义语，除包括第一种表述的范围外，还包括会计制度、审计制度、国家信用制度、金融和货币制度、预算外资金管理体制、企事业和国家行政机关财务管理体制等，是由一系列制度构成的复杂系统。从广义的角度出发，可以更好地了解和分析财务行政的职能及政府在社会财经活动中宏观调控的地位和作用。在财政理论研究和实际工作中，常从狭义的角度来理解财政管理体制，一方面可以集中处理财政管理体制中最核心的问题，另一方面也有利于建立相对独立的规范化的制度和进行财政管理体制的变革。现在西方发达国家和大多数发展中国家通行的分税制就是一种狭义的以税收管理体制为主体的财政管理体制。

分税制是规范中央与地方财政分配关系，在划分事权的基础上，按税种划分中央、地方财政收入的一种财政管理体制，有时又称为“分级财政管理体制”。其基本特征是：（1）合理划分中央政府和地方政府各自的事权。（2）按照财权服从事权的原则，划清中央政府和地方政府的财权。（3）合理划分税种并按税种划分中央财政和地方财政各自的固定收入与共享收入，并相应建立中央和地方两套税务机构。（4）地方政府在符合国家法律的前提下，拥有一定的税收立法权及税收管理权限。（5）建立规范化的中央对地方的财政转移支付制度，加强中央政府的财政宏观调控能力，调节地区之间的财力分配。

财政管理体制是一个国家的政治制度、经济制度和国家行政结构的综合体现，相对而言，它和经济制度的联系更为直接一些。分税制是一种与市场经济相联系的政府间收入分配制度，它是按照国际上通行的市场经济的原则和公共财政的理论建立的，它与国家政体无直接的相关关系。无论是联邦制国家、单一制国家或中央集权制国家，只要实行市场经济，就可以采用这种财政管理体制。

分税制的核心是分权、分税、分设机构。分权是分税的重要基础和前提，即以法律形式明确划分中央政府和各级政府的事权。如美国政府分为联邦、州、地方三级。其不同的事权范围是：联邦政府负责国防、外交和国际事务，邮政、空间科学技术，关系全国利益的州际事务和全国性的社会福利等。州政府负责联邦政府事权以外而没有授权于地方政府处理的一切事务。地方政府依据州的法律规定和州政府的授权处理当地事务，主要负责基础教育、地方治安、消防和地方生活设施等。从各国事权划分的情况来看，国防、外交、军事、铁路、邮政、国家重点建设等由中央政府负责，地方治安、基础教育、社会福利、交通、医疗、住房建筑等由地方政府负责。其中有一些事权虽有交叉，但一般也明确划分了各自的权限和管辖范围。

分税是在分权基础上按照财权与事权相统一的原则，合理划分税种和各级政府的财政收入，即将税种划分为中央税、地方税和中央地方共享税，并分设征税机构，建立中央税收和地方税收体系。如美国，与事权划分相适应形成了一套三级税收体系，联邦政府的税收体系以个人所得税、公司所得税、社会保险税为核心，辅之以消费税、遗产税、赠与税及关税等。州政府的税收体系以销售税为主体，辅之以所得税、货物税和各种使用税等。地方政府的税收体系以财产税为主体，辅之以所得税、销售税等。这三者之间由于事权交叉，还存在复杂的税源共享关系。为了保证各自的税收关系，这三级政府分别设有自己的税务机构。

11.4.2 财政管理体制的宏观调控作用

财政管理体制不仅是一种社会分配体制，而且是政府进行宏观经济调控的运行机制。自从20世纪30年代后以凯恩斯理论为代表的宏观经济调控理论迅速发展以来，扩大政府宏观调控职能、加强政府对经济活动的干预已成为改革经济体制和财政管理体制的基本方向之一。

宏观调控指国家对国民经济的干预和宏观管理。它的主要作用是保持社会总需求与社会总供给的大体平衡，培育和发展市场经济体系，防止和纠正“市场失灵”问题，保证社会经济持续、协调、稳定发展，而财政管理体制在这方面具有十分重要的影响。主要表现在下列几个方面：

第一，控制国民收入的分配。控制国民收入是控制社会总需求的关键，而财政在国民收入的分配中则处于主导地位。合理的财政管理体制有利于妥善解决国家、企业、个人三者之间的分配关系和利益关系，有利于调整和控制国民收入的分配和再分配过程。

第二，控制国家预算收支平衡。国家预算出现赤字或盈余，会从不同方向影响社会总需求与总供给的平衡，如财政出现赤字会扩张社会总需求，财政出现盈余会紧缩社会总需求。合理的财政管理体制有利于国家预算的编制和执行，通过国家财力分配直接影响社会总需求并使国家适当集中资金，增加有效供给。

第三，理顺中央和地方的分配关系。如上所述，财政管理体制的核心问题之一是中央政府和地方政府合理划分事权和财权，它直接影响国家财政收入的增长和各级政府对财政支出的控制。合理的财政管理体制有利于解决中央政府和各级地方政府间的分权、分税问题，并可通过中央政府对地方财力的分配和调节作用优化资源配置，缩小地区间差距，促进全国统一市场的形成和发展。

第四，影响国家和中央政府宏观调控作用的强弱。在一般意义上说，财政收入过程和财政支出过程，都是财政作为宏观调控手段发挥作用的过程。财政收支规模及其在国民收入或国内生产总值中所占比重以及中央财政收入在全部财政收入中所占比重，对政府、特别是中央政府的宏观调控能力有直接影响。合理的财政管理体制有利于保证中央与地方财政收入的增长，并在此前提下保证中央财政收入在全部财政收入中占有较大比重，增强中央调控经济的能力。

第五，强化税收的宏观调控作用。税收是一个重要的经济变量，不仅对国家预算的执行和完成情况、对政府财政收入的平衡有重要影响，而且对调节社会分配、促进社会生产的稳定和发展、社会消费、储蓄、就业等各方面都有重要影响。合理的财政管理体制有利于税收工作的制度化和规范化，加强税收征收管理，在增加税收的基础上增加财政收入，适当扩大财政支出的力度和范围，更好地发挥税收对国民经济的宏观调控作用。

第六，制约国家宏观调控方式。国家对经济的宏观调控方式有两种，一是直接调控，即国家通过指令性计划与行政手段直接调节社会经济活动；二是间接调控，即指国家通过预算、税收、信贷等各种经济手段间接调节社会经济活动。财政管理体制是国家宏观调控方式的具体体现并对其有调整和制约作用。与计划管理体制相联系的中央集权型的财政管理体制有利于国家的直接调控方式，而与市场经济体制相联系的分税制财政管理体制则有利于国家的间接调控方式。

第七，促进国家宏观经济调控政策目标的实现和各种政策手段的运用。宏观经济调控政策目标包括保持经济总量即社会总需求与总供给的平衡、防止失业和社会生产能力闲置、防止通货膨胀和经济过热、保持合理的经济增长速度、优化国民经济的产业结构和区域结构等。其中保持社会总量平衡是实现其他政策目标的基本条件。在宏观调控的政策手段方面，除财政手段外，还有计划、金融、价格、发行和偿付国债等各种手段。合理的财政管理体制是整个国家宏观调控体系的重要组成部分，它不仅有利于实现本身的宏观调控目标和运用预算、税收等财政调控手段，而且可以为实现其他宏观调控目标和有效地运用其他宏观调控手段提供条件和保证。

11.4.3　财政政策

财政政策是国家指导财政工作、控制财政活动的实际运行过程、规定财政管理体制改革方向的基本方针及基本准则。财政政策包括政策目标和政策手段两方面的内容。政策目标指经过一定的法律程序或政策制定过程预先规定的财政工作所要达到的基本目的和根本要求。政策手段则指为实现政策目标相应采取的具体的财政措施。财政政策的指导和调控作用主要是通过政策目标的制定和政策手段的运用实现的。

财政政策是一个包含多种目标在内的、由多种具体政策组成的政策体系。各国财政政策目标的确定及所采用的政策手段取决于本国的经济体制和经济形势发展的需要。当代西方经济学家保罗·A·萨缪尔森在其代表作《经济学》中指出："积极的财政政策就是决定政府税收和开支的办法，以便有助于：(1) 削弱经济周期的波动；(2) 维持一个没有过度通货膨胀和通货收缩的不断成长和高度就业的经济制度。"因此，西方国家财政政策的目标一般是充分就业、物价稳定、经济增长和国际收支平衡。我国财政政策的目标是与国家宏观经济调控的目标相一致的，即保持社会总需求和总供给的平衡及国家经济持续稳定协调发展。与整个财政工作过程的各个方面和各个阶段相联系的预算政策、税收政策、财政收支政策、投资政策、国债政策等的具体目标和具体措施都以这个基本目标为方向。

财政政策是一种特殊的公共政策，它具有本书第 7 章所论述的公共政策的基本特征和不同的分类类型，为了对财政政策有更具体、更直观的了解，可以根据其不同的政策目标和政策手段进行分类，具体包括：(1) 根据对社会总需求的影响可划分为扩张性财政政策（即膨胀性财政政策）、紧缩性财政政策和中性财政政策；(2) 根据对社会总供给的影响可划分为刺激性财政政策和限制性财政政策；(3) 根据对经济的调节作用可划分为自动调节的财政政策和相机抉择的财政政策；(4) 根据政策调节对象是收支总量还是收支结构可划分为宏观财政政策和微观财政政策；等等。

从上述可以明显看出，具体的财政政策不仅具有方向性和规定性，而且具有工具性和选择性。因此，财务行政的过程既是一个执行财政政策的过程，同时也是一个不断修正和选择财政政策的过程。在经济体制和经济形势发生变化的时候，财政政策也必然相应发生新的变化，以适应新的政策要求。这种政策变化的结果，不仅会使财务行政工作发生相应变革，而且有可能推动整个财政管理体制发生新的变革。因此，准确地判断社会经济发展需要和发展趋势，自觉调整和制定适应改革要求的经济政策和财政政策，推动经济体制和财政管理体制的改革和完善，是国家和政府的一项重要任务。

我国财政部有关专家在 1993 年《九十年代的财政改革和财政政策》一文中根据经济体制改革和经济发展的要求，概括出下列十几条财政改革与发展的主要政策措施，其中不少政策措施体现了推动财政管理体制改革的指导作用：(1) 积极支持经济发展，提高经济效益，培育和壮大财源；(2) 加快国家与国有企业利润分配制度改革，理顺国家与国有企业的关系；(3) 实行分税分级财政体制，理顺中央与地方的分配关系；(4) 完善复式预算制度，强化财政管理；(5) 改革完善税制，加强税收征管；(6) 改革支出管理制度，合理控制支出增长；(7) 推进价格改革，减轻财政补贴负担；(8) 改革国有资产管理体制和预算内基本建设投资体制；(9) 加强国内外债务管理，搞好财政信用；(10) 加快企业财务制度和会计制度的改革；(11) 积极推进住房和社会保障制度改革；(12) 加强财政法制建设，严肃国家财经纪律；(13) 健全和强化财政职能，加强宏观经济调控。

11.4.4 我国的财政管理体制改革

新中国成立以来，我国财政管理体制的建立健全和改革发展大体可分为以下三个过程：

1. 与计划经济体制相联系的财政管理体制

新中国成立后确立的经济制度是计划经济体制，与此相联系，财政管理体制随着政治经济形势的变化进行过下列几个阶段的变革：

(1) 统收统支体制。1950 年为统一全国财经管理所实行的高度集中的财政管理体制。地方组织除极少数零星收入外，全部收入上缴中央，地方全部支出由中央另行拨付，收支两条线互不挂钩。这种体制有利于迅速改变战争时期长期分散管理的局面，促进战后国民经济的恢复和发展，但不利于调动地方的积极性。

(2) 统一领导，分级包干体制。1953 年全国财经状况好转后开始正式实行，一直延续到 1978 年。其做法基本上可概括为“以支定收，一年一变”，每年中央确定预算时，先定地方支出指标，然后根据支出指标再核定归地方支配的收入指标，收入分成比例或包干数只管一年。这种体制仍是一种预算、税收等权力高度集中的财政管理体制。

2. 经济体制改革过程中的财政管理体制

党的十一届三中全会以后开始进行经济体制改革，与这一改革过程相联系，财政管理体制改革逐步打破了“财权高度集中、财力统收统支”的分配格局，大体经过了下列几个阶段：

(1) 划分收支、分级包干体制。1980 年除京津沪三个直辖市外，该体制在全国范围内实行，又叫“分灶吃饭”体制。具体做法是：其一，按企事业单位的行政隶属关系，划分中央和地方财政收支范围，确定各级政府收入分类分成和支出基数；其二，以 1979 年财政收支预计数为核定基数，确定地方上缴比例或中央的差额补助；其三，财政收支包干基数确定后，地方上缴比例、调剂收入分成比例和定额补助由中央核定，五年不变。这种体制在巩固中央统一领导和计划的前提下，对调动地方政府的理财积极性有重要作用。

（2）划分税种、核定收支、分级包干体制。1985 年以来开始实行。其最大特点是基本上按利改税设置的税种划分各级财政收入的范围，建立中央税、地方税和中央地方共享税，提出分税制的初步轮廓。由于考虑经济体制改革中的各种因素，在实行这种体制时采用的是中央和地方“总额分成”、风险共担的方法。

（3）地方财政包干体制。从 1988 年起，为改变经济体制改革时期财政收入不稳定的状况，对全国绝大部分地区分别实行不同形式的财政包干体制。其做法主要是改进并采用不同的预算包干办法，如“收入递增”包干，“总额分成”包干、“总额分成加增长分成”包干、“上解额递增”包干、“定额上缴”包干、“定额补助”包干等。这种体制在促进国家财政收入稳定增长的同时，进一步促进了地方财政增收的积极性和地方经济的发展。

3. 与市场经济体制相联系的财政管理体制

根据 1993 年 12 月《国务院关于实行分税制财政管理体制的决定》，我国从 1994 年 1 月 1 日起改革现行地方财政包干体制，对各省、自治区、直辖市以及计划单列市实行分税制财政管理体制，这是我国发展社会主义市场经济的重大举措。

自 1988 年以来在全国大多数地区实行了不同形式的财政包干体制后，逐渐暴露出与社会主义市场经济发展相矛盾的一些弊端，主要有：

（1）我国财政收入占国内生产总值的比重逐年下降，国家财力偏于分散，财政集中程度太低。据统计，扣除内外债务以后，我国财政收入占国内生产总值的比重从 1979 年的 26.7%逐年下降到 1992 年的 14.5%。而世界上大多数国家这一比例在 40%以上。据 26 个国家的资料表明，1989 年的平均比例是 42%。其中，美国等市场经济发达的国家平均为 48.7%，最高者瑞典达到 59.4%；扎伊尔等发展中国家平均为 35.3%，最高者匈牙利达到 61.3%。

（2）中央财政收入比重不断下降，弱化了中央政府的宏观调控能力。据统计，扣除内外债务以后，1979 年我国中央财政收入占全国财政收入的比重为 46.8%，1981 年最高达 57.6%，但至 1992 年时降为 38.6%。而据 1988 年 45 个国家的资料统计，除前南斯拉夫和加拿大低于 50%以外，其他国家的这一比重都超过 60%，其中，美国等 6 个国家是 60%～70%，瑞典等 5 个国家是 60%～80%，英国、法国等 12 个国家是 80%～90%，意大利等 20 个国家则高于 90%。

（3）助长地区经济封锁和重复建设，影响全国统一市场的形成、产业结构的优化和生产力合理布局。

（4）包干办法种类繁多，不太规范，不能很好地体现效率为主、兼顾公平的原则。

（5）现行财政包干体制的收入划分上仍未摆脱行政隶属关系的制约。

为了克服上述弊端，迫切需要进行分税制的财政管理体制改革。这次分税制改革的原则和主要内容是：按照中央与地方政府的事权划分，合理确定各级财政的支出范围；根据事权与财权相结合的原则，将税种统一划为中央税、地方税和中央地方共享税，并建立中央税收和地方税收体系，分设中央与地方两套税务机构分别征管；科学核定地方收支数额，逐步实行比较规范的中央财政对地方的税收返还和转移支付制度；建立和健全分级预算制度硬化各级预算约束。分税制改革以来，中央财政收入占全国财政收入的比重从 1993 年的 22%提高到 2007 年的 56%，有力增强了中央财政在发展全国社会经济中的宏观调控作用。

11.5 公共产品供给与政府间财政关系

在政府的各项职能中，公共产品供给是一项重要内容。公共产品供给的有效性与政府间财政关系有十分密切的关系。

11.5.1 公共产品与公共产品供给

公共产品泛指公共行政组织或国家行政组织所提供的用于满足社会共同需要的产品。萨缪尔森认为："公共产品指每个人对它的消费不会减少其他人对该产品的消费的产品，私人物品的总消费量等于所有个人的消费量总和，在公共产品上，个人消费等于集体消费。"

1. 公共产品的特性

按照一些经济学家的解释，公共产品具有下列三种特性，它们是由公共产品的"公共"二字决定的。

第一，非竞争性。非竞争性指在公共产品消费上，"无论受益者数量多少，个人从其中获得的收益量是保持不变的"①。例如，街道两旁的路灯，并不会因为行人的增加而减少对路人的照明。而与之相对的私人产品则相反，被某个人消费的面包就不能被另一个人消费，而且一旦形成消费，原来的总量产品将减少。非竞争性体现了公共产品消费的均衡性，表明每个人从公共产品中获得的利益是相同的。但非竞争性并非绝对的，如果消费者的数量超过了一定限度，就会出现竞争性问题，造成消费拥挤现象。

第二，非排他性。非排他性指"公共产品是不可分的，其一旦提供，任何人都可以从中受益"②。典型的例子是国防，整个国家的居民都可从政府所提供的国家安全中受益。而私人产品具有强烈的排他性，易于分割，也易于出售。非排他性体现了公共产品的共享性，即它所产生的社会效益能被所有的人共享。

第三，外部性。外部性指"在公共产品消费上，交易的间接后果影响非直接相关的其他人"③，也就是说，对某一公共产品投入的成本与其收益不对称，因为公共产品的供给往往是非营利性的，其收益范围超出供给的有限范围时，这种外部性表现得最为明显。以穆勒指出的灯塔为例，由于供给者的成本和收益不对称，私人经营者将放弃提供，这将导

①② ［美］迈克尔·麦金尼斯主编：《多中心体制与地方公共经济》，99 页，上海，上海三联书店，2004。

③ 同上书，44 页。

致公共产品供给的缺失。公共产品在地区间的消费也会产生外部性问题，如上游地区治理水污染会使下游地区获益，而下游地区可能不会为治理污染付费。外部性体现了公共产品的非营利性。公共产品的供给在很大程度上是出于满足公共需求与社会发展和稳定的考虑，其投入是非营利性的。许多公共产品虽然能产生很大的社会效益，但是这种收益对供给者来说是间接的，不能从投入中直接获取。

2. 公共产品供给的必要性

公共产品的特性决定了公共产品供给是政府的一项重要职能。

第一，政府供给公共产品可以最大限度地避免公共产品消费上的“搭便车”现象。公共产品在消费上所具有的非竞争性、非排他性和外部性容易产生坐享其成的“搭便车”现象。休谟通过“草地排水”案例对公共产品消费中的“搭便车”现象进行了深刻的阐释。休谟注意到，“相连的两个邻居可以通过协商的方式排去他们所共有的一块草地中的积水，因为人们相互了解对方的想法。但是如果是一群人要达成这样的协议，有一个人作弊，别的人就无法达成这样的协议。每个人都想寻找借口，使自己省去麻烦和开支，而把负担转嫁给他人”①。即是说，在公共产品的供给方面，需要有一个主动承担者，否则在市场经济条件下，人人都需要，但人人都不做，这将造成公共产品的“缺位”。

由于私人提供“公共产品”的困难，为了满足公共需求，公共产品只有依靠政府来提供。通过政府供给公共产品可以最大限度地避免“搭便车”现象的发生。因为，政府供给产品的成本主要来自公共财政中的税收。税收来自纳税人，具有很大的社会性，实际上是全体纳税人为公共产品的消费进行了付费，而由政府统一用于公共产品的供给。

第二，政府供给公共产品可以最有效地调动社会资源。政府能够保证社会所必需的公共产品的供给，而这些公共产品通常是私人所不能提供的。一些公共产品所涉及的规模、资金巨大，或者关系着社会的公平和正义，对于此类公共产品，私人无力进行投资，需要发挥政府的社会权威和经济调控能力予以保证。例如在国防建设上，政府拥有私人所无法比拟的各项资源，并且为了维护国家安全，避免私人的自利倾向，国防建设必须由政府规划和实施。

第三，政府供给公共产品可以充分考虑和代表社会的利益。在市场经济条件下，企业是追求利益的组织，对于某些风险大、非营利性的公共产品，私人虽然能够进行投资，但是由于经济利益的限制而不愿供给。如大型基础设施、航天飞行试验以及野生动物和自然生态保护等，具有雄厚实力的私人也许有能力进行投资，然而，这些产品风险相对较高，或者收益很不确定，或者很难获得与成本一致的收益，私人通常不愿投资。但是，这些公共产品对于国家的发展和国计民生具有重要的作用，对政府来说责无旁贷。

再如某些公共产品的投入本身就是非营利性的，对于这样的公共产品，私人很难愿意出资，只能依靠政府来完成。如“非典”、“禽流感”等传染病的预防和治疗体系的建立耗资巨大，需要协调多方面的人力、物力和财力，其投入是公益性的，这种巨大的责任除政

---

① ［英］休谟：《人性论》，574页，北京，商务印书馆，1980。

府外，私人是无法承担的。

3. 公共产品供给的特性

政府在供给公共产品的过程中，呈现下列特征：

第一，层次性。公共产品的外部性导致受益范围的问题。如某些公共产品的受益范围是跨地区的甚至是遍及全国的，其供给欠缺将会损害国家利益，而某些公共产品的受益范围只限于某个地区，其供给欠缺仅能产生局部影响，损害局部利益。前者称为全国性的或高层次的公共产品，如国防，后者称为地区性的或低层次的公共产品，如路灯。这使供给出现一定的层次性，高层次的公共产品需由中央政府供给，而低层次的公共产品需由地方政府供给。高与低的划分不是绝对的，在某种情况下，低层次公共产品的缺乏严重到对整个国家利益造成不良的影响时，就上升为高层次的公共产品。

有许多公共产品本身也具有一定的层次性，如教育系统。教育系统本身可以划分为高等教育、初等教育等多个层次，高等教育是跨省的或者是全国性的，是高层次的，而初等教育一般是地区性的，是低层次的。按照中央政府和地方政府在公共产品供给方面的作用划分，公共产品的供给层次主要分为高低两个层次，实际上，公共产品的层次性可根据其自身特点，划分为多种层次，如初等教育本身可以划分为幼教、小教、初中、高中，高等教育可划分为本科、硕士和博士等多个层次。这种层次性将直接影响各级政府间的财政分工。

第二，区域性。公共产品供给的层次性是从纵向考察的，如果进行横向考察，公共产品供给明显具有区域性。公共产品供给的区域性是由公共产品需求的区域性决定的，由于不同地区在政治、经济、文化、自然资源等方面存在种种差异，其公共产品的需求也存在着较大的差异，致使公共产品的供给呈现明显的区域性。例如，我国西部地区大多属于干旱少雨的地区，公共产品供给的一项重要任务是打井治沙，兴修水利；而东部地区，特别是长江流域潮湿多雨，公共产品供给的一项重要任务则是抗洪排涝，这两个地区的公共产品供给明显不同。

第三，群体性。群体性是公共产品供给的又一特性，主要针对具体供给对象而言。由于地理环境和历史文化传统的影响，公共产品的群体性与其区域性密切相关，不同地区的居民形成不同的群体，他们彼此间存在不同的特性，对公共产品的需求必然存在很大的差异。例如，由于不同民族在心理习惯、文化传统方面存在较大的差异，因此在饮食、住房、教育和文化娱乐等方面对公共产品的需求存在很大的不同。

为了实现公共产品的有效供给，必须考虑其层次性、区域性和群体性，满足不同层次、不同区域、不同群体对公共产品的需要。这就要求在各级政府间合理地进行分工，保证公共产品供给的多样化。

4. 公共产品生产与公共产品供给

需要指出的是，公共产品生产与公共产品供给是两个不同的概念，认识这种区别有助于进一步明确政府供给公共产品的作用。在市场经济条件下，政府供给公共产品，并不等于其完全由政府来生产。例如，国防事业，虽然国家安全由整个社会享有，是不可分割的，但国防建设的投入是可以分割的，可以由不同的生产商按照政府的计划和招标项目生产国防设备，确保国防的需要，也就是说，国防设备可通过与政府签约的私人生产商来生产，而这并不影响政府所承担的保证国家安全的责任。政府是否需要介入公共产品的生产，需要视公共产品生产的绩效而定。根据不同的情况，公共产品的生产可采用公共生产、私人生产政府采购、公共和私人联合生产等多种形式。

公共产品的生产仅是公共产品供给中的一个环节，无论采取何种形式，其最终的供给工作需要由政府来完成，这是公共产品供给必须由政府承担的职能所决定的。

11.5.2 公共产品供给对政府间财政关系的影响

公共产品的供给和财务行政紧密相连。“供给公共产品是公共财政的三大职能之一。”① 政府通过编制财政预算拟订公共产品供给计划，而预算成本的补偿来自财政收入。从某种程度上说，财务行政是保证公共产品供给的能源和动力，公共产品的供给通过财务行政得以实现。

如上所述，财政收入是财务行政的一个重要组成部分，其为公共产品供给提供资金来源，保证政府供给公共产品所需要的资金。财政支出也与公共产品供给直接相连，财政支出的主要目的在于供给公共产品，满足公共需要。

政府的权力结构是集权还是分权，在很大的程度上决定了政府间财政关系是集权还是分权。公共产品供给问题对政府间财政关系的确定也有重要的影响。

1. 财务行政的协调运行对政府间财政分工的影响

公共产品的有效供给通过财务行政的协调运行实现，如果缺乏中央政府和地方政府的财政分工，将会导致财务行政运行上的混乱，使其无法正常进行。就税收而言，税收一般划分为多个税种，每个税种有不同的税率。如果政府间没有分工，可能会导致税收的重复征收以及相同税种征收数额不一致等混乱，这样会影响税收的效率和公平，进而影响公共产品供给，影响社会稳定和经济发展。

就财政支出来说，由于各级政府都是有其独立利益的组织，缺乏政府间的分工，会导致政府的机会主义行为，各级政府都会尽量避免自己的支出责任，造成公共产品的不足。因而，为了实现财务行政的公平与效率，必须在政府间实施恰当的财政分工。

2. 公共产品供给特性对政府间财政分工的影响

公共产品供给与政府间财政关系有内在的联系。公共产品供给的层次性、区域性、群体性对各级政府之间，特别是中央政府与地方政府之间的财政分工有重要的影响。

由于公共产品供给具有一定的层次性，其必然要求在政府间进行财政分工，建立与供给层次相适应的政府间财政关系。高层次的公共产品供给涉及跨省市的、全国性的问题或项目，必须由中央政府统筹安排，而低层次的公共产品供给，由于只是局限于某个地区或局部，由地方政府承担更为适宜。公共产品供给的区域性和群体性也要求地方政府根据不同地区和消费群体的特点进行供给。

中央政府和地方政府要承担公共产品的供给责任，没有一定的财力是不行的。公共产品供给方面的分工影响政府间的财政收入和财政支出的分配关系。地方政府履行其供给公共产品责任除需要相应的财政力量的支持外，还要求政府间财政分工的适当分权。在保证中央政府宏观调控能力的基础上，应当赋予地方政府满足其所辖区域或群体特殊公共产品

---

① ［美］詹姆斯·M·布坎南、理查德·A·马斯格雷夫：《公共财政与公共选择》，47 页，北京，中国财政经济出版社，2000。

需求的相应权力。

政府间的财政分工主要体现在中央政府和地方政府的财政权力和财政责任以及地方政府间财政权力和财政责任的划分上。其中，中央政府和地方政府的财政分工最为关键，它是政府间财政关系的核心，中央和地方政府两者之间的分工恰当与否决定了财务行政能否协调运行以及能否有效履行公共产品的供给职能。

3. 政府间财政分工对公共产品供给的影响

财政权力在政府间能否得到合理配置，决定了在一定条件下公共产品能否得到有效供给。

首先，分清中央政府和地方政府提供公共产品的权力和责任对公共产品的有效供给极为重要。如果将本来应该由中央政府承担的公共产品供给责任推卸给地方政府承担，则会降低地方政府的积极性，地方政府可能出现“搭便车”等现象，造成公共产品供应不足或质量低劣；或者会降低某些公共产品供给的规模效应，增加公共产品的供给成本；或者会因为地方保护主义缩小某些公共产品供给的社会效应。如果原本应该由地方政府承担的公共产品供给责任被集中到中央政府，则会出现过度集权的弊端；由于信息不对称，上级政府不可能十分清楚各地区及其民众对公共产品数量和质量各不相同的偏好和需求，也不十分了解各地具体情况，很容易导致地方性公共产品供给和需求的脱节，以及供给效率低下，使成本上升，占用过多社会资源。

其次，合理确定地方政府提供公共产品的权力和责任对满足其所辖区域居民多样化的公共产品需求十分有益。在某一个区域范围内，居民对于公共产品的需求并不总是一致的。例如，居住在 A 区的居民可能对公共卫生的需求比居住在 B 区的居民更强烈，而居住在 B 区的居民对城市公共运动设施的需求可能比 A 区的居民更强烈。合理确定地方政府提供公共产品的权力和责任有利于及时了解对公共产品需求的相关信息，采取措施提供多样性的公共产品，从而满足居民对公共产品多样化的需求。

最后，确定合理的政府间财政关系有利于增进公共产品供给的效益。恰当的财政分工，可以增加公共产品供给的效益，克服单纯集权的弊端，节约供给成本，节省信息传递时间，减少因信息不对称而造成的浪费；同时，适当的财政分工也可以克服单纯分权的弊端，保证高层次公共产品的有效供给，维护公共产品供给的公平等。

11.5.3 公共产品供给与政府间财政关系的理论分析

政府间财政关系主要体现在中央和地方的财政权力和财政责任的划分上，与此相关，存在三种不同的理论分析。

1. 财政分权的理论

财政分权的理论认为，在中央和地方财政权力的划分中，地方拥有更大的财政支出和收入权力将对公共产品供给产生极为积极的影响。

（1）财政分权的合理性。

奥茨（Oates）、布坎南、蒂伯特从不同角度阐述了财政分权的合理性。

1）奥茨分权定理。奥茨从收益角度出发提出地方政府应当主要负责对辖区内居民利益有重大影响的公共产品供给。他认为：“对于某种公共产品来说——关于这种公共产品的消费被定义为遍及全部地域所有人口的子集，并且，关于该物品的每一个产出量的供应成本无论对中央政府还是对地方政府来说都是相同的，那么，由地方政府将一个帕累托有效的产量提供给他们各自的居民，则总要比由中央政府向全体选民供给任何特定并且一致的产出要有效得多。”①

可以看出，奥茨分权定理有理想的假设条件：“第一，假设地方政府供给公共产品合乎地方居民的偏好，中央政府只能以同一水平向所有的地方政府供给公共产品。第二，假设中央政府供给成本与每一个地方政府供给成本完全一样，不考虑中央政府供给公共产品的规模经济效应。也就是只要不至于产生生产服务与收益在辖区内的不匹配，公共服务的责任就应尽可能下放到最低层级的辖区。”②

奥茨分权定理注意到了公共产品供给中的区域性问题，认为由中央政府统一供给，可能会因忽视了地区差异而产生供给中的平均主义，从而降低公共产品供给的有效性。但是，它的假设条件过于理想，在现实社会中很难得以实现。然而，奥茨分权定理仍然具有一定的合理性，它从等量供给公共产品的假设出发，认为地方政府更能满足辖区内居民需要，为地方政府分权体制作出较有说服力的论证，对政府间支出责任的划分具有重要的启发意义。

2）布坎南俱乐部理论。关于地方分权合理性的论证，必然涉及地方政府规模问题，即地方政府规模应该处于何种大小才能实现公共产品的最佳供给。布坎南的俱乐部理论“把社区作为一个俱乐部，然后研究如何确定社区的最优人员规模。其认为最佳规模位于新成员的进入产生的边际拥挤成本同分担运转成本所带来的边际节约这点上。其理论核心包括两个方面：一方面，人口的增加，使每个人分担的服务成本降低；另一方面，人口增加也会产生新的外部不经济，带来拥挤效应。因而，当增加一个人导致的人均成本的节约恰好为增加的拥挤成本所抵消时，辖区就达到了最佳财政规模”③。

俱乐部理论一方面从实现公共产品最佳供给的角度论证了分权的必要性，另一方面也对如何进行分权以及分权的界限进行了分析。如国防产品不会因为人数增加而造成拥挤，而教育、医疗等公共产品则容易形成拥挤效应，因而这类产品如何分权应视其成本和收益的供给情况来定，较小财政规模的辖区就能成为一个适当的供给单位。然而，俱乐部理论存在实践上的困难：首先，单个人的供给成本或者收益很难加总；其次，个人的成本和收益难以衡量。

3）蒂伯特“以足投票”理论。蒂伯特在其 1956 年所发表的《地方支出理论》一文中指出：“地方政府支出和税收水平组合在各地区间有很大的不同。因而，如果居民在社区间的流动性未受到限制的话，许多居民会选择去其地方政府关于公共服务的预算更能满足其偏好的社区居住。地方政府在这样的激励下，会相互竞争，形成对居民有吸引力的公共支出与收入模式组合。”④ 蒂伯特模型具有一个假设前提：一是假设居民具有完全的流动性，并拥有不同地区政府预算的充分信息；二是每个社区给居民供给相同的就业机会；三是居民的收入是相同的。最理想的社区规模被认为是与政府服务的最小成本相对应的规模，大于理想规模的社区不再吸引居民，而小于理想规模的社区试图吸引更多的居民。

---

① 转引自王雍君、张志华：《政府间财政关系经济学》，105 页，北京，中国经济出版社，1998。

②③ 同上书，94 页。

④ 转引自［美］大卫·N·海曼：《公共财政：现代理论在政策中的应用》（第六版），601 页，北京，中国财政经济出版社，2002。

对蒂伯特模型同样存在许多批评，因为现实中居民不能完全流动，他们所得到的也只不过是地方政府预算的不完全信息。另外，各个地区的充分就业、气候、地理等条件各不相同。这就意味着除了政府支出以及税收因素外，会有许多因素影响居民对居住地的选择。蒂伯特模型的理论只涉及公共产品供给的群体性，而未考虑公共产品供给中的区域性。并且，居民的收入不会完全一样，低收入者与高收入者居住在同一辖区将是有利可图之事，因为高收入者将负担大部分公共支出成本。这容易形成低收入者追随高收入者，而高收入者尽量逃避低收入者的情况，社会稳定可能被破坏。但是，蒂伯特的"以足投票"理论对于地方分权合理性的论证具有重要的价值，它揭示了群体偏好所导致的居民的流动性对地方政府公共产品供给的影响，并指出政府间的竞争将会使政府公共支出与公共收入的组合合理化，并且有助于提高公共产品的供给效率。

（2）财政分权理论所认为的公共产品供给特点。

财政分权理论强调在公共产品供给方面给地方政府更大的权力，认为公共产品的供给具有下列一些特点：

1）能够更好地满足所辖居民的偏好和地区发展的特殊需要。与中央政府相比，地方政府更加了解也更为关心地方居民的偏好和地区发展的实际需要。实际上，中央政府获取和处理所有居民的偏好和所在地区发展的信息成本太高，以至无法实施。在分权情况下，地方政府可耳闻目睹辖区内的居民偏好，比较清楚地了解地区发展的基本状况，可以更有效地供给居民和地区发展所需要的公共产品的类型和数量。

2）有利于促进地方政府间的竞争。地方政府为了展现良好的公共形象和政府绩效，必然尽最大可能利用自己的财政能力，以有效的公共产品供给提高地方居民的满意率。地方政府间的竞争将会产生有益的结果。首先，促使地方政府降低支出成本，提高公共产品供给的效率。一方面，因为居民倾向于选择居住在公共产品供给高质量、低成本的地区；另一方面，居民对公共产品供给的满意率对地方政府连选连任及其舆论形象有重要的影响。其次，对缩减政府自身的开支、提高政府绩效、控制政府规模有积极的影响。因为，政府规模过大将导致政府支出的扩大，从而加重居民的负担，这将导致居民流向政府规模合理的地区。最后，将促进政府在行政管理方式和管理体制等诸多方面的创新。

3）有利于地方积极性和主动性的发挥。地方利益是地方积极性和主动性的源泉，而分权模型有利于维护这些特殊利益的实现。地方政府如果有能力保障自身利益的实现，必然在地方公共产品供给中发挥主动性和积极性，从而提高公共产品供给的效率。财政分权是提高地方政府积极性和主动性的有力的激励机制。

（3）财政分权的弊端。

对财政分权持有异议的人认为，财政分权可能对公共产品供给产生下列一些不利影响：

1）容易导致地区间贫富差距的扩大。由于历史条件、地理位置、资源状况以及气候等不同，不同地区间的财政状况存在一定的差距，缺少中央政府的平衡作用则可能进一步加大这种差距。在财政分权的情况下，各个地方政府均有其独立的经济利益，仅关注本地区公共产品的供给，对于其他地区公共产品的供给则不那么热心。发达地区的优势更加有利于其发展，落后地区将进一步陷入被动。地区间差距的扩大，一方面违反了公平原则，因为处于不同辖区的居民可能享受不同质量的公共产品；另一方面，贫富差距扩大，容易造成社会的不稳定。

2）容易导致地方保护主义，形成新的国内贸易壁垒。在财政分权情况下，地方支出状况取决于地方收入多少，为了获取尽可能多的财政收入，地方政府可能采取贸易保护主义，保护本地企业，而阻止外地企业产品进入本地销售，从而导致国内市场的分割。

3）可能导致某些公共产品供给不足。分权引发地区间财政竞争，地方政府在理论上应当合理征税，合理实施公共支出，供给更好的公共产品，以吸引居民和企业。然而，此种理论在地方政府财政能力类似的情况下将取得良好的效果，但如果政府财政能力相差很大，政府间竞争将导致落后地区具有流动能力的居民和企业流向发达地区，使落后地区政府在财政能力窘迫的状况下更是雪上加霜，难以供给地方所需要的公共产品。这种状况将形成某些地区公共产品供给不足的状况。

4）不利于税收的征收。首先，在分权体制下，地方政府承担全部税收征收职责，但在居民和企业高度流动的情况下，地方征税将变得困难。因为，单个的地方政府很难获得流动中的居民和企业完全的财政信息。其次，每个地区都认识到，如果对辖区内的资本征收重税，将会导致资本外流。在此种情况下，每个地区将理智地选择对资本课以轻税，甚至给予补贴，这样将导致税基受到侵蚀。

5）难以实施高层次的公共产品有效供给。地方政府很难完成跨地区、跨省或全国性的高层次公共产品供给。因为如果由单个的地方政府供给高层次公共产品容易导致“搭便车”现象；如果由多个地方政府联合供给高层次公共产品，会增加供给的交易成本。因而，地方政府供给高层次公共产品存在很大的困难。

2. 财政集权理论

财政集权指财政权力集中在中央政府，地方政府仅具有少量的财政权力，地方政府财政对中央政府具有较强的依赖性。

（1）主张财政集权的理论。

在公共产品供给方面，主张财政集权的有如下一些代表性理论：

1）区位效率模型。区位效率反映了国内统一市场的运作效率。其核心理论为：所有生产要素在辖区间具有高度的流动性。如果没有非市场力量的干扰，个人和公司都将基于市场导向作出区位抉择，最终流向最能发挥其潜力的辖区；财政因素（税收和公共支出）的区际差异会干扰市场基础上个人和公司的区位抉择，导致资源迁往或滞留在不能发挥最大生产潜力的辖区，产生区位效率损失。

按照区位效率模型理论，集权的财政体制可以降低区位差异，排除税收等非市场力量的干扰，这有利于促进区位效率；分权的财政体制将加大区位差异，造成非市场力量对个人和公司的区位抉择的干扰，使生产要素未能流向最能发挥其生产潜力的地区，导致资源配置不合理，形成区位效率损失。因此，财政集权更有利于资源的配置和公共产品供给。

2）外部性理论。著名的财政学家马斯格雷夫提出地区间外部性问题。由于公共产品供给外部性的存在，某些公共产品的消费会出现外溢情况，产生“搭便车”的现象，从而导致公共产品供给的缺乏。例如，上游地区对污水的治理可能会使下游地区受益。如果下游地区不对污染治理付费，那么将会降低上游地区治理污染的积极性。对于涉及多个区域的公共产品，为了使外部效应内部化，需要中央政府统一对公共产品供给进行规划，避免“搭便车”现象的发生。因此，需要赋予中央政府更多的财政权力进行协调。

（2）财政集权理论所认为的公共产品供给特点。

财政集权理论强调在公共产品的供给方面赋予中央政府更大的权力，认为其对公共产品的供给具有下列一些特点：

1）财政集权具有高度的统一性和一致性，中央政府具有高度的经济调控能力，在公共产品的供给上居于支配地位，有利于中央政府对全国性公共产品及对国计民生有重要影响的公共产品的统一供给。

2）有利于解决地方公共产品供给中的外部性问题。由于外部性的存在，一个地区对公共产品供给的投入往往会使另外的地区得到好处，而本地区可能并没有从中受益。例如，一个城市为其青年提供良好的公共教育，而他们中一些人也许会迁移到别的城市，其他城市可能会从受过良好教育的劳动力中获益，而导致培养人才的城市公共产品供给收益外流。由中央协调具有较强外部性的公共产品供给，有助于克服外部性问题。

3）有利于维护公共产品供给的公平。从理论上说，全国各地的居民所享受的公共产品应该是大致相当的，但是由于所居住的地区不一致，造成了在公共产品消费上的差异。由中央政府对高层次的公共产品进行供给，有助于协调不同地区在公共产品供给上的差异，弥补某些地区公共产品供给的不足，维护公共产品供给的公平。

4）有利于税收征收。由中央统一对流动性较大的税收进行征收，有利于提高税收征收的效率和公平。以公司所得税为例，许多公司并非在一个地区而是跨地区经营的，单个的地方政府难以准确地确定公司所获得的利润，中央政府进行统一征收则可以最大限度获取与公司有关的信息，从而提高效率。因而，流动性较强的全国性税收由中央政府来征收更有效率，地方政府只应该对地区流动性较小的税种进行征收。

（3）财政集权的弊端。

财政集权与财政分权理论属于互补性的财政模型，财政集权之弊端正是财政分权之优势所在。

1）财政集权不利于调动地方政府积极性。在财政集权情况下，地方政府没有或者只有很少的财政收入和财政支出权力，对中央政府具有较强的依赖性，几乎受中央政府控制，缺乏公共产品供给的积极性。

2）财政集权难以满足地方多种需要的公共产品供给。由于政府是一个多层次的金字塔形结构，指挥链条和沟通渠道较长，中央政府难以及时、充分获取地方偏好的有关信息，因而由中央统一提供所有的公共产品难以满足不同区域、不同群体多样化的需求。

3）财政集权容易使政府缺乏竞争，形成垄断，导致政府规模扩大等。在财政集权模型下，中央政府垄断大多数公共产品供给，所管辖的范围很广，必然会设立多个职能部门进行管理，这将造成中央政府的膨胀。地方政府的财政收入依赖于中央拨款，地方支出也由中央统一控制，地方政府只有从中央政府争拨款的动力，而缺乏吸引投资、降低政府支出、提高政府绩效的动力。地方政府为了获得更多中央政府拨款，必然存在扩大政府规模，以获得更多政府预算的倾向。这容易导致地方政府财政成本的增加，也不利于政府绩效的提高。

3. 政府间财政关系的理想模型

财政集权与财政分权是位于两个极端的政府间财政关系模型，其主要特点是在中央政府和地方政府间没有进行合理的财政分工，所承担的财政权力和财政责任不能有效地保证全国性或地区性的公共产品供给。从这两类极端的模型可以清楚地看出财政集权与财政分权这两种截然不同的政府间财政关系的利弊。也正是由于这两类政府间财政关系太过极端，需要对两者进行平衡。

（1）理想模型的内容。

政府间财政关系的理想模型是在中央政府和地方政府之间合理进行财政分工的基础上形成的。此种模型中，中央政府和地方政府各有相应的财政支出和财政收入权力。它一方面确保中央政府在供给公共产品中的宏观调控能力，另一方面又赋予地方政府较大的财政自主权。这既有利于实现公共产品供给的层次性，又有利于实现公共产品供给的区域性和群体性。具体而言，理想模型所反映的政府间关系包括以下内容：

1）中央政府和地方政府各自具有相对独立的财政收入。在此种财政模型中，中央政府拥有重要税种的立法和征收权。地方政府拥有与地方发展相关税种的立法和征收权。中央有中央税，地方有地方税，在一些国家还有中央和地方共享税。

2）中央政府和地方政府分级承担支出责任，也即中央政府与地方政府具有独立的公共产品供给责任。中央政府主要负责关系国家经济整体发展和居民生活的重要的公共产品供给。国防、外交、基础设施、农业补贴、社会保障、中央行政管理费用等由中央政府供给。地方政府主要负责与地方公共产品有关的财政支出，例如，地方公路建设、治安、消防、环卫等。

（2）理想模型的特点。

1）中央政府占主导地位。在理想模型中，对地方具有较强的宏观调控权力。理想模型与财政集权不同，其主要区别在于前者虽然具有强有力的中央调控权力，但是并非中央政府包揽一切，中央政府通过授权的方式对地方政府适度分权，而财政集权中，中央政府几乎控制一切财政权力，地方政府完全依赖中央，没有独立自主权。

2）地方政府具有自主权。在理想模型中，地方政府拥有相对独立的财政收入和财政支出权力，有其独立的公共产品供给责任。但是与财政分权模型中地方政府的绝对独立不同，它的自主权来自中央的授权，而不是完全独立于中央，中央对地方有相当大的宏观调控权力。

3）政府间关系可灵活调整。政府间财政关系可由中央政府根据社会经济和公共产品供给发展变化的实际情况主动调整，是动态发展的，而财政集权和财政分权模型则比较僵化，缺乏适当的应变能力。

在理想模型下，由于地方的权力是中央通过法律等方式所授予的，因而中央可以通过修改法律等手段根据实际情况对政府间关系进行调整，政府间关系具有相当的灵活性和弹性，不像纯粹的财政集权和财政分权那样僵化。

理想模型与财政集权模型和财政分权模型相比较而言，在某种程度上集中了两者的优点而弥补了两者的不足。

（3）理想模型的优势。

理想模型既有利于全国财政的统一和协调，也有利于地方财政积极性和主动性的发挥。中央政府在占据主导地位的情况下适当放权，既避免了集权模型中政府全包全揽，也避免了分权模型中，中央政府势微、宏观调控能力弱小的弊病，中央政府可以凭借其主导地位对全国的财政状况和公共产品进行宏观协调，也可通过授权方式主动调整地方积极性和主动性的发挥。

在理想模型下，与公共产品供给的层次性、区域性、群体性相适应，中央和地方之间合理进行财政分工，均享有相应的财政权力和责任，既能保证全国性的、跨区域的公共产品的有效供给，也能满足地方发展和居民多样性的需要。

理想模型有利于改进政府绩效，提高行政效率。在理想模型中，中央政府和地方政府能够合理地进行权力划分，能有效地抑制中央政府高度集权所形成的专制和垄断，避免中央政府不堪重负，也能够促进政府间的有效竞争，使行政绩效得以提高。

（4）理想模型的弊端。

从理论上说，理想模型是在整合财政集权和财政分权二者的基础上形成的，可综合体现二者的优势，而避免产生二者的弊端。但是，理想模型如果运用不当，不是二者有机结合，而是简单拼凑而成，则有可能造成以下问题：

1）产生两极化的倾向。理想模型如果在政府间权力划分不恰当，财政权力可能会向中央政府或者地方政府倾斜，造成财政集权或者财政分权的两极化倾向。这是因为，如果没有适当的授权，容易出现中央集权，导致集权的弊端；如果中央权力下放过度，对地方财政权力放任自流，容易出现地方过度分权，导致分权的弊端。

2）财政集权和财政分权不能有机结合。第一，既失去财政集权模型的中央政府的统一协调，又失去财政分权模型中地方政府的主动性和积极性，造成公共产品供给的失效。在理想模型下，如果权力划分不当，将会失去财政集权模型和财政分权模型各自的优势，造成权力关系的错乱。第二，理想模型容易造成地方政府和中央政府在公共产品供给上权责不清，即公共产品供给上有责无权或者有权无责。如果没有明确的责任，在公共产品供给上可能出现中央政府和地方政府相互推诿等现象，容易造成公共产品供给的缺位。如果没有规定相应的权力或没有相应的收入、支出能力，无论是中央政府还是地方政府都会影响公共产品供给的数量和质量。

4. 公共产品供给与政府间财政关系改革趋势

正确处理中央与地方财政集权和分权的关系，应该以能否建立高质量的政府运行机制、确保公共产品的有效供给为目标，而不是以分权或集权本身为目标。

政府间财政关系改革的重点是解决中央政府与地方政府在财政收入和财政支出方面的权力和责任问题。财政支出是与公共产品供给直接相关的财政行为，中央与地方、地方各级政府间的财政支出权力划分都应该以各级政府分别承担的公共产品供给责任为依据，各级政府的财政支出支配权应与其承担的公共产品供给责任相一致。在财政支出方面应该赋予地方政府相当大的权力，以发挥地方的积极性，解决信息不对称给财政支出效率带来的负面影响，而不宜由上级政府，特别是中央政府大包大揽，过度集权。

公共产品供给需要相应的财政收入作保障。与财政支出不同，在财政收入的征收管理方面，根据现实的政治经济环境和社会传统，我国财政收入在各级政府之间的划分不宜过于向地方政府倾斜，而应该有相当程度的中央集权。大部分财政收入应直接由中央政府掌握，中央政府可以通过转移支付制度很好地调控监督地方政府的财政行为，防止地方政府的机会主义倾向。

因此，政府间财政关系的改革趋势既不是单纯的集权，也不是单纯的分权，财政收入权力中央应当相对集中，以保证中央宏观控制力度和公共产品供给的公平；财政支出权力应当适当分权，以保证地方政府的积极性和公共产品供给的效率和效益。

关键术语

财务行政　财政收入　财政支出　国家预算　国家决算　税收制度　财政管理体制　分税制　财政政策　公共产品　公共产品供给　财政分权理论　财政集权理论　理想模型

问题与思考

1. 简述财务行政的概念和内容。
2. 简述国家预算的理论和方法。
3. 如何理解税收政策、财政政策的宏观经济调控作用？
4. 如何调整政府间关系以有效供给公共产品？

第 12 章

绩效测评和管理

通过前面各章的论述，国家公共行政组织已经有了自己的组织结构、领导体制、行政职能和行政权力，成为一个负有特殊使命的社会实体，并且开始进入公共政策制定、行政执行、行政决策、人事行政和财务行政的运行阶段。从公共行政学的角度来看，还有一个更重要的内容有待进一步研究，即对国家行政组织的活动如何有效地进行管理和规范。本章的主要内容是论述行政绩效测评和绩效管理问题，其后各章分别论述行政监督、行政治理模式和行政改革问题。

12.1　效率和效果的区别与联系

无论是企业管理还是行政管理，都需要考虑其本身的效率和效果问题。在研究国家行政组织的行政执行过程及行政绩效问题时，行政效率和行政效果是两个重要的概念和衡量标准。提高和改进政府的行政效率和行政效果是行政管理和行政改革的出发点，也是判断其绩效好坏的关键。

在公共行政学的研究中，“经济”（economy）也是一个非常重要的概念和标准，它通常和效率（efficiency）、效果（effectiveness）并称为“3E”。“‘经济’指标一般指组织投入管理项目中的资源水准。经济指标关心的是‘投入’的项目，以及如何使投入的项目做最经济的利用。”① “经济”的概念与“效率”的概念密切相关，德怀特·沃尔多曾指出：“经济则通过仔细分析，可以理解为是效率的一个方面。”② 本书按此意思理解，将“经

① 张成福、党秀云：《公共管理学》，273 页。

② 转引自［美］斯蒂尔曼：《公共行政学：观点和案例》，上册，18 页。

济”的概念融入“效率”的概念中综合论述。

12.1.1 效率和效果的概念

效率是在研究行政执行和行政绩效问题时常见的基本概念。其英文含义还有功效、效能的意思。我国《辞海》对“效率”一词的解释是：泛指日常工作中所消耗的劳动量与所获得的劳动效果的比率。国外词典如《牛津百科全书词典》（1994）、《韦伯斯特词典》（1993）等，多从所耗费的能量与其有效利用的比率来解释，这些都是对“效率”一词最基本的解释。在此基础上，许多专家学者从不同角度对“效率”一词的含义作出不同的扩充和引申，提出了多种比率，如付出的劳动量与获得的劳动成果之间的比率，付出的成本与得到的成果的比率，某一过程中输入（或投入）与输出（或产出）的比率，支出与收入的比率，消耗与收益的比率，行政耗费（包括人力、物力、财力和时间等）与社会功能或社会效益的比率，等等。与这些不同的解释和理解相联系，产生了机械效率、劳动效率、工作效率、经济效率、社会效率、组织效率、决策效率、管理效率、客观效率等各种各样的概念和范畴。它们的特定含义和内容虽然有所不同，但实质上都是指耗费与所得之间的比率。简略地说，行政效率即行政执行活动的效率，指在此过程中各种耗费与实际成效的比率。显然，各种耗费和实际成效是一种外延很广的概念，它们可以引申出一系列比率关系。

效果也是研究行政执行和行政绩效的基本概念，其英文含义还有效力、效验的意思。国外管理学、行政学的著述中，效率和效果有时在生效、有效等方面有相通之处，但在使用上有时有很大的区别。《辞海》对“效果”的解释是：由行为产生的有效的结果、成果。二者的区别在于，效率指的是一种比率关系，可以用“高”或“低”来评价。而效果指的是预定目标实现的结果或已完成的或所取得的实际成果产生的影响或作用，其评价标准是“好”或“坏”，而不是“高”或“低”。效率主要和工作数量、成本、经费开支等量化的概念相联系；效果则主要和工作质量、公平公正以及个人、组织和社会的满意度相联系。效率可以用量化手段来测量，而效果的评价包含有伦理的价值判断因素，不能完全用量化手段来测量。“效果”一词也可引申出许多不同的概念或范畴，如劳动效果、工作效果、经济效果、社会效果、决策效果、管理效果等。简略地说，行政效果即是行政执行活动的效果，指在某一阶段或某一时期，行政执行活动实现特定目标的结果或所取得的实际成果产生的社会影响和作用。

12.1.2 行政效率和行政效果的关系

关于行政效率的重要性历来受到较多的重视，如，“行政的直接目的在于追求效率”，“对于行政管理而言，行政效率是最重要的事情”，“提高行政效率是行政管理的最终目标”，“行政效率是行政管理的核心问题”，“是行政管理活动的出发点和归宿点”等，这些提法都说明了行政执行过程中追求行政效率的必要性。在工业中，生产率越高其竞争地位越强。同样，对于非商业性的组织来说，工作效率高也使其处于一种有利的地位。提高工作效率（或生产率）并不意味着通过增加时间、资金、原材料或人力等资源提高生产或服务，它要求的是“用较少的时间、较少的资金、较少的原材料和较少的人力提供较多的产品或服务”[①]。显然，对于国家行政组织来说，如何在一定行政耗费的基础上取得更大的社会效益确实是一项很重要的任务，但这只是问题的一个方面。

如果换一个位置，从立法机关或公民的角度来看，除了要求国家行政组织有较高的行政效率之外，还要求它有较好的行政效果，甚至在某些时候把这一点看得更为重要。因为效率基本上是一个经济范畴，它是测量经济活动或经营活动的重要标准，但对于国家行政组织来说，仅用行政效率的概念来衡量行政活动的成绩或社会影响即行政行为及其结果的好坏是不够的。美国管理学家彼得·德鲁克曾指出：“当然，所有的机构都需要有效率……但是，服务机构的基本问题不是成本高，而是没有效果。它们可能效率很高——有一些也的确效率很高，但它们却不是做该做的事。”[②]“服务机构所缺少的是效果而不是效率。效果不能通过企业经营方式，即提高效率而获得。”[③]从这段话的意思来看，效果是同所要做的事情或所要实现的目标相联系的。对国家行政组织等服务机构来说，确定所要做的事情或所要实现的目标是比提高效率更重要的事情。

赫伯特·西蒙在其名著《管理行为》（或译《行政行为》）一书中提出了效率准则的概念。在论述效率的本质时，西蒙指出效率准则同组织目标和生存目标紧密相关：“效率准则要求在费用相同的两个备选方案当中，选择目标实现程度较好的一个方案；在目标实现程度相同的两个方案中，选择费用较低的一个方案。在资源、目标和费用皆为可变因素的情况下，组织决策不能单纯建立在效率方面的思考上。”[④] 这段论述表明，当目标作为一个给定条件时，可以单纯考虑效率问题。但目标不确定时，除效率之外还必须考虑其他方面的问题。西蒙在这本书中强调，在决策制定过程中“效率准则同把管理的社会后果摆在其决定性影响的最前列的观点，也是完全相符的”[⑤]。因此，国家行政组织在其决策过程中，首先应考虑并确定行政目标和行政效果的问题，其次才应考虑行政效率的问题。

在行政学研究中，关于行政效率有许多不同的解释和理解，关于行政效果的论述却不是很多，有些论著将行政效果的内容包含在行政效率的概念中统一加以论述。但如上所述，这两个概念确实存在不同的含义和内容，分开论述的理论意义更大一些。本书在此采用的是较狭义的解释，目的是从行政效率和行政效果的区别中深入探讨有关行政执行过程中的一些问题。一方面，行政效率涉及的问题比行政效果的范围要窄一些，它可以限定在国家行政组织行政执行过程的范围内进行专门的探讨。而行政效果问题的研究则远远超出了这一范围，它涉及政党、国家立法机关、各种社会组织和公民对国家行政组织的要求和评价。另一方面，这种区别有助于深入探讨行政效率问题。例如，用西蒙所举的一个例子来说，甲、乙两个备选方案有如下四种关系：（1）甲的投入小于乙而产出大于乙；（2）乙的投入小于甲而产出大于甲；（3）甲的投入小于乙而产出也小于乙；（4）乙的投入小于甲而乙的产出也小于甲。对于（1）和（2）两种关系来说，很容易就效率问题单独作出决策选择，但对于（3）和（4）两个方案来说，仅从效率考虑出发很难作出选择，而必须综合考虑目标和效果问题。

---

① ［美］韦恩·卡西欧：《人事心理学》，101页。

②③ ［美］彼得·德鲁克：《管理：任务、责任、实践》（上册），180页，北京，中国社会科学出版社，1992。

④ ［美］赫伯特·西蒙：《管理行为——管理组织决策过程的研究》，118页。

⑤ 同上书，177页。

在国家行政组织的行政执行过程中，行政效率和行政效果都是不可偏废的重要问题。显然，如果没有行政效率，一切行政效果都等于零，反之亦然。但是，这两个问题又是相互区别的，解决了行政效率问题，并不一定就解决了行政效果问题。如果政府管了许多不该管或管不了的事情，效率越高，效果越差。同样在行政执行过程中，如果不从经济效益方面重视效率问题，即使政府做了一些该做的事情，也不会得到很好的评价。

在具体的行政执行过程中，对行政效果和行政效率的考虑构成一个完整的决策、政策制定过程。伍德罗・威尔逊在《行政学研究》一文中指出："行政学研究的目标在于了解：首先，政府能够适当地和成功地进行什么工作。其次，政府怎样才能以尽可能高的效率及在费用或能源方面用尽可能少的成本完成这些适当的工作。"① 威尔逊所说的第一个目标，与行政效果有关，而第二个目标则与行政效率有关。在具体的行政活动开始前，必须先确定国家行政组织的职能和职责范围，即确定政府应该管理或做些什么事情，行政效果的好坏实际上已经默默地包含在这些前提之中。如果人们认为政府该管的事没管，不该管的事反而管得太多，对行政效果不会有好的评价。在具体的行政执行活动开始之后，该活动的效率则始终是一个重要问题，即在投入一定的人力、物力、财力和时间后，如何取得较大的成果或效益，财政预算的编制、执行是这一过程的集中体现之一。

12.1.3　绩效和政府绩效

"绩效"（performance）本身是英语中的一个常用词汇，其与管理相关的词义主要有：（1）行为、工作；（2）执行、完成；（3）成绩、功绩。"绩效"在社会经济管理和人力资源管理的一般性理论中运用较为广泛。与其相近的概念有业绩、政绩等。"绩效"可以看作一个综合性的概念，泛指工作的完成情况或取得的成效、成绩，既涉及工作数量，又涉及工作质量；既涉及效率问题，又涉及效果问题。因此，其常被用于考核和评估工作中，如个人绩效和组织绩效，绩效工资和绩效预算，绩效评估和绩效管理，等等。

"政府绩效"，顾名思义指的是政府工作完成情况或政府工作的成绩、成效、功绩、政绩。需要指出的是，由于"绩效"一词含义广泛，"政府绩效"也有多种多样的解释。如要作一个较为明确的规定，"政府绩效"至少应该包括行政效率和行政效果两个方面的内涵。美国学者尼古拉斯・亨利认为："政府生产力是指政府改善其服务提供的效率和效果之和，更正式的表述是投入和产出之间的比率。"② 按照本书的定义，亨利所称的"政府生产力"仍属于效率的范畴。而政府绩效作为一个综合性概念，指的是政府管理社会公共事务的行政效率和行政效果之和。这个定义应该包含以下几层意思：（1）行政效率和行政效果分属于政府工作的质和量的两个方面，并非绝对割裂而是相互包容的，因此用政府绩效的概念可以将这两个方面有机地统一起来。（2）政府绩效作为行政效率和行政效果的统一，不可偏废任何一方，这样才能全面地考察政府的工作和业绩。（3）有助于系统地设计绩效测评的目标和方法。若政府绩效只是涉及单方面的内容，在进行绩效测评时就很难形成一个完整、合理的测评体系，这将在后面小节中展开论述。

---

① ［美］伍德罗・威尔逊：《行政学研究》，见［美］杰伊・M・沙夫利兹等编：《国外公共行政理论精选》，1 页。
② ［美］尼古拉斯・亨利：《公共行政与公共事务》，285 页。

12.2 绩效测评的概念和内容

绩效是一个综合性的概念，绩效测评也是如此，它包括“测”和“评”两方面。“测”指“绩效测量”，主要与测定效率问题相关，“评”指“绩效评估”，主要与评定效果问题相关。将绩效测量和绩效评估两个概念区别开，有助于从行政效率和行政效果两方面加深对政府绩效的理解。

12.2.1 绩效测评的概念

绩效测评是由绩效测量和绩效评估两个概念构成的。其包括两个方面的含义：（1）绩效测量（performance measurement），主要指定量的、效率方面的测评。（2）绩效评估（performance evaluation），主要指定性的、效果方面的测评。绩效测量和绩效评估两个术语在企业管理和行政管理的著作中经常出现，但其定义千差万别，有时相区别，有时相混同，这两个术语在国内著作中的译法也同样有此情况。但是，“测量”和“评估”在词义上还是有一定区别的。“测量”在英文中的意义主要是衡量、测量（量得的）尺寸、大小、长（宽、深）度。《辞海》对“测量”的解释是：“用量具或仪器来测定零件的尺寸、角度、几何形状或表面相互位置的过程的总称。”总的看来，测量含有定量分析、量化比较的含义：“测量这个词意味着准确地对政策结果进行测量的能力。”①

“评估”的英文词义主要是估价、评价、定值、求值。我国《辞海》中对“估价”一词的解释取的是“评价”的含义，对“评价”的解释是：“而今泛指衡量人物或事物的价值”。总体上看，评估和测量的含义有明显的不同，特别是对人物的价值衡量：“评价这个词有几个相关的含义，而各种含义都涉及了某种价值尺度在政策和计划运行结果方面的应用……评价的中心内容是对政策或计划有用性或价值作出判断，主要目的是确定一项政策和计划的价值或社会功效”②。因此，“绩效测量”和“绩效评估”这两个概念既不能相互涵盖，又不能互相取代，同时也不能混为一谈。因为“测量”和“评估”在意义上的区别，许多国外学者在用语选择上是有较明确的区别的。本书用“绩效测评”一词可以综合“绩效测量”和“绩效评估”两个概念的词义，也便于展开对政府绩效测评的论述。

关于“绩效测评”有多种定义。有从个人绩效方面定义的：“绩效评估是对雇员与职务有关的业绩、能力、业务态度、性格、业务适应性等诸方面进行评定与记录的过程”③；“绩效评估力图开发一种工具，这种工具可以精确地测量个人的绩效，以便确认一个个体的强项和弱项，并将一个雇员同另一个雇员区分开来”④。有从个人和小组绩效方面定义的：“绩效评估是定期考察和评价个人和小组工作的一种正式制度。”⑤ 有从绩效测量和评

① ［美］尼古拉斯·亨利：《公共行政与公共事务》，284页。

② ［美］威廉·N·邓恩：《公共政策分析导论》，435页。

③ ［美］R·韦恩·蒙迪、罗伯特·M·诺埃：《人力资源管理》，296页，北京，经济科学出版社，1998。

④ ［美］罗纳德·克林格勒、约翰·纳尔班迪：《公共部门人力资源管理》，399页，北京，中国人民大学出版社，2001。

⑤ 于军：《英国地方行政改革述评》，168页，北京，国家行政学院出版社，1999。

估方面定义的："绩效测量是不断对项目的完成情况进行监督与报告，特别是达到事先设定的目标进展情况。"① 有从政府绩效方面定义的："绩效评估是一个适用于为评价政府活动、增强为进展和结果负责的一切有系统的努力的术语。"② "绩效评估是评价达到预定目标的过程，包括以下信息：资源转化为物品和服务（输出）的效率，输出的质量（提供给顾客的效果，顾客满意程度）和结果（与所期望相比项目活动的后果），政府在对该项目目标特定贡献方面动作的有效性。"③ 从这些定义可以看出，绩效测评本身是对个人或组织的工作完成情况进行定期检查测量，并对其工作质量和效果进行评价以利于提高个人绩效和组织绩效，从而实现预期目标的一种方法和手段。在法制化、制度化的条件下，它本身也可以形成一种有特定内容的管理制度。

12.2.2　绩效测评的历史演变

综上所述，绩效测评本身包括绩效测量和绩效评估两个方面。绩效测量因其具有定量分析、量化比较的特点，主要运用于对行政效率进行全面的测评。绩效评估因其具有定性分析、价值判断的特点，主要用于行政效果方面的测评。

伍德罗·威尔逊创立行政学的早期论著中已明确提出了行政学研究的两个目标：第一个目标和行政效果相联系，第二个目标则和行政效率相联系。这两个目标实际上既是政府管理的目标，又构成绩效测评的两个主要内容和任务。绩效测评技术上的发展和完善也是沿着这两条主线交织进行的。

一般来说，正如表 12—1 所示（表中"绩效"一词，中文原译为"有效性"，在此做了修改），政府绩效测评经历了一个先是侧重效率，后是效率、效果并重的发展过程。而对政府效率的测评，最早可追溯到泰罗所掀起的科学管理运动。泰罗进行的"工时—动作研究"和所倡导的科学管理原则，是最典型的提高工作效率的方法，在当时即被广泛运用到公共部门中，其后还出现了不少进行绩效测量的机构，如 1906 年的纽约市政研究局、1912 年的经济与效率委员会和 1928 年的美国市政标准委员会等。克拉伦斯·E·里德利和赫伯特·西蒙的《行政活动的测量》（1938）一书，被认为是关于绩效测量的早期著作。卢瑟·古利克 1937 年在总统行政管理委员会的一份报告中曾指出"效率从此成为行政价值中的头号原则"④，对"效率"问题的重视程度跃然纸上。1970 年，尼克松政府成立了国家生产力委员会（即后来的国家公共生产力中心）并在 1973 年颁布了《联邦政府生产率测定方案》。1976 年，美国科罗拉多州通过了第一个与强调效率有关的《日落法》，至 1981 年，共有 36 个州通过了该法律。20 世纪 80 年代，政府绩效测评在西方国家普遍推行并开始走上法制化轨道，但其重点仍然是效率问题。20 世纪 90 年代，由于一些原因，政府绩效测评受到更多的重视，并在实际运用方面达到高潮。总的看来，绩效测评的历史演变过程可以归纳为以下几点：（1）20 世纪 70 年代末，西方各国普遍出现的经济衰退、

---

① ［美］尼古拉斯·亨利：《公共行政与公共事务》，284 页。

② Sheldon Silver & Marty Luster, *Reinventing*, *Government Series*: *Performance Measurement and Budgeting*, July, 1995.

③ Benchmarking Study Report, *Serving the American Public*: *Best Practices in Performance Management*, June, 1997.

④ 转引自［美］R·韦恩·蒙迪、罗伯特·M·诺埃：《人力资源管理》，288 页。

财政浪费、权力腐败等现象引起的政府信任危机构成推进政府绩效测评、绩效管理和政府再造的主要动力。(2) 20 世纪 80 年代，民营企业介入公共事务管理领域的民营化运动和市场竞争机制的引入要求政府更多地关注政府预算、成本、效率等问题，政府生产力的提高成为重要目标。(3) 以注重政府管理和质量为特点的公共管理运动和公共政策分析理论的发展，不仅强调政府的行政效率，而且强调政府的行政效果问题，其中尤为突出的是强调政策绩效评估的作用。(4) 各国政府普遍用立法形式和政府行为推进政府绩效测评方法。如美国国会于 20 世纪 90 年代相继制定了《政府绩效与结果法》、《财务管理改革法》、《信息技术管理改革法》等十几项法案作为政府绩效测评的基础。英国政府于 20 世纪 60 年代开始对公共部门生产力进行测评，到 80 年代在中央各部门大规模推行以“解决问题为导向”的“雷纳评审”，并在此基础上建立一整套绩效测评机制。1993 年，美国政府成立了国家绩效评估委员会（NPR，1998 年更名为政府再造全国伙伴关系联盟），并在此后发布了《政府绩效与结果法》和《绩效基础组织法》。

表 12—1　　绩效鉴定（节选）

(a) 质量	高 □□□□□ 低
(b) 工作绩效 完成的工作质量和数量：考虑光洁度、精度和一贯性	水平：值得表扬 3 ｜ 胜任 2 ｜ 需要改进 1 雇员和主管人的评论及改进工作的建议：
(c) 要素 工作质量：产品质量与所要求的质量标准比较	好 ○　较好 ○　一般 ○　较差 ○　差 ○ 评语：
(d) 工作质量 （考虑雇员独立性、细心和精度）	不满意 □□□ ｜ 满意 □□□ ｜ 较好 □□□ ｜ 出色 □□□ 评语：
(e) 工作质量	准确、高效无差错 5 ｜ 质量一贯好，几乎不出差错 4 ｜ 质量一般较好，有少量差错 3 ｜ 在严厉监督下，工作合格 2 ｜ 经常出错，质量无保证 1
(f) 评语： 工作质量 □准确性 □目标完成情况、效率 □创新精神和应变能力 □产品光洁度 □其他	检查项目　□出色 ☑满意 □需要改进 □不满意 □不可用

资料来源：[美] 韦恩·卡西欧：《人事心理学》，93 页。

这个时期的一个特点是政府绩效测评已开始重视公共服务的质量和效益问题。1992年，奥斯本和盖布勒在其名著中指出："我们说到企业家政府的模式时，指的是习惯性地这般行事的公营部门的机构，不断地以新的方式运用其资源来提高其效率和效果。"① 他们在该书提出的政府再造的"十项原则"中，一条重要的原则是："讲究效果的政府：按效果而不是按投入拨款"。该书提出的一些其他原则都和提高政府的行政效果有关。他们提出的改革目的，更多的是解决政府的行政效果问题："我们需要一个更好的政府。说得更加精确一点，我们需要更好的政府治理。"② 绩效评估的运用并不是脱离绩效测量单独进行的，政府绩效测评的发展趋势日益强调二者的结合。即使是侧重于行政效果的政策绩效评估，也通常是建立在绩效测量的基础之上的。

12.2.3　绩效测评的要素

绩效测评的目的通常是为了从质和量两个方面准确了解、评价个人或组织的工作状况和完成情况，判断其对组织或社会的影响和作用，强化沟通和奖惩机制，提出改进方法和措施，以利于提高个人绩效和组织绩效。绩效测评一般包括测评者、测评对象、测评目标、测评体系、测评环境五种要素。

第一，测评者。指专门进行绩效测量工作的人员、小组或机构。绩效测评不是一项偶然的、临时性的工作，测评者确定为哪些人或哪些机构，一般表明了组织对绩效测评工作的重视程度和对测评内容的趋向性。确定测评者可明确绩效测评工作的目标、对象、任务和责任，同时对测评效果及其在组织中所起的作用有重要影响。负责测评工作的人或机构在组织中的地位和权威性越高，测评工作对个人绩效和组织绩效所发生的作用就越大。测评者的范围包括上级、上级部门、同事、同级部门，甚至下级、下级部门等各种层次，但传统以上级和上级部门为主。在许多组织中，测评人员和机构一般设在人事、组织、财务、审计、预算和政策制定部门中。在某些情况下，组织有时也请某些专家或学术机构组成测评者，对政府绩效的整体测评则应由独立于政府系统之外的机构进行。

第二，测评对象。指其工作或完成情况将被有目的和有计划地进行测量和评估的人员、机构或组织。测评者和测评对象构成测评工作的两极。测评对象的确定与绩效测评的目标、内容和任务直接相关。需要指出的是，确定绩效测评对象并不仅仅是要对其本身的素质进行测评，更重要的是对其工作和完成情况进行测评。前者属于个人素质或组织素质测评的范畴，而后者属于个人绩效或组织绩效测评的范畴。因为个人或组织素质是个人绩效或组织绩效的基础，因此绩效测评往往是和素质测评同时进行的。例如，个人绩效测评一般会包括个人特性、资格、能力、态度等个人素质的内容，但这些因素仅仅是评估个人绩效的依据，而不是对个人绩效本身的测定。

第三，测评目标。指绩效测评工作所要达到或所要实现的具体目的。无论是个人绩效或组织绩效，都是一个内容广泛、复杂多样的庞大体系。绩效测评目标指明了组织所要测

---

① ［美］戴维·奥斯本、特德·盖布勒：《改革政府：企业精神如何改革着公营部门》，前言，上海，上海译文出版社，1996。

② 同上书，25 页。

量、评估的侧重点，并明确地体现组织开展测评工作的用意所在。它可以将绩效测评工作限定在一个具体的、可操作的范围内，如所要测评的目标是某个政府的经济绩效、治安绩效或是政策绩效？仅是测评效率、效果，还是二者兼而有之？绩效测评目标的确定与绩效测评工作的实际效果有直接联系。

第四，测评体系。是指导绩效测评工作有计划、有序地进行的一整套操作要素的集合体。这些操作要素包括绩效测评的内容、标准、指标、程序、方法、时间表、成本核算和计划方案等。对于任何一个组织来说，可选择的测评内容、指标方法等同样是多种多样的，在确定了测评对象、测评目标之后，需要进一步选择确定具体的测评内容、标准、指标、程序、方法并制定出可行的时间表、预算和计划之后，才能有效实施具体的测评工作。

第五，测评环境。其指的是组织内部和外部进行绩效测评工作的条件。这些条件包括：组织成员对绩效测评工作的认识和认可程度；测评人员和机构在组织内部的地位；测评工作所得到的物质、财政支持；测评技能的培训制度；开展测评工作的规章制度与绩效测评指数的奖惩制度；组织外部与绩效测评有关的各种条件和制度；等等。绩效测评环境对开展测评工作起着阻碍或促进的作用，其中尤以组织制度和社会制度方面的环境因素的影响最大。政府绩效测评的法制化是各项测评工作顺利开展的首要保证。

12.3 绩效测评的类型、指标体系、方法和步骤

由于组织的形式多种多样，作为提高绩效水平的一种方法和手段，绩效测评的内容和形式也同样是多种多样的。对于国家行政组织来说，不同的政府机关和部门，运用的绩效测评方法也不相同。

12.3.1 绩效测评的类型

绩效测评的类型可以作多种多样的划分，下面根据绩效测评的要素作一些最基本的分类。

第一，绩效的内部测评和外部测评。这是根据测评者的类型划分。内部测评指由组织内部的测评者进行的绩效测评，从某种意义上说，也可称为自我测评。内部测评者一般来说是组织中的上级、上级部门或人事、财务、会计等职能部门。外部测评指由组织外部的测评者进行的绩效测评，外部测评者一般包括立法机关指定的测评人员或机构，组织外聘的测评人员或机构、社会上独立运作的测评人员或机构等。

第二，个人绩效测评和组织绩效测评。这是根据测评对象划分。个人绩效测评指对组织中的个人独立完成的工作进行的绩效测评，是人力资源管理常用的方法。这种方法常跟个人素质测评结合在一起进行（如表 12—1 所示）。组织绩效测评是一个范围广泛的术语，指对小组、群体、机构、部门等多种多样的组织实体所完成的工作进行的绩效测评。这是企业管理、政府管理常用的方法，政府绩效测评也包括在组织绩效测评的范畴内。

第三，年度绩效测评和项目绩效测评。这是根据测评条件划分的。年度绩效测评指在固定时间内对个人或组织工作绩效进行测量和评估，其时间跨度一般为半年或一年，这种

测评可以有计划地定期进行。在一定时间内对个人或组织工作按其职责进行分门别类的测评。项目绩效测评指对个人或组织承担的独立项目进行的绩效测评，项目绩效测评一般是在所承担的项目完成之后进行总体测评，而不是按照严格的时间周期进行的，但如果是时间跨度很长的项目，在执行项目期间也可按照进度要求安排进行阶段性的测评。

第四，有形绩效测评和无形绩效测评。这是根据个人或组织的工作结果划分。个人或组织的工作结果一般可以有两种形式，一种是有形的，可以精确测量的，如产品的数量、经济发展水平、城市发展规模等；一种是无形的、不可量化的，如个人的工作行为、公共政策的社会心理影响、精神文明程度等。有形绩效测评指对可量化的工作或结果进行的绩效测评，对政府绩效来说，测评侧重的是行政效率。而无形绩效测评则是针对个人的工作态度、行政管理行为和政策效果等非量化的成绩进行评估。对政府绩效来说，测评侧重的主要是行政效果，旨在评估公众对个人或组织工作和服务质量及其工作行为、行政行为的反映和认可程度，所进行的是一种定性的而不是定量的分析。

12.3.2　绩效测评的标准和指标体系

绩效测评如果要进入操作阶段，首先遇到的问题是按照预定目标设定相应的标准和指标体系。在绩效测评的要素中，绩效测评标准和指标体系处于一种核心的位置上。绩效标准和指标体系是组织进行绩效测评工作必不可少的依据和基础。首先，确定绩效测评标准和指标体系是组织进行绩效管理和绩效测评的具体步骤。组织所要达到的目的、所关注的重点等要通过绩效测评的标准和指标体系表现出来。其次，绩效测评标准和指标体系是对个人和组织绩效的具体描述，个人和组织的工作状况和完成情况只有通过它们才能明确地表现出来。最后，绩效测评标准和指标体系是分析评价个人或组织的业绩、政绩，寻找工作差距、制定奖惩措施和改革方案的依据和尺度。

绩效标准是对所要达到的绩效目标或绩效指标做出的基本要求和具体规定。为了做出准确的分析和描述，任何绩效目标和绩效指标都应制定相应的绩效标准。它可以用文字、数字进行说明，也可以用多种层次或多种等级的图表形式表现出来（见表 12—2）。绩效测评标准可分为：数量标准、质量标准、比率标准、价值标准和公众满意标准等。

表 12—2　　国际绿色平均标准

1. 城市人口密度	A. 市区平均密度 B. 建成区平均密度	110 人/公顷（11 000 人/平方公里） 117 人/公顷（11 700 人/平方公里）
2. 城市绿化	A. 绿地覆盖率 B. 人均公共绿地	33.3% 36.4 平方米
3. 大气质量	A. 二氧化硫日平均值（毫克/立方米） B. 可吸入颗粒物（毫克/立方米）	0.067 0.166
4. 水环境	A. BOD（毫克/升）	小于 3
5. 噪声控制	A. 昼间（db） B. 夜间（db）	58.5 50.5
6. 固体废弃物	A. 生活垃圾处理率 B. 工业废弃物综合利用率	100% 70.9%

资料来源：沈清基：《城市生态与城市环境》，上海，同济大学出版社，1998。

绩效指标则是对个人或组织绩效内容加以分解以便进行测评的要素。指标体系的类型多种多样：（1）绝对指标，一般指完成工作的绝对数，如产量、利润和工作量等；（2）相对指标，指的是完成工作的相对数，如就业率、增长率等；（3）平均指标，指完成工作的平均数，如人均产量、平均工资等。其他类型还有计划和统计指标、数量和质量指标、经济和社会指标、投入和产出指标等。在政府绩效测评中，最常用的是经济指标和社会指标。经济指标我们了解得比较多，下面列表反映一些社会指标（见表12—3）。

表12—3　一些典型的社会指标

研究领域	指标
健康和疾病	州精神病院的人数
公共安全	害怕夜间单独行走的人数
教育	25岁及以上的高中毕业生
就业	妇女就业比率
收入	处于贫困线下的人口百分比
住房	住房条件低于法定标准的家庭数
休闲和娱乐	制造业职工年均带薪假期
人口	计划人口数和实际人口数
政府和政治	公共管理的质量
公众价值取向和态度	对生活的总的满意度和陌生感
社会流动性	父辈职业的变迁
自然环境	空气污染指数
科学和技术	科学发现

资料来源：[美] 威廉·N·邓恩：《公共政策分析导论》，374页。

绩效指标体系是为了综合反映与说明个人或组织绩效而整体设计的一套具有内在联系的指标系统（见图12—1与表12—4）。[①] 单一或零散的指标不可能准确反映组织的运作状况，组织需要制定一套指标体系来测评整体绩效。大中型企业、地方和中央政府或整个国家机构，如要真实了解、监控、预测自身的运行状况，正确估价自身优劣、竞争地位和发展趋势，科学制定发展与改革的计划方案，必须建立有前瞻性的、实用的指标体系。在西方国家发展的过程中，经济指标和经济指标体系建立得比较早。自20世纪60年代以来，欧美国家开始致力于建立适合于本国国情和不同领域的社会指标和社会指标体系，其最常见的形式是社会统计指标体系和社会调查指标体系。这种指标体系门类很多，内容庞大。如美国商务部、人口普查局编制的《美国社会指标》包括人口与家庭、健康与营养、住房与环境、交通运输、公共安全、教育与训练、工作、社会治安与福利、收入与生产率、参与和社会活动、文化、闲暇与时间利用12个大类。1983年国家统计局开始着手建立中国社会统计指标体系，起初提出13大类，最后确定为15大类，70个中分类，共1 100多个指标。

① 参见中国市长协会《中国城市发展报告》编辑委员会：《中国城市发展报告（2001—2002）》，245页，北京，西苑出版社，2003。

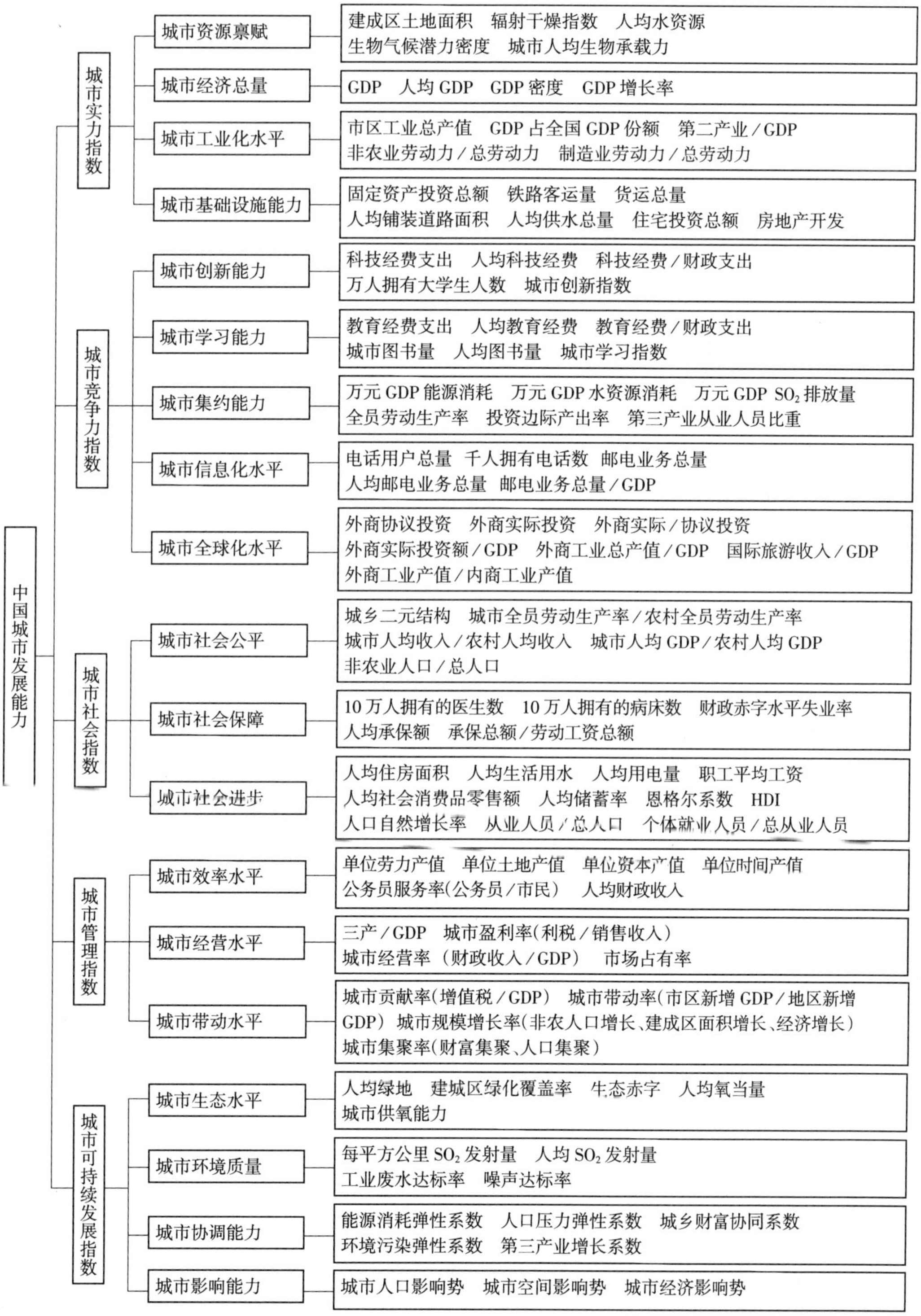

图 12—1　中国城市发展指标体系

表 12—4　　国内外大城市现代化指标体系对照表

指标类别	指标项	国际城市标准	中国城市标准
经济类	人均 GNP	2 万美元	5 000 美元
	第三产业占 GNP 比重	70%	50%～55%
	高新技术产品产值占工业总产值的比重	70%	20%～25%
	恩格尔系数	低于 15%	低于 25%
社会类	每万人拥有医生人数	50 人	13 人左右
	婴儿死亡率	低于 70%	目前为 1.3%～1.5%
	人口平均寿命	75 岁	72～75 岁
	社会保障覆盖率	95%	95%
文化类	文化支出占生活支出	40%	
	人均图书占有量	30 本	20 本（深圳）
	家庭彩色电视机普及率	100%	
	电话普及率	90%	50%（深圳）
	家庭电脑普及率	50%	20 部/百人（武汉）
	家庭上网率	30%	500 户/万人（武汉）
教育类	人口文盲率	低于 2%	
	劳动力文化指数	15 年以上	12 年以上（深圳）
	青年人受高等教育比重	70%	
	12 年义务教育普及率	100%	
	教育投入占 GNP 比重	5%	5%
科技类	每万人拥有科技人员数	2 000 人	500 人
	科技进步对经济的贡献率	70%	55%
	每年市级科技经费占预算财经支出比重	5%	2%（广州）
	技术开发费占企业销售收入比重	5%	2.5%
	拥有自主知识产权的高新技术产品产值占全市高新技术产品产值比重	80%	
居住类	人均居住面积	30 平方米	15～20 平方米
	每万人轿车拥有量	4 000 辆	1 500 辆（武汉）
	每万人商业服务网点	700 个	
基础设施类	人均道路面积	25 平方米	10 平方米（广州）
	燃气普及率	100%	
	人均生活用水	400 升/日	300 升/日（深圳）
	人均生活用电	2 500 千瓦时/年	500 千瓦时/年
环境类	人均绿地面积	30 平方米	10 平方米
	人均公园面积	20 平方米	
	二氧化碳年日均程度	低于 0.006 毫克/立方米	
	悬浮物年日均程度	低于 0.09 毫克/立方米	
	污水排放处理达标率	100%	95%
	建筑物平均密度	低于 100 米	
	无氟冰箱、空调器使用率	100%	
	住宅小区园林化率	80%	30%～35%

注：以上数据是根据有关研究成果及各类公开数据分析综合而成，仅供参考。

资料来源：厉有为：《城市现代化指标体系探讨》，北京，红旗出版社，2001。

西方国家在 20 世纪 80 年代开始普遍推广政府绩效测评，90 年代进入新的高潮。1983 年，英国政府为推进行政改革成立的伊布斯效率小组，其注意的焦点开始从效率转向绩效，并提出设立与政策制定部门相区别的“执行局”来保证绩效。用于绩效测评的指标体系也在这一时期得到了较大的发展。如英国财政部 1982 年颁发了《财务管理新方案》，要求政府各部门树立绩效意识，建立绩效指标，1983 年英国卫生与社会保障部提出了较为系统的绩效评估方案，设立 140 个绩效指标。1989 年 4 月，该部在一份报告中指出，在 34 个中央部门中已有 26 个建立了绩效测评机制，政府各部门拟订的绩效测评指标已有 2 327 个。美国的情况也是如此，20 世纪 90 年代，各级政府都从对绩效测量和项目评估迟疑不定的试验状态转向不断使其扩展、稳定及常规化，并且成为提高政府生产力与公共责任的有力支柱。① 有关美国州一级政府的资料表明，90 年代，2/3 的州部分或全部实行了顾客满意系统，3/4 的州预算部门定期使用州项目测量手段，4/5 的州在其预算文件中进行了有关生产力的测量，有不到 1/3 的州行政预算决定以相当高程度的效果分析为基础。但美国各州还都没有一个综合性的绩效与生产力测量系统，绩效测评的指标体系还存在进一步的发展要求。1993 年，美国国会通过了《政府绩效与结果法》，议会对行政部门的监督开始由“效率”和“过程”转向“绩效”。

12.3.3　绩效测评的方法

从以上分析可看出，为了提高政府的行政效果和行政效率，一个有效的途径是实行和发展绩效测评和绩效管理，以便提高政府部门中的个人绩效和组织绩效，要做到这一点，一方面需要科学制定绩效测评的标准和指标体系，另一方面需要科学制定绩效测评的技术和方法。

绩效测评的技术和方法与绩效测评的类型密切相关，如个人绩效测评和组织绩效测评、有形绩效测评和无形绩效测评、年度绩效测评和项目绩效测评等，由于测量和评估的类型不同，测评的要求、目标、任务、内容、所选用的标准和指标体系都会出现相当多的差异，应选用的测评技术和方法自然也会有相当大的差异，所以要根据测评任务的实际需要进行适当的选择。即使对于同一类型的绩效测评来说，由于个人、组织、工作任务和性质方面的千差万别，甚至由于测评者的个人差异，所选用的测评方法同样五花八门，因此，在此仅对测评技术的选用类型和原则进行一般概括，而不能进行更具体的描述。绩效测评包括下列四种工具箱，每个工具箱中都有大量的可选用的技术和方法。（1）社会调查方法。主要用于绩效目标的设定、存在问题的判断、绩效信息的收集以及公众满意程度的调查等。包括问卷调查法、访谈法、实地观察法、民意调查法、文献调查法等。（2）统计分析方法。主要用于对个人或组织所完成工作或提供的服务数量、质量、财政收支情况、组织的运行状况等所作的绩效分析。包括统计表与统计图、抽样统计、方差分析、相关回归分析、时间序列分析、指数分析、因素分析、国民经济统计分析等。（3）心理测评方法。主要用于了解、确定、分析与个人绩效、组织绩效有关的个人素质、工作态度、工作行为、组织行为、社会行为、行政行为等方面的绩效分析。包括智力测试、能力测试、态

① 参见［美］尼古拉斯·亨利：《公共行政与公共事务》，305 页。

度测试、职业适应性测验、工作分析、技术性向测验、群体社会心理测量、领导行为测量、行政伦理和行政行为测量等。（4）政策分析法。主要用于了解政策运行结果、确定政策目标实现程度、分析政策的社会心理影响以及预测未来政策趋向等方面的绩效分析。包括回归性分析、决策理论评价、问题构造法、交互影响分析、前后对比法、对象评定法、专业标准对照法、过程测试法等。

以上从四个方面粗线条地列举了绩效测评的方法，这四个方面所包括的方法是多种多样的，另外，绩效测评方法也并非仅局限于这几个方面，在此仅是为绩效测评方法的选择提供一个可供参考的范围。在实际操作中，测评者可根据测评的目标、组织性质、对策特点、问题类型、时间要求、制度保证等不同情况选择适合测评需要的方法。

12.3.4 绩效测评的步骤

从理论上说，推行和实施绩效测评的步骤是和设立、整合绩效测评的要素密切相关的。其实施方案或整体规划一般包括下列八个步骤：

（1）决策部门做出进行绩效测评的决定。绩效测评的组织者必须是权威性的决策部门，才能使绩效测评在组织系统中的运用产生最大的推动力。

（2）确定绩效测评所要解决的问题及组织所要达到的目标。对于政府部门来说，这些问题和目标应和行政效率、行政效果紧密相关。

（3）确定测评者和测评对象。这一步骤关系内部测评还是外部测评、个人绩效测评还是组织绩效测评的选择问题。这种选择取决于测评问题的性质、测评范围和组织决策部门的测评需要。

（4）制定测评内容、标准和指标体系。这一步骤要求结合工作分析、职位分类、结构分析、职能分工、人员素质测评、社会调查以及统计分析等方法，适当分解所需要测评的工作任务和工作结果，设立合理的绩效指标体系和可量化的绩效标准。

（5）确定测评的技术和方法。包括测评信息的收集、整理、测评技术和方法的选择，测评工作的组织、协调等各个方面。

（6）制定测评工作的实施程序和时间表。明确规定绩效测评的准备阶段、实施阶段以及总结改进阶段的进度和时间要求，在实施过程中要设定一定的信息反馈机制。

（7）确定与绩效测评相联系的奖惩机制。按照绩效标准，使绩效测评结果与个人或组织的利益直接挂钩。

（8）确定进行绩效测评工作所需要的制度保证。明确规定对绩效测评工作的物质、财政支持，确定通过何种方式提高组织成员对测评工作的认可程度，确定测评人员的培训体制等，使绩效测评法制化、制度化的各项规定是最为重要的条件。

12.4 绩效管理的理念和实践

绩效的提高，不仅在于测评，而且在于管理。按照美国国家绩效评估委员会的绩效测量小组所下的定义，绩效管理（performance management）是：“利用绩效信息协助设定国家的绩效目标，进行资源的配置与优先顺序的安排，以告知管理者维持或改变既定目标计划，并且报告成功符合目标的管理过程。”① 绩效管理是一种全过程的管理，它的特点是有明确的绩效标准和指标，组织员工广泛参与，要求整合各种信息、资源和技术，强调结果和创新并以绩效为导向。绩效管理的形式多种多样，它们一般都先在企业中发展起来并逐步运用于公共行政领域，如作业管理（OM)、目标管理（MBO)、企业流程再造(BPR)，以绩效为基础的组织（PBOS)、组织开发（OD)、全面质量管理（total quality management，TQM)、标杆管理、学习型组织等，在此仅对后三种形式做简要的描述。

12.4.1 全面质量管理

全面质量管理是在工业领域和生产部门得到广泛发展并逐渐运用于公共行政领域的管理技术。它由 W·爱德华·戴明所倡导，并对第二次世界大战后的日本工业重建起了重大作用。20 世纪 80 年代开始在美国和其他各国的工业界得到普遍运用，并不可避免地对公共部门产生巨大影响。例如，根据美国总会计局 1992 年的调查数据，联邦政府 2 800 个部门中有 60%采用全面质量管理办法来改进服务，同时期的其他一些调查表明，至少有 30 个州政府进行了某种类型的全面质量管理创制，大约 2/5 的市政机构使用全面质量管理。全面质量管理显然已经成为改进政府绩效的重要途径之一。

全面质量管理的目标是用同样多或更少的资源提供更多的产品和服务。质量是效率的基石，提高质量本身意味着降低成本，它既关系效率问题，也关系效果问题，既和个人绩效有关，同时也和组织绩效有关。对全面质量管理的理解，有两个较为典型的定义可作为参考，一是目标性的：“全面质量管理是一种简单然而却是革新了的工作方式，兹定义如下：(1) 全面：指把追求质量应用于工作的方方面面，从界定客户的需求到积极主动地评估客户满意与否。(2) 质量：意味着满足、超过客户的期望值。(3) 管理：指发展及保护组织力量以便于提高质量。”② 二是综合性的：“全面质量管理是一门行政哲学、一整套原则以及一系列量化技术，开发出来用以持续地改进以及从上到下地转变（如果必要）整个组织过程，以便使得顾客对组织的产品、绩效、程序以及员工完全满意。”③ 这两种定义说明，全面质量管理并不仅仅是一种单纯的管理方法，它首先要求的是树立创新的理念，转变关于人的传统的哲学观念以及创立鼓励员工参与的组织文化。其次，在拓宽管理幅度、减少劳动分工、促进工作丰富化、加强团队协作等方面进行组织结构和体制上的变革。最后才是确定一整套改进产品和服务质量，增强顾客满意度，提高个人和组织绩效的方法。

全面质量管理具有以下一些特征：

(1) 强调与供应方、员工、顾客三类人员保持密切的沟通和联系，以利于保持上级指令的正确性，所获资源、信息的可靠性、适当性和准确性，员工工作情绪的稳定性，对个人和组织的关注性以及准确及时地了解领导的要求和满意程度。

(2) 强调员工参与。不仅让员工关注工作结果，而且鼓励员工进行工作分析、提出改

---

① 转引自张成福、党秀云：《公共管理学》，271 页。

② ［美］史蒂文·科恩、罗纳德·布兰德：《政府全面质量管理》，序言。

③ ［美］尼古拉斯·亨利：《公共行政与公共事务》，335 页。

进建议，通过适当的教育和培训不断地提高员工分析问题、解决问题的能力和素质。

（3）强调协作精神和团队形式。以工作分析小组或质量改进小组等形式加强员工参与的效果，较有代表性的一种形式被称为“质量圈”：“这是一种由8～10位员工及主管组成的工作群体。他们定期碰头（一般是每周一次），讨论遇到的质量问题，调查问题出现的原因，推荐问题的解决办法，采取纠正措施。他们承担着解决质量问题的职责，提出并讨论他们自己的建议。不过，一般都是由管理层最后作出实施推荐方式的决策。”①

顾名思义，质量问题是全面质量管理关注的核心问题，如何保证质量，不仅是企业而且是政府所要解决的问题，美国学者罗森布鲁姆等论述全面质量管理在政府中的应用状况时，对其技术上的要点概括如下②：（1）顾客是质量的最终决定者；（2）质量应该早点在生产过程（上游）中建立，而非在结束（下游）时添加；（3）预防变异性是提高产品质量的关键；（4）质量是全体员工努力的结果而非单个人努力的结果；（5）质量需要持续不断地改善；（6）质量改善需要员工的热情参与；（7）质量需要组织全身心地投入。

因为政府部门面对的经常是一些不可量化的、无形的、制度性的、社会性的问题，实行全面质量管理比企业的难度要大，但其步骤或程序基本上是一样的，一般要经历下列几个阶段：（1）分析目前的个人绩效和组织绩效，确定需要改进的问题（问题1）。（2）发动员工参与分析，探寻并确定产生该问题的原因和解决方法（问题2）。（3）把已确定的原因作为新问题，进一步探寻并确定产生该问题的原因和解决方法（问题3）。依此类推，在此过程中，经常会遇到协作上、政策上或体制上的问题。（4）评估并确定解决问题3、问题2、问题1的方案能否逐步落实和达到预期效果。（5）逐步落实各个解决方案，评估问题1（最初遇到的问题）是否得以解决，以及个人或组织绩效是否得以提高。（6）在解决原有问题的基础上，结合对个人或组织绩效的分析提出新的需要解决的问题。

关于全面质量管理是否适用于公共行政组织存在一些争论，但其已被实践的潮流所淹没。问题不在于全面质量管理是否适用，而在于行政组织是否意识到运用它的必要性以及如何运用它。从国家行政组织来说，全面质量管理完全适用于更高、更好地提供优质服务和优质产品的要求。另外，全面质量管理的运用也适合于管理体制的改革要求，如分权化、工作丰富化、工作扩大化、参与管理、群体决策、绩效测评和绩效管理等。更重要的是，全面质量管理并不仅仅提供了一些有助于提高个人绩效和组织绩效的技术和方法，而是提供了一种新的管理理念和管理体制。“要使全面质量管理有成效，就必须把它渗透到组织的标准运行程序、价值观念和组织文化当中去——而不能独立存在”③。作为政府绩效管理的一种形式，全面质量管理仍处于逐步推行的过程中。

12.4.2 标杆管理

标杆管理（benchmarking）也是一种先在工业领域和生产部门发展起来并在20世纪80年代后逐渐运用于公共行政领域的绩效管理技术。“benchmark”的英文词义是水准、

---

① ［美］斯蒂芬·P·罗宾斯：《管理学》（第四版），381页，北京，中国人民大学出版社，1997。

② 参见［美］戴维·H·罗森布鲁姆、罗伯特·S·克拉夫丘克：《公共行政学：管理、政治和法律的途径》，192页。

③ ［美］史蒂文·科恩、威廉·埃米克：《新有效公共管理者》，106页，北京，中国人民大学出版社，2001。

基点。“标杆”本身指标示目标的一种工具。关于什么是标杆管理有多种多样的定义：美国生产力和质量中心认为，标杆管理“是不断进行比较和绩效评估的过程。方法是，一个组织对照世界任何地区的本行业领先者，以获得有助于该组织改善其自身绩效的信息”(1993)。美国会计师学会/哈克特顾问协会将标杆管理定义为：“对组织、公司和行业中相似的程序进行比较，以确定作出改善的机会”(1994)。美国学者帕特里夏·基利等人在综合比较若干个有关标杆管理的较有代表性观点后，下了一个总括性的定义：“标杆管理是一个认识和引进最佳实践，以提高绩效的过程。”① 标杆管理指的是，通过比较分析，以卓越组织的绩效及相应管理方法为基准，引进更高的标准和更有效的指标体系确定组织绩效目标，并采取一系列改进措施，从而不断提高个人绩效和组织绩效。

标杆管理具有下列特征：

(1) 标杆管理以绩效测评为基础，但并不仅限于组织内部的绩效测评。组织通过绩效测评可以较清楚地了解自身的绩效现状和绩效目标实现的程度，但并不能清楚地了解本地区、本行业、国内外已有的最好的绩效水平及自身与之相比较存在的绩效差距。组织需要寻找标杆，寻找绩效水平高于自己，在地区、行业、国内外领先的对手、竞争者或榜样。标杆管理的前提是寻找可作为组织绩效努力方向的标杆，它将绩效测评的视野从组织内部扩大到组织外部。

(2) 标杆管理需要运用比较分析的分法，但并不只是停留在单纯对数字或数据的比较研究方面。一般来说，通过参观学习、研究分析，组织可以较容易地确定各种可资比较的结果、标准和指标。但这只是标杆管理的初始工作。更重要的是，标杆管理要求进一步规定和组织实现其绩效的方法、手段或体制方面的变革措施，以便能够借鉴、学习和引进。

(3) 标杆管理需要学习、引进卓越组织的管理方法，但并不是简单地模仿、抄袭或照搬。由于所处地区、行业及国内外政治、经济、文化、政策等环境因素不同，以及地区、行业和组织方面的各种差异，在一个组织内达到的绩效水平和与之相关的方法在其他组织内并不一定适用。标杆管理强调的一点是，组织应根据自身的条件和发展需要，适当地引进新的绩效标准和指标作为组织绩效目标的基准数据，经过比较选择，量体裁衣，规定适合于自身发展的一整套绩效方法和改进措施。

(4) 标杆管理和全面质量管理有非常密切的联系。“标杆管理对于协助全面质量管理来说不失为一个十分有用的工具”②。全面质量管理和绩效考核一样，主要是从组织内部或工作本身寻找绩效问题和差距，在确定绩效目标及相应的绩效标准和指标时，有参照物或基准数据偏低的局限性。标杆管理则是从组织外部寻找绩效问题和差距，在确定绩效目标及相应的标准和指标时，可从提高地区、行业乃至国内外的竞争力的高度出发，进行绩效测评和绩效管理，同时也可学习、引进地区、行业或国内外处于领先地位的技术和方法。一般来说，采用标杆管理确定的绩效目标和绩效标准都高于本地区或本行业的平均绩效或绩效标准，为高质量地提高个人绩效和组织绩效提供了可靠依据。因此，一些学者认

---

① [美] 帕特里夏·基利等：《公共部门标杆管理》，39 页。

② [美] 戴维·H·罗森布鲁姆、罗伯特·S·克拉夫丘克：《公共行政学：管理、政治和法律的途径》，195 页。

为，标杆管理是全面质量管理的要求和工具，二者的结合可以明显地提高组织绩效。图12—2代表了对质量管理与标杆管理之间的关系的一种解释。

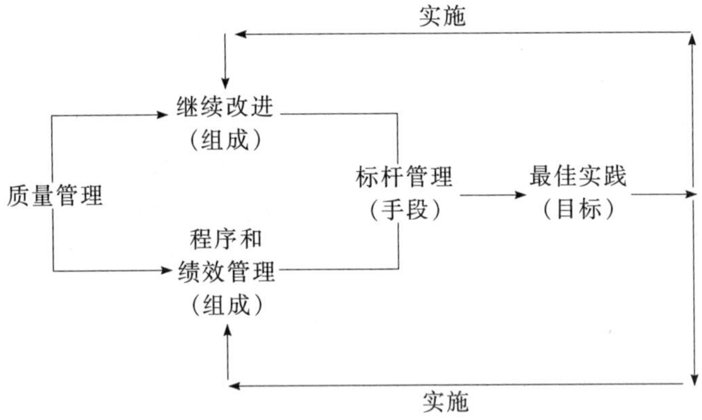

图12—2　质量管理与标杆管理之间的关系

标杆管理作为一种技术方法，在不同的组织实践中，没有统一的程序和步骤，如某些组织采用的是五步骤（Motorola），有的是六步骤（Pacific Bell）、九步骤、五段式十二步骤（Zerox）等，美国公共管理学会通报的一种方法是十个步骤。一般来说，标杆管理的基本程序和步骤可概括出下列一些共同的、不可缺少的内容：

- 确定标杆管理的总体设想和目标；
- 确定哪些职能或绩效指标最有必要实施标杆管理；
- 确定列为标杆的一流组织作为比较对象；
- 对所选一流组织的绩效状况进行测评；
- 对本组织的绩效状况进行测评；
- 确定本组织与一流组织之间的绩效差距；
- 分析一流组织取得成功绩效的方法、措施；
- 提出并确定本组织提高绩效的标准、指标及相应的方法措施；
- 在组织内部推行、落实改进的方法、措施；
- 检查测评改进过程和绩效结果；
- 强化、修改或重新制定标杆管理的计划和目标。

12.4.3　学习型组织

学习型组织目前已经成为推动生产及政府部门可持续发展的十分流行的理论概念。通过创建学习型组织提高组织整体的绩效和竞争力已成为一种遍及世界各国各行各业的实践活动。如今，“学习型企业”、“学习型城市”、“学习型政府”、“学习型社会”等概念的出现明显地反映学习型组织在理论和实践方面的巨大影响。关于学习型组织的理论，最有代表性的是美国著名管理学者彼得·圣吉提出的“第五项修炼”的学说（1990），其他有赫钦斯的“学习型社会”（1968）、瓦肯思与马席克的“学习型组织的六项必要的行动”（1993）、柯莱思与桑德斯的“迈向学习型组织的十个步骤”等。彼得·圣吉的著作《第五项修炼——学习型组织的艺术与实务》(1990)、《第五项修炼·实践篇——创建学习型组织的战略和方法》(1994)、《变革之舞——学习型组织持续发展面临的挑战》(1999)，系统论述了学习型组织的理论、方法、实践经验和运用技能。其中《第五项修炼——学习型组织的艺术与实务》一书连续三年名列全美畅销书的排行榜，在企业界、管理学界和公共行政领域产生了十分深远的影响。

彼得·圣吉认为，“对于一个组织来说，未来唯一持久的优势，是有能力比你的竞争对手学习得更快”①。在学习型组织的理论中，这一点得到了广泛的认同。我国大连市政府在《大连市委关于建设学习型城市的决定》中明确指出：“未来社会，成功者将是那些在竞争中比对手学习得更快的企业、组织和个人。”这一认知将保持和增强组织的学习能力放在提高组织绩效、增强组织竞争力、推动组织持续发展的首位。

与传统的学习观念不同，学习型组织的理论有下列一些特点：

(1) 强调的是能力的培养、练习，而不仅仅是知识的获得与理解。有的学者认为，该理论的精髓强调的是“习”而不是“学”。在这种意义上说，“第五项修炼”译为“第五项习练”更明白易懂。能力的取得，靠的是不断地练习和体验，而不是仅靠书本知识，谁都知道，要想学会游泳，只在岸上学习游泳的基本知识、标准、动作和姿势是不行的，必须下水反复练习才能获得游泳的能力。组织要培养的能力包括集体学习的能力、积极应变的能力、建立共同愿景的能力、系统思考的能力等。

(2) 强调的是团队学习、组织学习的能力，而不仅仅是个人学习的能力。按照学习型组织的理论，组织的成功与持续发展，并不仅仅是组织领导者个人能力的体现，而是组织中全体成员整体表现出来的团队能力、组织能力的体现。创建学习型组织就是要把组织改变成一种学习共同体，形成组织成员之间的沟通、互动、共同创新的新型关系，使整个组织具有快速学习、整体应变的能力，取得整体大于部分之和的最大效果。

(3) 强调的是思维方式、学习能力、组织素质、组织文化等深层次的变化，而不仅是工作方法、工作程序或管理体制方面的变化。全面质量管理、标杆管理以及企业流程再造、作业管理、目标管理等绩效管理形式通常只是从工作或管理层面进行变革，提高个人绩效和组织绩效。学习型组织的理论和实践注重的是通过增强推动组织持续发展的能力，从而在根本上解决工作层面或管理层面存在的问题，使组织工作的完成和绩效水平的提高具有一种源源不断的内在动力。

作为一种提高个人绩效和组织绩效的管理方式，彼得·圣吉提出了创建学习型组织的五项技能：自我超越、改善心智模式、建立共同愿景、团体学习和系统思考。其中“系统思考”，被称为“第五项修炼”，被视为最重要的一项技能。它以增强环路和调节环路的双环图形式，让组织管理者全面、系统地考察组织在经营管理和政策制定方面所遇到的各种问题。由于缺乏系统思考，在公共行政领域，许多赖以解决问题的政策，往往是产生新的更严重问题的原因。正如彼得·圣吉所说：“许多严重的公共问题，从都市的日益恶化到全球生态的威胁，都肇始于原先立意甚佳的政策。这些问题其实是处在一种复杂的系统中。这类系统会诱使政策的制定者在试图解决这些问题时，误将重点放在治疗问题的症状

① [美] 彼得·圣吉：《第五项修炼——学习型组织的艺术与实务》，1页，上海，上海三联书店，1998。

而非根本病因。这样虽然能够产生短期的效益，但就长期而言，病情恶化，不得不下猛药，造成更严重的问题。"① 这种分析方法比全面质量管理和标杆管理更适用于解决公共行政领域中的政府管理和政策绩效问题，因此有着非常广阔的应用前景。

需要指出的是，无论是全面质量管理、目标管理、企业流程再造、标杆管理还是学习型组织理论，所有这些有关绩效管理的形式和方法，都不是相互排斥或绝对分离的。在实际的管理过程中，综合运用它们将会取得更显著的效果。彼得·圣吉在关于学习型组织的论述中，提出了"学习场"、"领导力场"的重要概念。他认为，在这个场中，人们彼此之间的相互影响和相互作用可以影响到学习的效率和效果。在这个基础上可以引申出"制度场"的概念。任何管理都是在一定的制度条件下进行的，制度场本身是一种工作场、活动场、服务场，人们活动于其中产生相互影响和作用力。用一定的制度形式提高或强化人们彼此之间的相互影响和相互作用，可以有效提高效率、效果等个人绩效和组织绩效。制度改进和制度创新是加强绩效管理的一种新的研究课题和趋势。②

关键术语

行政效率　行政效果　政府绩效　政府生产力　绩效测量　绩效评估　绩效标准　绩效指标体系　全面质量管理　标杆管理　学习型组织

问题与思考

1. 如何理解行政效率与行政效果的区别与联系？
2. 绩效测量与绩效评估有何区别？各自有何特点？
3. 如何设定绩效测评的指标体系和标准？
4. 如何理解和运用绩效管理的理念和方法？

---

① ［美］彼得·圣吉：《第五项修炼——学习型组织的艺术与实务》，13页。

② 参见彭和平：《制度学概论》，193页。

第 13 章

行政监督

国家行政组织是依法行政的组织系统，它享有宪法和其他法律所授予的行政立法权和监督权。它本身是社会公共事务的管理者、执法者和监督者，同时也需要接受来自社会各方面的监督，以防止其出现滥用权力、执法不力、贪污腐败、以权谋私等各种各样的违法乱纪现象和行为，保证行政执行过程的顺利进行，取得行政绩效。这种监督机制和监督过程构成行政监督的主要内容。

13.1 行政监督的基本概念

行政监督是国家立法机关、司法机关、政党、社会团体、公民及国家行政组织自身对行政执行过程和行为所实施的监督。行政执行的最基本的特征是依法行政，与此相联系，行政监督的最基本的特征是依法监督。它决定了行政监督的基本目标、特点、不同的内容和方式。严格要求国家行政机关及其工作人员在行政执行过程中遵纪守法、认真执法和履行公务是行政监督的基本任务。

13.1.1 行政监督和行政执行

监督机制自古以来是国家制度的重要组成部分，是统治阶级有效控制国家机器、保证其正常运转的必要手段。行政监督属于现代国家的监督机制，以公共行政组织为特定的监督对象。在对行政监督的解释方面，有广义和狭义两种说法。狭义的行政监督指国家行政组织系统内部的监督，广义的行政监督除包括内部监督外，还包括国家行政组织系统之外的各种政治力量、组织和公民对国家行政组织的行政执行过程中的活动情况、行为及其效果所进行的监督。本书所讲的行政监督是指广义的行政监督。行政监督的内容与国家行政组织行政执行过程中的各种行政行为密切相关，大致有下列三个方面：

（1）对行政立法的监督。监督国家行政组织制定的行政法规和规章、行政立法权的行使及行政立法程序是否符合宪法、法律和现行的政策。

（2）对行政执法的监督。监督国家行政组织及其工作人员在行政执行或行政执法过程中是否遵守现行法律和政策、行政权的行使及行政执法程序、各种法律规定和具体政策的落实情况、工作效率及效果。对行政执行或行政执法的监督是行政监督内容最广泛、工作量最大、监督机制也最为复杂的工作。根据其具体内容可进一步划分为法律政策监督、行政绩效监督、行政程序监督、行政责任监督、行政人员个人行为监督等。

（3）对行政司法的监督。监督有关行政机关、行政司法机构和人员在行政司法过程中是否遵守现行法律和政策、行政司法权的行使和行政司法程序是否符合法律规定和政策要求。行政司法本身具有在国家行政组织内部对行政执行或行政执法行为进行监督的性质，因此对行政司法的监督属于对监督者的监督。

13.1.2 行政监督的特点

作为现代国家制度的组成部分，行政监督具有下列一些基本特点：

（1）法制性。行政执行是依法行政，而行政监督则是依法监督，是在法制基础上对守法、执法情况进行监督和检查。行政监督机制和各种专门的监督机构是依法建立的，行政监督的权力是依法授予的，监督活动是依照法定程序进行的，整个行政监督过程不仅有法可依，而且对违法行为或不当行为有法可究。有效的行政监督必然以强有力的法律制度为后盾。

（2）多样性。行政监督有多种多样的监督主体和监督方式。监督主体主要有各级国家立法机关、审判机关、法律监督机关、行政监察机关、仲裁机构、各种政党和社会团体、企事业单位、新闻单位、公民等。监督形式根据监督主体及其监督权力的不同有质询、审查、弹劾、调查、检查、揭露、举报、申诉、诉讼等多种多样的形式。

（3）强制性。行政监督是依法监督，监督决定和执行活动具有一定的强制性。其主要表现是国家立法机关、审判机关、法律监督机关、行政监察机关等可依据国家法律、法规和政策独立行使其监督权，并可依法采取强制手段执行其决定，不以被监督者的意愿为转移。

（4）全民性。行政监督在法律形式上具有全民性，所有公民都有对任何国家行政机关和国家工作人员进行批评、建议并对其违法失职行为提出申诉、控告、检举等监督权利。行政监督的这一特点源于人民主权和公共行政的原则。

（5）经常性。行政监督是国家立法、司法和行政制度的重要组成部分，是一项经常性的任务而不是临时性的措施。行政监督贯穿于行政执行过程中的每一个阶段、方面和环节，国家行政组织实际上是在法制监督的条件下运行的。

（6）公开性。行政监督的公开性是与其法制性和全民性相联系的。行政监督的各种法律规定都是公之于众的，同时国家行政组织的工作计划、工作程序、工作内容也应有一定的透明度，即公开办事制度、公开办事结果，便于接受各个方面和群众的监督。除此之外，适应民主政治的客观要求，还应建立有助于实行社会监督和舆论监督的公开监督机制。

（7）限制性。各监督主体的监督权按有关法律规定有其特定的范围、权限、方式和手段，不能无限扩大和任意使用。同时，各监督主体的监督活动也处于法律和其他政治力量、组织、个人的监督之下，监督者也必须接受再监督。

13.1.3 行政监督的类型和机制

由于行政监督过程中监督主体和监督形式的多样性，可以从不同的角度划分出多种多样的类型。例如，从对行政执行过程主要构成的监督作用划分，分为行政立法监督、行政执法监督和行政司法监督等；从监督主体划分，分为立法机关监督、审判机关监督、检察机关监督、政党监督、群众团体监督、企事业单位监督、新闻单位监督、公民监督等；从隶属关系上划分，分为上行监督、下行监督、横向监督、纵向监督等；从监督手段上划分，分为立法监督、法律监督、执法监督、纪律监督、舆论监督、社会监督等；从行政职能上划分，分为计划监督、人事监督、审计监督、财政监督、税收监督、统计监督、技术监督等；从时限范围上划分，分为事前预防监督、事中跟踪监督、事后检查监督、宏观监督、微观监督等。这些分类说明了行政监督是一个极为复杂的过程。

行政监督过程虽然复杂多样，但并不是一个杂乱无章的聚合体，而是一种有内在联系的社会机制。如上所述，行政监督最基本的特征是依法监督，它是在严密的法律体系基础上建立起来的监督体系。从某种意义上说，法律体系有多严密和科学，监督的内在机制就有多严密和科学。各监督主体依据法律被授予不同的监督权，被授权采用不同的监督方式和手段，它们各司其职，共同构成一个有机整体。这一整体可称为国家行政组织的外部监督机制，它指独立于国家行政组织之外的各种监督主体对国家行政组织的行政执行过程实施监督的机制。与此相对应，国家行政组织同样依据法律在其系统内部形成一套监督机制，称为国家行政组织的内部监督机制，它指国家行政组织自身对行政执行过程实施监督的机制。国家行政组织的外部监督机制和内部监督机制并不是截然分开的，它们靠国家法律制度互相衔接、互相依存、互相补充，共同构成国家行政监督制度的整体。

国家行政组织的外部监督机制在某种程度上可以分为权力监督、政治监督、权利监督三种类型。顾名思义，权力监督指监督主体运用国家法律所授予的权力所进行的监督。其包括立法监督和司法监督，国家权力机关和国家司法机关依照国家法律可单方独立行使某种权力对国家行政组织进行监督，它们三者分别是立法权、司法权和行政权的权力主体，体现的是权力对权力的监督和制约。政治监督的类型即是政党监督，政党在行政监督方面的作用主要是通过政治影响、政策监督来体现的。权利监督的类型包括社会监督和舆论监督，其监督主体是公民、法人、社会团体、企事业单位等，它们依照国家法律享有监督的权利，但不能单方直接行使监督权，它们不是权力主体，没有对国家行政组织的强制力和支配力。然而，它们的监督作用不仅在于其自身的监督方式，而且在于它们对于立法机关、司法机关和政党的行政监督作用有十分巨大的影响。

国家行政组织的内部监督机制一般也可分为权力监督和权利监督两种类型，根据我国特点，政治监督也是内部监督机制的类型和组成部分。权力监督包括直线监督、职能监督、审计监督、行政监察、行政司法等，是隶属于国家行政组织系统的有关行政机关根据国家法律、行政法规和规章授予的权力对行政执行过程所进行的监督，体现的仍是权力对权力的监督和制约。权利监督主要指的是公务员根据国家法律和《公务员法》所享有的对国家行政机关及其领导人员提出批评、建议、申诉、控告的权利所实施的监督。由于我国的政治制度和其他国家不同，中国共产党作为执政党可以直接在国家行政组织内部进行监督，形成一种特殊的政治监督类型。国家行政组织的内部监督机制只是在行政监督的意义上来说的，即只是把国家行政组织作为特定的监督对象而言。实际上，这套机制既有对内的监督作用，也有对外的监督作用。特别是其中的职能监督和审计监督，和行政执法过程相联系，具有社会性或全国性的监督作用。由于侧重点不同，在此只论述它们的行政监督作用。

13.2 外部监督机制

国家行政组织的外部监督机制是一个国家的政权组织形式和整个国家运行机制的综合表现，它反映国家的权力分配关系、国家行政组织的地位和作用及其所受到的制约。这种外部监督机制所体现的国家权力的分配关系从根本上说是由国家的根本大法即宪法规定和调节的，目的在于防止国家行政组织滥用权力，保证行政执行过程的合宪性和合法性，不断提高行政效能和绩效。具体说来，外部监督机制包括立法监督、司法监督、政党监督、社会监督和舆论监督。

13.2.1 立法监督

立法监督指国家立法机关依据宪法对国家行政机关所实施的监督。在一些西方的国家中，国家权力被分为立法权、行政权、司法权三个部分，分别由三个国家机关独立行使，三者之间保持一种互相牵制、互相约束的制衡关系，国家立法机关、司法机关对行政机关起着监督、制约作用。在我国，政权组织形式是人民代表大会制度。全国人民代表大会是最高国家权力机关，行使国家立法权。对重大国家事务的决定权、任免权和监督权，既是议事机关，又是工作机关，不存在和其他国家机关分权问题。最高国家行政机关、最高国家审查机关等都由它产生，受它监督，对它负责。国家行政机关是国家权力的执行机关，不能像实行分权原则的国家那样行使否决权。由于其他国家机关、社会组织和公民对国家行政组织实施监督的权力或权利以及国家行政组织的内部监督机制从根本上说是由国家立法机关通过立法程序规定的，所以立法监督在行政监督过程中起着主导性的作用，具有较高的权威性。

立法监督的主要内容按各级国家立法机关的权限有所不同，一般包括：(1) 监督宪法的实施，在某些西方国家中，由国家司法机关主管宪法实施的监督；(2) 监督由各级立法机关制定的法律、法规的贯彻执行；(3) 监督行政法规、决定、命令等的合宪性、合法性；(4) 监督各级国家行政机关及其工作人员活动和行为的合宪性、合法性；(5) 按所辖权限监督并有权罢免同级政府行政领导人；(6) 审批各级预算、决算、经济计划及其执行情况；(7) 处理国家机关之间的权限争端；等等。

从世界各国的总体情况看，立法监督的形式一般包括：

（1）质询。指立法机关议员个人或集体以书面或口头方式就政府行政活动有关事项向政府首脑或部长提出问题，并要求其即席或书面答复。质询往往导致一般性辩论并带来政治后果。

（2）提出不信任案或不信任表决。指立法机关在不同意政府的政策和施政方针或对政府的行为感到严重不满时，提出对政府的不信任案或谴责决议案并进行表决的活动。表决通过的结果将导致政府内阁辞职或导致新的议会选举。

（3）任命。指由国家立法机关审查并决定政府高级官员的任用问题。各国做法不尽相同，主要有下列三种方式：1）由立法机关直接选举和任命。2）由立法机关决定人选提交国家元首任命。我国即是这种情况。3）由立法机关批准或赞同行政机关的有关任命。

（4）弹劾。指立法机关对政府高级官员违法失职进行控告和制裁的一种制度。此制度于 14 世纪起源于英国，后来为许多西方国家所效仿。

（5）罢免。指立法机关对于任期未满的违法失职人员用投票方式免去其行政职务。此制度一般适用于各级立法机关对同级政府官员的监督。

（6）审批。指立法机关审查并决定是否批准政府的预算、决算、经济计划、重大行政事项、施政性方针和政策等的制度。其涉及的行政监督内容较为普遍和广泛。

（7）国政调查。指立法机关为了解政府的行政执行活动情况以便实行有效监督所进行的专门性调查或检查。其内容一般包括围绕行使立法权进行的调查、选举调查、违法行为调查等。

（8）行使司法职能。某些国家的立法机关在特殊情况下可不同程度地行使司法权，如议会可向普通司法机关控告行政官员、议会以表决方式直接指控高级行政官员的违法犯罪行为并审判定罪，或由议会组成特别法庭执行司法职能等。我国宪法关于全国人民代表大会、全国人民代表大会常务委员会、地方各级人民代表大会的有关条款对我国立法监督的主要内容和形式作了明确的规定。

13.2.2　司法监督

司法监督指国家司法机关依据宪法和有关法律对国家行政机关所实施的监督。在某些西方国家中，一般由立法机关主管宪法或一般法律的制定，由司法机关主管宪法实施的监督。而在另一些国家中，制定宪法和监督宪法实施的权力统一由国家最高权力机关行使，司法机关和行政机关的地位一样，司法权和行政权不是独立的，它们都由立法机关产生，向立法机关负责。但是国家立法机关直接行使的职权并不是无所不包的，其权力范围一般包括国家立法权，对重大国家事务的决定权、任免权和监督权，而将司法权和行政权分别授予司法机关和行政机关。司法机关依法利用司法手段和司法程序对国家行政机关的活动和行为实施监督。

一般所说的司法机关，主要指法院。广义的司法机关还包括检察机关，它们所行使的职权是司法权，前者代表国家进行审判，后者为追究法律责任和刑事责任而提起公诉。西方国家主要存在大陆法系（或称民法法系）和英美法系（或称普通法系）两大法系。前者是在罗马法的原则和形式的基础上，以 1804 年的《法国民法典》和 1900 年的《德国民法典》为代表发展起来的。后者则是以法院判例为基础，并主要体现在判例汇编之中的，适用于英美及几乎所有英语国家的资产阶级法律体系。与此相联系构成大陆法院和英美法院两种法院类型。属于大陆法系的国家没有独立的检察机关，检察院附属在法院系统内或由司法行政部门领导。属于英美法系的国家则有相对独立的检察机关。

在行政监督方面，法院通过独立行使审判权的审判活动和审级、陪审、辩护等司法审查制度对国家行政机关及其工作人员起监督作用。其判决的主要内容有：（1）在司法机关负责监督宪法实施的国家中，审查行政法规或行政措施的合宪性，追究并制裁违宪行为。（2）通过审理各种刑事案件、民事案件、经济案件和行政案件，审查与此有关的行政机关及其工作人员的行政行为或个人行为的合法性，追究并制裁其违法、侵权、失职、贪污受贿等犯罪行为。

法院进行行政监督的主要方式有下列四种：

（1）违宪审查。指以司法机关监督宪法实施的国家建立的一种对立法行为和行政行为是否违宪进行审查和裁决的司法审查制度。在这些国家中，被司法机关宣告为违宪的法律、法令、法规或行政行为便不能生效或实施。实行这种制度的国家可以分成两类：一类由普通法院审查违宪问题，另一类则由专门的宪法法院进行审查。宪法法院不审理一般民事案件和刑事案件，主要职能是实行违宪审查以保证宪法的实施。有些国家的宪法法院还有权审理涉及国家机关之间的权限争执、弹劾政府高级官员、选举诉讼的案件。违宪审查有严格的司法程序和规定，具体形式有附带性违宪审查、预防性违宪审查和控诉性违宪审查。我国宪法规定由立法机关即全国人民代表大会而不是司法机关监督宪法的实施。

（2）行政诉讼。行政诉讼是公民、法人和其他组织对有关具体行政行为不服，以行政机关为被告向法院提起的诉讼。这项制度是司法机关通过审理行政案件，维护和监督行政机关依法行使职权的重要法律制度。行政诉讼与行政司法有密切联系，与行政复议合称为行政争讼制度。行政争讼一般首先经过行政复议，不服复议裁决的，再由个人或组织提起行政诉讼（参见本书第 8 章“行政执行”）。行政诉讼以国家行政机关为被告，反映了国家权力机关之间的制衡关系。我国自 1990 年 10 月 1 日起正式实施《中华人民共和国行政诉讼法》，对行政诉讼的基本原则、制度、受理或不受理的受案范围、管辖、诉讼参加人、证据、起诉和受理、审理和判决、执行、侵权赔偿责任以及涉外行政诉讼等作了明确规定，标志着我国的行政活动将在更大范围内接受司法监督。

（3）刑事诉讼。指国家司法机关在当事人和其他诉讼参与人的参加下，依照法定程序，解决被告人是否犯罪和应否受刑事惩罚的活动，是一项基本的法律制度。刑事诉讼以保护国家利益和公民合法权利、打击犯罪行为为主要目的。它依据刑法和刑事诉讼法的有关规定行使刑事处罚权，打击、制裁各种犯罪行为，一般包括危害国家利益、危害公共安全、破坏经济秩序、侵犯公民人身权利和民主权利、侵犯财产、妨害社会管理秩序、渎职、妨害婚姻家庭等方面的罪行。刑事诉讼是监督国家行政人员执法守法的重要手段之一，其中尤以有关贪污罪、受贿罪、玩忽职守罪、重大责任事故罪等的刑罚规定对国家行政机关工作人员的观念和行为有较大的监督制约作用。全国人大 1979 年通过了《中华人民共和国刑法》和《中华人民共和国刑事诉讼法》，以后又陆续颁布了一系列有关规定和决定，在不断完善我国刑事诉讼制度的同时，也不断强化了司法监督机制。

(4) 民事诉讼。指国家司法机关依照法定程序对民事案件独立审判的活动，也是一项基本的法律制度。民事诉讼主要涉及公民之间、法人之间、其他组织之间以及他们相互之间因财产关系和人身关系提起的诉讼。其作用在于维护社会经济秩序，确认民事权利义务关系，制裁民事违法和侵权行为，保护当事人的合法权益。在市场经济体制下，国家行政机关及其工作人员在许多方面不可避免地卷入大量的民事纠纷、经济纠纷、合同纠纷之中。因此民事诉讼对其行政行为，特别是行政合同行为起着重要的法律监督作用。在我国，随着社会主义市场经济的建立和发展，政府行政合同行为的内容和范围将会越来越广泛，从民事合同、经济合同、劳动合同和行政合同的最基本的合同分类来看，其中许多具体合同形式与政府的行政合同行为有关。我国全国人民代表大会先后于 1981 年通过《中华人民共和国经济合同法》、1986 年通过《中华人民共和国民法通则》、1991 年通过《中华人民共和国民事诉讼法》以及一系列有关的法律和法规，从某种意义上说，这同时也是在改革开放过程中逐步加强司法监督机制的重大措施。

根据宪法规定，我国的司法机关由各级人民法院和各级人民检察院组成，前者是国家的审判机关，行使审判权，后者是国家的法律监督机关，行使检查权。在司法过程中，它们和国家行政组织中的公安机关三者存在着分工负责、互相配合、互相制约的关系。《中华人民共和国刑事诉讼法》第 3 条规定：对刑事案件的侦查、拘留、预审，由公安机关负责。批准逮捕和检察（包括侦查)、提起公诉，由人民检察院负责。审判由人民法院负责。其他任何机关、团体和个人都无权行使这些权力。这条规定是公、检、法三机关在刑事诉讼过程中必须遵守的基本原则之一。在司法机关中，人民检察院作为法律监督机关，具有特殊的地位和作用，它的重要任务是维护国家法制的统一：一方面对政府机关、社会团体、企事业单位、国家工作人员和公民的执法、守法情况实行监督，另一方面对法院、公安、司法行政部门的司法行为进行监督。这对保证司法监督过程的合宪性和合法性有很重要的意义。在《中华人民共和国刑事诉讼法》、《中华人民共和国民事诉讼法》和《中华人民共和国行政诉讼法》中，都有人民检察院在认为人民法院已经发生法律效力的判决和裁定违反法律、法规规定时有权按照审判监督程序提出抗诉的专门条款。

13.2.3　政党监督

政党对国家行政组织的监督作用主要是通过政治活动和政策制定的过程来实现的。政党监督的方式和影响力与一个国家的政治制度、选举制度、政权组织形式、文官制度或公务员制度有着密切联系。严格地说，行政监督应是依法监督，即依照宪法、法律或法规监督政府行政行为的合宪性和合法性。但是在不同的社会制度和政治制度中，各国政党监督的方式和特点有所不同。

1. 政党监督的特点

在大多数西方国家中，政党制度是与普选制和议会制联系在一起的两党制或多党制，或是由两个主要的政党轮流执政，或是由两个以上的政党结盟执掌国家政权。这些政党虽然在本质上都是资产阶级的政党，但是分别代表不同的集团和阶层，有着不同的利益和要求。它们的政纲与政策、宪法并不完全一致，对政府的宪法监督和法律监督往往是它们进行政治斗争的重要手段。换句话说，宪法和法律是它们进行政治斗争的产物和工具。因此，政党对政府的监督活动有下列一些特点：

第一，监督是争夺政权的手段。各政党主要的目的是通过选举取得议会多数进入政府成为执政党，当它们处于执政党地位时，主要活动是维护政府的权力和自身的执政地位。当它们处于在野党地位时，对执政党及其政府具有严厉的监督作用，从政策制定、行政行为到行政绩效，范围十分广泛，其目的往往是想取而代之。在批评、建议、指责、质询等合法手段背后常常出现攻击或倒阁行为。

第二，监督作用主要体现在议会斗争过程中。议会享有的立法权和监督权对政府活动和行为有十分重要的制约作用。由于西方许多国家实行的是文官制度或公务员制度以及议会掌握高级政府官员的任命权，即使是执政党也只能直接控制与选举结果共进退的少数政务官，执政党对政府的控制和监督也必须借助议会中的力量和优势来实现。像美国等实行总统制的国家，通常把总统所属的政党称作执政党，其并不一定是国会中的多数党，因此常会出现在野党通过在议会中的多数优势制约执政党的政府行政能力和行为的情况。

第三，注重对政府政策的控制和影响。制定政策是政党活动的重要内容之一，无论是实行总统制还是内阁制的国家，执政党或在野党监督、制约政府的目的之一就是力求通过立法权或行政权把本党的政策变为政府执行的政策，利用国家行政机关的力量来推行，以便使自己所代表的阶层或集团得到利益。因此，在议会制定各种法律和讨论通过政府提交的各种法规草案、议案的过程中充满了政策斗争。而执政党或在野党都力争使自己的政策主张变为正式的法律或法规，维护自己的政策主张而对对方的政策主张极力抨击。同时，各政党还通过舆论工具和自己的社会力量在议会外的更大的范围内施加政策影响。在野党由于对政府推行的政策不负责任，可以更自由地以批评、支持、反对等方式对政府的政策进行监督。这种批评和监督一方面可以在很大程度上迫使执政党更多地注意自己的行政行为的合法性和行政绩效，另一方面可以迫使执政党在制定公共政策时除了考虑本集团或本阶层的利益外，不得不考虑政策后果和其他集团或阶层的利益。

2. 我国政党监督的具体表现

我国的情况与其他国家不同。中国共产党作为执政党的领导地位和作用是在宪法中明确规定的。党的性质决定它代表中国各族人民的根本利益，宪法的各项规定与党的路线、方针、政策是完全一致的。因此，党对国家行政机关的监督是真正从维护国家和全体人民的利益出发的，其所实施的政治监督和政策监督的过程实质上也是依法监督的过程。由于中国共产党的性质和地位，其监督作用并不仅仅局限于国家行政机关的外部，它同时也可以从国家行政机关的内部实行有效的监督，这一点将在本章第三节展开论述。中国共产党的行政监督作用与我国的政治制度密切相关，具体表现在下列几个方面：

（1）政治监督。党对国家行政机关的监督作用主要是通过政治领导作用来体现的。党依靠制定正确的路线、方针和政策，提出符合国家利益和人民利益的政治主张，领导和影响国家行政机关的政策制定和决策过程。

（2）政策监督。党通过在各级人民代表大会和各级政府内部进行的政策法律化、政策法规化的过程，将党的路线、方针、政策转化为具体的法律规定，以立法程序强化政策的实施和效果。

(3) 立法监督。党在各级人民代表大会中占有较多的代表名额，可以有效利用各种立法监督手段影响国家行政机关的行政活动和行为。

(4) 纪律监督。党的各级纪律检查委员会对担任各级行政机关领导的党员干部进行严格的考查和监督，对违犯党纪国法的党员干部在进行党纪处分的同时，分别提请有关人民代表大会或行政机关免除其行政职务。

(5) 法制监督。党通过自己的政治影响和政策影响，促进法制建设，不断加强立法机关、司法机关及其工作人员的工作，增强立法监督和司法监督的作用。

我国实行的是中国共产党领导下的多党合作的政治制度。各民主党派对国家行政机关的监督是我国政党监督制度的一个重要方面。其方式主要有下列几个方面：第一，政治监督。通过政治协商会议座谈会、情况通报会等形式，参政议政，讨论国家的大政方针、重要人事安排和重大问题，向国家行政机关提出建议，实施行政监督。第二，参与立法监督。各民主党派在各级人民代表大会中占有一定比例，可以通过立法程序和立法活动实施对国家行政机关的监督。第三，直接参政。各民主党派可在中央至地方的各级行政机关、司法机关或监察机关中担任一定的行政领导职务，直接参与国家行政机关的管理和监督。第四，多党合作、相互监督。“长期共存，互相监督”是党的一个基本方针，民主党派可以通过对中国共产党及其路线、方针、政策的监督对国家行政机关的工作施加影响。

13.2.4　社会监督和舆论监督

社会监督是依据宪法和法律享有一定权利的公民、企事业单位、社会团体等利用多种方式对国家行政机关及其工作人员实施的监督。社会监督与立法监督、司法监督和政党监督有密切联系，它们的相互影响和共同作用构成对国家行政组织的有效的外部监督机制。一方面，立法监督、司法监督和政党监督必须有广泛的社会基础和舆论支持，这是真正的权力来源和力量来源；另一方面，社会监督和舆论监督要有立法监督、司法监督和政党监督做保障，其监督权必须通过法律及各种政治力量的活动来实现和加强。只有在这个意义上，权力监督、政治监督和权利监督才能结合为一个整体发挥作用。

实施社会监督和舆论监督，是大多数国家宪法中人民主权原则、基本人权原则和法治原则的体现。这些原则的基本点包括：(1) 主权在民，代议机关是实现人民主权的形式；(2) 以公民基本权利的规定表现基本人权的具体内容；(3) 用法律体现人民意志并保证公民的基本权利。资产阶级的宪法理论和法律制度虽然用主权即公意的说法抹杀权力的阶级性，并且对公民基本权利及其履行有不同程度的限制，但社会监督和舆论监督对国家行政机关的活动和行为仍有很重要的作用。社会监督一般通过下列渠道进行：

第一，舆论监督。舆论是公众思想和意见的言论表达。舆论监督指公民、企事业单位和社会团体等利用言论、出版、新闻等方面的权利对政府行政活动实施的监督，包括批评、建议、评论、揭露违法或腐败行为等。舆论监督的作用与受到法律保障的言论自由、出版自由、新闻自由等的实际状况密切相关。由于报纸、广播、电视等大众传播媒介具有公开性、广泛性、及时性、覆盖面广的特点，新闻舆论监督是最有影响的一种舆论监督形式。新闻媒介对政府腐败丑闻的“曝光”常是导致行政首脑和政府高级官员下台甚至政府改组的重要原因。例如重庆綦桥塌桥惨案、广西南丹矿难、西安宝马彩票案、湖南嘉禾县拆迁事件等，这些案件和事件的揭露以及中央电视台《焦点访谈》等栏目所受到的欢迎和重视，都表明了新闻媒体在社会舆论监督方面所起的巨大作用。

第二，参政议政。通过民主管理制度、来信来访、调查会、座谈会、电子信箱等形式直接对各级政府的工作提出批评和建议。

第三，申诉、控告或检举。根据国家有关法律规定，通过法律程序针对国家行政机关及其工作人员的违法失职行为行使正当的监督权。

第四，社会政治活动。通过信访、投诉、游说、演说、集会、游行、示威等形式谋求立法机关、政党或社会舆论的支持来制约政府的活动和行为。

第五，公意表达。这是一种间接由公众表达自己意愿和政策看法的社会监督方式，是立法机关、政府或社会组织出于一定的政治需要采用某种形式有计划地而不是公民自发进行的一种活动，但在一定情况下，对政府的政策和行政行为有决定性的影响。其主要形式有：(1) 公民投票。亦称“全民投票”、“全民公决”，即由全国公民（主要指选民）通过直接投票的办法决定某项有关重大国事问题的议案或政策的取舍。(2) 预选制度。指在举行正式选举前通过选民投票测验竞选人在选民中的支持率，同时也可了解选民对各种政策主张的态度。(3) 民意测验。它是运用现代科学方法征询、了解、测量公众意见和社会舆情的专门活动。其内容包括公众对政府工作、公职人员、竞选人的评价及对经济、政治等各种社会问题和公共事务的态度和意见等，范围十分广泛。由于民意测验的结果对行政执行活动常常形成巨大的舆论压力，不少国家的政府已将民意测验引入自己的政策制定和决策过程。

我国宪法中有不少规定与实行社会监督和舆论监督活动有关，如“中华人民共和国的一切权力属于人民”，“人民依照法律规定，通过各种途径和形式，管理国家事务，管理经济和文化事业，管理社会事务”，以及关于一切国家机关和国家工作人员必须接受人民监督，公民有言论、出版、集会等自由及批评、建议、申诉、控告、检举的权利的规定等。这些规定为实行社会监督和舆论监督提供了根本的法律保障。同时党和各级国家权力机关设立了各种制度，如信访制度、举报制度、申诉制度、民主管理制度、政治协商制度、意见征询制度、社会调查制度、领导接待制度等，为有效地实行社会监督创造条件。

13.3 内部监督机制

国家行政组织的内部监督机制是与外部监督机制相对而言的，它是国家结构形式和国家行政组织内部运行机制的综合表现。它反映国家行政组织自身作为监督主体对其各个组成部分的行政执行活动的控制过程，其中心任务是保持行政执行活动的统一、提高行政效率、改善行政效果。内部监督机制从根本上说也是靠宪法和各种基本法律规定和调节的，同时，各种行政法规和规章制度起着重要的制约作用。内部监督机制一般包括下列几个方面：

13.3.1 结构性监督

结构性监督是与国家结构形式和内部组织结构相联系的监督形式。结构性监督直接关系国家行政组织的内部指挥和协调运行，是一种最主要的内部监督形式。在本书第 3 章关于行政组织的论述中，指出国家行政组织常见的一种结构形式是直线—参谋（职能）结构形式，它是一种以有利于统一指挥的直线结构形式为主，以有利于内部分工和业务监督的参谋（职能）结构形式为辅的有机系统。与这种结构形式相联系，结构性监督可以划分为直线监督和职能监督两种类型。

直线监督又叫纵向监督或垂直监督，是与国家行政组织的直线结构形式相联系的一种监督机制，其作用是调整组织内部指挥和服从、命令和执行的关系。其内容包括：（1）根据行政职权和隶属关系的划分，上级机关或领导人员对下级机关或下级人员有进行指挥和进行监督的权力和责任；（2）与依法行政的性质相联系，依法监督是法定内容和主要任务；（3）上级机关可依照法律或规定检查下级机关的工作，改变或撤销下级机关不适当的决定和命令；（4）上级机关可在其权限范围内做出有关下级人员的任免、奖惩等决定；（5）在依法行政的基础上，下级机关和下级人员亦有监督上级机关及领导人员守法执法的责任，但需按正当程序和方法进行。在我国，国务院对各部委和各级地方政府的领导和监督，各级政府部门及各级地方政府对所属机构的领导和监督等都属于直线监督的形式。

职能监督又叫横向监督或水平监督，是与国家行政组织的参谋或职能结构形式相联系的一种监督机制。目的在于保证组织的整体运行绩效。其内容主要是计划、人事、财政等各职能部门在自己的职权范围内对其他政府部门或行政机关的工作进行布置、检查、指导和监督。它们与其他政府部门或行政机关没有直接的隶属关系和指挥权，但在其职权范围内有一定的决策权和监督权。这些职能部门彼此之间存在着相互监督的关系，它们是在首脑机关的统一领导下为了共同的行政管理目标，按照各自的业务或行业范围分工协作的。职能监督的具体范围和任务与国家行政组织内部设置的职能机构相联系，如计划部门负责计划监督、人事部门负责人事监督、财政部门负责财政监督等，都属于职能监督的类型。

13.3.2 违法违纪监督

结构性监督是在政府各部门自己正常的隶属关系、工作关系和业务范围内对日常工作所进行的监督。违法违纪监督则是在国家行政组织系统内由专门的行政监察、监督或政法机关对国家行政机关及其工作人员所实施的监督，其主要特点是：（1）实施违法违纪监督的机关隶属于国家行政组织，一般由中央政府统一领导和管辖，不同于外部监督机制的司法监督，但和司法监督有衔接关系；（2）实施违法违纪监督的机关依照国家法律、法规和政策独立行使职权，不受其他行政机关、社会团体和个人的干涉；（3）这些机关对保证行政执行活动的正常进行，防止、纠正和打击国家行政机关及其工作人员的违法违纪行为有重要作用。违法违纪监督一般有下列几种类型：

1. 行政监察

行政监察有广义和狭义两种理解。广义的行政监察指包括立法机关、司法机关在内的设立专门对所有国家行政机关及其工作人员实施监督的监察机构的制度，如瑞典议会监察专员公署、英国议会行政监察专员制度、法国的行政法院制度、美国的行政法官制度等，都属于这一范围。狭义的行政监察指在国家行政组织内部设立专门的行政监察机构对所有国家行政机关及其工作人员实施监督。本书将立法机关和司法机关的行政监察制度列入外部监督机制的范围，在此采用关于行政监察的狭义理解。像日本行政监察局、新加坡贪污调查局、香港廉政公署等都属于这一范围。

我国负责行政监察工作的机构是监察部和地方各级监察机关。根据1990年《中华人民共和国行政监察条例》的规定，监察机关负责对国家行政机关及其工作人员和国家行政机关任命的其他人员执行国家法律、法规政策和决定、命令的情况以及违法违纪行为进行监察。监察机关依照法律拥有监督检查权、调查权、监察建议权和监察决定权，其主要职责是监督检查国家行政机关及其工作人员等和国家行政机关任命的其他人员贯彻执行国家法律、法规和政策以及决定、命令的执法情况；受理对上述人员违反国家法律、法规以及违反政纪行为的检举、控告；调查处理上述人员违反国家法律、法规以及违反政纪的行为；受理上述人员不服行政处分的申诉，以及法律、法规规定的其他监察机关受理的申诉。

2. 审计监督

审计监督是指在国家行政组织内部设立专门机构依法审核检查国家行政机关及企事业单位的财政财务收支活动、经济效益和遵纪守法情况。审计制度是一项重要的经济监督制度，其中一个主要内容是审查监督各级政府机关的经济计划、预决算的编制和执行情况及财务收支状况，检查财经工作中的违法违纪行为，因而是行政监督的一个重要任务。许多国家在国家行政组织内部设立专门的审计机构负责审计监督工作。除此之外，有些国家还设立了专门的司法机关负责审理有关审计问题的诉讼案件，如法国设立的审计法院即属于这种类型。我国按照宪法规定，国务院设立审计机关即审计署，对国务院各部门和地方各级政府的财政收支，对国家的财政金融机构和企业事业组织的财务收支，进行审计监督，并规定县级以上的地方各级人民政府设立审计机关。审计机关依照法律规定独立行使审计监督权，不受其他行政机关、社会团体和个人的干涉。审计监督根据审计内容和任务可分为财务审计、效益审计、财经法纪审计、专用基金审计、专用拨款审计、税利审计、贷款审计等。

3. 政法机关监督

政法机关监督是指在国家行政组织内部设立的政法机关为维护国家利益和社会秩序依法对国家行政机关及其工作人员所实施的监督。在我国，这类政法机关指公安部和地方各级公安机关以及国家安全部和地方各级国家安全机关。一般来说，政法机关泛指法院、检察院、公安机关等部门。但从隶属关系上看，只有公安机关和国家安全机关属于政府组织内的政法机关。政法机关与行政监督有关的主要职责是防范和打击反革命分子及各种敌视社会主义分子的破坏活动；防范和打击各种刑事犯罪包括经济领域的严重犯罪活动；负责保护国家财产、国家机密和要害部门的安全；防范和打击国外敌对势力的破坏活动；等等。政法机关监督与前面所说的司法监督有密切联系。如上所述，作为政府部门中政法机关的公安机关与作为国家司法机关的人民法院、人民检察院三者之间存在分工负责、互相配合、互相制约的关系。公安机关可独立行使侦查权，负责刑事案件的侦查、拘留、预审等工作，在防范和打击国家工作人员的各种刑事犯罪和经济犯罪行为方面有重要的监督作用。我国的国家安全机关是在承担公安机关的部分职能的基础上建立起来的。1983 年 9 月，全国人大常委会决定，国家安全机关承担原由公安机关主管的间谍、特务案件的侦查工作，可以行使宪法和法律规定的公安机关的侦查、拘留、预审和执行逮捕的职权，对保护国家利益、国家机密和国家安全有重要意义。

13.3.3 党内监督

由于我国的社会制度、政治制度和其他国家不同，政党监督的作用并不仅限于国家行政组织的外部监督机制。从某种意义上说，党内监督是构成我国国家行政组织的内部监督机制的一个重要组成部分。1994 年 9 月《中共中央关于加强党的建设几个重大问题的决定》指出：党内监督的实质是党从人民利益出发，按照从严治党的要求进行自我约束和自我完善。主要是监督党的组织和党员是否正确地贯彻执行党的路线方针政策，是否正确地运用人民赋予的权力，是否严格地遵守民主集中制的各项制度。

党内监督可从广义上分为组织监督和纪律检查两种类型。组织监督指国家行政组织内部的各级党委对国家行政机关及其工作人员所实施的监督。纪律检查指通过国家行政组织内部的各级党的纪律检查委员会对国家行政机关及其工作人员所实施的监督。在外部监督机制中，政党的监督作用主要并且只是局限在立法范围（即法律、法规的制定过程）和政策制定范围中体现出来的。这是由西方国家通行的议会制、多党制的社会政治制度和奉行政治中立原则的文官制度所决定的。而在我国的各级国家行政机关及其工作人员中，特别是高级行政官员中，党员占有相当大的比例。同时在各级国家行政机关中，都相应设立了各级党组、党委和各级党的纪律检查委员会。因此，中国共产党完全可以从国家行政组织内部实行有效的监督。需要指出的是，从组织系统上讲，党的各级组织和各级国家行政机关不能混为一谈，不能以党代政，两者各有自己的职权和职能范围。但两者又是相互联系、相互依存，不能绝对对立或完全割裂开来。外部监督机制和内部监督机制，只是一种相对的分类方法。搞好党内监督必须坚持从严治党、党内民主、重在领导、党规党纪监督、党内公开、预防为主等原则。要求各级党员，特别是党的领导干部勤政廉政、廉洁自律，保证国家行政机关有良好的党风和政风。

由各级党组、党委所进行的组织监督主要指对国家机关及其工作人员贯彻执行党的路线方针政策所起的监督保证作用。组织监督主要表现在下列几个方面：

（1）民主集中制原则。民主集中制是实行组织监督的制度保证。民主集中制是民主基础上的集中和集中指导下的民主相结合的制度。它既是党的根本组织制度和领导制度，也是国家行政机关的根本组织制度。党在全国执政以后，把这种制度运用于政权建设，在国家机构中实行民主集中制的原则，并通过宪法形式确定下来。

（2）“四个服从”原则。党章规定，党员个人服从党的组织，少数服从多数，下级组织服从上级组织，全党各个组织和全体党员服从党的全国代表大会和中央委员会，其中最重要的是全党服从中央。

（3）在各级国家行政机关中以党组织为核心的领导体制。属于方针政策性的大事，全局性的问题，重要干部的推荐、任免和奖惩等，都要由中央或地方党委集体决定。

（4）各级国家行政机关中的党员干部接受党组织领导的制度。按照这一制度要求，中央和地方国家机关、人民团体中的党组或党员负责干部，要自觉接受中央和地方党委的领导，重大问题要提请党委讨论决定。

（5）各种生活会制度。批评和自我批评是实行党内监督的有力武器，坚持和健全组织生活会制度、党员领导干部民主生活会制度等是有利于开展批评和自我批评的重要的组织形式。

纪律检查是党内监督的重要组成部分，也是一种违法违纪监督，但由于它是由党的各级纪律检查委员会负责实施的，其隶属关系不同于监察机关、公安机关、审计机关等国家行政组织的专门机构。因此，在此作为党内监督的形式来论述。根据党章规定，党的各级纪律检查委员会的主要任务是：维护党的章程和其他党内法规，协助党的委员会加强党风建设，检查党的路线、方针、政策和决议的执行情况。在我国改革开放的新形势下，加强纪检工作，充分发挥纪检的作用，是国家行政机关内端正党风、反腐倡廉的重要保证。党的各级纪律检查委员会对加强党的思想建设、组织建设和作风建设有十分重要的作用。它们对国家行政机关及其党员干部的监督内容主要包括：贯彻执行党的路线方针政策的情况；实行民主集中制和集体领导原则的情况；重大决策和重大决定的制定和执行情况；贯彻执行干部政策和人事制度的情况；遵守党纪国法、履行职责的情况。各级纪律检查委员会实行监督的重点是党的各级领导机关和领导干部。一方面，经常对党员进行遵守纪律的教育，注意防范在党员干部中发生违纪违法行为；另一方面，严肃查处党员干部违法违纪的行为和案件。

为了在新形势下进一步加强党的纪律检查工作和强化行政监察机关职能，1993 年 2 月中共中央、国务院联合发出《〈关于中央纪委、监察部机关合署办公和机构设置有关问题的请示〉的通知》，决定中央纪委、监察部合署办公，实行一套工作机构、两个机关名称的体制。合署后的中央纪委履行党的纪律检查和政府行政监察两项职能，对党中央全面负责；监察部按照宪法规定仍属于国务院的序列，接受国务院的领导。地方各级监察机关与党的纪委合署办公后，实行由所在政府和上级纪检监察机关双重领导的体制，按照《中华人民共和国行政监察条例》规定的职责、权力和工作程序开展工作。纪检、监察机关合署办公是我国党政监督体制的一项重大改革。它有利于克服原来党政监督分离体制的不足之处，发挥党政监督机关的合力和整体效益；有利于精简机构、精减人员，避免工作上的交叉和重复；有利于更加集中力量抓好党风廉政建设，强化政府内部监督制约机制。

2003 年 12 月 31 日，中共中央正式颁布施行《中国共产党党内监督条例（试行）》，这是一部规范党内监督活动的十分重要的基本法规。该条例阐明了党内监督的指导思想、基本原则和适用范围，对党内监督的重点内容、对各种各样的违法违纪行为及其处理意见、对建立健全党内监督制度做了明确规定，并对解决下列重要的问题进行了探索：（1）对中央政治局进行监督的问题；（2）党的代表大会代表在闭会期间发挥监督作用的问题；（3）党内开展询问和咨询的问题；（4）关于罢免或撤换要求及处理的问题。这个试行的条例特别强调党内监督的重点是党的各级领导机关和领导干部，尤其是各级领导班子主要负责人。该条例的颁布实施，对坚持“党要管党、从严治党”的方针，充分开展党内民主，加强党内监督，具有非常重要的作用。

2012 年 12 月，中共中央政治局做出关于改进工作作风、密切联系群众的八项规定。2013 年 11 月 12 日，党的十八届三中全会通过的《中共中央关于全面深化改革若干重大问题的决定》强调，要强化权力运行制约和监督体系，进一步落实和推进党风廉政建设责任制，完善党的法律检查工作双重领导体制，改进中央和省区市巡视制度，使纪检工作成为反腐倡廉强大的制度保障。

关键术语

行政监督　外部监督机制　内部监督机制　立法监督　司法监督　政党监督
社会监督　舆论监督　结构性监督　违法违纪监督　党内监督

问题与思考

1. 简述行政监督的概念和重要性。
2. 外部监督机制有何内容和特点？
3. 内部监督机制有何内容和特点？
4. 如何加强和完善行政监督？

第 14 章

行政治理模式

行政治理模式是公共行政研究的重点问题之一，它不仅和前面各章描述的内容均有关联，而且需要对各章内容进行整合才能做深入的探讨。行政治理模式是政府做什么及如何做的综合体现。(1) 它要求对国家行政组织的角色进行定位，这种定位与其所采取的治理模式密切相关；(2) 它要求对国家行政组织的内部结构和运行机制进行分析和改造，治理模式是国家行政组织内在本质的外部表现；(3) 它要求设定国家行政组织的治理目标，它们追求的是在实践中如何达到较高的行政效率和较好的行政效果。

14.1　行政治理模式的相关论述

"治理"一词的英文是"governance"，基本的词义是统治、管理或统治方式、管理方法。它与"行政"(administration) 和"管理"(management) 的最大区别在于其词中含有"统治"的概念，具有政治性的含义。因此，可以把"治理"看作统治与管理的综合概念。在此意义上说，治理模式即是统治与管理的模式。如果把"统治"的概念看作与政治职能相关，把"管理"的概念看作与行政职能相关，行政治理模式也可称为政府治理模式。本章着重从行政学的角度而不是从政治学的角度论述治理模式问题。

14.1.1　传统的行政治理模式

马克斯·韦伯提出的官僚制被认为是传统的行政治理模式的典型代表。韦伯所说的官僚制指的是一种层次分明、制度严格、权责明确的理想的等级制组织模式。马克斯·韦伯在其著作《社会经济组织理论》一书中指出官僚制具有下列一些特征："(1) 一个由规则约束的官员职责的连续的组织。(2) 详细规定权限范围。(3) 官职的组织遵循等级制原则。(4) 管理官员行为的规则可以是技术性规则或规范……如果想完全合理地实施这些规则，必须进行专门化训练。(5) 行政人员应该完全和生产资料或管理资料的所有权分开。(6) 任职者完全不能滥用其官员职位。(7) 行政法令、决定和条例以书面形式加以规定和记录。(8) 可以用种种不同方式行使法定权力。"① 按照韦伯的论述，"纯粹的行政官僚模型能够实现最高的效率，因而也是形式上已知的对人进行控制的最理性的方式"②。

韦伯所描述的官僚制模式是一种典型的金字塔形的组织形式。其具有如下一些基本特征：(1) 实行集权制，组织的权威和权力来自法律和各种明确的规定。(2) 要求组织功能和办事程序保持高度的统一性，减少摩擦，降低人和物的成本。(3) 在组织内部实行下级服从上级的严格等级制。(4) 个人的职责和所得到的授权只取决于其所占据的职位。(5) 采取测验、考试等形式，以技术资格为根据选择任职者。官职是被任命的，官员的职位通常是终身性质的。(6) 非人格化的管理是最基本的制度要求。(7) 组织结构和组织制度的维系和延续靠的是各种书面的文件和档案，不因人员的流动而变化。(8) 组织运行严格按照事先规定的程序、流程和指挥链条，纵横交错、按部就班地进行。按照这种组织形式，在理想形态下，上层的任何决策均可整齐划一地变成各个层次、各个部门、各个地区、各类人员的行动。这种组织形式注重的是办事程序、指挥链条、工作过程和非人格化的管理，只要认真按照这种模式严格控制即可达到最高的效率和满意的效果。官僚制组织并非不考虑治理结果问题，但它的侧重点集中在结构和过程管理方面，通过控制过程来达到预期的结果。"正因为官僚制组织规定了严格的权威结构（命令在这一结构中传递），它使那些掌权者对行动的后果可以有一定程度的把握。"③ 官僚制组织或传统的行政管理模式是"封闭模式"的典型代表。

韦伯的官僚制模式被认为适用于政府、企业等各种各样的，特别是实行中央集权的、规模庞大的组织。严格说来，这种模式只是一种理论性的描述，"传统的治理模式并不是从一组理论原则中推论出来的，而是从实践中逐渐发展起来的"④。各国政府的组织结构、权力体系和管理制度是社会、政治、经济、文化等各种因素相互交织和各种政治力量长期较量的结果，而不是简单地按照某种理论原则建立起来的。但是，从世界各国政府传统的组织形式来看，基本上都具有韦伯描述的官僚制模式的特征。现在，这种传统的行政治理模式在稳定发展了 100 多年后，面临着严峻的挑战。

14.1.2　对传统治理模式的挑战

官僚制的传统治理模式是在机器大工业时代发展起来的"行政国家"的产物。一方面，它符合国家权力结构的要求，中央政府的权威地位、等级制的设置，各种规章制度的建立和命令与服从的关系，是保证这种权力结构稳定性的必不可少的条件。另一方面，它符合公共事务管理和公共服务的要求，行政机构和职位的专门化、公务员的中立性、职业化和终身录用制度，以提供公共产品为主的财政预算制度等，有利于公共政策执行的连续

---

① 转引自［英］D. S. 皮尤编：《组织理论精萃》，6～7 页。

②③ 转引自［美］罗伯特·B·登哈特：《公共组织理论》，33 页，北京，中国人民大学出版社，2003。

④ ［美］B·盖伊·彼得斯：《政府未来的治理模式》，3 页。

性、统一性、社会基本问题的解决和行政效率的提高。因此，韦伯认为："官僚行政组织，从正规的技术观点来看，一直是最理性的组织模型。就今天大规模行政管理的需要而言，官僚制行政组织是不可或缺的。"① 100 多年来，官僚制组织首先在西方工业发达国家日渐壮大并在世界各国得到广泛运用。

官僚制组织的理论与模式，从它诞生的第一天起就存在争论。但是，直到 20 世纪 80 年代和 90 年代，它才遇到严重的危机和挑战。正如有些专家所说："传统的行政体制存在了几十年，总的看来是相当成功的。它经历了两次世界大战，提出并施行大量的社会方案，为政府建立了大规模的经济管理制度，制定了许多非凡的政策。然而，这个体制目前却从自大走向无助。"② 1993 年，时任美国副总统的戈尔在国家绩效评估委员会的报告中对克林顿政府"重塑政府"的改革运动作了如下论述："从 30 年代至 60 年代，我们建立了庞大的，组织、控制、管理严密的，集权化的组织从事公共事业。它们效仿当时的企业结构；在等级森严的官僚制组织中，其任务被分成简单的部分，每一部分都由不同层次的雇员负责，每一部分都被具体的规则和规章加以限定。由于严格执行标准化的操作程序、垂直的指挥链条和标准化的服务，这种官僚组织十分稳定——但是其行动迟缓而且程序烦琐。面临当前迅速变化的世界，飞速发展的信息技术，激烈的全球竞争和要求众多的顾客，庞大的组织、控制、管理严密的官僚组织——无论是公共部门还是私营部门——已经不能正常运行了。"③ 官僚制的传统模式主要因下列问题而受到挑战，这些挑战使"摒弃官僚制"、"突破官僚制"的呼声日益高涨。

第一，规模膨胀、机构臃肿。政府规模不断扩大的原因：首先，随着社会经济的快速发展，政府在解决社会基本问题、公共事务管理和公共服务方面的作用日益扩大，公众对政府职能和服务的期望值也在不断增强。其次，按照帕金森定律描述的现象，政府机构存在着一种"自我膨胀"的倾向。20 世纪以来，政府规模的发展速度十分惊人。以美国为例，在建国之初，其行政机构只有国务院、财政部等几个部门，联邦机构成员一共不到 1 000 人。如今仅内阁已有 15 个部，成千上万个机构。至 1985 年，"全国有1 600万雇员为各级政府工作。其中，296.4 万人为联邦政府工作（不包括军人与 5.5 万为国会和法院工作的人员），298.4 万人为州政府工作，968.5 万人为县、市、镇、学区等机构工作。这些人员数目约占全国工作人员的 18.3%……根据 20 世纪 80 年代中期各国的报道，英国为政府官僚机构工作的人员占全体社会工作者的 31.4%，法国占 32.6%，德国占 25.8%，意大利占 24.4%，瑞典占 38.2%"④。

在发展中国家，这一比例则更高。自 20 世纪 70 年代中期以来，政府规模问题首当其冲。压缩规模、精简机构和精减人员一直是行政体制改革的内容之一。至 20 世纪 90 年代，政府规模的过度膨胀问题已受到控制，经济合作与发展组织成员国的公共部门就业人数占总就业人数的 8%～32%，平均为 18%。

第二，开支庞大，税负沉重。政府规模庞大的直接后果是政府开支比重过大。政府开

---

① 转引自［美］罗伯特·B·登哈特：《公共组织理论》，33 页。

② ［美］B·盖伊·彼得斯：《政府未来的治理模式》，15 页。

③ 转引自［澳］欧文·休斯：《公共管理导论》，4 页。

④ 蓝志勇：《行政官僚与现代社会》，47～48 页，广州，中山大学出版社，2003。

支的增长情况同样是惊人的。据统计，在美国，“1902 年联邦、州和地方政府总共开支 16 亿美元，而这个数字在 1950 年上升为 703 亿美元，在 1995 年上升为 25 000 亿美元”。“在这些工业国家里，官僚机构的花费和通过官僚机构花出去的费用要占国民收入的 1/3 至半数以上”①。政府开支快速增长的原因也与政府规模不断扩大的原因相类似：一方面源于社会经济发展和社会需求；另一方面源于自我膨胀的动力。“尼斯卡宁认为个人利益会导致机构预算的最大化；官僚谋取到更多的预算对其个人也有好处，因为这就意味着他能有更多的下属，还有可以想见的更大的权力以及个人在组织中的更高的地位。”② 与政府开支过大、比重失调相联系的另外一个问题是不讲利润、不计成本的严重浪费现象。在 20 世纪 70 年代，这些问题已引起严厉的批评和不满。1978 年在美国各州掀起的“抵制赋税”运动是直接反映公众这种不满情绪的例证之一。

第三，程序僵化，绩效低下。官僚制度曾被认为是机器大工业时代最有理性和效率的组织形式，当等级制结构成为一种森严的权力框架，办事程序和规章制度成为一种繁文缛节时，则出现了与理想状态的描述截然相反的情况。官僚制模式具有下列一些倾向，其表现出来的弊端会造成严重的社会问题：（1）过于注重行政过程而忽视行政结果或效果，下级只对上级负责，执行部门和职能部门只对决策部门负责，办事程序严格而正确，但办事效果不佳，效率低下。（2）过于注重规章制度的统一性和刚性，缺少必要的弹性和灵活性。特别是在不同的地区、不同的情境中或者在制定某种规定的条件已发生很大变化时，强行推行某种规定，其产生的效果和效率问题就更为严重。（3）与政府规模和开支扩大的通病一样，行政规章制度也有一种“自我膨胀”的倾向。这种烦琐的程序和规定本身就是效率低下的重要原因。奥斯本等人以此为例说，美国军队用房管理的规定手册有 800 页，军队及文职人员的人事管理手册有 8 800 页，“我估计国防预算的 1/3 浪费在执行无益的规章制度上”③。

第四，权力集中，反应迟钝。官僚制模式的特点之一是权力的垄断和集中。程序僵化、效率低下的弊端与此密不可分。权力的垄断和集中必然形成一种逐级上报、唯命是从的权力体系。由于中间环节多，请示汇报多，信息传递、命令下达的时间周期长，难免会出现决策失误、偏差、迟缓和办事执行缓慢、办事拖拉、反应迟钝等现象，从而严重影响行政效率和行政效果。更为重要的是，权力的垄断和集中与市场经济发展的需求存在着一定的矛盾，市场经济越发展，这种矛盾就越大。市场经济的发展要求提供多样化的、快速和优质的公共服务；要求不断提高行政效率、行政效果、政府绩效和社会效益；要求不断扩大竞争范围，引进竞争机制。而权力的集中和垄断对这种变化需求的反应能力是十分迟钝的。

第五，官僚习气，缺少活力。官僚制模式实行的是一种非人格化的、政治中立、终身录用的人事准则。在官僚制组织中，每个人都有明确的从属关系，各项工作都被规范化、条例化和程序化。在这种体制下，强调的是服从命令、千篇一律、照章办事。在规章制度

① ［美］詹姆斯·W·费斯勒、唐纳德·F·凯特尔：《行政过程的政治——公共行政学新论》（第二版），31 页。

② ［澳］欧文·休斯：《公共管理导论》，55 页。

③ ［美］戴维·奥斯本、特德·盖布勒：《改革政府：企业精神如何改革着公营部门》，10 页。

面前，不能越雷池一步，缺乏工作主动性和创新精神。在无明确规定或无章可循时拖着不办或不知所措；当规定不明确或模棱两可时，出现“踢皮球”或推诿扯皮现象。同时，官僚制模式虽然遵从考试录用或择优录用原则，但是实行的是待遇稳定、终身录用的制度，容易出现论资排辈、得过且过、不思进取的现象。尤其是按照彼得原理的推论，官僚制组织本身形成了一个封闭的用人体系，在与外界缺乏人才交流的情况下，内部晋升的最终结果将是人们晋升到自己所不能胜任的岗位上，从而降低行政管理水平和工作效率。

第六，角色错位，功能失调。与前五种现象并存的另外一种现象是“政府失灵”造成社会问题日趋严重，社会矛盾日益尖锐，例如在政府规模不断扩大、政府开支不断增加的情况下，国民经济增长速度减缓、社会治安每况愈下，失业率、犯罪率上升，就业率、破案率下降等。政府被认为没有很好地履行自己的职责，职能范围不合理，治理能力低下，没有起到应有的作用和担当应有的角色，既造成市场失灵，又造成政府失灵。政府在角色方面受到的另一种指责是颠倒了“主人”和“仆人”的关系。政府单纯地把公众作为被治理的对象，把大众排斥于政策规定和决策过程之外，使广受关注的社会问题长期得不到解决，甚至在政府内部，由于权力的垄断和集中，中下层公务员也被排斥在这种过程之外。

第七，权力失控，腐败严重。英国历史学家阿克顿曾断言：“权力导致腐败，绝对权力导致绝对腐败。”腐败现象的出现被认为是官僚制组织中权力失控的结果。权力本身意味着对社会资源的影响力和支配力，官僚制模式的非人格化和完全规范化的管理只是一种理想的状态，当权力集中于某个人或某个机构时，如果缺少监督和制衡机制，不可避免地会出现为个人和亲朋好友牟取私利、假公济私、挥霍浪费、权钱交易的权力特殊化、商品化、官僚化的腐败现象。实际上，等级制本身容易形成逐级向上爬的权力欲望，法定的职位使占据者具有相对独立的权力，帕金森定律和彼得原理描述的现象不断造成权责脱离的状况。再加上任人唯亲、长官意志、裙带关系现象的存在，造成了腐败现象的内部条件。同时，在市场经济条件下，有权势和经济实力的利益集团或个人的寻租行为造成了腐败现象的外部条件。前六种现象的存在无疑会加重腐败现象的产生。

第八，形象不佳，信任危机。上述七种现象的存在，成为 20 世纪 80 年代以来对官僚制模式的主要批评，同时也是对政府形象的一种描述。“这一切的结果产生了具有独特性质的政府，其特点便是行动迟缓、效率低下和刻板而且无人情味。这就是今天政府这个词在人们脑子里的形象，也是大多数美国人认为美国政府的本质所在。”① 这种认识带来的结果是对政府的信任危机和抨击官僚制模式的改革呼声。尼古拉斯·亨利用图示（见图 14—1）表明了美国公众对政府信任的下降趋势。② 对政府的信任危机与对官僚制模式的改革呼声是同步发展的。“对公共部门的规模、范围和方法的抨击所产生的明显结果是削减政府和改变其管理方式”③。

---

① ［美］戴维·奥斯本、特德·盖布勒：《改革政府：企业精神如何改革着公营部门》，15 页。

② 参见［美］尼古拉斯·亨利：《公共行政与公共事务》，16 页。

③ ［澳］欧文·休斯：《公共管理导论》，11 页。

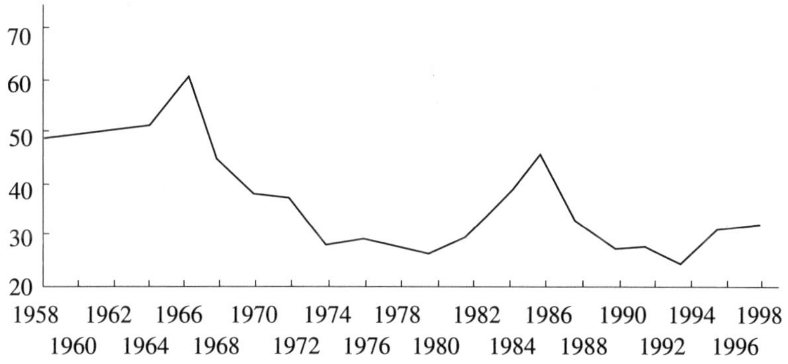

图 14—1　信任政府指数（1958—1998）

资料来源：Center for Political Studies，*The National Election Studies*（Ann Arbor，MI：University of Michigan，1998），Biennial。

14.1.3　新的治理模式

到目前为止，对传统的官僚制的治理模式的批评较为广泛，但对新的治理模式的描述并不是很系统，并且没有统一的定论。新的治理模式的提法很多，如“企业型政府”、“市场型政府”、“以顾客为导向的政府”等，其中较为系统的是戴维·奥斯本、特德·盖布勒提出的政府再造的“十条原则”和B·盖伊·彼得斯提出的四种治理模式。奥斯本和盖布勒在其著作中提倡“企业型政府”的治理模式。他们使用的词汇“entrepreneur”和“entrepreneurial spirit”是 1800 年法国经济学家 J. B. 萨伊创造的词。一般的译法是“企业家”和“企业精神”，实际上还有另一个词义，即“创业者”和“创业精神”。他们所提倡的“企业型政府”（译为“创业型政府”似乎更为恰当），并非要采用企业的管理方式来管理政府，他们明确指出，按照萨伊的定义，企业家（创业者）把经济资源从生产率和产出较低的地方转移到较高的地方，即运用新的形式创造最大限度的生产率和实效。他们认为，萨伊所下的定义，既适用于私营部门，又适用于公营部门。“我们说到企业家式的模式时，指的是习惯性地这般行事的公营部门的机构，不断地以新的方式运用其资源来提高其效率和效能。”①

奥斯本和盖布勒简要描述了美国政府官僚制模式的发展历程及目前存在的种种弊端，认为它在变化迅速、信息丰富、知识密集的 20 世纪 90 年代已不能有效地运转。因此，需要再造“企业型（创业型）政府”，追求更加有效率和效用的管理方式。他们认为，问题的根本之处不是政府太大或者太小，而是需要更好的政府治理。他们通过总结分析企业型（创业型）组织的共同点，提出了作为新型政府基础的十条原则。这些原则较明确地针对官僚制模式的弊端提出了新模式的再造方式。根据奥斯本和盖布勒所著《改革政府：企业精神如何改革着公营部门》一书，现将这十条原则摘录如下：

- 起催化作用的政府：掌舵而不是划桨。

① ［美］戴维·奥斯本、特德·盖布勒：《改革政府：企业精神如何改革着公营部门》，6 页。

- 社区拥有的政府：授权而不是服务。
- 竞争性政府：把竞争机制注入提供服务中去。
- 有使命感的政府：改变照章办事的组织。
- 讲究效果的政府：按效果而不是按投入拨款。
- 受顾客驱使的政府：满足顾客的需要，不是满足官僚政治的需要。
- 有事业心的政府：有收益而不浪费。
- 有预见的政府：预防而不是治疗。
- 分权的政府：从等级制到参与和协作。
- 以市场为导向的政府：通过市场力量进行变革。

B·盖伊·彼得斯在《政府未来的治理模式》（1996，2013）一书中针对传统的官僚制治理模式所出现的问题，结合当时世界各国行政改革的理论和实践，提出了市场式政府、参与式政府、弹性化政府、解制型政府四种新的政府治理模式。彼得斯认为，传统的公共行政治理模式至少包含了六个人们较为熟悉的原理，它们是旧时代的信条，是在过去较长时期内逐渐形成的，而且确实解决了当时公共行政遇到的一些问题。这些原理现在遇到了新的问题与挑战。彼得斯将这些与传统的公共行政治理模式相联系的概念或原理概括如下：

（1）政治中立的公务员制度。现在公务员广泛参与政策制定过程并承担越来越重要的责任，不可能像过去那样被排除在政治过程之外。

（2）严格的等级制和规章制度。这一原理目前已受到不断变化中的市场机制及低层员工和顾客要求参与政府决策过程的挑战。

（3）职业和组织的永久性与稳定性。终身雇佣和固定不变的组织形式有被多种多样的雇佣制度和组织形式逐渐取代的趋势。

（4）某些传统的制度规定。这方面的变化和挑战除雇佣制度外，还表现在薪酬制度、晋升制度、考核制度等各个方面。

（5）内部管制。内部管制的概念和严格的等级制及规章制度相联系。目前遇到的问题是如何解除管制，使政府员工可以更多地发挥专长并且有创新精神。

（6）平等原则。传统的概念是给资格相同的公务员提供平等的报酬和工作条件，为顾客提供的服务要尽可能的相同。由于解除内部管制、实行分权、鼓动参与、鼓励表现个人能力差异和允许顾客选择等，使传统的服务平等、结果平等的概念受到质疑。

彼得斯认为，新的治理模式的提出，出于下面五个方面的考虑：

（1）对问题的诊断，即确定传统的治理模式到底存在什么问题，以此作为构建新的治理模式的基础。

（2）结构，即应该如何组织政府部门，使组织的结构方式适合于高效运转的需要。

（3）管理，即应该怎样聘用、激励和管理政府部门的工作人员，以及应该如何有效地控制政府的财政资源，在人事管理和财政管理的体制上进行变革。

（4）政策和决策过程，即职业公务员在政策过程中应该起什么样的作用，以及政府应该如何对私人部门施加更广泛的影响，涉及对政府决策程序及其内容的变革问题。

（5）公共利益，即各种不同模式对公共利益的影响及其作用方式，涉及对治理模式的基本评价。

彼得斯结合这五个方面的内容，详细论述了四种政府未来的治理模式：市场式政府、参与式政府、弹性化政府、解制型政府，其基本特征如表 14—1 所示。

表 14—1　　四种未来治理模式的主要特征

	市场式政府	参与式政府	弹性化政府	解制型政府
主要的诊断	垄断	层级节制	永久性	内部管制
结构	分权	扁平组织	虚拟组织	没有特别的建议
管理	按劳取酬；运用其他私人部门的管理技术	全面质量管理；团队	管理临时雇员	更多的管理自由
决策	内部市场；市场刺激	协商；谈判	试验	企业型政府
公共利益	低成本	参与；协商	低成本；协调	创造力；能动性

资料来源：[美] B·盖伊·彼得斯：《政府未来的治理模式》。

和其他学者有所区别的是，彼得斯并没有明确提出“摒弃”、“脱离”官僚制，他认为：“对这些新模式进行探讨时，并不意味着任何一个新模式都优越于传统的治理模式。我个人倾向于认为，尽管传统模式确实有失完善，但我们可以对其进行改造以便使其能够更好地发挥作用，那种认为新模式就一定优越于传统模式的看法显然不是事实。我也认为继续进行政府改革在当前的政治气氛下是不可避免的。如果改革能够有组织、有计划地进行，那么这样的改革更可能产生有效的结果。”① 同时，彼得斯也并不强调哪一种治理模式最有效。他说：“任何一个特定的治理模式都必须考虑到与之相适应的背景。”这种思想与权变理论的认识相一致，并且有利于切合实际地推动政府改革的进行。

一般认为，奥斯本和盖布勒提出的“企业型（创业型）政府”以及彼得斯提出的四种未来的政府治理模式都属于“管理主义”或“新公共管理的”理论范畴。他们所提出的治理模式和追求的是如何提高政府工作的效率，如何使政府更高效地运转。但这些理论一直受到某些方面的批评，特别是在 20 世纪 90 年代后期，有一些学者已明确地提出了与“新公共管理”相区别的“新公共服务”的概念，并相应构建一种“民主治理”的模式。新公共服务理论认为，把公民当成“顾客”的观念存在着局限性，应把传统上对效率和业绩的关注转到对民主和对公民的回应性的关注上来。“与新公共管理（它建立在诸如个人利益最大化的经济观念之上）不同，新公共服务是建立在公共利益的观念之上，是建立在公共行政人员为公民服务并确实全心全意为他们服务之上的。”② 新公共服务的民主治理模式目前仍处于理论探讨的过程之中，和新公共管理的模式一样，都是对传统的官僚制模式进行变革的努力和尝试。

14.1.4　政府能力与治理模式

在公共行政学的领域中，研究行政治理模式的目的之一是为了从整体上提高政府的行政能力和行政绩效。传统的治理模式之所以受到批评，主要原因在于，它在结构、规模、制度等方面不适应新的社会、政治、经济形势的要求，束缚了政府的行政能力，影响或妨

① [美] B·盖伊·彼得斯：《政府未来的治理模式》，20 页。

② [美] 罗伯特·B·登哈特：《公共组织理论》，208 页。

碍政府的行政绩效。因此，必须研究新的治理模式，压缩政府规模，增强政府活力，推进行政体制的变革。政府的行政能力又称政府能力，其与行政治理模式有十分密切的联系。政府能力的强弱一方面受到政府领导人、政府各级人员的人的因素的影响；另一方面，受到政府财力、物力及治理模式等客观因素的影响。

政府能否有效推动社会经济的发展，能否有效维护社会治安，能否有效处理突发事件，能否有效承担宪法赋予的各种角色以及有效发挥应有作用等，都与“政府能力”的概念有关。“政府能力”一词，在公共行政领域已经受到越来越多的关注，其理论研究与实践需求有密切联系。政府能力泛指政府依法管理社会公共事务、有效履行各种职能、综合利用社会资源、持续推动社会经济发展和实现规定目标的能力。

政府能力是一个综合性的概念，政府能力的强弱取决于四种因素的整合效果。

第一，政府行政管理人员的素质，其又可分为行政领导者的素质和行政管理人员的素质两方面。政府领导者和各级管理人员的行政能力是由其个人素质决定的（参见本书第 8 章“行政执行”中的相关论述），例如个人的决策能力、组织能力、指挥能力、快速应变能力等。由于政府领导者处于政府决策的核心位置，其素质对整个政府的能力有至关重要的影响。政府领导者的个人能力和个人形象将直接影响政府的整体能力和整体形象。政府作为一个庞大的行政组织，除政府各级管理者的个人素质外，无论是一个领导班子、一个工作小组或者一个组织机构，由于行政执行活动是一个各级机构、各级人员协调配合、集体行动的过程，其所有成员的群体素质对政府能力的强弱也有十分重要的影响。正如第 8 章所述，在研究个人素质的基础上研究政府组织的群体素质，是提高政府能力的重要课题。

第二，政府所享有的行政权力。政府的活动过程是一个靠行政权力推动的过程。如本书第 6 章所述，行政权力是政府的内核和生命线，政府的角色和职能、政府的作为和不作为、政府的权威和效力均取决于宪法和法律赋予政府的行政权力。显然，政府拥有的权力大小与政府能力的强弱成正比。

第三，政府的财力、物力及各种用于行政管理的技术手段。政府的权力必须有一定的物质保障和技术手段才能有效地行使。政府能做或不能做什么，一方面受到法律约束、职能规定和权力的限制，另一方面受到政府财力的限制。政府有没有足够的财政收入和税收收入，不仅关系其有效利用社会资源、管理社会公共事务、提供公共产品和公共服务的能力，而且关系其自身的有效运转问题。另外，政府在管理社会公共事务的过程中所能利用的技术手段，如电脑应用程度、信息系统和电子政务管理水平等，也对政府能力的强弱有十分重要的影响。

第四，政府的运行机制或治理模式。政府公共政策是如何制定的，政府的决策是如何从上到下贯彻执行的，政府的组织结构，领导体制是如何构建的，政府的行政执行过程是如何进行的，等等，都涉及政府的运行机制或治理模式问题。在对政府能力的影响方面，运行机制或治理模式起着一种特殊的整合作用。上述与政府能力相关的三种因素，只有靠政府的运行机制或治理模式才能有机地整合在一起。如果没有一种有效的机制，政府领导人的决策努力、各级管理者的辛苦工作、庞大的财政投入等都将被烦琐、拖拉、反应迟钝的行政过程所吞噬。在一个刻板、僵化的体制中，再有能力的领导都无法发挥出自己的能力从而无所作为。彼得·德鲁克在《管理学导论》一书中指出：“一方面，我们没有理由认为配备到服务机构中的管理者和专业职位上的人是不合格的、没有能力的、不诚实的或不努力工作的、不如管理企业的那些人。另一方面，我们也没有理由认为，让企业管理者来管理服务机构将比官僚做得更好，我们知道，事实上他们本身立即会变成官僚。”德鲁克认为，优秀的企业管理人才到政府部门后立即变成“官僚”的原因在于他们处在政府的特定环境中，即传统的行政治理模式中。一般认为，传统的官僚制的治理模式正在对政府能力起一种负面的影响，新的治理模式的提出是试图提高政府能力、修正这种负面影响的有益探索。

14.2　政府角色与治理模式

政府的治理模式与政府所承担的角色密切相关。在论及政府的治理模式时，一个经常遇到的问题是：“政府能否像企业那样进行管理和运作?”一般来说，其答案是否定的，一个主要的原因在于，政府所承担的角色与企业所承担的角色不同，对社会所起的作用以及在社会中所处的地位也不同，因此，政府治理模式与企业管理模式也不同。

14.2.1　政府角色分析

政府角色是一个涉及政府地位、作用和职能范围广泛的问题。要界定政府治理模式问题首先应界定政府角色问题。政府角色是确定政府治理模式的主导因素，政府治理模式的确定要服从于政府角色的要求。而政府治理模式则是政府角色的外在表现和施展手段，政府角色的好坏取决于治理模式的成败。

一般来说，根据政府的地位、作用和职能，政府角色可分为与政府的国家使命相联系、与政府的职能相联系两种类型。

1. 与政府的国家使命相联系

第一，国家政权的组成者。政府作为国家行政机关，与国家立法机关、国家司法机关均为国家政权的重要组成部分，是阶级统治的工具，这是由它的政治本质所决定的。

第二，国家行政权的行使者。政府既是国家行政机关，又是国家最高权力机构的执行机关，依法享有行政权，担负社会经济发展和公共事务管理的巨大职责。

2. 与政府的职能相联系

第一，国家安全的保卫者。维护国家的独立、主权和领土完整是政府的重要职责之一，反对外来侵略、加强国防建设是政府的一项重要任务。

第二，国际事务的协调者。政府代表国家处理国际关系、国际交往、国际事务等各方面的工作，是国家主权的代表者和国际事务的发言人。

第三，社会秩序的维护者。与国家安全保卫者的角色相联系，维持强大的武装力量，对内镇压敌对势力的反抗和破坏，加强社会治安，保证国家各项建设事业的顺利发展，保障和平稳定的工作、生活环境。

第四，经济建设的调控者。涉及宏观经济管理和微观经济管理两个方面，促进市场经济发展、加强宏观经济调控、实施正确的产业政策、解决地区经济发展不平衡问题、保持社会经济稳定增长等是其最主要的经济任务。

第五，公共产品的提供者。许多公共产品由于其特殊的性质，不能由私人企业或市场领域提供，而只能由政府提供。随着市场经济的发展和私人部门向公共事务管理领域的渗透，即使某些公共产品的生产可以由私人企业或通过市场进行，但其最终的分配和供给仍需由政府完成。

第六，文教事业的推动者。政府的作用不仅在于推动物质文明建设，而且在于推动精神文明建设，繁荣人文社会科学，推动科技、教育、文化、卫生、体育、广播、电视、出版等各个领域的发展是政府义不容辞的责任。

第七，公民利益的保护者。政府在保证国家安全、社会稳定、经济发展的同时，必须注意保证和维护公民依法享有的各项权利，并在退休、失业、劳保、环保等方面提供必要的制度保障。

第八，公共道德的建设者。虽然，一般说来，“仓廪实则知礼节，衣食足则知荣辱”。但是，人们的道德素质的培养、公共伦理的提高和精神文明之风的形成并不是自然而然的过程，而是需要政府用行政的力量提倡、维护和推进。同时，政府官员的形象和作风也是引导社会风气发展的重要的风向标。

14.2.2 政府与企业的差别

政府能否像企业那样运作，一直是许多学者探讨、论证、争辩的问题。在现实社会中，人们看到不少企业成功运作的典范，富有创新精神、主动适应市场变化、始终保持高效率、利润直线上升、客户服务满意周到等。因此，人们认为政府应该转变治理模式，像企业那样运作。

但无论是从理论还是从实践上来说，政府都不可能像企业那样运作。即使是提出把政府再造为“企业型（创业型）政府”的奥斯本和盖布勒也明确指出，他们的意思并不是要求政府“像企业那样来运作”，因为“政府和企业是根本不同的两种机构组织”。他们认为，政府和企业有许多可以写一大本书的差别，“这些差别导致一个结论，即政府不能像企业那样运作”①。

奥斯本和盖布勒列举了政府和企业之间的一些主要差别，如行为动机是否是获取利润、收入来自顾客还是纳税人、动力来自竞争还是垄断、行为方式是否是民主开放的、基本使命是“办好事”还是挣钱、是否对每个人都平等服务等，这些差别进而导致政府与企业的激励方式、行为模式、工作环境等方面的差异。关于政府和企业以及政府领导人和企业领导人之间的差别，格雷厄姆·T·奥尔森、约翰·T·邓洛普等许多专家学者做了大量的比较分析工作，他们总结出的差别涉及时间观念、任期、职权、绩效、人事任免、工作方法、立法司法影响、媒体作用、政治影响、环境因素、内部结构、权力关系等方方面面，这些差别的存在，既表明政府不可能像企业那样运作，也表明企业不可能像政府那样管理。

政府与企业的最主要的差别在于它们的角色差别，前面所述政府的 10 种角色，没有一个角色是企业可以具有的。政府和企业所承担的不同的角色决定它们有不同的职能、作

---

① ［美］戴维·奥斯本、特德·盖布勒：《改革政府：企业精神如何改革着公营部门》，22 页。

用和治理或管理方式。虽然像某些专家所指出的那样，政府和企业在许多不重要的方面可能有许多相似点，但在某些最重要的方面却存在着本质的差别，例如：

（1）政府是按照法律规定和严格的法律程序建立起来的，是政治和政党斗争的产物。而企业是按照经济规定和市场规则建立起来的，是市场竞争的产物。

（2）政府只有一个，是唯一的、垄断性的、不可替代的行政主体，而企业是成千上万的，是竞争性的、可替代的经济实体。

（3）政府不能破产、倒闭。在一般情况下，若对政府不满意，只能通过换届选举的方式更替政府领导人，在极端情况下，推翻一个政府则靠政治暴力进行；企业可以破产、倒闭，在市场经济条件下，某些企业产生了，某些企业破产了，是一种正常的经济现象。

（4）政府的政策、机制有相当大的连续性和稳定性，特别是必要的政治程序和法律程序使其改革的进程较为缓慢；而企业的政策、机制随市场形势、外界压力的变化可以快速转变。

（5）政府的运转靠预算维持，预算则靠强制性的税收收入获取；企业的运转靠利润维持，利润则靠成本控制、客户服务、生产销售等经济活动获取。

（6）政府的社会形象主要取决于上述 10 种角色的履行情况，各级政府管理者的职权不同程度地受这 10 种角色的制约；企业的社会形象主要取决于其产品、服务的质量和数量。政府与企业间存在的这些重要差别决定了政府必然具有区别于企业的、特殊的治理模式。

14.2.3　政府角色与治理模式的关系

一般来说，治理模式是对政府角色如何发挥作用的一种理论性的描述。政府角色与治理模式之间存在着一种内在联系。政府的角色要求决定着治理模式的基本特征，政府自己的角色变化，将相应引起治理模式的变化。政府能否有效履行其角色要求，则受到治理模式的制约。

为分析政府角色和治理模式之间的关系，可以将政府角色分为两种基本类型：

第一，行政角色的划分：掌舵者和划桨者。目前，在公共行政领域，对政府行政角色的基本划分，有一个很形象的比喻，即掌舵者和划桨者。“掌舵”指的是计划，调控，政策制定，涉及国家政治、经济命脉等重大事务的管理的工作等。“划桨”则指生产、服务等基础性的、具体操作性的事务。主张“政府再造”的专家学者认为，政府在 20 世纪 30 年代前，扮演的是“掌舵者”的角色，在其后的 50 年内，其角色发生了变化，既当“掌舵者”，又当“划桨者”，规模庞大、反应迟钝、效率低下的传统的治理模式正是这种角色要求的体现。而新的治理模式的改革前提是将政府“掌舵者”和“划桨者”的角色分开，政府只承担“掌舵者”的角色，“划桨者”的角色让企业或私营部门承担。显然，政府承担何种角色，在政府规模、结构职能范围等方面对其治理模式的要求是不同的。

第二，政治角色的划分：统治者和管理者。从政府的社会本质来说，政府是阶级统治的工具。扮演的是统治者的角色；从政府的行政地位来说，政府的行政权力来自国民的授权，扮演的是管理者的角色。前者要求的是强权政治，是权力集中的强大的国家机器；后者要求的是提供良好的管理和服务，是民主、开放、公民广泛参与的管理机制。显然，这两种不同的角色对治理模式的要求也是不同的。传统的官僚制模式更适合于统治者的角色，新型的治理模式则适合于管理者角色的要求。

在现实社会中，任何一个国家的政府都是这几种角色的统一体，既是掌舵者又是划桨者，既是统治者又是管理者，这几种角色是不可能纯粹分开的。在前面我们曾论述过政府的10种不同的角色，掌舵、划桨、统治、管理在这10种角色中都有不同程度的体现，只不过是每个国家的政府所表现的程度不同，在同一个国家的不同的时期也会出现不同的差异和变化。

从某种意义上说，由于政府同时兼有掌舵者、划桨者、统治者、管理者几种不同的角色，使其治理模式具有整合的特征。例如，既有集权的一面，又有分权的一面；既有严格的制度，又有较为灵活的机制；等等。目前，新型的治理模式的提出只是随着社会经济条件和政府角色要求的变化，对传统的治理模式进行改造，使之更适合于政府角色变化和角色要求。但是，这种“再造”和改革的过程是一种历史的趋势，作为“掌舵者”而不是“划桨者”，作为“管理者”而不是“统治者”是这种发展趋势所要实现的一个长期的目标。

14.3 政府信息化与行政治理模式

在公共行政领域，“电子政务”或“电子政府”是一个全新的、跳跃式快速发展的、有广泛应用前景的概念。电子政务与电子政府不仅仅是政府管理的技术性的变革，它将对政府的结构、规模、职能、程序、能力、运行机制等治理模式方面的变革产生深刻影响。

14.3.1 电子政务与电子政府的概念

“电子政务”（Electronic Governor 或 e-Governor）与“电子政府”（Electronic Government 或 e-Government）二者的英文词义有所区别，中文的译法也有所区别。前者是直译，后者则是意译，若按原文直译，带有“电子治理者”之意。2001年6月，在华盛顿由世界银行组织的全球电子政务会议上，用得最多的词是“政府信息化”（e-Gov），既代表电子政府也代表电子政务。[①] 英文用“e-Gov”统一了“电子政府”和“电子政务”这两个概念，中文却无统一用词。我国政府实际工作部门较普遍的用语是“电子政务”和政府信息化，而国外文献和学术界较普遍的用语是“电子政府”，本书采用“电子政务”与“电子政府”，是在“e-Gov”（政府信息化）的意义上使用的，既代表电子政府也代表电子政务。

任何一个新的概念的产生，都会遇到定义问题的困扰，“e-Gov”（政府信息化）这个词也是如此。因为无论是“电子政府”还是“电子政务”，其定义各有不同的侧重点。如“电子政府”的定义侧重于构建什么样的政府：“所谓电子化政府，是指政府有效利用现代

① 参见周宏仁、唐铁汉主编：《电子政务知识读本》，12页，北京，国家行政学院出版社，2004。

信息和通信技术，通过不同的信息服务设施（如电话、网络、公用电脑站等），对政府机关、企业、社会组织和公民，在其更方便的时间、地点及方式下，提供自动化的信息及其他服务，从而建构一个有回应力、有效率、负责任、具有更高服务品质的政府。"① 美国学者美恩斯和施奈德将"电子政府"定义为："用电子信息来改进政府工作效率，创造价值和建立新的政府、企业和公民之间的关系。"② 电子政务的定义则侧重于政府如何进行信息化建设："从广义上讲，电子政务是一个与电子商务概念并列的概念。电子商务是指企业（全过程）信息化；电子政务是指政府全面信息化，就是政府机构运用现代计算机、通信网络技术、将其内部与外部的管理和服务职能通过整合、重组、优化后到网络上完成，打破时间、空间以及部门分割的制约，为社会公众以及自身提供一体化的高效、优质、廉洁的管理和服务。"③

电子政务与电子政府是世界进入"信息时代"、"电子时代"的产物，有两类概念与其密切相关：一类是"数据信息处理"、"信息系统"、"信息资源管理"、"信息工程"等，它们与信息技术、通信技术、网络技术的研制和发展有关；一类是"电子邮件"、"电子商务"、"电子社区"、"电子会议"、"电子游戏"、"电子贸易"、"电子采购"、"电子教育"等，它们与信息技术、网络技术、通信技术在社会各个领域中的具体应用有关。在某种意义上说，电子政务的概念与政府信息化建设的技术性的工作相关，涉及各种信息化建设的项目、计划、工程等，电子政府的概念则与政府再造的结构性、体制性的工作相关，涉及在政府信息化建设的基础上对政府结构、职能、运行机制等进行的各种变革。无论是"电子政府"还是"电子政务"，虽然词义各有侧重，但在单独使用时，都包含着两个方面的内容。因此，"e-Gov"（政府信息化）是一个综合性的概念，可以较好地包括电子政府和电子政务两个方面的内容。综上所述，"e-Gov"（政府信息化或电子政府、电子政务）的简单定义是：在利用信息技术、通信技术、网络技术加强政府信息化建设的基础上，在结构、职能、运行机制、管理体制等方面进行相应的变革，构建一个新型的、具有更高效率、更高绩效、更开放民主的政府治理模式。

14.3.2　电子政务与电子政府的产生和发展

一般认为，电子政务与电子政府是在 20 世纪 60—80 年代办公自动化、管理信息系统的基础上发展起来的。国家行政组织是一个庞大的办公场所，大量的文件、报告、表格、会议记录、备忘录、资料、数据、档案及其形成、传递、保存、处理等在人员、规模、成本、效率等方面长期困扰着政府机构。办公自动化和管理信息系统的发展使这一问题的解决出现了革命性的飞跃。

1946 年世界上诞生的第一台电子数字计算机（ENIAC）标志着现代信息革命的开始，计算机和信息技术进入了主机和小型机阶段（20 世纪 50 年代至 80 年代初）；1971 年英特尔公司的青年工程师小霍尔夫发明了第一个微处理芯片，使计算机加速小型化，进入了微

① 张成福、党秀云：《公共管理学》，252 页。
② 转引自蓝志勇：《行政官僚与现代社会》，200 页。
③ 周宏仁、唐铁汉主编：《电子政务知识读本》，12 页。

机加局域网阶段（20 世纪 80 年代中期至 90 年代中期）；1993 年美国伊利诺伊大学研究生马克·安德逊开发出了第一个多媒体网络软件“Mosaic”，1994 年推出第一版的万维网阅读器——网巢（Netscape 0.9），使互联网技术得到迅速改善及广泛运用，进入互联网阶段（20 世纪 90 年代中期至今）。计算机与信息技术在政府管理领域的应用可以概括为下列几个方面：

第一，加速推行办公自动化。在文字/文件处理、数据处理和计算、对内对外的通信联络方面进行计算机化、现代化的设备更新、技术更新，从根本上改变办公条件、办公效率。

第二，建立和利用管理信息系统与决策支持系统。“管理信息系统和决策支持系统最主要的区别在于，管理信息系统只是管理者使用的数据库，而决策支持系统则是决策者直接共享，为非结构化问题解决提供决策辅助，并且兼容了模型技术。”① 主要指运用计算机技术的同时更多地运用软件开发技术进行公共资源信息收集、分析、选择、存贮、处理工作，建立各种数据库和信息系统，并在此基础上开展问题分析、方案设计、政策分析、选择、绩效测评等各项决策、政策制定工作，如人力资源管理信息系统、电子法规政策系统、电子公文系统、电子档案系统、电子财政系统、绩效测评系统等。

第三，全面进行政府信息化建设。不仅在国家行政组织内部，而且在政府的客户关系、对外服务及社会公共事务管理方面开展电子业务，进行一体化、信息化、网络化建设和管理。一般认为，政府电子业务包括三个阶段或三个方面：（1）政府机关内部的信息化建设，如人力资源信息管理系统、电子公文系统等；（2）政府与企业间的信息化建设，如电子商务、电子采购等；（3）政府与公民间的信息化建设，如电子服务、电子咨询、联机办公等。

第四，结合信息化建设进行政府再造工作。政府信息化建设的快速发展已使不少专家学者致力于探讨其对政府工作流程、结构、决策过程、内部和外部管理、治理模式等所产生的影响及造成的变化，许多国家的政府部门已经开始投入这方面的研究并进行了多方面的尝试。

美国是最早推行电子政务与电子政府的国家。1992 年克林顿就任时宣布，其政府将是一个电子政府。1993 年，副总统戈尔所领导的国家绩效评估委员会提出的《创造成本更少，运转更好的政府》和《运用信息技术改造政府》两份报告指出：“如果使用计算机和远程通信，我们就不需要像过去那样工作。我们可以设计出一个以顾客为动力的‘电子政府’，它的运作方法将是 10 年前最有远见的预言家也无法想象的。”② 该报告同时还提出了建立“电子政府”的一些具体方法，如建立全国性的福利支出网络、政府部门对大众的综合信息服务、全国司法网络系统、使电子邮件成为政府部门间的常用的工具和渠道等。1995 年5 月，克林顿签署《文书工作缩减法》，规定到 2003 年 10 月政府部门全部使用电子文件。1996 年克林顿签署了《信息技术管理改革法》，同时还发表了关于联邦政府信息化的总统令，授权“政府信息技术服务小组”具体负责信息事务，并在政府各部门设立首

① ［美］尼古拉斯·亨利：《公共行政与公共事务》，267 页。

② 转引自蓝志勇：《行政官僚与现代社会》，195 页。

席信息官。1997 年 2 月，国家绩效评估委员会与政府信息技术服务董事会发表了《通向美国：用信息技术重创工作流程》的报告，被认为是建设电子政府的纲要文件，其内容包括了下列 17 个方面的要点：（1）扩大公众享受政府服务的途径；（2）实施全国一体的电子福利系统；（3）用电子方式支付政府开支；（4）将环境信息公之于众；（5）为经济活动提供政府管制方面的信息咨询；（6）利用无线通信技术建立跨部门的公共安全网络；（7）为刑事司法部门提供必要的信息技术支持；（8）简化雇员的工资纳税程序；（9）以更可靠、及时的信息系统支持国际贸易；（10）创建电子出口辅助中心；（11）用电子商务提高政府采购的效率；（12）建设跨部门信息系统，使联邦、州、地方政府连为一体；（13）在全球范围内形成信息共享；（14）确保隐私权和安全性；（15）整合政府机关的信息服务设施；（16）激发联邦政府雇员的创造力；（17）加强信息技术培训工作。1999 年 12 月，克林顿就电子政府问题签发了一道总统备忘录，该备忘录作为美国电子政府建设的正式计划书，明确提出了实现电子化的目标。2000 年 6 月，克林顿宣布创建第一政府网站（First Gov）的计划，美国政府的信息化建设进入一个全面发展的时期。据不完全统计，截至 2000 年 9 月，在美国政府部门中已经建立自己网站的占 93%，在网上公布文件的占 83%，在网上提供工作日程安排信息的占 72%。美国的网民中有 2/3 已经访问了政府的网站。2001 年 1 月，美国发表了联邦政府 37 个部、局电子政务与电子政府发展情况的调查报告，共涉及 1 371 个项目，其中为居民服务的占 36%，为企业服务的占 20%，为政府雇员服务的占 22%，为其他政府部门服务的占 22%。① 2002 年通过《电子政务法案》，正式建立协助全国电子政务发展的联邦基础设施。②

电子政务与电子政府目前已经成为全球关注的热点。联合国教科文组织在 2000 年对 62 个国家（39 个发展中国家，23 个发达国家）所进行的调查表明，89%的国家在不同程度上着手推进电子政务与电子政府的发展，并将其列为国家重点项目。如英国在 1994 年进行"政府信息服务"的实验计划，2000 年 4 月提出"信息时代电子政务公共服务的战略框架"，同年 9 月，推出"英国在线计划"（UN-Online），目标是把英国改造为世界第一个运用互联网的国家。意大利在 1993 年成立政府数字化管理局，1995 年开始建设政府的广域网，1997 年通过关于数字文件与数字合同有效性的法律，2001 年 10 月，成立技术与革新部，2002 年制定了 2005 年必须实现的 10 个目标。新西兰于 20 世纪 90 年代中后期开始致力于政府信息化建设，至 2000 年年底，其互联网用户占总人口的 42%，拥有计算机的家庭约占总数的 59%。加拿大政府于 1994 年开始建立和发展信息高速公路，成立了五个"加拿大商务中心"，开设了约 300 个政府公共信息服务网站。1999 年 10 月启动"政府在线计划"，规定在 2004 年将政府的信息和服务全部上网。从 2000 年春天开始实施新的战略，设立新的政府门户网站并于 2001 年 1 月完成。澳大利亚政府于 1993 年成立了科学与技术委员会，研究全国信息网络问题，11 月提出了"网络化国家"的报

① 参见刘靖华等：《政府创新》，214～244 页，北京，中国社会科学出版社，2002。

② 参见［美］杰伊・M・沙夫里茨、F.W. 拉塞尔、克里斯托弗・P・伯里克：《公共行政导论》（第六版），262 页。

告，12 月成立“宽频服务专家组”，该小组提议成立“全国信息服务顾问委员会”等。电子政务与电子政府已成为一种政府信息化建设的主要潮流。

14.3.3 我国政府的信息化建设

目前，我国的信息化建设正处于重要的发展阶段，为便于了解整体工作的进展情况，可以从下列四个方面进行分析：

第一，建立政府信息化建设的领导机构与组织体系。1973 年 4 月经国务院领导批示同意，成立了国家计委电子计算中心，开始进入计算机在我国政府部门的应用阶段。1983 年国务院批准组建国家计委经济信息管理办公室，1986 年 2 月国务院决定由国家计委和有关负责人组成国家经济信息管理领导小组，1987 年1 月正式成立国家经济信息中心，1990 年年底初步形成了由 28 个省市、14 个计划单列市、150 个中心城市和 700 个县组成的信息中心体系，同时，有 43 个部、委（局、总公司）先后成立了信息机构。1996 年 1 月成立国务院信息化领导小组，并设立专门的办公室，统一领导和组织协调全国信息化工作。2014 年 2 月成立中央网络安全和信息化领导小组，是建设网络强国、确保网络安全，推进信息化建设的重大举措。

第二，推进和加强政府信息化建设的基础工作。1972 年，周恩来总理“要积极推广计算机应用”的指示揭开了我国政府信息化建设基础工作的序幕。国家计委电子计算中心首先将晶体管 DTS-C2 机和 DTS-6 机用于国民经济管理的统计工作。1975 年 10 月，国家计委开始建立全国性的用于计划、统计工作的计算机网。1980 年，我国政府接受联合国援助，引进了 IBM4300 系列计算机、VS/80小型机等设备，构成中央和省市两级计算机系统的框架。至 1990 年，全国的信息中心体系已拥有大、中、小型计算机 4 000 余台（套）。至 2001 年 6 月底，我国上网计算机约 1 002 万台，其中政府部门的计算机占有相当大的数量。与此同时，我国政府在大规模数据处理系统的建设方面也取得了迅速的发展，先后开发了中国产品数据库、宏观经济数据库、国家经济文件文献库、人口普查数据库、外商投资指南数据库等一批综合性、基础性的数据库，总数已达3 000多个。近几年来，网民规模发展的互联网普及率是个突出现象，根据中国互联网络信息中心 2014 年《第 33 次中国互联网络发展状况统计报告》，截至 2013 年 12 月，我国网民规模达 6.18 亿，其中，手机网民规模达 5 亿，电脑用户 1 亿多；互联网普及率为 45.8%。2013 年新增网民中，手机是推动网民增长的主要驱动力，占 73.3%，而台式电脑和笔记本电脑分别为 28.7% 和 16.9%。

第三，创立国家经济信息主干系统，积极推进管理部门的“信息化工程”和“政府上网”工程。1984—1992 年是我国国家经济信息主干系统初创阶段，在此期间，国务院批准国家经济信息自动化管理系统、国外贷款项目管理系统、农业经济信息系统、国土资源信息系统、银行结算系统、全国铁路管理信息系统等十多个国家级信息系统的建设，涉及经济、金融、铁路、电力、民航、海关、气象、灾害防御等各个重要领域。

1993 年年底，国务院成立了国民经济信息化联席会议，正式部署了一系列金字头的信息网络工程，并列入国家中长期的规划，其中包括金桥工程（用于国家宏观经济调控和决策）、金关工程（用于外贸及相关领域）、金卡工程（用于银行和金融领域）、金税工程

（用于财政、税务领域）等。1995 年 8 月，国家信息中心—中国经济信息服务网（SICNET）正式对外开通并运营服务，开始利用互联网开展信息服务。1999 年 1 月，由中国电信和国家经贸委经济信息中心主办，联合 40 多家部委（办、局）信息主管部门、共同倡议发起了“政府上网”工程。至 2001 年 1 月底，以 gov. cn 为结尾注册的域名总数已经达到 4 722 个，70%以上的地市级政府在网上设立了办事窗口，50%以上的地县级以上机关实现了初步的联网基础工程建设。[①] 2006 年 1 月，正式开通中央人民政府门户网站，根据《第 27 次中国互联网络发展状况统计报告》，结尾为 gov. cn 的域名总数已达 52 155 个。

第四，全面规划，分步实施，积极向“网络办公”和“电子政府服务”方向发展。进入 21 世纪后，我国政府信息化建设成为政府部门“十五”至“十二五”规划的重要内容，主要是沿着两个方向继续发展：一方面是积极引进、发展信息化建设的高精尖技术、制定建设数字化城市或数码港计划，建立高速宽带、互联互通、云计算、大数据分析的网络体系，搭建信息平台，大力开发软件系统等；另一方面是将信息化建设的内部应用逐步转变到对外服务的方向上来，许多政府部门的网站增加了咨询、审批、管理、服务等方面的内容，专业化的政府服务网站也日益增多，“网上办公”、“网上审批”、“网上服务”的互动式的信息化建设对转变政府职能、推动行政改革正在发生着潜移默化的影响。

进入 21 世纪以来，国家信息化领导小组、国务院信息办等有关部门通过了《国民经济和社会发展第十个五年计划信息化重点专项规划》（2002）、《关于我国电子政务建设的指导意见》（2002）、《关于加强信息安全保障工作的意见》（2003）、《国家电子政务总体框架》（2006）、《2006—2020 年国家信息化发展战略》（2006）、《中华人民共和国政府信息公开条例》（2007）、《国家电子政务标准化指南》（2008）、《国家电子政务“十二五”规划》（2011）等规范性文件，加速了国家信息化和电子政务建设的步伐。

14.3.4　政府信息化对行政治理模式的影响

在本书第 3 章“行政组织”的论述中，曾经提及英国管理学家 J. 伍德沃德所做的项开创性工作，她所进行的研究表明，组织结构及其特性与其采用的工艺技术有密切关系。美国学者哈罗德·莱维特在组织变革的系统模式中也论述了技术变量对结构变量的影响（参见本书第 15 章“行政改革”）。由于技术条件的限制，过去这种影响在企业中较为明显，而在国家行政组织中并不突出。随着信息技术、通信技术、网络技术在公共行政领域中的应用和发展，政府信息化的影响已经在政府的效率、结构、职能、体制等各个方面显现出来。

第一，对工作效率的影响。在政府部门中普及计算机的最直接的结果是简化了办公室工作，将大量人员从大量文字、文件的手工处理状态中解放出来，降低成本，缩短时间，提高效率，并大大减少差错率，明显提高政府的工作效率和质量。

第二，对人力资源管理的影响。政府信息化建设对人员素质和人员结构有新的标准和岗位设置，明显改变了用人需求，提高了公务员队伍的群体素质和群体绩效，由于提高了

---

① 参见周宏仁、唐铁汉主编：《电子政务知识读本》，97～118 页。

工作效率和简化了工作程序，可以有效地控制和减少公共部门的用人规模。

第三，对沟通过程的影响。网络技术的发展，明显地扩大了政府内部的沟通渠道和沟通范围，一方面使上下级之间、部门之间的单向沟通变成了双向沟通，另一方面，使以领导者为中心的聚联式沟通变为多中心的、全通道的互联式沟通。

第四，对政策制定和决策过程的影响。由于政府信息化简化了大量的数据处理、文字处理任务，有利于将时间和精力集中于政策制定和决策制定的主要阶段，因而有利于加快政策制定和决策速度，并有利于提高政策绩效和决策质量。

第五，对集权、分权的影响。研究表明出现了两种不同的趋势：一方面，“在应用计算机之后，组织的控制趋于集中，计算机倾向于取代公司中基层文秘的工作”①。同时，由于计算机的应用，将会使决策中心上移，因此使国家行政组织中出现集权的倾向和条件。另一方面，由于沟通方式的改变和信息资源共享，增加了下属人员参与决策过程的积极性和可能性，又使国家行政组织中出现分权的倾向和条件。

第六，对组织结构的影响。政府信息化明显地改变了中间层的作用，使不少专家对组织结构的变化趋势产生了浓厚的兴趣。“大多数分析家都同意，信息化技术将会迫使组织金字塔等级结构的扁平化，而这种压力将会是高层主管由于计算机技术而加强对组织控制能力的结果。”② 有人把中层管理的作用称为“海绵效应”，在上传下达的同时，会使信息化失真、延误和搁置。电子政务与电子政府的发展将减弱、减少中间层的作用，从而减少组织的等级层次，增大控制幅度，有利于缩短上下级距离，密切上下级关系，压缩人员规模，降低管理成本。我国不少学者提出了撤并地级市，减少政府等级层次的建议，城市信息化建设将为这方面的变革提供有利条件。

第七，对运行机制的影响。政府信息化不仅在政府内部改变了传统的工作流程，而且在政府外部改变了对客户的工作关系。在传统的治理模式中，一个客户要在不同的政府部门中进进出出，花费很多精力和时间办理审批手续，而在政府实行“一站式服务”、全天候、无缝隙的电子政务项目中，客户可以按照自己的需求在政府网站上查询政策信息和工作信息，并在网上办理相关手续。传统的“以政府为中心”的官僚制模式在信息化的推动下转变为“以顾客为中心”的服务型模式，政府的服务意识和职能都发生了明显的变化。另外，信息技术和网络技术的发展增强了政府的透明性，扩大了公民的参与性，增强了政府与公民间的互动性，一些专家学者已开始探讨“电子民主”、“电子选举”等信息化对行政治理模式带来的政治影响。

关键术语

治理　传统行政治理模式　官僚制模式　新的政府治理模式　政府能力
政府角色　电子政务　电子政府　政府信息化　治理信息系统　决策支持系统

---

① ［美］尼古拉斯·亨利：《公共行政与公共事务》，254 页。

② 同上书，257 页。

问题与思考

1. 试述行政治理模式的概念和内容。
2. 如何提高或增强政府能力?
3. 如何理解政府问题及其与企业的区别?
4. 试述政府信息化的概念和内容。
5. 政府信息化对行政治理模式有何影响?

第 15 章

行政改革

国家行政组织是一个按照一定的组织结构、职能要求和行政体制建立起来的复杂的组织系统。和任何组织一样，它必须随着内部因素和外部因素的变化不断地从结构、职能和体制等方面进行变革和调整，才能保持应有的活力，满足社会政治经济发展的基本要求。这种变革和调整的过程即是行政改革的过程。前面各章主要是从静态方面分析、考察国家行政组织，行政改革则在动态的发展变化过程中进行分析和探讨。

15.1　与行政改革有关的概念

行政改革的基本特点是国家行政组织作为改革主体随着内外条件的变化，及时调整并完善自身的结构和功能，在各种动力和阻力的相互作用下不断推进和发展。

15.1.1　行政改革的定义与出发点

从最直观的意义上说，提高行政效率和行政效果是行政改革的基本出发点。无论行政改革的内容或形式是什么，它总是在一定的社会压力之下产生或发生的。任何行政改革都不会是四平八稳、一帆风顺的过程，各国进行改革的政治家和行政领导人并不是天生喜欢冒险的人，他们的改革决策是面对这些压力的必然选择。行政改革的压力是在对政府的行政效率和行政效果感到不满的基础上形成的，这种不满情绪越大，要求进行改革的压力也就越大。

行政改革是在各种政治力量和社会力量作用下，为了使行政效率和行政效果达到社会满意的程度，有计划地调整和改变国家行政组织的体制、职能、结构和行为方式的过程。这一定义包括下列几方面的内容：

1. 行政改革是各种政治力量和社会力量直接作用的结果

按照一般的管理理论和组织理论，为适应外部环境和内部情况的不断变化，一个独立存在的组织系统将会有意识地调整并完善自身的结构和功能，以提高其适应生存和发展需要的应变能力。企业或公司是这方面的最典型的例子。企业或公司经理作为该组织利益的代表，将会自觉地承担起这种变革的责任，其要求改革的压力主要来自企业或公司内部。作为社会公众来说，他们可能会对某个企业或公司的产品或服务质量不满，但是他们的直接反应并不是要求这家企业或公司内部进行改革，而是转向其他企业或公司的产品或服务。他们的这种举动对企业或公司的内部改革虽然也有压力作用，但只是一种间接的作用。国家行政组织却不然，它是全国唯一的行政执行组织，不仅立法机关、政党等政治力量可对它提出进行行政改革的直接要求，社会公众在对其行政行为感到不满时也不能掉头他去，只能通过各种形式发出要求其改革的直接呼吁。从根本上说，最高行政首脑和企业或公司经理不同，他代表的不是国家行政组织的利益，而是国家和社会的利益，他不是由国家行政组织内部产生的，也不对其负责，相反，他必须直接对授权于他的主体负责。与其获得最高行政职务的形式相联系，这些主体或是议会、政党，或是选民。但是归根结底，社会公众是推动行政改革的最基本的社会力量。影响行政改革的外部环境的各种因素的变化是通过这些政治力量和社会力量的直接作用表现出来的。当社会上各种力量要求改革的呼声日益高涨时，当国家立法机关或执政党有进行改革的明确意向时，最高行政领导集团必须对这种压力作出有效的反应，否则，将会出现被他人取而代之的结果。在强调各种政治力量和社会力量对行政改革有着决定性的直接作用的同时，并不能认为国家行政组织完全是以一种被动的方式进行行政改革或其内部不存在推动改革的压力和呼声。在此只是为了说明国家行政组织在行政改革过程中所处的特殊地位和特殊性质。

2. 行政改革的目标是使行政效率和行政效果符合一定社会要求

行政改革和其他任何改革一样，意味着打破旧的平衡状态，进入或建立新的平衡状态，这一过程必然会引起一定程度的社会波动，因此，它并不是在任何情况下都非要进行不可的。例如，在行政效率不高的时候，可以通过调整办事程序、更换不胜任的行政人员或提高办事人员的责任心等方式来提高行政效率，在行政效果不好的时候，可以通过修订工作计划、调整预算方案或优先发展重点项目等方式来改善，不一定都要采取行政改革的手段。行政改革只有在各种政治力量和社会力量对行政效率和行政效果的不满情绪达到一定程度时才会发生。

行政效率是行政学研究中强调得较多的问题，因为行政效率的高低是在行政执行过程或行政组织范围内发生的现象，是行政领导者的职权和职责规定要解决的问题，或者说是纯行政事务的问题。但是，对于行政效果来说，其涉及的范围则广泛得多，并不完全是行政领导者可以自主决定的事情。例如，像国家行政机关的职权的确定、国民经济发展计划和国家预算的批准、重大的政策目标的制定、激进的社会改革方案的实施等与行政效果直接相关的事情，往往是在政党、议会或公民投票等政治活动的基础上解决的，即常常是在行政执行过程之外解决的，似乎不属于行政学研究的问题。然而，对社会公众这一基本的社会力量来说，他们关心最多的是行政效果而不是行政效率。除了公开性、透明度很高的政府外，社会公众平时很少能了解或掌握有关行政效率的资料，他们对行政效率的看法多是从政府办事效率的直接感受而来的。相反，他们对政府的行政效果却有许多切身的感受和尖锐的评价，如社会风气和治安秩序的好坏、市场情况和市容变化等，一般公众考虑这些问题时，对政府做这些事情花了多少钱及其成本—效益的比率考虑得很少，但对政府为解决其所关心的社会事务做了哪些事情或采取哪些措施及其效果如何多多少少会有某种看法。因此，对行政效果不满的情绪常常是社会公众施加行政改革压力的重要因素，从而迫使行政领导者把行政效果和行政改革问题引入其行政事务的重要议事日程。

由于社会因素和环境因素错综复杂及各种政治力量、社会力量对行政效率和行政效果的评价标准多种多样，行政改革的目标不是寻求最佳，而是使行政效率和行政效果在原有基础上有某种程度的改进。行政改革的内容、规模和程度随着各种政治力量、社会力量的对比关系与社会不满情绪的强弱程度而变化。当政府的某种行政改革方案出台的时候，各种力量都会注视它所带来的变化并对其改进程度做出评价，如果没有达到一定的满意程度，还会进一步施加压力推动行政改革深入发展。因此，行政改革是一个既以国家行政组织为对象，又以国家行政组织为主体的政治因素和行政事务相互作用的渐进性的社会变革和组织变革过程。

3. 行政改革是结构性、制度性的变革

如上所述，行政改革一般是在社会上对政府的行政效率和行政效果的不满情绪或要求改革的呼声形成较大压力的情况下进行的，但这并不意味着行政领导人完全处于被动的、消极应付的地位。实际上，许多国家的行政改革都是行政领导人有意识地和有计划地实施的。由于社会上总要有一些力量要求或赞成进行改革，另有一些力量抵制或反对改革，他们还必须具有足够的魄力和勇气排除阻力，积极推进改革。无论是实行总统制的国家还是实行内阁制的国家，新上任的行政领导人往往都以前任的教训为戒，并以支持自己的社会力量为后盾提出自己任期内的某种雄心勃勃的行政改革计划。我国政治制度和社会制度的性质决定行政改革的提出和实施更具有计划性的特点，党和国家领导人是从整个国家的社会经济发展的全局和长远利益出发处理和解决行政事务的，因此可以把行政改革计划作为推动社会发展变革的一个有机的组成部分，有目的地分步实施。

行政改革是对国家行政组织及其工作所进行的结构性、制度性的变革，没有深思熟虑的计划不可能取得预期的效果。当政府下决心进行行政改革时，是以现行的行政效率和行政效果已不能或将不能适合外部环境的变化和外部力量的要求为前提的。在这种情况下，妨碍行政效率和行政效果的因素不仅仅是某些技术性或方法性的问题，改革者必须从政治、经济、文化、社会风气和社会意识等较深层次探讨推动行政改革的原因，认识和掌握有效的行政执行运行机制的内在规律和客观要求，从行政体制、政府职能、组织结构、管理方式等方面科学制定行政改革的目标和实施计划，才能从根本上解决行政效率和行政效果的问题。

15.1.2 行政改革的要求与动力

国家行政组织和社会上的其他组织一样，可以被喻为一种活的社会有机体，组织结构是它的骨骼，领导决策机构是它的头脑，管理体制和领导体制是它的神经系统，各级部门是它的器官和四肢，组织成员是它的细胞和血液。国家行政组织作为一个有生命力的整体在社会中生存和发展，和自然界的生物一样，它的生死盛衰也遵循着优胜劣汰的规律。

国家行政组织也和其他任何组织一样，是一个按照一定的组织结构、任务和管理体制建立起来的复杂的开放系统。它与社会的外部环境不断地处于资源和信息的交换过程中，以资金、能源、材料、人员、技术等投入的方式从外部环境中得到这些资源和信息，经过组织内部的转换过程，又把它们以产品、服务等产出的形式送回到外部环境中去。任何组织生存和发展的基本条件是适应其与外部环境投入和产出的交换过程及内部转换过程的要求并保持整体过程的平衡和发展。

国家行政组织的内部结构、管理体制、运行机制等不是组织领导者个人意志的结果，而是在适应其与外部环境的交换过程和内部转换过程的基础上逐步形成和发展起来的。当组织内部和外部的各种因素相对稳定时，组织的外部交换和内部转换过程处于相对平衡状态，组织的内部结构和运行机制也具有相对的适应性和稳定性。当组织内部和外部的各种因素发生变化时，将会打破组织活动过程的平衡状态和组织结构及运行机制的适应性和稳定性，需要其采取积极措施，对人员、结构和运行机制等进行适当的调整、改革和更新，以达到新的平衡状态，实现新的适应性和稳定性。这一过程即是行政改革的过程。行政改革是国家行政组织保持内部活力和竞争力、维持其运行和发展的重要手段。

行政改革的基本目标和任务是保持或提高国家行政组织的行政效率和行政效果。行政效率和行政效果是衡量国家行政组织是否具有活力和发展潜力的重要标准，也是是否需要采取行政改革措施的出发点。行政改革不能简单化或盲目地随意进行，国家行政组织只有在认为内部因素和外部因素的变化对行政效率和行政效果的影响不利于社会发展时，才有进行行政改革的必要。如果行政改革不合时宜或者计划不当，使组织的行政效率和行政效果降低，反而会影响组织自身的运行和社会发展。

行政改革的主要原因是由于国家行政组织的内部因素和外部因素的变化影响了组织的行政效率和效果，使其运行状况不能符合社会发展的正常要求。这些因素是一些十分活跃的因素，始终处于不断发展变化的过程中，当这种变化发展到一定程度时，就会形成促使组织进行改革的压力。

1. 促成行政改革的变化因素

国家行政组织常会遇到与组织的工作过程、管理过程、活动过程等相联系的各种变化，这些变化可以归结为下列几种情况，它们的出现和发展形成行政改革的压力。

第一，组织目标的变化要求。组织目标是一切组织赖以建立和存在的基础和前提，它表明了对一个组织所要处理的事务、所起的社会作用、所要完成的工作和努力方向的要求。组织目标的重新制定、选择或修正决定着行政改革的规模、范围和方向。国家行政组织现行的任务、规模、结构、体制、技术和人员配备等都是围绕着一定的目标设立的，当这些目标发生变化时，必须通过行政改革在各方面作出相应的调整。组织目标发生变化的情况很多，例如对原有目标进行调整和修正；原有的目标实现时制定新的发展目标；放弃原有的、难以实现的目标，重新选择其他目标；等等。

第二，组织任务或职能的变化要求。组织的任务或职能是组织目标的具体体现，是确定组织内部结构、管理体制、技术和人员条件的重要依据。其变化有三种情况：(1) 与组织目标的变化相联系，如以经济建设为中心或增加新的经济发展目标；(2) 组织任务或职能自身的变化，如强化或弱化某些政府职能；（3）与社会要求相联系的变化，随着社会政治经济条件的发展和社会观念的转变，对国家行政组织所应承担的社会责任将会不断提出新的要求，如防止和治理环境污染、保护消费者利益、遵循劳动法或其他法律规定等，从而要求组织调整、增加或减少其任务或职能。组织任务或职能的变化将引起组织结构、权责关系、分工方式、管理体制、技术和人员条件等方面的一系列变化，推动行政改革的进行。

第三，组织结构的变化要求。组织结构是根据组织目标、任务和职能要求在组织内部具体设置机构、岗位、权责关系、沟通渠道等的基础上确定的。组织结构的变化和调整包括下列几个方面：（1）管理层次和控制幅度的变化；（2）直线式、参谋（职能）式等组织结构形式的变化；（3）机构设置的变化或机构改革，包括各类机构的职责及数目的变化；（4）岗位设置的变化，包括各类人员岗位职责及数目的重新确定或调整；（5）权责关系的变化，包括组织内部权力分配、指挥系统、运行程序、沟通渠道等方面的变化。组织结构的变化要求一方面来自组织目标、任务或职能要求的变化，另一方面在前者不变的情况下来自对其自身不断完善、改进的要求。组织结构的变化是引起行政改革的常见因素。

第四，组织管理方面的变化要求。组织管理工作是实现组织目标、完成组织任务或履行组织职能的重要环节和保证。组织管理的内容十分广泛，包括预算管理、技术管理、人力资源管理、信息资源管理、质量管理、绩效管理等各个方面。组织管理方面的变化主要指管理体制、管理手段和管理方法的变化。这些因素与组织目标、组织任务或职能、组织结构有密切联系，但又有相对的独立性和灵活性，在前三种因素不变的情况下，组织所采用的管理体制、管理手段和管理方法可以有所变化。即使是同一种类型的组织，也可以采用不同的管理体制、管理手段和管理方法。组织管理方面的因素不仅涉及组织内部如何合理组织和安排工作流程、合理调配、使用各类人员等结构化、程序化的问题，而且涉及如何激励各类人员努力工作、调动其积极性和主动性、增强组织内聚力等非结构化、非程序化的问题，对组织的运行和发展意义重大，如人事制度、工资制度、决策体制、治理模式、领导体制等及各种激励方法和强化方法对组织效率、工作效率等都有十分重要的影响。许多政府部门为了提高内部活力，常常把采取各种改革措施、改进内部管理体制和管理手段、管理方法作为行政改革的主要内容。

第五，组织技术和人员方面的变化要求。技术和人员是生产力的构成要素，是一切组织生存和发展的必不可少的因素。技术因素标志着一个国家行政组织自动化、信息化、现代化的程度，对行政效率和政府生产力有十分重要的影响。技术因素是一种有内在变化要求的因素，当其发生较大变化时，将要求组织在任务、职能、结构、管理体制和管理手段、方法等方面进行相应的变化，是推动行政改革的重要力量（参见本书第 14 章“行政治理模式”中政府信息化的有关内容）。

组织中的人员需求与组织的技术水平和任务要求相一致。人是组织的生命和灵魂。任何组织都是由人组成的，组织目标的实现、组织任务的完成、技术能力的发挥都离不开其成员的努力。由于行政人员具有一定的流动性，因此，人员因素是一种变化较为活跃的因素。组织成员的变化要求主要表现在两个方面：（1）组织不断提高其成员素质和工作积极性的要求。（2）组织人员的需要层次不断提高的要求。前者要求国家行政组织相应改进内部管理体制和公务员制度，后者要求国家行政组织改善工作环境和条件、提高工作生活质量、增强工作中的激励因素等，它们都将有力地推动行政改革的进行。

2. 内外环境影响行政改革的特性表现

国家行政组织所遇到的各种变化情况与其环境因素、组织因素、个人因素的变化密切相关（参见本书第8章“行政执行”中有关内容），这些影响行政改革的内部因素和外部因素种类繁多，它们共同构成组织国家行政组织运行与发展的内部环境和外部环境。它们对行政改革的影响主要通过下列一些特性表现出来：

（1）稳定性。一是指各种因素发展变化的速度，二是指它们发展变化的程度。稳定性大的因素指发展变化的速度慢、程度小，对行政改革的影响则小。稳定性小的因素发展变化的速度快、程度大，对行政改革的影响则大。有一些因素可能发展变化速度快，但程度不大，如人员流动、预算项目变化；有一些因素可能发展变化速度慢，但程度可能较大，如法律规定。它们的稳定性不同，对行政改革的影响也不同。各种因素的稳定性不是绝对的，而是相对的。同一种因素可能在某一时期稳定性较大，在另一时期则稳定性较小，因而对行政改革产生的影响和作用也在发生着变化。

（2）关联性。指某种因素的发展变化对其他因素的影响程度。关联性大的因素在其发生变化时，将会引起其他许多因素发生连锁性的变化，从而强有力地推动行政改革的深度和广度。关联性小的因素其发展变化只局限于自身范围内，不会引起其他因素发生相应的变化，因而对行政改革的影响也较小。例如组织目标的调整，可能会引起组织任务、结构、技术和人员等方面的一系列变化，是关联性较大的因素，对某类人员的素质提出新的要求则可能是一种关联性较小的因素。

（3）确定性。指某种因素发展变化的可预测性和可控制性。确定性的因素发展变化的趋势有一定的规律性，国家行政组织对其发展变化的过程、阶段较为了解，掌握的信息较充分，对可能引起的相应变化也有所预见，因此可以较为主动地、有计划地制定和实施行政改革方案，较好地适应将发生的变化。不确定性的因素发展变化的趋势较为复杂，受其影响发生变化的因素多，对可能发生的变化过程难以预测，掌握的信息不充分，在这种情况下实施行政改革有一定的风险性，需加强对行政改革过程的计划性和控制性。

15.1.3 行政改革的阻力与对策

行政改革的过程除了存在推动其向前发展的压力或动力外，还存在着抵制或阻碍其发展的阻力，行政改革的实际进程是这两种力量相互冲突、相互作用的结果。阻力问题是研究行政改革的重要内容，这种研究对确定在什么情况下进行变革有重要的意义。

1. 关于阻力的理论分析

国外有些学者运用力场分析的概念研究组织变革过程中压力和阻力相互作用的问题。如社会心理学家库尔特·卢因认为，组织变革是不同方面的力相互作用的结果，它们的相互作用和相互影响形成一个错综复杂的力场，并用动态平衡的概念解释组织变革的过程，即组织变革过程不是一种静止的状态，而是两种不同作用的力量处于动态平衡状态的结果。卢因还用力场分析法研究如何克服变革阻力的问题。他认为任何变革方案都将存在正反两方面的因素，即支持因素和反对因素，前者构成变革的动力，后者构成变革的阻力。

对于变革的阻力不能采用强行压制的方法，其结果可能会使反对的力量经过一段时间的积聚最后爆发出来。他主张用图示方法将支持因素和反对因素排列出来，分析比较其强弱程度，并采用适当方法和可能的措施，减轻对变革结果的疑虑和不满程度，使反对因素转化为支持因素，增强支持因素，推动变革的顺利进行。从卢因的论述中，可以引申出“制度场”的概念。“人们以某种制度形式结成的组织本身是一种制度场，人们活动于其中产生相互之间的作用和作用力。”① 在制度场中，人们相互之间形成各种各样的制度关系，如管理关系、工作关系、权力关系、监督关系、利益关系等，任何变革都会引起人们之间相互关系与实际利益的变化，产生积极的动力和相应的阻力。

一般认为，在变革的动力或压力大于阻力的时候将会发生改革。用简单的公式表示为：改革＝动力（压力）＞阻力。在这一公式中，对动力的具体解释虽有一定的差异，但其内容基本可分解为几个方面：（1）对现状的不满程度；（2）改革计划或方案的吸引力；（3）改革计划或方案实现的可能性。改革的动力是这三个方面的函数。对阻力的解释一般概括为改革对个人、群体和组织的代价。改革的动力与阻力的强弱程度一般可分为下列四种情况：（1）动力大、阻力小；（2）动力大、阻力大；（3）动力小、阻力小；（4）动力小、阻力大。显然，在第一种情况下较容易实施和推动改革；在第四种情况下难以实行改革；在第二种情况下可能会产生严重的冲突；第三种情况的改革程度较小，进展也较为缓慢。

2. 行政改革的阻力

国家行政组织在实施行政改革的过程中，由于可能要改变原有的结构、体制、行为规范、传统习惯和利益分配关系，不可避免地会遇到来自下列四个方面的阻力：

（1）个人方面的阻力。

行政人员的态度对行政改革过程有十分重要的影响。特别是当他们直接参与行政改革过程时影响则更大。行政人员反对进行行政改革可能是出于下面几个原因：

1）安于现状。对组织现行结构、体制、条件，特别是个人处境等基本上感到满意，不愿意破坏现有的稳定状态。

2）观念和态度守旧。对新的经验、技术、方法、体制等反应冷淡，习惯于旧的工作条件和行为规范，对行政改革有一种潜在的抵制心理，与安于现状的心态有一定联系。

3）考虑个人得失。不愿意因行政改革使个人现有利益受到损失，例如失去现有的职务或岗位、收入降低、自己的技能和知识过时等。即使认为改革对组织整体利益有好处，仍有可能反对改革。

4）不了解改革的实际内容和意义。对改革的计划、方案不熟悉，不知道改革的目的、必要性和可能产生的结果，置身于改革过程之外，采取漠然的态度。

5）对改革过程的成功缺乏信心。担心改革的目的难以实现或担心改革过程难以控制，出现其他意料不到的情况，对改革计划或方案的实施采取拖延消极抵制的态度。

（2）群体方面的阻力。

行政人员对改革的态度容易受到群体因素的影响。这种影响主要表现为三种情况：首先，个人在群体压力下产生“遵从”行为，即顺从多数人意见；其次，用集体的行为规范

---

① 彭和平：《制度学概论》，21页。

代替个人判断；最后，当群体成员对改革普遍持保守态度时，他们形成的群体意见可能倾向于更为保守的态度。在内聚力高的群体中，群体因素的影响表现得更为明显。由于群体造成的阻力可能出于下面几种原因：

1）群体的行为规范因循守旧。群体成员多数安于现状，对变革态度消极，日常言谈、行为趋于保守，形成抵制或反对改革的群体意见，对成员个人的态度起保守的抑制作用。

2）群体利益受到改革的不利影响。行政改革的过程可能会使某些群体处于不利地位，或对某些群体的多数成员的现实利益造成损害，因而受到该群体成员的集体抵制或反对。

3）担心群体稳定状态受到破坏。某些群体在行政改革未严重损害群体利益时特别看重对其稳定状态的影响。如改革可能会减弱群体的地位和作用，可能使群体内部产生某种程度的竞争和冲突；或可能破坏原来已形成的人际关系等，由于担心出现这些结果而集体抵制或反对改革。

（3）组织方面的阻力。

组织系统现行的内部结构、管理体制、权责关系、运行机制等可能会给改革带来一定的阻力，特别是当它们本身成为行政改革的对象时，造成的阻力可能会更大。行政改革的具体计划或具体方案往往只是针对某一个方面、领域或局部的改革需要而制定的，它将对组织的其他方面、领域或整体带来不同的影响，必然会受到来自其他方面的牵制和抵制。这种阻力有时往往是潜在的、无形的，对行政改革的进程具有很大的破坏力。组织方面的阻力可能出于下面几种原因：

1）部门利益受到损害。某些行政机构的权力和地位可能会在组织变革过程中被削弱或降低（如决策权、分配权、控制权等可能要转移或下放），某些行政机构甚至可能会在组织变革中降级、合并或撤销，从而使这些机构成为变革的阻力。

2）改革计划或方案缺乏配套措施。某些改革计划或方案在具体实施中由于体制上不配套的原因可能会难以推行或难以深入。如公务员制度在缺乏一定的人员流动机制、没有科学的设岗方案和岗位责任制、未建立有效的考核制度、奖惩制度、领导任期目标责任制等各项配套体制的情况下，在具体实施过程中会遇到许多阻力。

3）经济、资源等客观条件的限制。行政改革过程所遇到的阻力并非完全是人为的因素，有些阻力是由于客观条件不足出现的困难所造成的。许多行政改革计划或方案在具体实施前，除了要考虑行政人员对改革可能采取的态度外，还必须考虑组织需要投入的资金、人力、设备、原材料等条件是否具备，否则，将会遇到反对改革的阻力。例如工资改革方案可能由于需要投入的经费超出国家现有财力而遭到某些人的反对。

（4）社会方面的阻力。

上述三个方面的阻力均是来自国家行政组织内部。除此之外，行政改革还会遇到来自组织外部的阻力。这些阻力主要分为立法者、公众、不同的利益集团三个方面。其抵制或反对进行改革的原因与组织系统内部产生阻力的原因基本相同，如思想因循守旧，个人利益、部门利益或集团利益受到损害，对行政改革的目的、意义缺乏了解或对行政改革缺乏信念，社会环境不适合于进行行政改革，无力或不愿为行政改革提供必要的资金、资源或人力方面的支持等。一般来说，实行改革的领导人对其组织内部的阻力可以主动采取某些措施加以克服或消除，但是在其个人权力和个人能力的范围内无法克服来自社会方面的阻力。因此，来自社会的阻力对行政改革的不利影响比来自组织内部的阻力要大得多。

3. 克服行政改革阻力的方法

在行政改革的准备阶段和实施阶段，为了顺利推进改革过程，应认真分析在国家行政组织内部和外部可能出现的阻力，有针对性地采取适当的方法消除或减缓这些阻力。

第一，使各级行政人员对改革有积极的态度。根据态度转变行为的理论，可以从认知、情感、意向三种因素调整各级行政人员对改革的态度，使各级行政人员树立改革意识，减轻其反对的强度或改变其态度的方向。主要的做法有：宣传改革的意义的必要性，让各级行政人员了解改革的目的、具体的计划、程序及可能带来的有益的变化。

第二，让各级行政人员积极参与行政改革过程。让各级行政人员参与改革计划的设计或参与讨论实施改革计划所需要解决的问题，可以增加他们对改革过程的了解、认同和责任感，减少或消除对立情绪。让各级行政人员参与的程度越大，效果越好。

第三，认真论证改革计划或方案，确保改革结果有利于社会的整体利益和多数人的利益。行政改革的根本目的是增强国家行政组织的行政效率和行政效果，提高政府生产力并在组织发展的同时使其成员的能力、成就、待遇等得到同步发展，这是克服改革阻力的最根本的方法。

第四，利用群体压力的积极影响。多数人主张改革的群体压力可以抑制个别群体成员的保守思想和反对态度。在此方面应注意调整改革的目标与公众最关心的社会目标或利益的一致性，增强公众支持改革的力度，在行政改革方面加强与公众的沟通等。

第五，合理安排改革的时间和进程。根据改革动力与阻力的强弱程度，人力、物力、财力的客观条件，进行改革的准备情况等适当确定进行改革的对象、时机、范围、规模和步骤。在具体实施的过程中，可以选择先试点再推广、分解目标逐步过渡、阶段性分步进行或一次性全面推开等多种方法。

第六，增强改革的组织压力。任何改革不可能不遇到阻力。经验表明，如果组织领导层进行改革的决心小，施加改革的组织压力弱，迟迟不进行改革，一味地征求意见等，来自各方面的阻力就大，反之，各方面的阻力则有可能减少。增强主张改革的领导者的权力和威信、用组织决定的形式实施改革、采取各种激励、强化的组织手段推行改革、要求各级领导者严格执行组织改革的决定等都可以增强改革过程中的组织压力，减少改革中的阻力。

第七，增强改革的社会压力。行政改革的外部压力的增大可以有效减少内部的阻力。如积极争取得到立法者和公众舆论的支持，宣传或介绍国外进行的改革情况和改革效果等，都是增强改革的社会压力的有效方法。

15.2 行政改革的基本过程

行政改革首先是以国家行政组织为改革对象的组织变革过程，了解有关组织变革的理论模式有助于从组织变革的共性方面增进对行政改革的认识。行政改革同时又与经济组织的变革形式不同，有其特定的性质、原因、方式和过程，需要通过对行政改革过程及其改革动因和目标的具体分析对其有一个较为全面的了解。

15. 2. 1 组织变革的理论模式

从某种意义上说，行政改革过程是一个既以国家行政组织为对象，又以其为主体的特殊的组织变革过程。组织变革是管理学和行为科学研究的一个重要内容，它指组织作为一个变革主体随着内外条件的变化，及时调整并完善自身的结构和功能，不断提高其生存能力和竞争能力。国家行政组织是一个自成体系的、开放性的组织系统，管理学和行为科学关于组织变革的理论研究有助于深入了解行政改革的基本过程。下面先简单介绍几种有关组织变革的理论模式，然后在此基础上探讨有关行政改革过程的问题。

1. 组织变革的动因模式

这是一种较简单的组织变革模式，它通过原因、动机、选择、目标四个环节的发展顺序探讨组织变革的过程。它的特点在于：（1）强调组织的变革过程首先是由内部和外部原因刺激引起的；（2）说明这种刺激的结果使人们的观念发生了变化，即形成了某种动机，包括组织的发展要求和个人的发展要求两个方面；（3）突出了组织的领导者所作出的选择在组织变革中的重要作用，这种选择包括改革的目标选择、途径选择和方式选择三种类型；（4）最后一个环节是组织变革目标的确定，如组织的协调发展、组织对环境的适应性等，其结果通过一定的反馈形式再次引起内部原因和外部原因的变化，形成一个新的组织变革过程。

2. 组织变革的系统模式

由美国学者哈罗德·莱维特提出。他认为组织变革是任务、结构、人员和技术四个变量相互作用、相互影响的过程。这四个变量实际上是构成组织系统的四种要素。其要点在于，这四个变量是相互依存、相互联系的。当它们的关系较为稳定时，意味着组织系统处于相对平稳、相对均衡的状态。当它们出现变动时，任何一个变量的改变均会引起其他一个或更多的变量的改变。组织变革的过程可以通过有计划地改变某一个或某几个变量的方式来进行。这种模式把组织看作一个由多种要素构成的复杂系统，其重点不在于找出组织变革的原因，而在于探讨有计划地进行组织变革的方法。

3. 组织变革的心理活动模式

由美国心理学家库尔特·卢因（亦有人译为勒温、列温）提出。他把组织变革在一定期间内发生的一连串组织活动或心理活动过程分为解冻、改变、再冻结三个发展阶段。解冻指人们原有的态度发生变化，认识到组织的某些状态不适当，开始产生改革的动机和要求。改变指实施某种改革方案或计划并通过认同、内在化等方式使组织成员在变革过程中形成新的态度和行为。再冻结指在改变发生后，使新形成或新发展的态度、行为固定下来，使之变成组织系统的一个持久部分。这一模式的特点主要是描述了与组织变革过程相联系的组织成员的心理变化过程，涉及组织变革中的动力及可能遇到的阻力等问题，并说明了组织变革过程与组织成员的心理变化过程的相互关系。

按照卢因的理论模式，管理者在解冻阶段应通过适当方式让组织成员了解组织所遇到的一些问题，如现有的结构、工作设计不太合理、技术水平或组织成员的技能和态度不合要求、工作效率低等，使他们产生改革的动机和要求，以减少组织变革的阻力。在变革阶段，管理者在实施变革的过程中，应通过适当方式取得组织成员对改革方案的理解和支持，加强认同和内在化的过程，减少变革过程中强制因素，增强激励因素，使他们较容易接受并学会新的态度和行为样式。在再冻结阶段，管理者应注意在组织变革的过程中，用必要的时间加强、巩固组织成员新的态度和新的行为，防止他们习惯性地恢复旧有的态度和行为，使组织变革的成果较为长久地保持下去。

4. 组织变革的组织活动模式

这是与上述模式相联系的一种模式。加里·约翰斯在卢因的三阶段论的基础上提出了六个问题，并结合三个阶段的发展过程进行了系统的描述。这六个问题是从组织活动而不是从组织成员的心理活动方面描述组织变革过程的，它与卢因的三阶段论的关系如图15—1所示。①

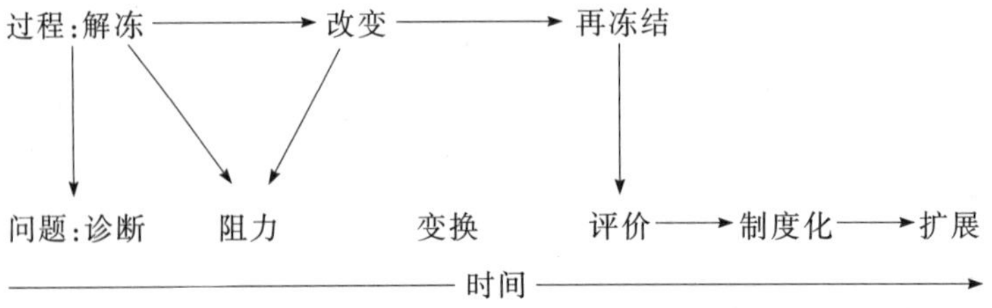

图 15—1　组织变革过程中的阶段与问题

约翰斯将组织变革过程分为诊断、阻力、变换、评价、制度化、扩展六个阶段。诊断指识别和分析需要进行变革的问题以促进解冻。阻力指在组织变革的过程中常常受到变革对象的抵制现象并加以克服以促进改变。变换指在从改变阶段向再冻结阶段转化的过程中新的行为和机制有效取代旧的行为和机制的程度。评价指对变换结果进行利弊分析以促进再冻结。制度化指在变革结果受到肯定评价时，将变革结果形成制度固定下来使之成为组织系统的一个持久部分，它体现为对再冻结的直接认可。扩展指将在组织某一部门或某一区域进行的变革扩大到组织整体，意味着对组织的其他部分也逐步实行制度化。该模式涉及组织变革的一个重要内容，即组织制度的变化和改革，对了解行政改革过程有较实际的意义。

关于组织变革的过程还有其他一些理论模式。如美国管理科学家卡斯特认为，组织变革可分为六个环节：(1) 回顾和反省；(2) 觉察问题；(3) 分析问题；(4) 提出解决问题的方案；(5) 实行变革；(6) 根据实施效果进行反馈。R. W. 格里芬把组织变革过程划分为五个阶段：(1) 变革的力量；(2) 看出问题并加以确定；(3) 解决问题的过程；(4) 实施变革；(5) 测量、评价、控制。唐纳利·吉普森把组织变革过程分为八个步骤：(1) 要求变革的压力；(2) 识别问题所在；(3) 分析问题、确定变革方案的目标；(4) 识别限制条件；(5) 对各种方案和技术的了解；(6) 选择方案；(7) 贯彻方案；(8) 方案贯彻后的评价。这些理论模式在表述上虽然有所不同，但其内容大同小异。它们不能作为一种定论，但却可以启发我们对行政改革的过程作深入的思考和分析。

① 参见［美］加里·约翰斯：《组织行为学》，470页。

15.2.2　行政改革过程分析

从上述简要介绍的四种有关组织变革的理论模式中，可以归纳出一些与行政改革过程有关的重要环节和问题，如组织内部和外部造成改革的原因、改革目标的确定和选择、改革过程中的变量和要素、改革过程中可能出现的阻力与体制改革变化阶段等，这些都有助于对行政改革过程的了解。上述四种模式都是以企业组织的变革过程为对象的，比较而言，国家行政组织的行政改革过程既有与其相同的一面，也有与其不同的一面，它涉及更多的问题、变量和要素，整个过程也显得更为复杂。总的来说，行政改革过程可以分为四个阶段。

1. 外部因素和内部因素的变化

第 8 章曾论述了影响行政执行活动的一些因素，如政治、社会、经济等各种环境因素，结构、功能、关系等组织因素，组织成员的个人因素等，它们同时也是影响行政改革过程的因素，在此可以统称为三类要素或三类变量。通过组织变革的系统模式和心理活动模式可以说明，这三类变量的变化对提出和推动行政改革有十分重要的影响。不仅这三类变量之间相互联系、相互影响，而且每一类变量之间的各种因素以及每一种因素内的子因素也是相互联系、相互影响的。例如，社会环境因素中的经济因素是个最活跃的因素，它始终处于变动和发展之中，它可以影响科技、教育、文化、观念等各种社会环境因素的变化，影响阶级状况，各种政治力量消长，政治、经济制度等政治环境因素的变化，同时这种影响还可以渗透到与国家行政组织的内部活动有关的组织因素中和组织成员的个人因素的变化中，从而引起一系列的变化。这种变化将减弱国家行政组织原有的运行机制的平衡状态及原有体制对其内部环境和外部环境的适应性，降低行政效率和影响行政效果，使社会上出现某种程度的不满情绪和进行行政改革的呼声。又如领导者的个人素质、行政队伍的群体素质下降等组织成员个人素质的变化相应会造成政府职能活动削弱或组织结构失调，引起组织因素的不利变化，进而对社会治安、经济发展等社会环境因素产生负效应，也会产生不满情绪和改革要求。所有这些变化最终将达到一定强度，造成进行行政改革的社会条件。

2. 改革力量发生影响

在各种内外因素发生削弱政府行政执行能力、影响其行政效率和行政效果的不利变化时，各种不满情绪是分散的、自发的、多向的，只有通过某些改革力量的积极活动才能凝聚成不可忽视的、有目标导向的强大压力。这些改革力量是多方面的，有赞成进行改革的政党、政治活动家、国会议员、行政领导人、社会团体、新闻媒介等。由于他们在社会中的地位不同，享有的权力不同，对推动行政改革进程有不同的影响和方式。

当国家行政组织的外部环境因素和内部环境因素发生变化时，它不会自发地相应发生变化。也就是说，行政改革不是一个随各种环境因素的变化自然发生的过程，它要靠某种力量来推动，这是因为：(1) 在任何组织系统中，原有的组织结构、运行机制和规章制度都有一种相对稳定性；(2) 在社会上和组织中，存在着与旧体制相联系的相当大的习惯势力或守旧势力，它们试图保持和维护旧的组织状态和体制，有时甚至还企图压制社会上的不满情绪和改革要求；(3) 由于改革具有一定的风险性，国家立法机关、国家行政机关或政党中的政策制定者或决策者常对改革采取一种谨慎小心的态度；（4）社会中各个阶层、阶级和社会集团等有不同的政治利益、经济利益和政治经济主张，在一定时期内，对行政改革的目标和方向较难达成明确一致的共识，也就较难形成明确一致的改革行动。

因此，随着社会经济文化等各种因素的发展变化，将会有某些政治力量和社会力量应运而生成为行政改革的代表和倡导者，对推动行政改革进程发挥十分重要的影响。这些影响主要表现在：（1）以表达民意的方式集中反映对现行弊病和不良现象的不满情绪，形成要求改革的较强大的社会舆论；（2）从理论上探讨和阐述实行行政改革的必要性和重要性，增强社会上的解冻意识；（3）提出各种进行改革的目标和主张，促进不同阶层、社会集团等在较重大的改革问题和目标方面达成某种程度的共识；（4）影响政党、立法机关、行政机关内的政策制定和决策过程，使改革主张或改革方案列入议事日程；（5）成为与社会上的习惯势力和守旧势力相抗衡的力量，并逐步取得压倒性的优势，使行政改革进入正式制订计划和实施的阶段；（6）代表先进阶级的政党及杰出的政治家、社会活动家等在社会发展变化与现行的行政组织结构和行政体制的矛盾还不十分明显时，能够以其科学的预见性和正确的理论为指导，根据客观环境的变化，因势利导地逐步推动社会变革和行政改革的发展，成为有较高社会权威和影响的领导力量。

3. 制定行政改革纲领和计划

当改革力量成为社会的主导力量时，意味着在国家的最高决策层中开始正式考虑并着手制定有关进行行政改革的纲领、方案或计划。在实行普选制和议会制的国家中，此阶段与上一阶段的区分常常以某个主张进行改革的政党或个人取得竞选的胜利为标志。制定行政改革的纲领和计划可以在三个不同的层次上进行：（1）执政党的最高领导层；（2）国家立法机关；（3）国家行政机关。在不同的情况下，这三个层次的政策制定和决策过程可能是单独进行的，也可能是联合进行的。

行政改革的纲领和计划基本包括下列内容：（1）确定行政改革的目标。例如：是转变政府职能、调整政府机构，还是改革某种制度；是以提高行政效率为主，还是以提高行政效果为主；或是二者兼而有之；等等。（2）确定行政改革与现行的社会制度、经济制度、政治制度的关系与联系。如行政改革是作为社会总体改革的一个组成部分还是在其他制度不变的情况下单独进行。（3）确定行政改革的范围。如是否局限于中央政府或地方政府范围内，或是在整个国家行政组织范围内进行。（4）确定行政改革的具体内容或具体措施。例如如何转变政府职能、如何精简机构和精减人员、如何提高行政效率、如何合理下放权力、需要制定什么政策或法规，等等。（5）确定行政改革的程序和步骤。如行政改革过程分为几步或几个阶段，每个阶段的目标、内容和任务是什么以及各个阶段如何相互衔接和推进，等等。（6）确定行政改革的方法。如是否成立负责行政改革的专门机构，如何加强对行政改革过程的控制，如何协调各级政府的行政改革活动，如何对行政改革的效果进行评价，等等。（7）确定行政改革的时间安排。如行政改革是在一年内还是更长的时间内完成以及各个具体阶段的时间安排等。在很多情况下，行政改革过程并不是只有一个单一的行政改革计划或方案。特别是在行政改革是整个社会政治经济制度改革的一个组成部分、有较多的目标和较复杂的内容时，其过程往往是通过制定并实施一系列的行政改革方案或计划来完成的。

4. 行政改革计划的实施

行政改革计划主要是在最高行政机关的领导下组织实施的。从这个意义上说，国家行政组织既是行政改革的对象，又是行政改革的主体。行政改革的过程和企业、公司等经济组织实行的组织变革过程不同。在市场经济条件下，企业、公司等经济组织是一个独立进行经营活动的自组织系统，其组织变革的计划经最高决策层决定后即可在全组织范围内实施。而行政改革计划的颁布实施一般是国家立法机关立法或授权、国家行政机关具体实施的过程，在我国和其他一些国家，这一过程同时是贯彻执行执政党制定的有关行政改革的基本政策和指导方针的过程。由于行政改革涉及国家行政组织的结构、职能、制度等较重要的变化，对社会政治经济环境的稳定和发展有巨大影响，因此，其改革计划或方案的颁布实施有下列两种方式，其一，以国家立法机关立法的形式来推行。如美国文官制度的改革是在一系列立法活动的过程中不断发展和完善起来的。美国国会于1883年通过了《彭德尔顿法》，奠定了现代美国文官制度的基础，其后适应新的变革要求又陆续制定了一系列法律，主要有：1920年的《文官退休法》、1923年和1949年的两个职位分类法、1936年的《乔治狄恩法》、1939年的《哈奇法》、1950年的《考绩法》、1955年的《政府职位培训法》、1970年的《政府人事管理法》以及1978年的《文官制度改革法》等，这些立法活动构成了美国文官制度改革的一个重要内容。其二，由国家立法机关授权国家行政机关在一定范围内颁布实施行政改革计划或方案。例如美国1917年的《激发道德力量法规》赋予总统在战时及战后一个时期内建立机构与改组机构的广泛权力。1932年的《经济法规》以及1933年的同类法规授权总统在限定的时期内以行政命令改变、合并、重新颁布行政机构的权力。1941年的《第一战争权力法规》授权总统在战时及战后短时期内，可以对“任何部、委、局、处、政府企业以及机关和官员等”进行彻底改组。1973年，行政改组授权方面的法规曾宣布失效，后又得以恢复。在行政改革方面，我国宪法对国家立法机关和国家行政机关的权限范围也有明确规定，如全国人民代表大会“制定和修改刑事、民事、国家机构的和其他的基本法律”，国务院“规定各部和各委员会的任务和职责”，“规定中央和省、自治区、直辖市的国家行政机关的职权的具体划分”。1993年8月，国务院颁布了《国家公务员暂行条例》，并于当年10月1日起施行，这是我国行政改革的一个重大举措。规范公务员制度的法律应当由国家立法机关制定，我国目前的做法是先以行政法规的形式来规范，在取得经验，条件成熟时，将会上升为经全国人大或全国人大常委会通过的法律。行政改革计划或方案经过一定形式颁布后统一由国家行政组织负责实施。从某种意义上说，这是一种特殊的行政执行过程，国家行政组织依法对自己的组织结构和体制进行变革，既是改革的主体，又是改革的对象。当某一项行政改革计划或方案正式出台时，将同时颁布一些有关具体实施的补充规定或实施细则，明确规定实施范围、实施步骤或程序、实施方法、实施工作的组织领导以及具体的时间安排等。

在实施过程中，需要注意下列几方面问题：(1) 总体部署，统筹规划。着重考虑全局性的和带有普遍性的问题。(2) 具体分析，分步实施。改革过程不宜操之过急，不宜搞“一刀切”或“一风吹”，需要有计划地实现阶段性目标，根据实际情况分期推行，逐步深入。(3) 创造条件，配套进行。一项改革计划或方案往往使组织系统的外部条件和内部条件发生一系列变化或连锁反应，与此同时，要使改革取得较好效果，也需要具备或创造一定的条件。因此应把握好各个方面的联系和衔接，制定必要的配套措施以保证改革的顺利进行。（4）定期检查，严格控制。任何改革计划，一旦启动后，将形成一股不可阻挡的力量，如果控制不力，有可能因失控造成严重的社会危害。因此应采取有利的检查和监督措施，从范围、步骤、方法、进程等方面始终将执行过程置于严格并有效的控制之下。（5）抓住重点，注重实效。任何改革计划，都有其重点实施的内容和所要实现的目标。在实施过程中应着重注意这些重点内容落实的情况和重点目标实现的程度。（6）循序渐进，平稳过渡。行政改革的基本特点是破旧立新，容易产生矛盾、对立和冲突，因此必须做好观念、体制、结构、管理方式和行为方式等的转变工作，尽量减少可能出现的社会波动和不安定现象，认真执行有关政策，合理处理好人员安排等各种问题，实现由旧体制向新体制的平稳过渡。（7）及时评估，巩固成果。及时评估是行政改革计划实施过程中的重要工作，它可以对实施中可能出现的问题和偏差、预定目标的实现程度及已取得的成效提供有意义的反馈信息。同时，在正确评估的基础上，应及时通过法律化、制度化等形式将改革成果巩固下来，防止出现反复，使之与其他各种政治制度、经济制度等统一结合为一个有机的整体。

15.2.3 行政改革动因与行政改革目标

如上所述，行政改革的推行需要具备两个基本条件，一是国家行政组织的外部环境因素和内部环境因素的变化使其现行状况不能符合社会发展的正常要求，二是主张改革的政治力量和社会力量意识到进行行政改革的必要性和重要性，并在国家政策制定和决策过程中占据主导地位。其中第一个条件是进行行政改革的最基本的条件，并且是第二个条件的基础和前提，它直接决定着行政改革进行的时间、规模、内容、形式和目标。为了深入了解行政改革过程，可从改革动因及其目标的三种不同情况作一个简要的分析。

1. 在外因不变的情况下内因引起行政改革

在许多国家中，政府的行政效率低下几乎是普遍令人感到头痛的问题。其原因很大程度上不是来自政府的外部而是来自政府的内部。假定政府的外界环境和外界条件不变，政府自身也不会静止不动，它有一种自我膨胀和自我衰变的趋势，使其行政效率逐渐变低。自我膨胀的趋势之一是帕金森定律发生作用的表现，在行政事务和政府职责未增加的情况下，行政人员和行政机构的数量及政府的规模在不断地扩大，从而增加了不必要的繁重的任务量和烦琐的办事程序。另外，政府还可利用行政立法权和行政权不断扩大自己的职能和职权范围，引起机构和人员的自我膨胀。自我衰变的趋势之一是彼得原理所揭示的一种现象，即随着在政府等级制度中的晋升，许多人被提拔到他们所不能胜任的工作岗位上，由于这种情况在一个人职务越高的时候越有可能发生，因此对政府的政策制定和决策过程也将产生不利影响。问题在于，这两种趋势几乎不能从政府组织内部彻底根除。因为政府的运行机制是建立在与企业等经济组织完全不同的预算制度和授权制度的基础上的，获得更多的预算和更多的权力是保持政府自身存在和发展的内在动力。除此之外，政府组织内部计划不周、管理不善、录用、考核、培训、监督等工作质量的变化和削弱都可能造成效率低下的后果。这些变化使政府内部的组织机构、人员素质、岗位设置、财政支出等发生直接损害行政效率的不利变化。在通过各种立法手段和监督手段不能有效控制这种趋势时将会引起改革。针对这种纯粹内因变化所进行的行政改革主要以提高行政效率为目标。

2. 在内因不变的情况下外因引起行政改革

第 8 章将政府组织外部环境因素划分为政治环境、社会环境、自然环境和心理环境因素四种类型。这些因素的发展变化是推动行政改革的重要原因和主要动力。在这些因素中，政治环境因素和社会环境因素是直接推动行政改革的因素，自然环境因素和心理环境因素是间接推动行政改革的因素，它们主要通过对前两种因素的影响间接发生作用。政治环境因素和社会环境因素与国家行政组织的体制和职能密切相关，例如，不同的社会制度和政治制度决定了国家行政组织的性质、地位及其与政党、国家立法机关、国家司法机关的权力分配关系、中央政府与地方政府的集权与分权体制等。不同的经济体制，如计划经济体制和市场经济体制，决定了国家行政组织的不同的行政职能和经济管理职能。国家行政组织的职权、职能、行政体制以及组织结构等是与国家的社会制度、政治制度、政党制度、经济制度相一致的，是适合并维护这些制度的发展需要的。当这些制度发生变化或改革时，国家行政组织也必然进行相应的改革以适合新的发展要求。总的来说，这种改革的目标主要是重新确定政府的职权范围和职能范围，并在此基础上建立新的行政管理体制，以确保行政效果符合社会政治经济发展需要。

3. 内因外因同时变化引起改革

国家行政组织的运行过程实际上是一个其内部因素和外部因素不断变化、相互影响和相互作用的过程，行政改革是这些因素发展变化的必然结果。在不同的社会发展时期，这些因素的变化有时是相对平缓的，有时则是较为剧烈的。以内部因素变化为主引起的改革，往往是较为平稳的、局部性的改革，以外部因素变化为主引起的改革，在某种情况下有可能引起规模较大的、整体性的改革。根据国家行政组织内部外部因素变化的不同程度，行政改革的规模和形式可分为下列三种情况：(1) 内部调整。国家行政组织根据自身发展与社会要求不相适应的情况提出某些内部改革措施，以提高行政效率，改进行政效果。(2) 外力参与。国家立法机关或执政党针对国家行政组织的现状与社会要求不相适应的情况制定某些进行行政改革的政策和方案，促进国家行政组织积极进行有关方面的改革。(3) 大规模改组。经过国家立法机关的立法程序或公民投票等形式，制定或通过对国家行政组织和现行行政体制进行根本性改革的方案，并采取更换国家行政机关最高领导层的激烈手段推动改革。内部调整和外力参与是较为普遍的行政改革形式，大规模改组是与较大的社会变革相联系的行政改革形式。

15.3　行政改革的主要内容

由于行政改革有广泛的社会基础、复杂的社会背景、多种多样的形式和具体目标，因而其内容可以说是从小到大，包罗万象，涉及与国家行政组织行政执行活动有关的各个方面。概括起来说，行政改革具体可分为规模、结构、职能、体制四个方面的内容。在行政改革的实际过程中，这四个方面内容常常是相互结合在一起的，在此主要是从理论上进行一些抽象的分析。

15.3.1 规模方面的改革

规模方面的改革指根据社会经济发展情况，较大幅度地改变或调整政府经费和人员数量。一般来说，由于政治、经济、法律等方面的影响，国家行政组织的经费和人员数量经常会发生微小的变化。无论是增是减，这种变化都属于正常的调整范围。规模方面的改革通常是指在较大的社会压力下，为了提高行政效率，通过立法程序或政策制定程序，作为重要的行政改革内容或任务所进行的，以精减人员和经费为主要手段的改革措施。政府规模方面的改革是一种最基本的改革形式，常常和结构、职能、体制方面的改革结合在一起进行，由于其在人员和经费方面的调整幅度较大，即使不与结构、职能等其他改革形式相联系，也会对国家行政组织的运行产生较大的社会影响。

20世纪七八十年代，许多国家把压缩政府规模作为一项主要的行政改革内容。美国里根政府在20世纪80年代执政期间，面对质疑政府规模过大、抵制赋税的社会浪潮，接受新联邦主义、自由资本主义和供给经济学派的思想，主张“小政府”，反对政府干预，大规模削减政府经费和政府人员，如美国联邦环保局1983年的年度预算削减了29%，消费品安全委员会的经费削减达20%，其人员从1981年的812名削减到568人。1993年美国副总统戈尔在国家绩效评估委员会的报告中承诺，到1999财政年度将节约1 080亿美元，5年内将联邦公务员队伍减少12%，总计减少约253个职位。[①] 我国政府在改革开放后的几次重大的行政改革和机构改革工作中，较大规模地精减政府工作人员是一项重要内容。如1988年机构改革时，国务院行政编制精简10.3%。1993年机构改革时，国务院行政编制精简20%。1998年机构改革时，国务院行政编制总数在原有的基础上精简47.5%。[②] 政府规模方面的改革常和政府工作流程的改革结合起来进行。

15.3.2 结构方面的改革

组织结构指组织系统各个部分的构成方式。它是国家行政组织内部的权责关系、分工协作方式、职权和职能划分、机构设置和岗位设置等的综合表现。组织结构方面的改革主要指通过机构改革或调整改变组织系统内部构成方式，以提高行政效率。组织结构是否合理，直接影响组织系统正常运转的好坏和行政效率的高低。因此，组织结构方面的改革常常是行政改革的一个主要内容，其基本形式是机构改革或机构调整。需要指出的是，机构改革并非只是结构方面改革的特定方式，职能方面和体制方面的改革都可能引起机构改革。这里仅指出于结构方面的考虑所进行的改革。组织结构方面的改革一般包括下列几个方面：

第一，合理调整控制幅度。这是一种常见的机构改革形式。管理层次和控制幅度是分析组织结构时的两个最基本的问题（参见本书第3章）。前者涉及组织的纵向结构，后者涉及组织的横向结构。如上所述，控制幅度指一名行政领导人直接领导和管理的下级人员或下级部门数。在各级政府中，无论是中央政府，还是省、市、县等地方政府，每一级政

---

① 参见［美］詹姆斯·W·费斯勒、唐纳德·F·凯特尔：《行政过程的政治——公共行政学新论》（第二版），80页。

② 参见张志坚、刘俊林主编：《中华人民共和国政府机构五十年》，42页，北京，党建读物出版社、国家行政学院出版社，2000。

府领导人都直接管辖着一定数目的机构或部门，由于政府内部或外部某些因素的变化和提高行政效率方面的考虑，常会通过行政改革的形式调整控制幅度。一般来说，在大多数国家中，在管理层次方面进行的改革极少，因为管理层次的变革比控制幅度的变革要剧烈得多。但是在控制幅度方面进行的改革则较为常见。控制幅度的改革通常分为两个方面：(1) 限制或缩小控制幅度，意味着横向减少机构数目；(2) 扩大或增加控制幅度，意味着横向增加机构数目。实行改革开放后，我国机构改革在控制幅度方面发生过三次变化，如 1983 年国务院下设外交部、国防部等 45 个部委；1988 年改革变为 41 个部委；1993 年改革时变为 40 个，1998 年改革时精简为 29 个，2003 年改革时调整为 28 个，2008 年开始进行大部制体制改革，总趋势是限制并缩小控制幅度。

第二，合理调整组织结构形式。由于几乎所有国家的行政组织的结构形式都是直线—参谋（职能）结构形式，因此组织结构方面的行政改革在大多数情况下必然涉及组织结构形式调整问题，这方面的改革与控制幅度的变化密切相关，其内容主要涉及如何在各级政府和国家行政机关内部合理调整机构设置和划分职权和职能范围，如何合理调整直线部门和参谋（职能）部门的关系，即通常所说的“条条”和“块块”的关系。调整组织结构形式一般有三种情况：(1) 分设或增设内部机构；(2) 合并减少内部机构；(3) 原有内部机构数目不变，改变其隶属关系或对某些职能加以调整。无论是哪一种情况，其目的都在于合理调整国家行政组织内部的分工协作关系，保证行政执行活动的顺利进行。如在 1988 年的机构改革中，我国增设了国家监察部，扩大了职能部门对直线部门的监督权；1993 年国务院机构改革方案将国家技术监督局、国家烟草专卖局、国家海洋局、外国专家局、国家国有资产管理局等原有的国务院直属局改由经贸委、科委、人事部等部委管理，将原来由财政部管理的国家税务局调整为国家税务总局，改为国务院直属机构等。2003 年机构改革时，以设立、改组、组建等形式成立国务院国有资产监督管理委员会、中国银行业监督管理委员会、国家发展和改革委员会、商务部、国家食品药品监督管理局等都属于这种结构性的调整。

第三，合理调整权力结构。在此主要指中央政府和地方政府的权责关系，可以说是国家行政组织内部结构中的核心问题。这种上下级政府间的关系和权力结构是与管理层次有关的纵向结构的外在表现，它的实质是在国家行政组织内部如何合理解决集权和分权的问题。在本书第 4 章，曾根据中央政府和地方政府之间不同的集权和分权程度论述了高度集权、有限授权、模拟分权、联邦分权或联合分权四种不同的类型，它们各有特定的权力结构和权责关系。合理调整中央政府和地方政府的权力结构可以分为两种情况：其一，转换权力结构类型的变革，即通过改革从上述一种类型转化为另一种类型，它往往不仅涉及权力结构的变革问题，而且涉及行政领导体制的变革。其二，同一种权力结构类型内的变革。这种变革不涉及权力结构类型的转化问题，但在不同程度上改变或重新确定中央政府和地方政府各自的职权范围，调整二者之间集权和分权的关系。1994 年我国进行的分税制改革即涉及这种权力结构的调整。

15.3.3　职能方面的改革

职能方面的改革指根据社会经济发展要求改变或调整政府原有职能并进行其他方面的

相应变革。任何组织系统的结构和其所要履行的职能或职责都是紧密联系、不可分离的。因此组织结构方面的改革必然与组织职能方面的改革有某种程度的关系，其主要表现在于，无论是国家立法机关还是国家行政机关，在考虑增设或减少某个行政机构时，总是以某些职能方面的调整为前提的。当然，在现实生活中，有时会出现一种虚设机构的现象，和因人设职的性质一样，设立某个没有具体权力和职责的机构。但是，这是一种不正常的现象，不能称之为改革。

结构方面的改革与职能方面的改革既有联系也有区别。这种区别主要表现在下列两个方面：第一，它们的主要内容不同。结构方面的改革以机构调整为主要内容，用最典型、最纯粹的例子来说，它是在政府的原有职能不变的情况下，对原有的机构设置进行调整，在没有增加或减少政府原有职能的情况下增加或减少了政府的某些机构，并对这些机构所履行的职能相互间做了一些调整，即在政府原有职能不变的情况下进行内部结构改革。职能方面的改革以职责调整为主要内容。它是在政府的原有职能发生变化的情况下进行的，其结果或是改变原有机构设置，或是不改变原有机构设置。对于职能方面的改革来说，改变政府原有职能是最基本的特点，而是否同时改变政府的原有机构设置却不一定，也就是说，它有时可能不会发生结构方面的变化。20 世纪七八十年代以英国撒切尔政府为代表的民营化是一种以职能改革而不是结构改革为主要内容的行政改革运动。民营化的内容主要包括："出售公共资产；放松管制；开放国家垄断企业引入更多的竞争；合同转包形式；由私营部门提供公共服务；联合使用公共部门私营部门财政经费的资本计划；减少补贴或引入使用者付费机制。"① 这方面的内容更多的是和政府职能共同的变化而不是和政府的结构变化相联系。据统计，至 1992 年，全世界有 700 多家公共企业被私人收购，民营化成为许多国家进行行政改革的一种主要形式。在许多情况下，职能方面的改革常和机构方面的改革结合进行。如我国在 1993 年的国务院机构改革过程中，撤销原有的航空航天部、轻工业部、纺织工业部，分别改为航空工业总公司、航天工业总公司（对外挂航天局的牌子）、中国轻工总会、中国纺织总会。1998 年国务院机构改革中，将煤炭工业部、机械工业部、冶金工业部、国内贸易部、中国轻工总会和中国纺织总会分别改组为国家煤炭工业局、国家机械工业局、国家冶金工业局、国家国内贸易局、国家轻工业局和国家纺织工业局，由国家经济贸易委员会管理，在进行职能改革的同时，相应进行结构方面的改革。

第二，结构方面的改革和职能方面的改革所起的作用不同。结构方面的改革主要解决的是政府如何管理的问题，主要目的是保证政府内部协调运转，有利于提高行政效率。从某种意义上说，结构方面的改革是政府的内部事务，可以由政府自主决定。而职能方面的改革主要解决的是政府管理什么的问题，只有在这个问题已经解决的前提下才进而提出政府如何管理的问题。它的主要目的是保证政府履行的职能或职责符合社会发展变化的要求，有利于取得较好的行政效果。由于政府的活动和行为特点是依法行政，它的职能主要是由国家立法机关通过的宪法和各种法律规定的，因此，职能方面的改革不是政府能够自主决定的内部事务，在大多数情况下，它是在外力参与和推动下进行的，常常与政治体制改革和行政体制改革相联系。

---

① ［澳］欧文·休斯：《公共管理导论》，136 页。

在改变或转变政府职能的同时进行机构改革是一种规模较大、社会影响较广并且较深远的行政改革活动。政府职能如何转变、由谁转变是首先要解决的问题，其主要方式有：(1) 执政党有明确的政策导向；(2) 国家立法机关通过了限制或扩大政府授权的法律或法令；(3) 国家司法机关对有关政府职权范围的诉讼案所作裁决的影响；(4) 政府本身通过立法或行政立法程序使转变职能的议案获得通过；(5) 对政府行政执行活动的监督机制的作用；等等。

在改变或转变政府原有职能的同时进行机构改革的方式主要是与增加或减少政府的某种职能相对应增加或减少相关机构，一般有下列几种具体做法：(1) 增设或扩大可增强政府宏观调控能力的机构；(2) 取消或调整与社会经济发展要求（如市场经济体制要求）不一致的或可由市场经济调节机制取代的政府职能并相应取消或调整有关机构；(3) 取消或调整可用法律手段取代的政府职能并相应取消或调整有关机构；(4) 取消或调整政府管不了的或不该管的各种具体职能或职责并相应取消或调整有关机构。

进行职能方面的改革有利于提高机构改革的效果，如果不在合理转变或调整政府职能的基础上进行机构改革，很容易陷入“膨胀——精简——再膨胀”的恶性循环之中。1982 年机构改革的结果是国务院工作部门由 100 个减少到 61 个，但到 1986 年年底，国务院系统又出现了 5 个增多：“正式机构增多，中央部委一级机构由 1982 年的 61 个扩展到 72 个，司局级机构增加了 135 个，处级机构猛增了 1 280 个；变相机构、临时机构增多，比 1982 年翻了一番，且大有继续膨胀之势；人员增多，四年时间，国务院系统已超编近 5 万人；官员职数增多，特别是巡视员、调研员猛增，处级以上干部与一般干部之比为 1∶12；事业单位，尤其是中心、学会、协会增势迅猛，中央各部属全国性事业单位人员达 200 万人，并以每年 100 多个机构、2 万人左右的速度递增。与此同时，行政费支出呈直线上升之势，财政部分析，机构过度膨胀、人员无限增加是行政经费急剧上升的主要原因。”① 虽然造成这种政府机构再膨胀的原因很多，但其中一个主要原因是“这次（指 1982 年）机构改革仍然没有提出转变政府行政的功能与职能问题”②。

1993 年 11 月党的十四届三中全会通过的《中共中央关于建立社会主义市场经济体制若干问题的决定》指出，目前各级政府普遍存在机构臃肿、人浮于事、职能交叉、效率低下的问题，强调：“转变政府职能，改革政府机构，是建立社会主义市场经济体制的迫切要求”，“政府经济部门要转变职能，专业经济部门要逐步减少，综合经济部门要做好综合协调工作，同时加强政府的社会管理职能，保证国民经济正常运行和良好的社会秩序”，说明了转变政府职能与改革政府机构的关系及其在增强行政效果方面的作用。2013 年党的十八届三中全会通过了《中共中央关于全面深化改革若干重大问题的决定》，进一步提出了优化政府组织结构，加快转变、全面正确履行政府职能的要求。

15.3.4 体制方面的改革

体制方面的改革指与社会政治制度、经济制度的改革相联系的行政改革，它是整个社会改革的组成部分，比单纯结构方面的改革和职能方面的改革具有更深远的社会影响。体

①② 张德信、李兆光主编：《现代行政学》，191 页。

制方面的改革是一种制度创新，它本身包含着规模、流程、结构和职能方面的改革，它把多方面的改革有机地结合在一起，通过打破旧体制的方式推动多方面的改革，并以建立新体制的制度化的方式保持和巩固改革成果。与规模、结构、职能方面的改革不同，体制方面的改革必须以立法的形式进行。旧的体制的改变、调整或废除，新的体制的颁布和建立，应有严格的法律规定和法律程序。

在体制改革的过程中，执政党、国家立法机关等外力作用和影响显得更为突出。政府由于处在“行政执行”的地位，在体制方面的改革上受到比进行结构方面的改革和职能方面的改革更多的限制和制约，因为其进行改革的依据必然是执政党正式制定的政策纲领或国家立法机关通过的正式法律，即使是政府倡导的改革方案至少一般是在得到这两种力量的赞同时才能付诸实现。因此，行政体制方面的改革只有在执政党、国家立法机关和国家行政机关的共同努力下才能顺利进行。否则，将会困难重重，甚至有可能产生政治危机、政府改组和社会动荡。

体制方面的改革一般包括下列几种情况：

（1）与经济体制改革相联系。经济体制的变革对行政体制的变革有十分重大的影响，它要求并决定政府在社会经济管理方面所应有的权力、作用和职能。

（2）与政治体制改革相联系。“现在看，不搞政治体制改革不能适应形势。改革，应该包括政治体制的改革，而且应该把它作为改革向前推进的一个标志。”“进行政治体制改革的目的，总的来讲是要消除官僚主义，发展社会主义民主，调动人民和基层单位的积极性。要通过改革，处理好法治和人治的关系，处理好党和政府的关系。”①

（3）与其他社会管理制度的改革相联系。行政体制是整个社会管理制度的一部分，与其他社会管理制度相互作用、相互影响，共同结合为一个有机整体。当其他社会管理制度，例如社会收入分配制度、社会保障制度、人事制度、教育制度等发生变革时，也将推动行政体制发生相应的变化。

（4）国家行政组织自身的制度建设。国家行政组织为了有效地履行各种职能，保证行政执行过程的顺利进行，提高行政效率，需要不断通过行政体制方面的改造加强组织建设和队伍建设，如录用制度、考核制度、奖惩制度、工资制度以及领导体制、岗位责任制等各种管理体制方面的改革。公务员制度改革是一种内容广泛的全面改革。体制方面的改革要求从社会变革的全局和社会发展的总体利益出发考虑行政改革问题，要求从党政关系、国家立法机关和国家行政机关的关系、政企关系等各个方面重新确定国家行政组织的地位、权力、作用和职能，在与各种社会变革相结合的基础上，通过立法形式和法律手段推动国家行政组织在结构、职能、体制等方面所进行的变革。

以邓小平 1992 年年初的南方谈话和党的十四大为标志，我国进入了改革开放和现代化建设事业的一个新的发展阶段。党的十四届三中全会制定的建立社会主义市场经济体制的总体蓝图，是进一步深化改革的行动纲领。建立社会主义市场经济体制，就是要使市场在国家宏观调控下对资源配置起基础性作用。为实现这一目标，要求从下列五个主要环节进行一系列的体制改革：（1）坚持以公有制为主体、多种经济成分共同发展的方针，进一

---

① 《邓小平文选》，1 版，第 3 卷，160、177 页，北京，人民出版社，1993。

步转换国有企业经营机制，建立适应市场经济要求、产权清晰、权责明确、政企分开、管理科学的现代企业制度；（2）深化流通体制改革，建立全国统一开放的市场体系；（3）转变政府管理经济的职能，建立以间接手段为主的完善的宏观调控体系；（4）建立以按劳分配为主体、多种分配方式并存的收入分配制度；（5）建立多层次的社会保障制度。这些主要环节是相互联系和相互制约的有机整体，构成社会主义市场经济的基本框架，其中转变政府管理经济的职能是一个具有主导意义的方面。我国改革开放的进程要求围绕这些主要环节，建立相应的法律体系，在采取切实措施全面推进改革的同时，从体制方面进行一系列的行政改革。

为适应这种改革要求，1993 年，国务院按照八届全国人大一次会议批准的方案，进行了机构改革。经过一年的时间已经基本完成了国务院各部门定职能、定机构和定编制的“三定”工作。1994 年继续完成省级政府的机构改革，并在部分市县级政府进行机构改革。1993 年 8 月，国务院正式颁布了《国家公务员暂行条例》，并于 1993 年 10 月 1 日起正式施行。在我国建立和推行公务员制度，不仅是适应建立社会主义市场经济体制的需要，同时也是政治体制和行政体制改革的一项重要内容。党的十五大又一次提出了推进机构改革的历史任务和方针政策，九届全国人大一次会议通过《关于国务院机构改革的决定》。2003 年党的十六大再次强调：深化行政管理体制改革，进一步转变政府职能，改进管理方式，推行电子政务，提高行政效率，降低行政成本，形成行为规范、运转协调、公正透明、廉洁高效的行政管理体制。十届全国人大一次会议正式通过《国务院机构改革方案》，将我国行政体制改革推上一个新的阶段。

与此同时，我国还在工资制度、财税体制、金融体制、投资体制、外贸体制、价格体制、国有企业经营机制、流通体制、行政监督机制、高等教育办学体制、社会保障制度、保险制度、劳动制度、户籍管理制度、住房制度、行政审批制度、公务员考试录用制度等方面进一步深化改革，并相应颁布了一系列的法律、法令和条例，对从规模、结构、职能、体制等方面推动行政改革提出了更高、更迫切的要求。2013 年 11 月，党的十八届三中全会通过了《中共中央关于全面深化改革若干重大问题的决定》，明确指出了全面深化改革的重大意义和指导思想，涉及完善基本经济制度、现代市场体系、财税体制、民主政治制度、行政体制、监督体制、文化体制、社会治理体制、法治建设等各个方面，明确了完善和发展中国特色社会主义制度、推进国家治理体系和治理能力现代化的全面深化改革的总目标和基本方向。

15.4 行政改革的基本特点和发展趋势

行政改革是一个不断实践中的社会历史过程。由于不同国家所进行的行政改革面临的内外环境和问题不同，其改革的具体内容、措施、进程、效果等存在着很大差异。但是，从其基本内容、总体趋势来看，又有许多共性，从中可以引申出行政改革的一些基本特点和规律。

15.4.1 行政改革的基本特点

第一，行政改革是各种党派、各种社会力量相互斗争、相互作用的结果。在行政改革过程中，政党的作用十分明显。从表面上看，各国的行政改革和政府换届密切相关，几乎每一届新任的行政首脑上台伊始，都把行政改革作为其任期内的一项重要举措。实际上，政府换届是政党斗争的结果，行政改革纲领是获胜的政党上台后的执政纲领。各国情况表明，政府组阁和政府各部门行政首脑的任用取决于执政党的意见。右翼政党组成的政府和左翼政党组成的政府在经济发展、行政改革方面所持的观点、政策、改革主张有明显的不同。行政改革方案能否在议会中通过，也是政党斗争的结果。

第二，社会经济发展和社会需求是推动行政改革的基本动力。许多国家的情况表明，行政改革有其自身的、超出政治斗争的社会经济动因。无论是右翼政府上台还是左翼政府上台，在裁减人员、紧缩开支、推行私有化、加大社会福利等方面，其所奉行的行政改革主张有一种趋同的趋势。政府面临的社会经济问题、财政压力、选民意愿、流行的改革思潮等是造成这种现象的重要原因。

从理论上说，世界上无论哪个国家，在其经济发展的不同阶段，都会遇到不同的社会问题和经济问题，必然会对行政管理体制和政府职能的发展变化提出不同的要求和挑战。也就是说，在各国行政管理体制改革的背后，存在推动其不断发展的经济动因和社会问题。因此，比较研究各国行政改革的经验和教训，不应局限于单纯研究其行政体制改革本身的政策和措施，还应把它放到当时的国情和社会经济发展的历史过程中去，这样才能更好地把握行政改革与社会经济相互推动、相互作用的发展主线和历史趋势。

第三，规模控制是贯穿于行政改革历史过程中的一条主线。规模控制涉及精简机构、精减人员和缩减政府开支等方面，主要目的是提高行政效率。从各国的情况来看，政府机构和人员数量的增长是一种“自然现象”。一是由于社会经济发展和公共事业发展，需要不断增加新的机构和人员，二是由于政府内部存在的帕金森定律所造成的“自我膨胀”。因此，出现一种“膨胀”——“精简”——再“膨胀”——再“精简”的周期性变化。

调整公共预算，缩减政府开支与以下两个方面相关：一是与精简政府机构和精减人员相关，立法机关通过削减政府财政支出，迫使政府采取措施，精简机构和精减人员；二是与国家的福利政策和政府的职能调整相关，是为放缓经济发展速度和抵制社会福利、教育、卫生等方面的政府支出的过快增长所采取的经济调控手段。

第四，行政改革是调节政府与市场关系，推动经济发展的重要手段。分析各国行政改革的发展过程，虽然改革的目的多种多样，但归纳起来基本包括以下三个方面：（1）解决政府自身的效率问题；（2）增强政府对经济发展的调控能力；（3）加强政府解决社会公平问题、推动社会协调发展、取得较好的行政效果的能力。无论是加强规制还是放松规制、国有化还是私有化、实行中央集权还是地方分权，各国政府在行政改革中最突出的特点之一是主动采取措施，加强政府在社会经济中的主导作用。市场经济的健康发展离不开政府的调控作用，没有政府就没有市场。美国是典型的自由市场经济国家，但其通过规制手段对市场和企业活动进行非常严格的规范化、法制化管理，行政改革成为政府适应市场经济发展需要、调节其与市场关系和经济调控能力的有效手段。

第五，行政改革限定在宪法和法律规定的框架中进行。树立宪法意识，利用宪法和法律程序是成功推进行政改革的基本手段。从许多国家的情况看，行政改革一般均按照宪法和法律规定的立法程序、行政程序、司法程序循序进行。行政改革方案必须先在议会中进行辩论、表决，必要时甚至举行全民公决，最后以法律或法规形式颁布实施。这种法律程序使行政改革成为一种渐进性的过程，有利于维护社会经济的稳定发展。同时，由于行政改革要以法律形式通过，具有法律效力，因此其便于推行和持续发展。

第六，行政改革是政府通过“纵向分权”和“横向分权”过程更好地履行行政职能的有效途径。在当前，各国的行政改革中明显存在着一种分权化的趋势。按其内容划分，可分为“纵向分权”和“横向分权”两种形式。由中央政府向地方政府放权，是纵向分权的主要形式。中央政府和地方政府在事权、财权方面有明确的区分。中央政府放权的目的是使二者在分权基础上更有效地履行各自承担的行政职能，提高政府公共事务管理的绩效。

“横向分权”的形式是指在同一层级中分解政府职能和权力。“横向分权”一般分为三种形式：（1）最高层次为立法机关和行政机关的分权。这种分权形式有时是在立法机关和行政机关的激烈斗争中完成的。（2）在行政机关内部各机构之间的分权，通常是在增减、合并的机构改革过程中完成的。（3）设置相对独立于立法机关和行政机关之外的权力机构，这是一种较为特殊的形式，仅在某几个国家采用，如美国的独立机构、法国的独立行政机构等。

15.4.2 行政改革的变化趋势

随着社会经济的发展，在20世纪后半期，各国行政改革的基本内容发生了四个方面的明显变化。

第一，从加强规制到放松规制。规制是指政府在法律规定的基础上利用行政权力对社会经济活动和内部运行机制进行规范管理的限制性行为。从各国行政改革的历史过程来看，是一个社会经济从弱到强、社会需求从少到多、市场管理和社会管理的工作量从小到大的过程，同时也必然是政府管理从简到繁、职能从少到多的过程。在这一过程中，政府只有不断出台、补充、更新、细化各种法律法规，强化各种规章制度，增强自己的规制能力，才能建立起一整套行之有效的制度，使国民经济井然有序地发展。然而，规制过度将会加大政府负担，增大公共开支，导致机构、人员膨胀以及效率低下和寻租行为，因此，其结果必然会出现放松规制的改革。美国是典型的自由市场经济国家，恰恰也是政府规制最繁杂的国家。20世纪60年代至70年代，其规制管理达到前所未有的高度。一般认为，美国的放松规制改革始于福特政府，在卡特政府和里根政府时期达到高潮。在法国、日本、韩国、巴西等国，放松规制都是其行政改革的主要内容之一。

第二，从企业国有化到企业民营化。国有企业也称公共企业。无论是发达国家还是发展中国家，都不同程度地存在国有企业。英国对国有企业的私有化改革起步最早，被认为是当代西方民营化和管理主义改革的起点，被不少国家效仿。

法国在1982年左翼政府上台后曾掀起第三次国有化浪潮并颁布《国有化法》。1986年右翼政府上台后，颁布《私有化法》，实行大规模的私有化政策，国有企业民营化的背景在于：国有企业经营亏损，政府面临巨大的财政压力；经营管理不善、效率低下；服务质量满足不了日益增长的公共服务需求；意识形态上的对立，特别是右翼观点、右翼政府的政策倾向和政策主张等。

第三，从中央集权到地方分权。无论是单一制还是联邦制国家，要维护一个国家的统一，中央政府必须具备一定的权威，集中一定的权力。即便像美国、英国、日本等实行地方自治制度的国家，中央政府仍以各种形式对地方政府进行干预和限制。与放松规制的客观要求一样，社会经济的发展，需要地方政府承担越来越多的经济管理和社会管理责任，扩大地方自治权，推进地方分权制度，成为现阶段各国行政改革的主要内容。

第四，从追求“效率”到追求“绩效”。如上所述，“绩效”是一个综合性的概念，既涉及效率问题，又涉及与教育、医疗、社会保障等密切相关的社会公平和行政效果问题。这种转变反映了 20 世纪 80 年代以来在欧美等国兴起的政府再造与新公共管理运动对行政改革的影响。在 20 世纪初，各国行政改革的目标比较单一，主要是精简机构、精减人员、减少公共开支、提高行政效率，以此作为衡量行政改革成败的重要标准。英国在 1979 年成立雷纳效率小组，主要目标仍是提高效率，其后成立的伊布斯效率小组，其注意的焦点则不仅是效率问题，而且侧重强调行政部门的绩效和工作的实际效果，并提出设立与政策制定部门相区别的“执行局”来保证绩效，英国财政部 1982 年公布的《财务管理改革方案》要求建立一种绩效管理、目标管理式的财务运行模式。1998 年，布莱尔首相的内阁办公厅主任克拉克宣布，设立新的执行局将不再是工作重点，而把确保政府工作的绩效指标作为侧重点之一。1993 年，美国国会通过了《政府绩效与结果法》，它被认为是议会对行政部门的监督发生由“效率”和“过程”转向“绩效”和“结果”这一根本性转变的标志。

15.4.3 我国国情和行政改革发展趋势

改革开放以来，由于我国政府始终适当运用较为有效的宏观经济调控政策，保证了社会经济的持续快速增长，综合国力不断增强。同时也存在政府职能转变不到位、社会管理和公共服务比较薄弱、政府机构设置不尽合理、运行机制监管机制不完善等行政改革本身须要深化的问题，另外还存在城乡差距、贫富差距、地区差距增大，经济发展过快过热，物价上涨压力大等一些要求进行行政改革、转变政府职能、强化政府执政能力的社会问题，这些都对行政改革提出了新的要求和挑战。

第一，建立有中国特色的行政管理体制是深化行政改革的主要目标。

新中国成立后的政治经济制度是在学习苏联经验的基础上建立起来的，特别是 20 世纪 70 年代以前实行的计划经济体制受到苏联的很大影响，苏联解体前出现的政治经济问题我国现阶段仍不同程度地存在着。戈尔巴乔夫处理这些问题的方法是放弃苏联共产党的领导，全盘否定了苏联的政治制度，由经济体制改革和行政体制改革演变而成的政治体制改革完全失败，行政体制最终按其政治经济制度的变化采用了西方模式。我国的行政体制改革显然不能照搬照套西方模式，况且西方模式自身也有难以解决的弊病。同时，我国在由计划经济体制成功转型到社会主义市场经济的改革开放过程中，重走新中国成立后的老路是不行的。目前行政体制改革唯一的方向应是在马克思主义理论的指导下，坚持“实事求是”、“一切从实际出发”的思想路线，认真研究我国国情和实际存在的问题，在对我国的政治经济制度整体设计的基础上综合考虑行政体制改革问题。2008 年 2 月党的十七届二中全会通过的《关于深化行政管理体制改革的意见》明确指出："深化行政管理体制改革的总体目标是，到 2020 年建立起比较完善的中国特色社会主义行政管理体制。"这是我国行政改革的基本方向。2013 年党的十八届三中全会在此基础上提出了更具体的目标和要求。

第二，转变政府职能是深化行政改革的核心。

根据我国社会政治制度和经济发展的实际状况，我国政府的职能转变应遵循下列四个基本方向：

（1）加强政府解决重大社会经济问题的政策制定能力，成为改革主导型而不是墨守成规型的政府。

（2）加强政府培育，发展市场经济，保持社会经济稳定发展的宏观调控能力，成为市场监管型而不是行政审批型的政府。

（3）加强政府提供公共产品、维护社会公平的公共管理能力，成为公共服务型而不是压力控制型的政府。

（4）加强政府民主决策、按法律程序和法律规定办事的行政执行能力，成为依法行政型而不是垂直命令型的政府。

第三，将行政体制改革和完善人民代表大会制度结合起来，是确立依法治国、依法行政的制度保证。

从美、英等国实际情况看，行政管理体制是遵循权力分立和制衡的原则建立和发展起来的，政府作为执行机构受到议会和法院的制约与监督，维系三者关系和使其正常运行的是以宪法为核心的一整套法律体系。我国宪法规定的政治经济制度是一种新型的社会制度。从理论和内容上看，我国宪法对政权性质、政治组织形式、国家结构形式、中央国家机关、地方制度、审判制度、检察制度、选举制度、政党制度等，都做了明确的法律规定，其中，对作为具有立法职能的全国人民代表大会和作为其执行机关、同时又是行政机关的国务院的职权都做了原则性的规定，奠定了我国行政管理的基本框架。只有不断完善人民代表大会制度，确立完整、有效的立法体制，才能使政府有法可依，依法行政。

依法行政最根本的要求是做到依宪行政，宪法是法治国家的基础，而各级人民代表大会是保障和实施宪法的最高权力机关。行政体制改革能否在宪法和法律规定的框架中进行，最基本的条件是要不断完善各级人民代表大会制度。完善人民代表大会制度一是应加强宪法教育和宪法宣传，增强全民特别是党和政府的各级领导的宪法意识；二是要按宪法规定正确处理好各级党委、各级政府与各级人民代表大会的关系；三是用法律形式严格规定各级人民代表大会与同级地方政府的权限和相关法律程序；四是加强各级人民代表大会的立法工作，建立适应社会主义建设和发展的较为完整的法律体系；五是提高各级人大代表和人大常委会成员的政治素质和专业水平，特别是政策和法律草案的制定能力；六是在全国人民代表大会内设立专门的宪法委员会，检查监督各级人民代表大会和地方政府的行政行为的合宪性；七是对违宪行为和责任人应有明确的法律处罚规定和党纪处罚规定。

在行政改革中，如何科学解决党委、人大、政府三者关系是需要深入研究的重要问题。从理论上说，如果在党委和政府之间缺少人大这一环节，容易产生以党代政、党政不分的现象。宪法和法律是党的政治主张和人民意志相统一的表现，通过人民代表大会把党的政策变为法律、不断完善人民代表大会制度是落实宪法、增强党的执政能力、用法律形式转变政府职能、稳步推进行政改革的有效途径。

第四，按照“以法定位、以权定岗、以岗定责”的要求推进机构改革。

依法确定政府职能，加强政府部门内部管理，防止个别部门和个人的权力过分集中，建立有效的绩效指标体系，是行政改革的一项重要内容。“以法定位”要求以宪法和法律的形式明确规定各级政府的职权和职能范围，明确其应负责管理的事项和职能。政府机构改革、职能转变不是行政机关自身决定的事情，而应由立法机关来决定。“以法定位”要求对各级政府现有的权力和职能详加分析，有些可通过市场调节或非政府部门承担的职能，如企业经营管理、公共服务等应以法律形式划归企事业单位和各种中介组织。

“以权定岗”要求根据法律或法规对各级政府部门的分管事项、权力和职能的规定，按事权、财权、人权、决策权、监督权等行政权要求合理设定机构和岗位，为执行某种权力可设置一个岗甚至一组岗。“以权定岗”将岗位作为权力的载体，对政府内部的权力结构严格通过岗位划分，各级职务都是具有明确权力的岗位，相互之间不能越权、侵权或滥用权力，各级岗位之间的工作流程和审批程序应由专门的行政法规严格规定。

“以岗定责”要求以规章制度的形式明确各级各类岗位具有的权力和责任，岗位不仅是权力的载体，而且是责任的载体，具体的岗位将具体的权力和责任结合在一起。在政府内部的岗位设置中，杜绝“有权无责”或“有责无权”的现象。“以岗定责”可以有效提高行政效率，保证政府部门的行政绩效，明确追究个人工作失误的责任，给予相应的处罚。“以岗定责”的要求与确定绩效标准和绩效指标体系的工作模式有密切联系。

第五，积极推进地方行政管理体制改革，加强各级人民代表大会和地方政府管理地方公共事务的自主权。

（1）加强基层政府执政能力。按宪法规定，乡镇一级政府是最低层次的政府，并同时设立乡镇一级人民代表大会。从基层政权和基层民主制度建设考虑，乡镇政府和人民代表大会是最基层、最接近群众、与群众利益最为密切相关的政权机构，特别是乡镇人民代表大会，是基层群众直接行使国家权力的机关，因此，对其职能和作用应认真调研，加强基层政府能力建设。

（2）在加强中央政府宏观监控能力，明确区分事权、财权的基础上，下放权力，扩大地方政府自主权。当前，人民日益增长的物质文化需要与落后的社会生产之间的矛盾仍然是我国社会的主要矛盾，政府的行政效果能否满足日益增长的公共事务管理需求，是解决这一矛盾的基本途径之一。由于地区经济发展的不平衡，中央政府很难用统一的政策和命令解决各个地区的公共事务需求问题，下放权力，扩大地方政府自主权、加强地方政府管理地方公共事务的权力和职责是现代社会发展的必然趋势。最基本的方法包括：合理划分、界定中央政府和地方政府各自承担的管理事务、责任和相应的权力并用法律形式明确规定；教育、医疗、就业、治安、交通、通信等公共事务方面的管理权限和责任下放给地方政府，中央政府各部门按宪法和法律规定进行政策指导和行政监控；根据地方政府承担的管理事项规定其相应的财税收入并由中央政府给予一定的财政补贴；在省、市、县、乡不同的地方政府之间进一步明确划分事权和财权，授予省人民代表大会在地方公共事务管理方面制定地方性法规的立法权，地方政府在公共事务管理方面主要是对各级人民代表大会负责；扩大地方自主权与完善地方人民代表大会制度、加强基层民主制度建设密切相关。扩大地方自主权要做到以下三点：首先，在中央政府下放某种权力的同时，社会经济发展的稳定性要有法律和制度保证。其次，放权的内容不仅是行政权，相应地还有立法权。否则对地方政权将无法有效地进行监督。最后，放权的目的是将与群众利益直接相关的公共事务问题委托地方政府管理，有利于群众直接参与管理和监督，有利于调动地方的积极性，有利于提高管理水平、行政效果和地方生活质量。

关键术语

行政改革　行政改革压力　行政改革阻力　动因模式　系统模式　心理活动模式　组织活动模式

问题与思考

1. 简述行政改革的定义与内容。
2. 如何理解行政改革的压力和阻力？
3. 如何理解规模、结构、职能、体制改革之间的辩证关系？
4. 如何理解行政改革的基本特点和发展趋势？

参考书目

1. 马克思恩格斯选集. 2 版. 第 3 卷. 北京：人民出版社，1995

2. 邓小平文选. 1 版. 第 3 卷. 北京：人民出版社，1993

3. 周世逑主编. 行政管理学通论. 北京：劳动人事出版社，1989

4. 张文芳编著. 中国历代官吏制度. 北京：劳动人事出版社，1987

5. 左言东，徐诚. 中国古代行政管理概要. 杭州：浙江古籍出版社，1989

6. 韦庆远主编. 中国政治制度史. 北京：中国人民大学出版社，1989

7. 黄留珠. 中国古代选官制度述略. 西安：陕西人民出版社，1989

8. 王建学主编. 中国行政管理史. 沈阳：辽宁人民出版社，1989

9. 李建设. 组织管理学. 杭州：浙江教育出版社，1987

10. 彭国甫. 行政组织学. 长沙：湖南师范大学出版社，1990

11. 许崇德主编. 中国宪法. 北京：中国人民大学出版社，1989

12. 王珉灿主编. 行政法概要. 北京：法律出版社，1985

13. 罗豪才主编. 行政法学. 北京：中国政法大学出版社，1989

14. 李方，李福玉主编. 行政管理学基础. 北京：高等教育出版社，1989

15. 郝如玉，王国华编著. 中国新税制. 北京：经济科学出版社，1994

16. 陈共，侯梦蟾. 财政学教程. 北京：中国财政经济出版社，1985

17. 陈共主编. 财政学. 成都：四川人民出版社，1991

18. 张志坚，刘俊林主编. 中华人民共和国政府机构五十年. 北京：党建读物出版社、国家行政学院出版社，2000

19. 中国市长协会《中国城市发展报告》编辑委员会. 中国城市发展报告（2001—2002）. 北京：西苑出版社，2003

20. 刘靖华等. 政府创新. 北京：中国社会科学出版社，2002

21. 刘旭涛.政府绩效管理.北京：机械工业出版社，2003
22. 中国行政管理学会编.入世与政府改革.北京：知识出版社，2002
23. 郭济主编.政府权力运筹学.北京：人民出版社，2003
24. 郭济主编.中国公共行政学.北京：中国人民大学出版社，2003
25. 胡鞍钢，王绍光编.政府与市场.北京：中国计划出版社，2000
26. 薛健，李京成，孙文基主编.当代西方财政理论与实践. 北京：中国财政经济出版社，1993
27. 杜厖峰，杨秀琴编著.新税法释义与实务. 北京：中国统计出版社，1994
28. 王梦奎等.新时期我国经济的宏观调控. 北京：人民出版社，1994
29. 本书编写组编.新财税制度讲解. 北京：科学普及出版社，1994
30. 财政部课题组.财政改革和财政政策研究. 北京：中国经济出版社，1994
31. 杜厖峰主编.国家预算与税收. 北京：中国金融出版社，1994
32. 孙谦主编.检察理论研究综述. 北京：中国检察出版社，1990
33. 张仲麟主编.刑事诉讼法新论. 北京：中国人民大学出版社，1993
34. 曹康泰主编.国家公务员暂行条例讲座.北京：中国法制出版社，1994
35. 陆国泰主编.人事管理学教程. 北京：红旗出版社，1991
36. 初尊贤主编.公务员管理入门. 北京：经济日报出版社，1994
37. 仝志敏主编.国家公务员管理——高层次人力资源开发.上海：百花文艺出版社，1994
38. 黄达强主编.各国公务员制度比较研究. 北京：中国人民大学出版社，1990
39. 李如海，曾毓敏主编.干部向公务员过渡实务. 北京：中国人事出版社，1984
40. 曹志主编.资本主义国家公务员制度概要. 北京：北京大学出版社，1985
41. [澳] 欧文·休斯.公共管理导论. 北京：中国人民大学出版社，2001
42. [美] 丹尼尔·A·雷恩.管理思想的演变. 北京：中国社会出版社，1986
43. [美] 杰伊·M·沙夫利兹等编.国外公共行政理论精选. 北京：中共中央党校出版社，1997
44. [美] 德怀特·沃尔多.公共行政学. 北京：中国社会科学出版社，1988
45. [美] 斯蒂尔曼.公共行政学：观点和案例. 上册. 北京：中国社会科学出版社，1988
46. 应松年等编著.行政管理学. 北京：北京师范学院出版社，1986
47. 田禾.中国社会主义行政管理学导论.成都：西南师范大学出版社，1986
48. 王健刚等编著.行政机关学.上海：上海交通大学出版社，1987
49. 谭健主编.现代行政管理手册.沈阳：辽宁人民出版社，1987
50. 黄达强，刘怡昌主编.行政学. 北京：中国人民大学出版社，1988
51. 蒋翰庭主编.行政管理学基础. 北京：机械工业出版社，1989
52. 向美卿主编.现代中国行政管理学教程. 北京：法律出版社，1990
53. 许文惠主编.行政管理学. 北京：红旗出版社，1992
54. 张德信，李兆光主编.现代行政学. 北京：红旗出版社，1993

55. 夏书章主编. 行政管理学（第五版）. 广州：中山大学出版社，2013
56. 张国庆主编. 公共行政学（第三版）. 北京：北京大学出版社，2007
57. 张康之，李传军，张璋编著. 公共行政学. 北京：中国人民大学出版社，2002
58. 唐兴霖. 公共行政思想史. 广州：中山大学出版社，2000
59. 陈振明主编. 公共管理学（修订版）. 北京：中国人民大学出版社，2003
60. 张成福，党秀云. 公共管理学. 北京：中国人民大学出版社，2001
61. ［英］D. S. 皮尤编. 组织理论精萃. 北京：中国人民大学出版社，1990
62. ［美］道格拉斯・C・诺思. 制度、制度变迁与经济绩效. 上海：上海三联书店，1994
63. ［美］道格拉斯・C・诺思. 经济史中的结构与变迁. 上海：上海三联书店、上海人民出版社，1994
64. ［美］戴维・奥斯本，彼德・普拉斯特里克. 摒弃官僚制：政府再造的五项战略. 北京：中国人民大学出版社，2002
65. ［美］史蒂文・科恩，罗纳德・布兰德. 政府全面质量管理. 北京：中国人民大学出版社，2002
66. ［美］帕特里夏・基利等. 公共部门标杆管理. 北京：中国人民大学出版社，2002
67. ［美］B・盖伊・彼得斯. 政府未来的治理模式（中文修订版）. 北京：中国人民大学出版社，2013
68. 孙彤，许玉林主编. 组织行为管理学. 北京：红旗出版社，1993
69. ［法］亨利・法约尔. 工业管理与一般管理. 北京：中国社会科学出版社，1982
70. 石永义，刘玉萼，张璋编著. 现代政治学原理. 北京：中国人民大学出版社，2000
71. ［美］托马斯・戴伊. 谁掌管美国. 北京：世界知识出版社，1985
72. ［美］丹尼斯・朗. 权力论. 北京：中国社会科学出版社，2001
73. ［美］加里・约翰斯. 组织行为学. 北京：求实出版社，1989
74. ［法］莫尼斯・迪韦尔热. 政治社会学. 北京：华夏出版社，1987
75. ［英］洛克. 政府论（下篇）. 北京：商务印书馆，1964
76. ［法］孟德斯鸠. 论法的精神（上册）. 北京：商务印书馆，1978
77. 张焕光，胡建森. 行政法学原理. 北京：劳动人事出版社，1989
78. ［美］麦克斯・J・斯基德摩，马歇尔・卡特・特里普. 美国政府简介. 北京：中国经济出版社，1998
79. 王连昌，马怀德主编. 行政法学. 北京：中国政法大学出版社，2002
80. 皮纯协，张成福主编. 行政法学. 北京：中国人民大学出版社，2002
81. ［法］卢梭. 社会契约论. 北京：商务印书馆，1982
82. 张金马主编. 政策科学导论. 北京：中国人民大学出版社，1992
83. ［美］J. C. 帕拉洛，R. C. 昌德勒编著. 行政管理学词典. 成都：四川人民出版社，1988
84. ［美］尼古拉斯・亨利. 公共行政与公共事务（第十版）. 北京：中国人民大学出版社，2011

85. ［美］威廉·N·邓恩. 公共政策分析导论. 北京：中国人民大学出版社，2002
86. ［美］赫伯特·西蒙. 管理行为——管理组织决策过程的研究. 北京：北京经济学院出版社，1988
87. 杨柏华，明轩. 资本主义国家政治制度. 北京：世界知识出版社，1984
88. ［美］韦恩·卡西欧. 人事心理学. 北京：中国人民大学出版社，1991
89. 赵曙明编著. 人力资源战略与规划. 北京：中国人民大学出版社，2002
90. ［美］迈克尔·麦金尼斯主编. 多中心体制与地方公共经济. 上海：上海三联书店，2004
91. ［英］休谟. 人性论. 北京：商务印书馆，1980
92. ［美］詹姆斯·M·布坎南，理查德·A·马斯格雷夫. 公共财政与公共选择. 北京：中国财政经济出版社，2000
93. 王雍君，张志华. 政府间财政关系经济学. 北京：中国经济出版社，1998
94. ［美］大卫·N·海曼. 公共财政：现代理论在政策中的应用（第六版）. 北京：中国财政经济出版社，2002
95. ［美］彼得·德鲁克. 管理：任务、责任、实践（上册）. 北京：中国社会科学出版社，1992
96. ［美］R·韦恩·蒙迪，罗伯特·M·诺埃. 人力资源管理. 北京：经济科学出版社，1998
97. ［美］罗纳德·克林格勒，约翰·纳尔班迪. 公共部门人力资源管理. 北京：中国人民大学出版社，2001
98. 于军. 英国地方行政改革述评. 北京：国家行政学院出版社，1999
99. ［美］詹姆斯·W·沃克. 人力资源战略. 北京：中国人民大学出版社，2001
100. ［美］道格拉斯·霍姆斯. 电子政务. 北京：机械工业出版社，2003
101. ［美］斯蒂芬·P·罗宾斯. 管理学（第四版）. 北京：中国人民大学出版社，1997
102. ［美］戴维·H·罗森布鲁姆，罗伯特·S·克拉夫丘克. 公共行政学：管理、政治和法律的途径. 北京：中国人民大学出版社，2002
103. ［美］史蒂文·科恩，威廉·埃米克. 新有效公共管理者. 北京：中国人民大学出版社，2001
104. ［美］彼得·圣吉. 第五项修炼——学习型组织的艺术与实务. 上海：上海三联书店，1998
105. ［美］罗伯特·B·登哈特. 公共组织理论. 北京：中国人民大学出版社，2003
106. 蓝志勇. 行政官僚与现代社会. 广州：中山大学出版社，2003
107. ［美］詹姆斯·W·费斯勒，唐纳德·F·凯特尔. 公共行政学新论：行政过程的政治（第二版）. 北京：中国人民大学出版社，2013
108. ［美］戴维·奥斯本，特德·盖布勒. 改革政府：企业精神如何改革着公营部门. 上海：上海译文出版社，1996
109. 申智军，倪小宇主编. 新编行政管理学概论. 北京：中国人民公安大学出版

社，2012

110. 徐双敏主编. 公共管理学. 北京：北京大学出版社，2014

111. 曾维涛，许才明主编. 行政管理学（第 2 版）. 北京：清华大学出版社，北京交通大学出版社，2014

112. 刘萍，王炜，洪富艳主编. 行政管理学. 北京：中国财富出版社，2014

113. 杨寅主编. 公共行政学（第 3 版）. 北京：北京大学出版社，2013

114. 昂永生主编. 公共行政学教程. 合肥：安徽人民出版社，2014

115. 辛传海主编. 公共管理学（第 2 版）. 北京：对外经济贸易大学出版社，2013

116. 胡税根主编. 公共管理学. 北京：中国社会科学出版社，2014

117. 王乐夫，蔡立辉主编. 公共管理学（精编版）. 北京：中国人民大学出版社，2012

118. 吴爱明，刘晶主编. 公共管理名著精华：公共行政与公共管理经典译丛导读，北京，中国人民大学出版社，2010

119. ［美］杰伊·M·沙夫里茨，E. W. 拉塞尔，克里斯托弗·P·伯里克. 公共行政导论（第六版）. 北京：中国人民大学出版社，2011

120. 彭和平. 制度学概论. 北京：国家行政学院出版社，2015

121. 黄文平主编. 深化行政体制改革的探索. 北京：国家行政学院出版社，2014

人大版公共管理类教材

公共管理类专业教材——学科基础课教材

书名	作者
现代管理学原理（第三版）（“十一五”国家级规划教材）	娄成武　魏淑艳
一般管理学原理（第四版）	张康之　周　军
管理学基础（第三版）	方振邦
管理学教程	方振邦
政治学原理（第三版）	景跃进　张小劲
现代政治学原理（第四版）	石永义　刘玉萼　张　璋
政治学教程	舒　放　刘琼莲
公共管理学（第二版）	陈振明
公共管理学——一种不同于传统行政学的研究途径（第二版）	陈振明
公共管理学（第三版）（“十二五”国家级规划教材）	蔡立辉　王乐夫
公共管理学（精编版）	王乐夫　蔡立辉
公共管理学（第二版）	张康之　郑家昊
公共管理概论（第二版）	朱立言　谢　明
公共管理学概论	曹现强　王佃利
公共管理学导引与案例（第二版）	王丛虎
公共管理案例	中国人民大学公共管理学院
公共政策导论（第五版）（数字教材版）	谢　明
公共政策概论（第二版）	谢　明
公共政策学——政策分析的理论、方法和技术（“十一五”国家级规划教材）	陈振明
公共政策学	杨宏山
政策科学——公共政策分析导论（第二版）	陈振明
公共政策学导引与案例	陈季修
公共政策案例	中国人民大学公共管理学院
公共经济学（第三版）（“十二五”国家级规划教材）	高培勇
公共经济学教程	秦立建
政府经济学（第四版）（“十一五”国家级规划教材）	郭小聪
政府经济学（第四版）	潘明星　韩丽华

公共管理类专业教材——方法课教材

书名	作者
行政学研究方法与应用案例	萧鸣政
管理定量分析：方法与技术（第二版）	刘兰剑　李　玲
公共管理的方法与技术（第二版）	魏　娜
公共管理实用分析方法	汪明生　胡象明

公共管理类专业教材——行政管理、公共事业管理专业教材

书名	作者
行政法学导论	姜晓萍
行政法学	朱新立　唐明良　李春燕
公共部门人力资源管理（第四版）	孙柏瑛　祁凡骅
公共部门人力资源开发与管理（第五版）（“十二五”国家级规划教材）	孙柏瑛　祁凡骅
公共部门人力资源开发与管理（第三版）	孙柏瑛
公共部门人力资源管理（第三版）	滕玉成　于　萍
公共部门人力资源管理	方振邦

书名	作者
公共部门人力资源管理概论	方振邦
公共部门人力资源管理案例	周均旭
公共人事制度	刘俊生
行政管理学（第五版）	郭小聪
公共行政学（第五版）	彭和平
公共行政学	张康之　张乾友
行政学导论（第三版）	齐明山
行政管理学导引与案例	陈季修
管理心理学（第二版）	范逢春
公共组织行为学（第三版）（“十一五”国家级规划教材）	孙　萍　张　平
公共组织学（第三版）	李传军
行政组织学（第二版）	张　昕　李　泉
公共组织理论	陆明远　冯　楠
公共事业管理概论（第三版）	朱仁显
公共事业管理概论（“十一五”国家级规划教材）	娄成武　李　坚
公共组织财务管理（第三版）（“十一五”国家级规划教材）	王为民
国家公务员制度（第四版）（数字教材版）（“十二五”国家级规划教材）	舒　放　王克良
国家公务员制度概论（第二版）	刘碧强　郗永勤
公务员制度概论	李如海
公务员制度导论	孙德超
行政领导学（第三版）	朱立言　李国梁
领导学（第五版）	邱霈恩
领导学	王自亮
领导学：理念、行为与艺术	祁凡骅
领导学	孙　健
现代市政学（第五版）（数字教材版）	王佃利　张莉萍　高　原
市政管理学（第五版）（“十一五”国家级规划教材）	杨宏山
市政学导引与案例（第二版）	李燕凌
社区管理（第三版）	汪大海　魏　娜　郇建立
社区管理原理与案例	魏　娜
电子政务教程（第三版）（“十一五”国家级规划教材）	赵国俊
电子政府与电子政务（第二版）（“十一五”国家级规划教材）	张锐昕
电子政府概论（第二版）	张锐昕
管理信息系统	张维明　黄金才
行政伦理学教程（第三版）（“十二五”国家级规划教材）	张康之　李传军
公共危机管理导论（“十一五”国家级规划教材）	肖鹏军
公共危机管理概论（第二版）	王宏伟
公共危机管理	唐　钧
公共危机与应急管理：原理与案例	王宏伟
行政决策学	许文惠　张成福　孙柏瑛
非营利组织管理	吴东民　等
非营利组织管理（第二版）	康晓光
非营利组织管理导引与案例	崔向华　张　婷
当代中国政府与政治	景跃进　陈明明　肖　滨
当代中国政府与行政（第三版）	魏　娜　吴爱明
当代中国政府（第二版）（“十一五”国家级规划教材）	吴爱明
地方政府学概论（第二版）	方　雷
地方政府管理（第二版）	陈瑞莲　张紧跟
管理秘书实务（第三版）	赵锁龙
行政秘书学	唐　钧
公文写作与处理	赵国俊
机关管理的原理与方法（第三版）	赵国俊　陈幽泓

书名	作者
公共部门绩效管理	方振邦
政府绩效管理	方振邦　葛蕾蕾
政府绩效评估	蔡立辉
公共关系概论（第二版）	邹正方
政府公共关系（第二版）（“十一五”国家级规划教材）	廖为建　张　宁
社会管理	汪大海
社会管理——理论、实践与案例	陈振明
西方行政学理论概要（第二版）（“十一五”国家级规划教材）	丁　煌
公共行政学史	何艳玲
公共行政学经典理论导引与案例	付小均
西方公共管理名著导读	汪大海
管理思想史教程	方振邦　葛蕾蕾
文化管理学（第三版）（“十二五”国家级规划教材）	孙　萍
文化创意产业导论	魏鹏举
卫生事业管理（第二版）（“十一五”国家级规划教材）	李　鲁
教育经济与管理（第二版）（“十一五”国家级规划教材）	娄成武　史万兵
现代公用事业管理	崔运武

公共管理类专业教材——劳动与社会保障专业教材

书名	作者
社会保障概论（第六版）（数字教材版）（教育部推荐教材）	孙光德　董克用
社会保障管理（“十一五”国家级规划教材）	邓大松　刘昌平
劳动经济学（“十一五”国家级规划教材）	董克用　刘　昕
劳动法与社会保障法	黎建飞　李　静
人力资源管理	彭剑锋
社会保险学（第三版）	孙树菡　朱丽敏
社会保障基金管理	李春根
社会保险精算原理与实务	王晓军
社会保障国际比较	仇雨临
国际社会保障制度教程	穆怀中
员工福利概论（第二版）（“十一五”国家级规划教材）	仇雨临
医疗保障	王虎峰

公共管理类专业教材——土地资源管理专业教材

书名	作者
土地经济学（第八版）（“十一五”国家级规划教材）	毕宝德
土地法学（中国人民大学“十三五”规划教材）	严金明
土地法学	王守智　吴春岐
土地科学导论	叶剑平
土地资源管理学（第二版）	张正峰
国土空间规划学	张占录　张正峰
土地利用规划学	张占录　张正峰
不动产估价（第二版）（“十一五”国家级规划教材）	叶剑平　曲卫东
土地信息系统	曲卫东　韩　琼
地籍管理（第五版）（“十一五”国家级规划教材）	谭　峻　林增杰

公共管理类专业教材——城市管理专业教材

书名	作者
城市管理学（第三版）	杨宏山

书名	作者
城市管理法	王丛虎
城市总体规划原理	郃艳丽　田　莉

公共管理硕士（MPA）教材——核心课教材

书名	作者
全国公共管理硕士（MPA）核心课程教学指导纲要	全国公共管理专业学位研究生教育指导委员会
社会主义建设理论与实践（第三版）	李景治　蒲国良
公共管理英语（修订版）	顾建光
公共管理学（第三版）	张成福　党秀云
公共管理学原理（修订版）	陈振明
公共管理导论	竺乾威　朱春奎　李瑞昌
公共政策分析	陈振明
公共政策分析导论	陈振明
公共政策分析概论（修订版）	谢　明
政治学：基本理论与中国视角	任剑涛
公共部门经济学（第三版）	高培勇　崔　军
公共经济学	唐任伍
行政法学（修订版）	皮纯协　张成福
行政法学概论（第三版）	胡锦光
非营利组织管理概论（修订版）	王　名
非营利组织管理	王　名　王　超
公共管理伦理学（修订版）	张康之
社会研究方法	陈振明
定量分析方法（第三版）	谭跃进
电子政务理论与方法（第五版）	金江军
电子政务	吴爱明　何　滨
公文写作概论	高永贵
信息技术及其应用（第三版）	张维明

公共管理硕士（MPA）教材——专业方向必修课、选修课教材

书名	作者
公务员制度教程（第六版）	舒　放　王克良
比较政府与政治（修订版）	卓　越
当代中国政府与政治（第三版）	吴爱明　朱国斌　林　震
公共部门人力资源管理及案例教程（第三版）	陈天祥
领导学	祁凡骅　刘　颖
领导学教程	常　健
领导理论与实践	邱霈恩
西方公共行政管理理论精要	丁　煌
社会管理概论	唐　钧
公共部门绩效评估（修订版）	卓　越
公共危机管理（修订版）	王宏伟
公共部门危机管理（第三版）	张小明
公共部门战略管理（修订版）	陈振明
城市管理理论与实务	杨宏山
公共冲突管理	常　健
MPA 学位论文写作指南	汪大海

图书在版编目（CIP）数据

公共行政学/彭和平编著. —5 版. —北京：中国人民大学出版社，2015.7
新编 21 世纪公共管理系列教材
ISBN 978-7-300-21650-8

Ⅰ.①公… Ⅱ.①彭… Ⅲ.①行政学-高等学校-教材 Ⅳ.①D035

中国版本图书馆 CIP 数据核字（2015）第 163243 号

新编 21 世纪公共管理系列教材
公共行政学（第五版）
彭和平　编著
Gonggong Xingzhengxue

出版发行	中国人民大学出版社		
社　　址	北京中关村大街 31 号	**邮政编码**	100080
电　　话	010－62511242（总编室）		010－62511770（质管部）
	010－82501766（邮购部）		010－62514148（门市部）
	010－62515195（发行公司）		010－62515275（盗版举报）
网　　址	http://www.crup.com.cn		
经　　销	新华书店		
印　　刷	北京昌联印刷有限公司	**版　　次**	1995 年 11 月第 1 版
规　　格	185 mm×260 mm　16 开本		2015 年 9 月第 5 版
印　　张	22.75	**印　　次**	2021 年 8 月第 6 次印刷
字　　数	523 000	**定　　价**	42.00 元

版权所有　侵权必究　印装差错　负责调换

教学支持说明

（教学课件）

中国人民大学出版社政治与公共管理出版分社秉承“出教材学术精品，育人文社科英才”的出版宗旨，多年来，出版了大批高质量的公共管理、教育学、政治学、政治理论公共课教材和学术著作。

我们为本教材制作了相应的PPT教学课件，任何一位采用本书作为授课教材的教师均可免费获得该课件。为了确保该课件仅为授课教师获得，烦请您填写如下材料，并将相关信息通过E-mail发送给我们，我们将在收到相关信息后通过E-mail给您发送该课件。欢迎您加入我们的QQ群（全国政管教师交流群，群号为236159213），或登录我社官方网站（www.crup.com.cn），注册并认证成为教师会员，以获得更好的服务。

我们的联系方式：

地址：（100872）北京市中关村大街甲59号文化大厦1202室

中国人民大学出版社政治与公共管理出版分社

电话：（010）82502724　62514775（传真）

E-mail：ggglcbfs@vip.163.com

QQ群：236159213

兹证明__________大学/学院__________院/系__________专业__________学年第__________学期开设的__________课程，采用中国人民大学出版社出版的____________________（书名、作者）作为本课程教材。授课教师为__________，授课班级共______个、学生______人。授课教师需要与本书配套的教学课件。

联 系 人：____________________

通信地址：____________________

邮　　编：____________________

电　　话：____________________

E-mail：____________________

系/院主任：__________（签字）

（系/院办公室章）

______年_____月_____日